上海市哲学社会科学学术话语体系建设办公室

上海市哲学社会科学规划办公室

资助出版

上海市纪念
新中国成立
70
年研究丛书

奋发前行：
新中国70年上海
公用事业

臧志军 陈晓原 樊勇明 等 著

上海人民出版社

总　序

2019 年，是新中国成立 70 周年。70 年来，我们国家所发生的天翻地覆的变化，所展开的这场宏大而独特的实践创新，无论是在中华民族历史上，还是在世界历史上，都是一部感天动地的奋斗史诗。

新中国成立 70 年来，当代中国经历了广泛而深刻的社会变革。这一变革的范围之广、程度之深、影响之大，都是空前的。新中国成立初期，通过对农业、手工业和资本主义工商业的社会主义改造，我们创造性地完成了由新民主主义到社会主义的过渡。"三大改造"的基本完成，标志着社会主义制度在中国的确立，社会主义初级阶段建设从此阔步展开。改革开放以来，我们成功开创和拓展中国特色社会主义道路，使社会主义这一人类社会的美好理想在古老的中国大地上变成了具有强大生命力的成功道路和制度体系。这不仅为中华民族实现伟大复兴提供了重要制度保障，而且为人类社会走向美好未来提供了具有充分说服力的道路和制度选择。

党的十八大以来，在我国从大国向强国迈进的重要历史关头，以习近平同志为核心的党中央统筹推进"五位一体"总体布局和协调推进"四个全面"战略布局，在改革发展稳定、内政外交国防、治党治国治军等方面展开了一系列治国理政新实践。比如，实施创新驱动发展战略，推进自由贸易试验区和科技创新中心建设；推进供给侧结构性改革，推进"一带一路"建设，推进京津冀协同发展、长江经济带建设、粤港澳大湾区建设、长江三角洲区域一体化发展等国家重大发展战略；稳妥推进政治体制改革，不断深化行政体制改革；在宣传思想、文化文艺、新闻舆论、网络安全、哲学社会科学、思想政治工作等方面作出战略部署；创新和加强社会治理，探索特大城市社会治理新路；实施精准扶贫，持续改善民生；全面从严治党，强化制度治党、管权、用吏；全面实施改革强军战略，深化国防和军队改革；推动构建以合作共赢为核心的新型国际关系等。

"社会大变革的时代，一定是哲学社会科学大发展的时代。"2019 年 3 月 4 日，习近平总书记在看望参加全国政协十三届二次会议的文艺界、社科界委员时再次指出，"哲学社会科学研究要立足中国特色社会主义伟大实践，提出具有自主性、独创性的理论观点"。社会变革和实践创新是产生原创性学术思想的源头活水。原创能力是哲学社会科学的核心竞争力，是构建中国特色哲学社会科学的关键点、着力点。当代中国哲学社会科学的学术研究，要形成自己的特色，提出自主性、独创性的理论观点，就必须扎根中国大地，以当代中国的伟大实践为研究起点、研究对象，把 70 年来中国进行社会主义建设和改革的成就讲清、经验阐明、逻辑理顺、道理论透，在解读中国实践中孕育学术成长、构建中国理论。哲学社会科学各学科都要勇于进行学术创造，从自己的学术视角来认识、研究、总结这一波澜壮阔的社会变革和伟大实践，阐明独到见解、提出独创学说、提升原创能力。

凡学必有史，历史研究是一切社会科学的基础。提升中国学术的原创能力，构建中国特色哲学社会科学的学科体系、学术体系、话语体系，要坚持以史为纲、论从史出，才能厚植学术根基，真正形成中国特色、中国风格、中国气派的哲学社会科学。要坚持"以史为纲"。中国的学术必须真正深入到中国社会变革和实践创新的基本史实，才会具有厚实的根基，才会孕育真正的自信，才会形成真正的中国学术。要扎扎实实地做好各个学科分类的史学研究，做到以史为据、史由证来，形成一系列专门的"史著"，为构建中国特色哲学社会科学提供厚重的史学支撑。要坚持"论从史出"。史实是学术研究的基础，更是检验学术的标准。哲学社会科学的各个学科，都要努力从扎实的"史著"出发，从不同的学科视角依据历史史实、遵循学术规律，提炼出有学理性的新理论，提炼出易于为国际社会所理解和接受的标识性概念，形成体现中国学术原创能力的"论著"。

2017 年，在中共上海市委宣传部指导下，上海市社会科学界联合会、上海市哲学社会科学学术话语体系建设办公室、上海市哲学社会科学规划办公室启动实施了上海市"纪念新中国成立 70 周年"系列研究。本系列研究坚持"以史为纲""史论结合"，在回顾新中国成立 70 年来，中国共产党领导全国人民实现国家富强、民族振兴、人民幸福的伟大奋斗历程中取得的伟大成就的基础上，系统研究、辩证揭示新中国 70 年历史性变革中所蕴藏的内在逻辑，总结经验，前瞻未来，为更好推进"五位一体"总体布局和"四个全面"战略布局提供强大精神力量。两年来，承担系列研究任务的复旦大学、上海社会科学院等上海多所高校和社科研究机构的专家学者辛勤工作，始终坚持以中国实践为基础，以重大问题为导向，以历史研究为支撑，尊重学术规律，弘扬学术精神，追求学术精品，形成了一批既客观准确描述历史，又具有扎实学理基础的学术论著，汇编成这套"上海市纪念新中国成立 70 年研究丛书"，呈现了上海社科理论界在构建中国特色哲学社会科学中应当具有的历史使命和责任担当，是上海社科理论界庆祝新中国成立 70 周年的献礼之作。

是为序，以庆祝新中国成立 70 周年！

徐　炯

中共上海市委宣传部副部长

目　录

前　言

　　2019 年是中华人民共和国成立 70 周年，70 年来中国发生了天翻地覆的变化。上海作为中国最大的经济中心城市，同国家一样，日新月异，发展迅速，越变越好。以煤、水、电和交通、电信为主体的公用事业，无疑是变化最快、惠民最多的领域，无论是供给的数量，还是提供服务的质量，都是全体上海市民交口称誉的。这也就是近年来中国共产党所一再强调的人民群众的获得感。人们不断地感受到，在中国共产党的领导下，国家越强盛，经济越发展，普通民众受惠也就越多，前途也就越来越光明。

　　本书之所以选择公用事业的角度来反映新中国成立以来的巨大发展和人民群众日益增强的获得感，是基于公用事业是连接普通市民与政府最直接的纽带，是中国共产党人进城"赶考"的主要内容之一，是执政者必须提供的公共产品和准公共产品，人民群众对公用事业的获得感和满意度是衡量国家、政党的执政能力和执政基础的关键指标。

　　众所周知，中国的公用事业发端于西方列强在旧时的上海租界，其本意是为在华的洋人及其附庸提供服务。从历史来看，上海租界的公用事业确实是比较先进和齐全，无论是煤气、电力、电车还是电话电报以及自来水，基本上与欧洲的伦敦、巴黎同时起步，比东京等其他亚洲大城市要早得多，甚至可以说从上海起步的公用事业在一定程度上推动了中国其他省市和其他领域的现代化发展。但是，其殖民色彩始终无法抹去。1949 年的上海解放从根本上书写了新的历史篇章，中国共产党带领中国人民经过艰苦的努力站了起来。解放后的上海，从根本上清除了西方列强的特权，涤荡了帝国主义、殖民主义留下的一切污迹。经过几十年的努力奋斗，特别是改革开放以来，上海的公用事业不断发展变化，其最显著的特征是，公用事业不再只是为少数人所享用，而是普惠于全体市民。在今日的上海，每家每户都能用上洁净的燃气，打开龙头就有清泉，差不多人人手中都有连通四方的手机和电话，电力的应用早就不限于照明，它连接和驱动着各种家用电器，出门坐地铁已是日常之事。借用唐代诗人刘禹锡的诗句，真可谓是"旧时王谢堂前燕，飞入寻常百姓家"，天道已变，民众受惠。

新中国成立 70 年以来，上海的公用事业经历了计划经济时期的艰难发展、"文革"十年的干扰，进入改革开放时期以后绽放出勃勃生机，发展日新月异。70 年来，上海的公用事业已经发生了翻天覆地的变化。

目前，上海正在建设卓越的全球城市的道路上迈进。所谓全球城市，是指能在社会、经济、文化或政治层面直接影响全球事务的城市，这对作为城市基础设施重要内容和市民生活重要依托的公用事业来说，提出了新的挑战、新的考验，当然也是一个新的机遇。完全有理由相信，到建党 100 周年时上海一定能够交出更加令人满意的答卷，上海市民从中得到的获得感将更加充实，城市生活将变得更加方便，更加祥和。

本书由前史、七章正文和一个附章组成。前史主要介绍了煤气、电力、电车、电话和自来水等公用事业是如何在旧时租界诞生的。第一章对上海解放后中国共产党如何领导上海人民把原来主要为少数人服务的煤、水、电、电车、电话等企业接收过来，并改造成全民普惠的真正意义上的公用事业。第二章到第六章则分别介绍自来水、燃气、电力、电信、公交五大公用事业在各个历史阶段的发展变化，重点置于上海解放以后的进步和发展。第七章是对上海公用事业今后发展蓝图的描绘，展望上海作为世界级超大城市所应该具有的公用事业发展前景。附章的内容，则是回顾了在解放初期上海是如何妥善对待和处理当时在沪的外商企业的。解放之初，上海大约有 680 多家外商投资企业，分属美国、英国、法国以及瑞典、俄罗斯等国资本。除了煤气、电力、电车、电信、自来水等公用事业企业以外，还有大量的银行、贸易，以及造船、烟草等企业。简要地向读者介绍如何接收和改造这些外商企业，有助于读者了解公用事业接收改造历史的全貌，也有助于了解中国共产党在新中国成立初期对各项政策的理解和把握。

本书各章的分工如下：上海工程技术大学杨小燕撰写"前史：租界内的蹒跚起步"，复旦大学樊勇明撰写"第一章　回归人民手中"，复旦大学牛长璐撰写"第二章　自来水：从公共给水站到入户清泉"和"第三章　燃气：从上等人家厨用到百姓家庭热源"，上海电力大学陈宝云撰写"第四章　电力：从电灯照明到能源大网"，复旦大学臧志军撰写"第五章　电信：从电话电报到移动智能通信"和"第六章　公交：从有轨电车到地铁网络"，复旦大学陈晓原撰写"第七章　卓越的全球城市建设与上海公用事业发展蓝图"，西南交通大学徐黎撰写"附章：解放初在沪外资企业接收始末"。本书由臧志军、陈晓原和樊勇明负责统稿和改定。牛长璐参加了全书的修改和编辑工作。

本书是上海市哲学社会科学规划办公室 2016 年度社科规划委托课题"接收与改造：上海公用事业的天翻地覆"的成果。此课题是由原来的"关于建国初期（1949—1959 年）外交政策与在沪外资工商企业清理接收的研究"（批准文号 2016WZX009）经批准调整而来。

王卫新同志是本课题的提议者，参加了本课题的设计和筹划，初期的调研，以及课题的调整等工作。

本书在调研和撰写过程中得到了上海市人民政府外事办公室部分老同志，上海市地方志办公室、复旦大学、厦门大学、上海社会科学院历史研究所、上海师范大学、上海工程技术大学、上海电力大学、西南交通大学，以及上海市档案馆、上海公交公司、国家电网上海公司、上海电信、上海水务局、上海燃气公司等单位和相关同志的鼎力合作和支持，在此一并鸣谢。

中共上海市委宣传部、上海市哲学社会科学学术话语体系建设办公室、上海市哲学社会科学规划办公室对本书的出版给予了指导和帮助，上海人民出版社对本书的出版提供了支持，在此一并表示衷心的感谢。

樊勇明

2019 年 2 月

前史：租界内的蹒跚起步

1840 年到 1842 年第一次鸦片战争结束后，清政府与外国侵略者签订了《南京条约》等不平等条约，从此中国开始沦为半殖民地半封建的社会。

租界，是指在近代历史上帝国主义列强通过不平等条约强行在中国获取的租借地。在《南京条约》中，清政府承诺开放广州、厦门、福州、宁波和上海作为通商口岸。租界这个畸形怪物由此相继在上海、天津、广州、厦门、福州等中国主要城市出现，极大地改变了这些城市的发展历史，充分见证了近代中国从封建逐渐沦为半殖民地半封建社会的进程。

在每一座历史上有过租界的城市中，都有当时的痕迹遗留至今，展示着曾经的历史。近代上海租界的历史，是开启现代中国的一把钥匙，上海可以说是租界在中国发展的典型。从 1845 年起，英、法、美等帝国主义列强，先后在上海建立租界，直到 1943 年 1 月，美、英两国出于赢得第二次世界大战的考虑，宣布放弃在华的租界。1945 年抗战胜利后，国民政府宣布收回除了香港租界外的所有在华租界和租借地。上海租界在上海的存续和发展前后近百年，"是旧中国所有租界中设立最早、存在时间最长、面积最大，管理机构发展最充分，因而是最典型的。研究近代中国历史，离不开对租界的研究，研究近代上海历史，更离不开对租界的研究"。① 本

---

① 《上海租界志》编纂委员会编：《上海租界志》，上海社会科学院出版社 2001 年版，第 1 页。

着这样的基本立场，本章将重点叙述租界与上海公用事业的起步。

所谓公用事业，是指为企业的生产和经营，以及为居民提供生活服务的各种事业或行业，大体包括燃气、给排水、电力、电信和城市公共交通等基本设施和服务。资料表明，在近代中国，上述五大公用事业均源自上海的租界。在相当一段时间内，上海人一直把城市公用事业形象地称为：煤气、自来水、电灯、电话和电车。但是在长达近百年之中，上海公用事业一直为洋人、大班、买办和富人所占用，一般市民很少能够使用。直到上海解放之后，人民当家做了主，部分市民才逐渐用上了煤气、自来水以及电话等现代化设施；改革开放以后，随着公用事业的大发展，更多的普通上海市民才真正享受到城市公用事业带来的便利和快捷。

本章按照时间顺序，分别叙述公用事业在上海解放以前不同阶段的情况，根据本书整体结构和分工，本章重点叙述公用事业在上海租界的发生和发展，兼顾民国和抗战时期的上海公用事业状况。

第一节　上海开埠与租界设立

近代以前的上海城市范围很小，大致上是由人民路、中华路围成的圆圈。最初的租界设在上海老县城的北方。上海租界开头有三个，即英租界、美租界和法租界，后来英租界和美租界合并，改称"公共租界"。公共租界和法租界的分界线是现在的延安东路，以前叫洋泾浜，后来把河填掉了成了现在的延安东路。上海租界的历史从 1845 年开始，到 1943 年结束，共存在了 98 年时间。

1843 年 11 月 17 日，根据第一次鸦片战争后签订的《南京条约》和《中英五口通商章程》，上海正式开埠。从史学分期来说，第一次鸦片战争是中国从古代到近现代的分水岭，也即是中国从封建主义社会向半殖民地半封建转变的关键节点。但是，西方国家对上海的窥测，在鸦片战争之前就已经开始。美国学者罗兹·墨菲在其名著《上海——现代中国的钥匙》一书中指出，胡夏米①和郭士立②在鸦片战争前夕就对上海作过详细的调查和测量。

上海开埠后城市化进程急速展开，本地人口和来华外国人都有显著增加，公用事业由此应需而生，获得迅速发展，为上海的经济和社会发展提供了更稳定和便捷的社会环境。以下将从租界的市政管理机构和制度，以及社会经济发展等角度叙述租界和公用事业起步之间的关系。

一、租界的设立

1845 年 11 月，时任上海道台宫慕久③经同英国首任驻上海领事巴富尔④

---

① 胡夏米（Hoo Hea Mee, 1802—1881 年），原名林德赛（Huyh Hamilton Lindsay），英国东印度公司广东商馆职员。1832 年受东印度公司派遣，化名胡夏米，同德籍传教士郭士立等乘"阿美士德"（Amherst）号船，于当年 2 月 26 日从澳门出发，以经商、传教为掩护，测量中国沿海厦门、福州、宁波、上海等地港湾水道，刺探政治、经济、军事情报。

② 郭士立（Karl Friedlich Gutzlaff, 1803—1851 年），也译作郭实腊、郭实猎、郭甲利等。1842 年 8 月参与签订《南京条约》的英方三名翻译之一，系德国基督教路德会牧师，早期来华新教传教士。郭士立早在 1831 年到澳门，任英国东印度公司翻译。曾七次航行中国沿海口岸，在上海等地进行贩卖鸦片、港湾测量等活动。在鸦片战争期间，曾一度任英军占领下的定海"知县"。

③ 宫慕久（1788—1848 年），号竹圃，东平西卷棚街（桂井子街）人，嘉庆己卯科（1819 年）举人。1826 年（道光六年）去云南任知县，1843 年 5 月被任命为上海道台，1847 年升任江苏按察使。1848 年病逝于任所。

④ 巴富尔（George Balfour, 1809—1894 年），原为英军炮兵上尉，1843 年受命担任首任英国驻沪领事，经过同上海道台宫慕久的多次谈判，大致划定了英租界的界址，1845 年 11 月与中方订立土地章程，于 1846 年 9 月回国。

多次谈判，商定并公布了《上海土地章程》（The Shanghai Land Regulations），双方议定，将上海县城之北的一片土地作为来沪英国商人的居留地，面积约为 830 亩。这块英商居留地东依黄浦江，南临洋泾浜，北至李家厂，西界未定。①由于西界未定，埋下了后来租界一再向西扩张的隐患。

中英《上海土地章程》签订之后，各列强争相在上海开辟租界。1846年，美国政府指派旗昌洋行商人吴利国为第一任驻上海代理领事。1848 年12 月，又指派另一名旗昌洋行商人祁理蕴任驻沪领事。在此前后，美国传教士和商人已经开始在苏州河北岸租地造屋，谋求将虹口地区划为美商居留地。经美国圣公会主教文惠廉与当时署理上海道的吴健彰口头协定，以苏州河北岸虹口地段为美租界。直到 1863 年，美国领事熙华德才与苏松太道黄芳议定租界四周范围，自护界河对岸之点（今西藏北路南端）起沿苏州河至黄浦江，沿杨树浦向北，再作一直线至护界河对岸起点为美国租界地，面积扩张到 7 856 亩。由于美国商人人数有限和管理经费不足，美国租界和英租界同年合并成为公共租界。合并后的公共租界总面积达到10 676 亩，与 1845 年确定的 830 亩的英租界相比有十余倍之多。1899 年，由于《马关条约》之后开放了西方列强在中国设立工厂的权利，大量工厂在租界及其邻近地区设立。同时，因为太平天国和小刀会等战乱原因，租界内华人的人口剧增。工部局便以此为由，以越界筑路为手段，大肆扩张租界，到1899 年 5 月，公共租界面积已经达到了 33 503 亩，东面扩展至周家嘴（今平凉路军工路转角处），北面的边界到达上海、宝山两县的交界处，西面一直扩展到静安寺。整个租界划分为中、北、东、西四个区。直到 20 世纪 20 年代中期的"五卅运动"之后，西方列强的大规模越界筑

---

① 《上海租界志》编纂委员会编：《上海租界志》，上海社会科学院出版社 2001 年版，第3 页。

路才基本停止。

在英美大肆扩张租界的同时，法国也不甘于落后，积极谋求设立和扩大自己的租界。1847年1月，法国政府任命敏体尼①为驻沪领事。敏体尼到沪后，先是在法商雷米的租地上开设了法国领事馆，后与上海道台麟桂议定将上海县城北门外、英租界南面一处土地作为法租界，面积约986亩。英法两租界中间隔洋泾浜相望。

法租界与英美租界的扩张具有共同的特征，多是趁中国国内社会冲突剧烈、局势不稳之时，或以军事优势相要挟，或以经济利益为诱饵，达到扩张租界的目的。1899年法国总领事白藻泰与两江总督所派委员议妥法租界新界址：北至北长浜（今延安东路西段、延安中路东段），西至顾家宅关帝庙（今重庆中路、重庆南路北段），南至丁公桥、晏公庙、打铁浜（今方浜西路、西门路、顺昌路、太仓路），东至城河浜（今人民路西段），较之当初新增面积1 112亩，法租界总面积达到2 135亩。1900年八国联军入侵北京时，法租界管理机构公董局以7.6万两银子强行买下顾家宅花园及其周围的土地152亩，并将其中112亩租给法军建造兵营，作法军屯兵之用，因而此地被称为顾家宅兵营。1904年，法军逐渐撤去，法国俱乐部等租用该地方部分土地建造网球场、停车场等。1908年7月1日，公董局作出决定，将顾家宅花园改建为公园，于1909年7月14日法国国庆日对外开放，时称顾家宅公园，俗称法国公园，即现今复兴公园的核心部分。

---

① 敏体尼（Louis Charles Nicolas Maximilien Montigny，1805—1868年），法国首任驻沪领事，上海法租界的开辟者。1849年4月6日，敏体尼与上海道台麟桂正式议定法租界的范围。1853年6月10日回国休假，1855年10月任一等领事，并以全权代表身份出使暹罗（今泰国）。1857年6月14日回任上海，1859年6月调任驻广州总领事。1862年8月退休回国。

二、租界的管理体制和机构

近代上海的租界被称为"国中之国"。在租界这块本属于中国的土地上，却存在着另一个统治机构，管理着租界的财政、税收、警察、治安、公共卫生和居民。租界内的洋人不受任何中国法律管辖和制约；而华人在租界违背租界当局制定的各种条例和法规，上海地方政府对其也没有审判和刑罚权，要送到中外联合的特别会审公廨中裁决。

近代以来，中国国力日衰，国内战乱和灾荒频发，清政府无力也无暇顾及国家权益，再加上长期闭关锁国，中央和地方官员均缺乏足够的外交经验，对洋人管理无从着手，导致租界从一开始设立，中方便失去了管理权。随着租界权势和经济势力的扩大，上海华界地方政府对租界的管理更加难以置喙，最终使得上海的租界成为"国中之国"。洋人借着两次鸦片战争、中日甲午战争后与中国订立的各种不平等条约，不断蚕食上海华界地方政府管理权，"国中之国"管理体制和管理方法渐成体系。

第一次鸦片战争后，清政府"主动"地放弃了对来华洋人的管理权。通过对上海租界与几乎同时开埠的日本横滨居留地对比研究表明，两个城市在市政管理上有一个重大的不同："幕府为在横滨开港，主动承担了开港地内各种基础性建设，为此投入了 9 万多两银子，此后在横滨居留地发展过程中，幕府或维新政府作为经费主要承担者的状况始终没有改变。"① 而上海租界，《上海土地章程》一开始即规定了租界内一系列公共设施均

---

① 马长林：《近代上海租界和横滨居留地比较研究》，载《上海和横滨》联合编辑委员会、上海市档案馆编：《上海和横滨——近代亚洲两个开放城市》，华东师范大学出版社 1997 年版，第 78 页。

由"租地与赁房西人"承担。尽管中日两国开埠的背景不同，但制度设置不同，是两个开埠城市发展路线不同的决定因素。

其实，在清朝国力还较为强盛时期，对来华洋人也是有一套行之有效的管理办法的。典型的例子是康乾盛世时对从事对外贸易的广东十三行管理体制。

广州十三行创立于康熙年间，是清政府特许经营对外贸易的专业商行，也是清政府闭关政策下唯一幸存的对外经济贸易窗口。洋船到港数目，直接影响到粤海关的税收，而海关贸易税收，一向是清廷的可观财源。为此，清帝每年都要过问洋船数目，从而了解进出口货物品种及贸易税收情况。十三行商人从垄断外贸特权中崛起，显赫的经济实力，使他们成为朝廷各项政治经济活动的巨大经费捐献者。为了求得外贸特权的稳定，每遇国家大事，行商都会不失时机地向中央政府捐输报效。1787 年，广东行商集体为台湾战事捐输军需银 30 万两。自 1788 年到 1820 年，又以皇帝万寿、廓尔喀军需、川陕剿匪、河南剿匪、黄河河工等名目，共捐银 350 余万两。这期间，广东行商向政府的捐献，平均每年超过 10 万两白银。各行商从自身利益出发，共同联合起来，成立了一个行会团体，即所谓的"公行"。据记载，于 1720 年 11 月 26 日，公行众商啜血盟誓，订立行规十三条。其第一条即是："华夷商民，同属食毛践土，应一体仰戴皇仁，拆图报称。"至于对外国商人的管理，其第三条明确为："华夷商民一视同仁，倘夷商得买贱卖贵，则行商必致亏折，且恐发生鱼目混珠之弊，故各行商与夷商相聚一堂，共同议价货价，其有单独行为者应受处罚。"为了及时了解外人来华情况，广州官府订立了随时报告洋人信息的严格制度。康熙时期，每当洋船泊靠，随船而来的西洋人便会被安排到十三行商馆内的夷馆天主教堂学习汉语。对于学有成效的洋人，地方官府还需奏报皇帝，由皇帝下令调去北京宫廷供职。位于商馆区内的十三行夷馆，就是来华洋人生活、休整和学习的场所。

据此，有学者认为"广州体制"不能简单地视为一项贸易管理体制，其旨在管理外国人，目的是维护广州，进而维护中国东南沿海的秩序，"实质是一项为了维持东南沿海边境线秩序的对外政策"。①

第一次鸦片战争之后，清政府在中西方更频繁的遭遇中，显得手足无措，更多时候想通过"无视"西方，来继续维持天朝大国的体面。晚清政府一度将与外国人交涉的权力交给地方官员，结果造成列强在华租界在规模上不断扩大，在管理上自成一体，俨然成为"国中之国"。香港中文大学教授梁元生写道："在两次战争间隔期间的外交事务处理中，上海道台实际上成了他自己的主人，因为他既没有国家政策可以遵循，没有工作的制度基础，也没有来自省政府的有力指导……这些道台做出的许多决定不会即刻在中央政府或省政府那里产生问题，但是在长时间里，上层官员这种玩忽职守的态度和允许地方官员与外国外交官达成重要协定的放任做法，会给省乃至国家带来危害性的冲击。"②事实的确如此。晚清地方政府官员在外国人和中央政府的双重压力下，或囿于自身见识和能力，或为了个人仕途，将市政管理权拱手让与外国人的做法，是外国人得以获得租界市政管理权的主要原因。

上海租界开辟后，当地政府对来华外国人的管理体制与传统的广州体制显著不同，全部放权给来华外国人，从一开始就具有"国中之国"的属性。上海租界的市政管理，始终以代表列强政府政治权威和维护来华外国人经济利益为第一要务。更可悲的是，这种特征并未因为清王朝、北洋政

---

① 曹雯：《清朝对外体制研究》，社会科学文献出版社 2010 年版，第 97 页。

② 梁元生：《上海道台研究：转变社会中之联系人物》陈同译，上海古籍出版社 2003 年版，第 41—42 页。

府和国民政府等政权交替而有大的改变，直到 1949 年新中国成立后才得到根本改观。

三、工部局与管理体制

上海所具有的独特地理优势和多元人文因素，使得其在开埠之初就集聚了很高的人气。特别是太平天国运动和小刀会起义所导致的租界人口激增，给外国商人的财富积累带来了契机。租界里的外国人要么赚一笔钱离开上海，要么将自己所获得的资本继续投入到上海这座城市中。相比之下，后者居多，获利也更为丰厚。

裘昔司①写的《历史上的上海》(*Historic Shanghai*) 是研究早期上海租界史的重要参考资料。该书中有段话引用频率很高："顶多再呆上两三年，我希望能够发一笔财，然后离开；即使此后整个上海毁于大火或洪水滔天，这又与我何干呢？"这段话一直作为早期西方商人短视的证据，表明早期来上海的外国人并不在意上海租界的发展，而仅仅希望抓住机会发一笔财。但是，随着时间的推移和租界给外商带来的丰厚利润，在上海待下去，并把它牢牢抓在手中已经成为大多数洋商的想法。1937 年《字林西报》登载的一段文字就是一个佐证："自从大约十七年前我抵达上海以来，我曾经作为万国商团团员，有十多次重大时刻保卫租界。这些时刻总是意味着商业的停顿，一个忧虑重重、可以发生危险的时期，对我们外国侨民社会没有带来什么好处。泥城之战时代的'饱经风霜的老辈'，当人们跟他们谈到这一题材时，就会微笑着说，我们已经习惯于这种想法，但是难

---

① 裘昔司 (Carlos Augusto Montalto de Jesus)，葡萄牙人，也译作徐萨斯、特瑞修、狄支沙等。

道我们满足于看到这种事态无限期持续下去吗？我们应当把自己组织成为一个会使我们能够过着更加正常生活的社会。外国人到上海来住上几年，然后带着一笔财富离开的旧思想，现在正是抛弃它的时候了。这是我们大多数人将要永久住下去的地方。我们有权要求取得一切文明国家共同享有的同样自由和安全保障。"①

中国统计学界的先行者、原上海财经学院教授邹依仁②在其《旧上海人口变迁的研究》中，通过对 20 世纪 30 年代上海公共租界人口和职业分布的调查后，指出："在上海开埠以后，凡是来到上海的外国人，除了其中少数人由于剥削了我国人民因而发了财就回国去享乐以外，一般是不大愿意回去而是留在上海的。因为当时，他们中的大部分人到了上海以后，无论是在开埠的初期或后期，都过着优哉游哉的剥削享受生活，视上海为乐土，再不想离开了。"③

上海租界开辟后，在诱人的经济前景的推动下，设立一个管理租界各项公共事务的机构，是外商重要而急迫的诉求。尤其是随着人口的增多，租界面积的不断扩大，不仅各方来华外国人的经济利益需要协调，而且华洋各界权益也亟须明确。与此同时，为了使上海租界这个生财宝地持续发展，对道路、码头、下水道、公共卫生、自来水和电力等城市公共设施的供给也亟须得到持续稳定的供给。

---

① 转引自［美］罗兹·默菲：《上海：现代中国的钥匙》，上海人民出版社 1986 年版，第 12 页。

② 邹依仁（1908—1994 年），又名邹坦安，江苏无锡人。1936—1938 年 8 月在美国密西根大学研究院，获理学士、理硕士学位。1938 年 8 月回国，1939—1943 年在重庆复旦大学统计系任。新中国成立后，邹依仁任上海财经学院统计系教授兼系主任，研究处副主任。1958 年后邹依仁在上海社会科学院经济研究所任教授。历任上海市第二、三、四届政协委员。邹依仁长期从事统计教学和研究工作，讲授统计学、高级统计学等课程，为国家培养了大批统计人才。

③ 邹依仁：《旧上海人口变迁的研究》，上海人民出版社 1980 年版，第 69 页。

由英租界和美租界合并后形成的公共租界，其市政管理机构的形成和发展较多地体现了英国的传统。来上海的外国人先是成立了道路码头委员会，不久后即升格成立工部局（The Shanghai Municipal Council）。工部局从 1854 年设立，到 1943 年被日本侵略者解散，管理公共租界近 90 年，是公共租界最具有代表性的市政管理机构。

道路码头委员会是依据宫慕久同巴富尔订立的《上海土地章程》而设立的。《上海土地章程》第二十条规定："所有修筑道路，通路，设立码头各费，概由初到商人及该处侨民公派"。"派款人等得请求领事，委派正直商人三名，审慎决定应派出数。倘有不足，得由派款人共同决定，将进口货物，酌抽若干，以补其缺。"据此，上海英租界在 1854 年工部局正式成立之前，已建立了道路码头委员会，专事负责界内道路、码头的修筑。道路码头委员会自 1846 年 12 月成立，至 1854 年 6 月结束，前后历时 8 年，是上海英租界最早的管理机构，主要负责向租界内的外侨征收地税、码头捐，规划实施租界内道路、码头、桥梁的修筑。

工部局，全称为"上海公共租界工部局"，成立于 1854 年，是 1854 年到 1943 年之间上海公共租界唯一的市政管理机关。上海公共租界工部局的印章，于 1868 年设计，1869 年 4 月起使用。印章上刻有 12 个国家旗帜的图样，左上方为英国、美国和德国的旗帜，右上方为俄国、丹麦、意大利和葡萄牙的旗帜，正下方为挪威、瑞士、澳大利亚、西班牙和荷兰的旗帜，其意为上海公共租界由此 12 国侨民选出的代表共同管理。工部局设立初期只是负责办理道路修筑和港口建设的议事办事机构，因此取名时仿照清政府六部中的工部之名而称"工部局"。

1853 年 9 月 7 日，小刀会攻占上海县城以后，清政府完全失去对外侨居留地的控制。1854 年 7 月 11 日，上海租界工部局第一次董事会会议召开，成员 7 人，成立了"道路、码头及警务"和"税务及财务"两个小组委员会。其后，随着帝国主义列强在华权势的增大，工部局的职权也不断扩大，逐步演变为全面管理租界行政事务的机构。到 1931 年，该工部局已设有 13 个专门委员会：警备、工务、财政税务及上诉、卫生、铨叙、公用、音乐、交通、学务、华人小学、图书馆、公园及乐队等，还设有法院（会审公廨）、监狱等机构，进行市政建设、治安管理、征收赋税等各项行政管理活动。上海的公共租界虽然没有像天津那样有外国军队入驻，但在实质上，工部局已经承担起租界内的"市政府"的角色。

与英租界及后来的公共租界有所不同的是，法租界市政管理机构是公董局。但公董局与工部局不同的地方在于，法租界公董局的权力服从于法国领事，而不是像工部局一样，服从于在租界内的租地人（后称纳税人）。这使得法租界和公共租界在市政管理上也有所不同。简而言之，公董局既是法租界的管理机构，也是法国领事权的执行机构。同公共租界一样，法租界公董局，下设 13 个部门，以执行租界内的相关事务，主要有督办办公室、市政总理处、技政总管部、警务处、火政处、公共工程处、医务处、公共卫生救济处、司法顾问处、种植培养处等。尽管法租界和英租界（公共租界）有所不同，但对城市经济发展和市政管理的体系脉络的建立，则体现出两租界相伴而行的历史过程。

上海租界的逐步扩张及其市政管理权的逐步扩大，是各列强在近代中国政治和经济扩张的缩影，它也直接导致上海租界内西方商人的利益格局发生变化。他们的关注不仅仅局限于贸易方面，而是进一步扩展到地产和城市建设上，对租界的预期也由短期转变为长期。煤、水、电等公用事业也就理所当然地成为租界管理当局的重要事务。工部局和公董局对公用事业的建设和管理，主要通过特许权制度吸引私人资本投资公用事业，并通过特许权协议监管公用事业品的定价和质量。特许权制度是授予从事煤气、自来水、电灯、电话等公用事业企业垄断经营权利的制度，其特征是：在保障企业获得长期而丰厚收益的同时，也保证了租界内各种社会成员能够稳定地享受到各种公用事业带来的便捷。工部局的市政管理权，从权力来源上看是建立在不平等条约基础上的，不具有合法性；工部局对租界内华人的治理权和越界筑路区域的市政管理权，也是工部局采用各种手段从华界政府手中"篡夺"来的，这就决定了租界当局不能兼顾到洋人和华人在公共事业上权益的大体平衡。这里的华人权益，既有直接依附于洋商的华人巨贾富商权益，也有千千万万洋商雇用的华人的利益。因此，租界当局根据各种公用事业对社会稳定和居住者生活质量影响的不同，对不同的公用事业行业的关注程度是不同的。例如，工部局和公董局对自来水行业的监管比较深入，包括定价、水质监测、人事权等；而对煤气公司则仅对其工程建设进行监管。同时，由于公用事业的规模经济属性，上海租界的公用事业公司一直谋求向租界外供给相关产品。为此，工部局和公董局将税收权和公用事业品界外供给权捆绑在一起，以期实现租界扩张、公用事业扩张和财政扩张三个目标。

四、租界与西方文明进入

上海租界历时近百年，在近代中国境内主要城市租界中发展最为充分。列强设置的租界在践踏中国主权的同时，在客观上成为了中国引进现代物质文明的渠道和桥梁。鸦片战争前，清政府实行闭关锁国的政策，对来华外国人的商业交易，局限于广东一隅，并采用行商制度，对商业交易进行垄断。但不可忽视的是，当时在欧洲发生和发展的工业革命和资本主义制度的扩张，使得全球物质文明程度大大提升，各种新技术、新产品层出不穷。沉浸在天朝大国物产丰沛幻境中的清政府，并未意识到自身发展的轨迹与全球经济社会发展趋势的脱节，直到坚船利炮的侵略战争打响，才在慌乱中睁开眼睛看世界，在做了些不成样子的抵抗之后，不得不任人宰割。租界就是资本主义对中国侵略的明证，但同时，租界也给中国古老的大地带来了许多西方物质文明成果，折射出当时世界潮流所具有的物质和精神文明的状态。可以认为租界给上海这座开埠城市带来了现代文明的发端，促进了中国近现代社会的转型。近代中国波澜壮阔的斗争，在上海租界皆有痕迹。从近代化角度出发，裴昔司在《晚清上海史》一书中表达了这样的观点："若从世界视角来看，就其体制而言，上海可以被完全看作是一个最引人注目的典型，因其在这个通商口岸的外人社会中，构建了治外法权下的自治型居留地，——让这些离奇有趣的小共和体颇具意义的是，不仅有能让列强协调步骤的允诺，而且还为中国千百万愚昧无知的生灵，上了一堂有关现代文明的实物教学课。"[1]

为实现租界租地人寻求更舒适的生活环境的要求，以及租界市政管理制度的经济效率，租界的市政管理机构，借鉴了英法本国的城市管理经验，开设的公用事业和全球公用事业兴起时间大体一致，其设备通过全球招标引入，可以说采用了当时世界上最先进的管理制度，在当时达到了全球领先的水平，从客观上整体提升了当时上海的城市形象和租界内华洋居民的生活水平，促进了近代民族资本主义的发展。这些是西方文明进入所带来的客观效果。

第二节 租界与上海公用事业的雏形

公用事业是近代文明的产物和象征，一般而言包括自来水、电力、电

---

① ［葡］裴昔司：《晚清上海史》，上海社会科学院出版社 2012 年版，第 1 页。

话、煤气、公共交通等行业。就中国而言，这些行业都是先在上海租界建立，在有所发展并达到一定规模后才逐渐扩展到全国的。1863 年（同治二年），首家煤气公司（当时称自来火房）在上海成立；次年，煤气厂建成开始供气。1870 年（同治九年），上海开始通电报。1880 年（光绪六年）11 月，上海开始供应自来水。1881 年（光绪七年），上海开始使用电话。1882 年（光绪八年）9 月，上海首家发电厂开始发电，向街道和家庭提供电灯照明。1908 年（光绪三十四年）3 月，上海的第一条有轨电车投入运行。①这些公用事业具有如下特点：首先是初期投入大，有规模经济的特征，很容易形成垄断；其次，需要向用户征收排他性费用，以使公用事业提供者的成本和收益相平衡。在上海租界，公用事业的发展与工部局或公董局密不可分。当时包括电灯、电话和电车在内的电力事业，就是由工部局或公董局通过特许权制度委托私人资本开办而建立起来的。

一、道路码头委员会时期英租界的公用事业

道路码头委员会是公共租界管理机构的雏形。由于其设立于上海开埠不久，而且存续时间也不长，对于道路码头委员会情况，②所遗史料甚少，人们知之不多。据上海档案馆在 1992 年分两次公布的道路码头委员会史

---

① 上海市公用事管理业局编：《上海公用事业（1840—1986）》，上海人民出版社 1991 年版，第 4 页。

② 对"道路码头委员会"，所知不多。《上海租界志》介绍道路码头委员会成立于 1846 年，主要管理租界道路和码头建设。道路码头委员会时期，租界市政管理权力没有确立，因此市政管理困境重重。1992 年《上海档案工作》于 5 月、6 月分别刊载了《上海英租界道路码头委员会史料》和《上海英租界道路码头委员会史料（续）》，翻译整理了道路码头委员会的会议记录。但对道路码头委员会的研究并不多见，《上海租界志》对此稍有论述。参见史梅定：《上海租界志》，上海社会科学院出版社 2001 年版，第 208 页。

料，道路码头委员会的职能主要是集资筑路。公布的第一批资料共 8 件，其中，英租界租地人大会会议决议 2 件，道路码头委员会的工作进展报告 6 件，从不同角度全面完整地展示了当时英租界修筑道路码头的职责所在、工程进展、资金来源及使用情况。第二批资料共 19 件，涉及面非常广泛，反映了道路港口委员会的财务和审计、成员的调整、租界排水系统建设的构想等。这两批资料中，第一批资料最为宝贵，围绕着 5 座码头的建设，全面反映了该委员会的选任和工作机制、办事程序和项目实施进程。下面以第一批资料为主，介绍道路港口委员会的具体情况。

第一批资料中最为重要的是 1849 年 3 月 10 日在英国领事馆举行的租界内租地人大会的会议纪要。共有 20 人出席了会议，这次会议的主题是讨论公共道路和公共码头建设事项，一共有 5 个议案，其中一个被否决，4 个获通过。第一个议案是筑路修港的资金来源问题，决定成立三人委员会（即道路码头委员会）对英租界所有地产进行估价，在此基础上决定税金，以期收集到足够的资金来开展修路、筑桥和建港等活动。会议确定，租界内所有地产的税金以 5 元为限。第二个议案是关于道路修建及管理。会议决定，凡是个人无法修筑并能让租界所有人都可使用的道路，则有上述三人委员会负责修建，筑路所耗款项由英国领事馆向租界内成员征收，道路修成后也由三人委员会用公款来维修。第三个议案是关于集资修建码头。决议责成三人委员会以 10％年息来筹集 6 000 元至 7 000 元修筑 5 座 12 英尺宽的石头码头。决议明确借款的利息由码头建成后的收益来充抵，借款的本金则以对租界内地产征收特别税金来偿还。征税的水平是以每亩 1 元/年。第四个议案是为三人委员会配备工作人员，会议决定授权三人委员会根据需要雇用一人或者数人来完成必要的事务。①

---

① 上海市档案馆：《上海英租界道路码头委员会史料》，《上海档案工作》1992 年第 5 期。

在第一次会议之后，道路码头委员会又多次以决议、报告等形式向租界当局和租界内所有租地人报告工程进展情况和资金使用情况。其中，1849 年 3 月 14 日，即全体大会后的第 4 天，道路码头委员会即以通知形式公布了建造码头所需钱款由 20 个企业或个人分摊的细目。从中可见，一般企业或个人大体上出资 200 元至 300 元，但有一个人，可能是当时的巨富，却独自出资 2 500 元。4 个月后，该委员会发出公告称，开始对所有进出口货物征收码头建造税。1850 年 7 月 31 日，道路码头委员会宣布，已经有 4 座码头建成；在公布余款的同时，还要求租界当局对拒不缴纳应该分摊钱款的个人和商家采取行动。次年 5 月 31 日，道路码头委员会有发布公告，宣布 5 座码头全部完工，费用全部付完。报告称，所有钱款往来和用途，凭证和账目均齐备，无论何人均可查看。①

这些文件直观地反映了道路码头委员会时代的市政建设规模和财政能力，从中可见当时租界外国人对公共品需求的数量并不是很大，所能支持的财政资金也非常有限。然而，随着小刀会和太平天国运动的发展，华人涌入租界成为租界市政建设的转折点，同时也促成了租界对华人居民的承认以及工部局的设立。工部局时期迎来了公共租界公用事业的大发展。

二、工部局时期公共租界的公用事业

相比于道路码头委员会时期，公共租界公用事业的发展十分迅速，煤水电等公用事业从无到有，不断发展，欣欣向荣。究其原因，大体上有以下三点。

一是人口急剧增加带来租界社会经济大发展。租界划定之初，仅仅是

① 上海市档案馆：《上海英租界道路码头委员会史料》，《上海档案工作》1992 期第 5 期。

供来华洋商居住歇息而已。上海虽然在 1843 年开埠、1845 年开始设立租界，但是初期发展相当缓慢。直到 1854 年，租界因小刀会起义才获得大发展的机会。小刀会攻占上海县城后，大量富商和官宦涌入租界。在小刀会占领上海县城的一年半多的时间内租界人口从原来的 500 人一下子猛增到 20 000 人。其后，1860 年至 1862 年太平军兵锋南下江苏、浙江，一度直逼上海，战乱之中，又有约 50 万难民涌入租界。[①]难民中既有腰缠万贯的地主富商，也有一无所有的平民百姓，有钱人置办产业，经商发财，穷苦人则受雇于人，以力求食。租界曾一度想限制华人的进入，但未能成功，遂从只有洋人居住，转变为华洋混居。到 1900 年，租界人口达到 43 万人，其中英美公共租界为 352 050 人，法租界为81 148 人。[②]以此为背景，公用事业发展所必须的人口水平、资本投入逐渐具备，租界的公用事业有了进入较大规模和较高水平的发展时期的可能。

二是上海租界公用事业发展基本上与全球发达国家同步。公用事业是城市现代化最重要的标志之一，它不仅涉及城市风貌和市民的生活质量，而且直接或间接影响市民的生存状态和心理状态。在上海租界，水电煤等公用事业最初就出现在生活领域，然后才逐渐扩散到生产领域，极大地促进了城市的近代化进程。工部局时期公共租界的公用事业供给，采用的都是当时全球最先进的技术和设备。1875 年，法国巴黎北火车站建成世界上第一座火电厂，标志着电力时代的到来。仅仅在 4 年之后的 1879 年，上海公共租界内就点亮了中国第一盏电灯。1882 年 6 月，美国纽约珠街电厂建立，是世界第一座商业发电厂，为城市提供电力照明。几乎是同时，7 月

---

① 黄祖宏、高向东、朱晓林：《上海市外籍人口空间分布历史变迁研究》，《南方人口》2013 年第 3 期。

② 上海市公用事管理业局编：《上海公用事业（1840—1986）》，上海人民出版社 1991 年版，第 4 页。

26 日，中国第一家发电公司——上海电气公司宣告成立，比日本东京电灯公司早了 5 年，其规模和技术水平均属世界前列，成为上海城市近代化强有力的推进器。自来水也是如此，1873 年英国伦敦基本实现按户供应清洁用水，1875 年上海就建了第一家真正意义上的自来水厂。

三是特许经营制度是租界公用事业发展的制度保证。特许经营制度的核心是从法律上规定公用事业的经营权属于市政当局，即工部局，企业可以一定的代价和条件从工部局取得经营权，工部局在保留回购或收回特许经营权利的同时，对企业的利润分配、税收以及经营范围等都作了明确的规定或监督。例如发电行业，工部局于 1883 年将此经营权给了英商电厂，一年后因英商电厂无力实现承诺，工部局从英商电厂手中收回经营权自办，又经过竞标招商以后，于 1929 年以 8 100 万两银子的价格，将电场和设备转让给美商电力公司，工部局开出的条件是：工部局仍然保留回购权力；美商电力公司以电价的 5％ 作为税收上缴工部局；电力公司股东分红以初期投资的 10％ 为上限，超额的利润须拨备为电力消费基金，用以降低电力售价；除了保证住宅和商户的民用电以外，电力公司还必须根据工部局的意见，保证道路和电车等公共设施用电。自来水也是如此。由于自来水涉及面宽、盈利前景可观，于是工部局开出如下条件进行招标：首先是中标的水厂的所有经营措施都必须听命于工部局；工部局保留一部分干股，其股份比例随着水厂的经营业绩股上升而增加；水厂盈利的大部分必须投入自来水生产规模的扩大。电话也是一个很好的例子：先是英商的德律风公司于 1908 年通过竞标获得公共租界和法租界 30 年的电话经营特许，按照该公司和租界当局达成的协议，租界当局（即英租界工部局和法租界公董局）在拥有对公司经营最后决策权的同时，还按照每股 50 两银子的价格得到德律风公司的 1 000 股干股。1928 年，租界当局要求德律风公司将市内电话改为旋转式自动交换电话，德律风公司未予同意，租界当局即收回特许经营，另外招标；结果美商国际电话电报公司中标，出面收购德律风公司，出资全面改造市内电话系统。租界当局也因此允许美商国际电话电报公司在英法租界以及通过越界筑路而获得的区域内经营电话业务。这种做法，既缓解了工部局开办公用事业的巨大财政压力，不用筹措大量资金来启动公用事业，同时也实现了公用事业产品持续有效的供给，以及生产的不断扩大。

第三节　租界内各项公用事业的起步

一、煤气在上海的诞生

煤气是各项公用事业中最早被引进上海租界的。有意思的是，当初煤气被引进的目的是用于照明，而不是作为家用燃料，直到发电厂在上海出现后，煤气才回归家庭，供家庭和商户取暖和厨用。因为煤气灯是以管道埋于地下引出成火照明，许多人认为不可思议，因而称之为"自来火"，也有人称其为"地火"，煤气厂最初也被叫做"自来火房"。

首先倡议在上海租界设煤气，并付诸行动的是英国人亚历克斯·肯尼迪·史密斯（Alex Kennedy Smith）。1860 年（清咸丰十年），亚历克斯联络了金（C.J.King）等 6 个英国人从澳大利亚写信给上海英租界工部局，要求在上海租界建设煤气厂（自来火房），他们的请求很快得到工部局的赞同。亚历克斯马上发起了以他为首的临时委员会，着手各项准备工作并请金出面向其老东家英国查普曼（Chapman）公司咨询在上海建造煤气厂事宜。金对煤气很熟悉，他曾经在世界上最早的煤气公司英国威斯敏斯特煤气公司工作过。

经过两年左右时间准备，1862 年 2 月 26 日（同治元年正月二十八日），以亚历克斯为首的临时委员会在上海的英文报纸《航运商业日报》上刊出筹建建造煤气厂招股说明书，向社会公开征集 10 万两白银的股本。同时，把煤气厂的设计方案、机器设备、技术人员、输配、灯具、火表及所有副产品设备的制造，全部委托英国查普曼公司办理。招股书刊登出 4 个月后，已经有 695 股被认购，离开办煤气厂所需的四分之三股票被认购还差 55 股。出于把煤气引进上海的商业前景，在亚历克斯的主持下，已认购的股东举行了第一次股东大会，决定由全体股东把尚未被认购的股票全部买下来，并选举产生了董事会，从而扫清了开工建厂的法律和经济障碍。1864 年初，公司正式开始运作，金出任董事长，开工建设煤气厂。建设工程于 1865 年 9 月底完工，前后历时 1 年又 6 个月，建成后能日产煤气 850 立方米，还铺设了 7 864 米的输气管道。1865 年 10 月 2 日，自来火房生产的煤气通过预埋管道送到厂部秘书的住宅。11 月 1 日正式向普通用户供应煤气，首批煤气照明用户为 58 家，其中家庭用户 39 家。[1]

按照同工部局达成的协议，租界当局允许煤气公司在南京路从浙江路口以东到外滩装接了 10 盏广告性质的路灯。12 月 18 日，这 10 盏路灯在入夜后首次大放光明。这 10 盏人们没有见过的煤气路灯取代了数百年来在上海南京路和外滩的煤油灯，这距离欧洲工业革命发明煤制气干馏技术问世才十多年，早于亚洲各个城市，这 10 盏路灯被看作是中国城市公用事业的开端。时人记载初见煤气照明的情形："树竿置灯所以照道，皆自来火，由地道出，光焰绝明，彻夜不灭。"上海有不夜城之称，盖源于此。[2]由于围

---

① 上海市公用事管理业局编：《上海公用事业（1840—1986）》，上海人民出版社 1991 年版，第 24 页。

② 邢建榕：《水电煤：近代上海公用事业演进及华洋不同心态》，《史学月刊》2004 年第 4 期。

观的人太多，工部局不得不派专人守住每一个灯柱，以防被人挤倒。打那以后，煤气灯在外滩亮了数十年，直到 20 世纪初才被电灯淘汰。

煤气生产以煤做原料，而当时中国并未大规模开采煤炭，租界煤气厂使用的煤都依赖进口，煤炭进口到上海后，每吨 15 两白银，因此煤气的价格很贵。直到 1881 年开滦煤矿产煤，上海煤气厂改用开滦煤，煤气灯的价格才有所下降。据当时租界工部局的计算：每一盏油灯一个月的费用是 1.5 元，而煤气大概是它的 3 倍多。19 世纪 70 年代，上海用作户外照明灯约有 400 盏，煤气灯居半。

当初的煤气用户绝大多数是租界的外国居民，由于它的便捷和洁净，很快许多中国商人富户也纷纷申请安装煤气灯。现在，在已经对公众开放的优秀历史建筑康定东路 87 弄 3 号张爱玲故居中，还可以看到清末民初富人家使用煤气等的遗迹。康定东路 87 弄 3 号是一栋清末民初建造的仿西式建筑，原先是李鸿章给女儿的陪嫁，张爱玲作为李鸿章女儿的孙女曾长期居住于此。这栋建筑的客厅中间装吊枝形水晶灯的地方，有一个硕大的铁钩子，就是当年用来挂煤气灯的。

从 1886 年到 1881 年的 16 年内，煤气灯和煤气公司一路顺利，发展迅速。16 年内，外国人用户从 58 家上升为 509 家；华人用户从无到有，1881 年有 205 家；路灯从当初的 10 盏增加到 489 盏，几乎遍及租界各个角落。公司也实现转亏为盈，1881 年纯利润达 41 572.5 两白银。16 年内共获利润 397 181.09 两银子，为实际投资额 15 万两的两倍。股东们不仅在 16 年内收回全部投资，还得到了 61 500 两银子的利润。①

但是，煤气灯在风行了一段时间后，遇到了重大挑战：比煤气灯更亮

---

① 上海市公用事管理业局编：《上海公用事业（1840—1986）》，上海人民出版社 1991 年版，第 28 页。

的电灯来了。1882年，上海有了第一盏电灯。煤气灯在与电灯并存了一段时间后，实现了华丽的转身，从光源转变为热源，由照明转化为厨用。

1882年4月26日，英国人立德尔开设了上海电光公司，作为新光源的电灯开始在上海租界夜幕下闪亮登场。次年在斐伦路（现乍浦路九龙路附近）建厂房。电光公司复制当年煤气公司的营销模式，首先向上海市民展示电灯的魅力，通过铺设或借用工部局原来的灯杆，向市民展示电气照明的效果，然后等待用户与之签订合同。

面对电光源的挑战，自来火房采取了一系列措施与之抗衡：增添设备，提高煤气质量和照明亮度，改造与延伸输气管网，并连续多次降低煤气收费，积极发展家庭用户。经过种种努力，自来火房在电力的竞争中居然一时间占了上风，其销售和用户不但未受影响，相反还不断上升。

但是，科学技术的进步，总是遵循优胜劣汰的自然法则，是不以人的意志为转移的。随着电灯以金属丝代替碳丝获得成功，电动机日趋成熟，电的售价也随之下降。1900年底，大英自来火房进行改组，成为在香港注册的上海煤气股份有限公司。改名后的英商上海煤气股份有限公司立即根据"今后的照明就是电灯"大趋势开始调整经营方向，将重心转移到了家庭烹饪和取暖用煤气事业。公司开展了大规模的广告宣传，让人们了解煤气的优点，还向市民示范如何使用煤气烹饪食物。同时，煤气公司对于新的煤气用户，特别是华人用户，给予种种优惠，以扩大市场。公司在各种报纸上大登广告，强调对华人用户实行免费安装室内管道。为了提高用户的积极性，有段时间公司规定，安装工人每发展一个华人用户就给予两角五分大洋的津贴。

与此同时，由于租界越界筑路的扩张延伸，大批新的公寓和里弄房屋建造，为煤气进入家庭厨房烹饪和取暖提供了广阔的前景和新的用户。当时的上海，分"旧式里弄"和"新式里弄"，两者间最重要的判别标准，就是有没有配备煤气灶具。

通过积极的营销活动，煤气公司终于重新打开局面，煤气年供应量出现了新的高峰。1934 年 2 月 23 日，上海煤气公司董事会宣布，一座占地33 亩、日产煤气 400 万立方英尺的杨树浦煤气厂诞生。1936 年全年煤气生产量达到 27 621.2 立方米，1937 年煤气管线总长度达 208.9 英里。①

二、自来水在上海的诞生

自来水同样是在英租界首先出现的，经历了深井水、砂滤水和自来水三个阶段。

上海开埠前，居民用水多取自河水或井水。租界开辟的初期，在沪外侨不习惯饮用煮沸后的开水，一般直接饮用生水，但是取自河道池塘的生水，无不"黄沙污泥，入口每有咸秽之味"。②有的洋人因为饮用不洁生水而致病甚至死亡。对清洁水源的诉求使得租界内的洋人不断向市政当局请愿，要求设立自来水厂。英国伦敦在 1873 年实现了市政当局按户向所有个人和商户供应自来水。在上海，1870 年租界工部局就开始考虑筹建自来水厂，1872 年拟定了初步方案，但是因为取水口和资金等问题迟迟不能解决，直到 1883 年 8 月才正式建厂供水。

在此之前，一些洋商做了不少探索和尝试。如 1860 年，洋商旗昌洋行自行开凿深井取地下水，供职员使用，井深 78 米，水质相当不错。但是，水量不敷需要，且运输极不方便。随着租界外侨人数的不断增加，饮

---

① 上海市公用事管理业局编：《上海公用事业（1840—1986）》，上海人民出版社 1991 年版，第 47 页。

② 载《申报》1872 年 5 月 10 日，转引自上海市公用事管理业局编：《上海公用事业（1840—1986）》，上海人民出版社 1991 年版，第 109 页。

水问题日趋严重，于是有人尝试向租界供应砂滤水来解决洋人的饮水问题。1873 年，上海租界出现了一个营业性的小型水厂。据 1873 年 3 月 7 日的《申报》记载，这家水厂设在现在的延安东路北侧，有个流动的砂滤水生产小船，停泊在外滩广东路福州路间码头，向个人和商户供水，水质经过英美医生的检查和认可。[①]但是其规模实在太小，根本无法满足租界内的生活和生产经营的大量需求。

1875 年 3 月，上海出现了第一个真正意义上的自来水厂。以格罗姆（F.A.Groom）为首的 4 个洋人，以股份制企业形式，发起成立了清洁水供应公司立德洋行。他们拟筹资 3 万两白银，分成 300 股，每股 100 两银子，征地 115 亩，厂址设在杨树浦，从黄浦江取水，生产清洁饮用水。虽然这家水厂存续时间不长，但是却无意中奠定了杨树浦在上海自来水历史上的地位，以后水厂的经营方式和规模各有不同，但是一直都在杨树浦地区，格罗姆设立的第一家水厂的原址现位于杨树浦水厂南部厂区内。格罗姆设立的这家水厂已经拥有沉淀池、过滤池、水泵和水塔等现代化自来水厂所有必要设备。但是不知何故，格罗姆等人的自来水公司没有得到租界当局的支持，无法在租界铺设管道输水进户，只得用木船将黄浦江水运至贮水池，经过沉淀和过滤之后再用船或水车将水运至外滩，向租界商户和居民售水。这样成本自然极高。据资料显示，立德洋行的水价按路途远近不一，每 1 吨水的价格抵得上 55 只鸡蛋的价值。[②]能用这种高价水的人毕竟是少数，因此水厂经营惨淡，立德洋行在艰难地维持了 5 年生产和经营活动之后，于 1881 年把水厂全部资产和设备以 1.8 万两白银卖给正在筹建中

---

① 上海市公用事管理业局编：《上海公用事业（1840—1986）》，上海人民出版社 1991 年版，第 110 页。

② 汪峰：《【话说上海】夏日记忆：魔都饮水二三事》，载搜狐网 http://www.sohu.com/a/240340033_534720，2018 年 7 月 10 日。

的英商上海自来水股份有限公司。[①]

上海自来水股份有限公司是英商麦克利沃特（A.McLeod）等人筹组的，注册在伦敦。麦克利沃特当时是上海英租界救火会主席，他联合了其他 5 名英国商人，向工部局提出建立水厂的建议，他的建议和具体方案不仅得到工部局的支持，而且还得到了在伦敦的不少有意投资上海房地产和港口的商人的支持和赞同。1879 年上海自来水股份有限公司筹备委员会在伦敦成立，并成立以麦克利沃特等人为主的上海委员会具体操办。

1880 年 1 月，麦克利沃特等人以上海自来水股份有限公司筹备委员会上海委员会名义正式向工部局提出设立公司的申请。1880 年 6 月 16 日（光绪六年四月二十七日），工部局纳税人大会通过水厂建设计划，授权工部局给予上海自来水公司以一定条件的专营权。1880 年 8 月 31 日，工部局和该公司正式订立合同，对水厂的建设和供水起始期、获得专营权的附加条件等作了明确规定。合同规定，该公司须在 1883 年 3 月 31 日之前开始正式供水，并须日夜供应，并维持在一定的水压以确保所有用户都能使用。作为取得在租界内专营权的条件，水费不能超过用户房子租金的 5％，公司的年净利润不得超过公司资本金的 8％。合同还规定，允许在租界内铺设管道输水供水的交换条件，工部局可以在水厂供水 10 年后收购其一切业务和资产。

上海自来水股份有限公司的注册地虽然为伦敦，但实际生产和经营在上海；依然选址杨树浦建设水厂，但是所有设备全都要拆掉重建。所有设备和管道都是从英国运来来。厂址之所以维持在原地不变的主要原因是这一段的黄浦江河道最为宽阔，水质亦佳。该公司先收购了前文提及的立德

[①] 上海市公用事管理业局编：《上海公用事业（1840—1986）》，上海人民出版社 1991 年版，第 111 页。

洋行水厂，并以之为基础，又在许昌路附近黄浦江边购地建厂。

上海自来水股份有限公司经过两年多的建设，于 1883 年 8 月 1 日正式开始供水，生产规模为每天供水 150 万加仑（6 819 立方米），可向英租界、虹口租界、法租界以及上海老城厢供水。按照与工部局的合约，上海自来水股份有限公司除向租界外侨和部分华界供应洁净水饮用之外，还需无偿在街头设置消防龙头，用于防火救火。在供水事业开办之初，除了租界内洋人华屋豪宅以外，真正接水进户的用户并不多，主要是采取分区域集中供水。英商上海自来水公司在居民集中聚居之处，安装大型供水龙头，设专人管理，向居民售水，每担 3 文。居民先向管理者以现金购入竹木制的水筹，然后用水筹到水站取水。

晚清重臣、洋务运动主要代表人物李鸿章与上海的自来水事业也有交集。据英商上海自来水有限公司 1883 年董事会年度报告，当年正在上海的李鸿章曾参观过自来水厂。6 月 29 日，李鸿章来杨树浦水厂参观，时值举行通水典礼，应总工程师的邀请，李鸿章亲手拧开引入黄浦江水的通水阀门，黄浦江水瞬间涌入蓄水池。①英商上海自来水有限公司建成供水后，发展较为顺利，截至 1931 年，公司平均日供水量超过 20 万立方米，成为当时远东第一大水厂。

英商上海自来水公司的成功，使得法国商人坐不住了，法租界公董局不满于向公共租界购买自来水的状况，遂于 1897 年 12 月 13 日招标建造自来水厂，1898 年 3 月开始在董家渡建造沉淀池、过滤池和蓄水池。因董家渡水厂离开法租界约有 4 公里，中间隔了上海老城厢。为解决跨境输水问题，经协商，上海道台同意，法商在华界敷设水管，越境输水到达法租界。作为交换条件，法商自来水公司也向华界供应自来水。1902 年 1 月，

---

① 喻晓：《李鸿章与杨树浦水厂》，《新民晚报》2013 年 7 月 5 日。

法商自来水厂建成供水。

在英、法租界普遍使用上干净方便的自来水后，华界建设自来水供应系统也提上了议事日程。几经酝酿，1897 年元月，由地方绅商推举怡和洋行买办唐荣俊和商人杨文俊筹建自来水公司，此事很快得到上海道台刘麟祥的批准。这家中国人自办的供水企业名为"内地自来水公司"，筹建方案预估需用 30 万两银子，唐、杨两人认股出资 20 万两，另外 10 万两就地招股募集。当年就在原高昌乡包家宅（今半淞园路）购得土地 40 亩（26 680 平方米），动工建设，至 1902 年 9 月建成正式供水。此后，国人自办的闸北水电公司也于 1911 年 10 月正式落成，设计日出水量 9 090 立方米，可满足 10 万居民的饮水。

三、电话电报在上海的诞生

1876 年，美国人贝尔发明了电话机。次年即有中文记载。1877 年 10 月 16 日（光绪三年九月初十），郭嵩焘在其日记中记载了应邀参观伦敦的电气厂时的情况。在参观中，他与随员翻译张德彝分别在楼上、楼下通过电话进行了对话。郭嵩焘把这一能"发声"的东西命名为"声报"。后来的中文文献均参照英文单词的发音，将电话翻译为"得利风"或"德律风"。

1877 年，上海轮船招商局为了保持总局与金利源码头（十六铺码头的前身）之间的联系，从海外买了一台单线双向通话机，拉起了从外滩到十六铺码头的电话线，这便是上海出现的第一部电话。

据说，后来有两个外国人带了几部电话机到上海"淘金"，每天在小东门外的闹市区，架起两部可以对讲的电话机，招徕顾客。谁有兴趣，只要花 36 枚铜板，两个人即可在两头拿起电话机的话筒相互说说笑笑，以娱众人。《申报》于 1878 年 8 月 22 日刊文介绍电话知识说："德律风者，系西人新创之器，用时将铁线一接，在其讲话器一端说话远近皆可传声，其极远者可至数千里之外。"

上海营业性的电话业务始于大北电报公司。大北电报公司，亦称"丹国大北电报公司"，成立于1869年（同治八年），由丹挪英电报公司、丹俄电报公司和挪英电报公司组成，股东绝大部分是英国的资本家和沙俄的皇室。如公司名称所示，大北电报公司原本主营电报业务。1870年（同治九年），大北电报公司来华开业，先后敷设香港—上海、上海—长崎、长崎—海参崴海底电缆，并与清政府签订合同，取得了电报水线登陆权，以及借用陆上路线权和收发报专利等特权，在中国经营收发电报业务。

1881年（光绪七年）夏，大北电报公司向上海的公共租界工部局和法租界公董局同时提出申请，要求经营两租界内的电话通信业务。大北公司的申请旋即获得英法等国的同意。1882年2月21日，大北电报公司在外滩7号（现盘谷银行上海分行大楼），安装了一部电话人工交换机，设立了中国第一个商业性电话局。这比美国设立世界上第一个电话局只晚了4年。同年3月1日，大北公司开通了两个租界的电话业务，最初的用户只有10家（一说25家），每户电话及租费为150大洋。①同时，大北公司在公共租界和法租界竖电话杆、架电话线和征求电话用户。上海因此成为世界上最早拥有电话的城市之一。1882年（光绪八年）有人作《竹枝词》道："两地情怀一线通，有声无影妙邮筒。高呼狂笑呈憨态，独立倾听得律风。"电话由此日受人们重视，业务不断发展。

大北电报公司的成功，激起了更多洋商经营电话的热情。1881年，本部设在伦敦的英国东洋（一为"东方"）电话公司来上海开业，经营公用电话。1882年4月，公共租界工部局电气工程师毕晓普主持成立的上海电

---

① 王戴香：《大北电报公司在中国述略》，上海社会科学院硕士学位论文2014年。

话互助协会也获得工部局的批准，从事两个租界内的电话业务，用户也有
30 多家。

1883 年初，英商中国华洋德律风公司上海分公司成立，工部局遂将租
界内电话业务全部交给英商华洋德律风公司上海分公司统一经营，大北电报
公司由此退出在上海的电话业务，专营电报，直到上海解放后退出中国。

英商中国华洋德律风公司先是接盘了大北电报公司的业务和设备，旋
即又合并了毕晓普主持的上海电话互助会。英商华洋德律风公司在初期的
发展并不顺利，到 1990 年用户才发展到 300 家，而且音质不佳，时有串
音，服务态度也差。1899 年 12 月 29 日，英商上海华洋德律风公司成立，
1990 年在香港注册，1990 年 2 月通过招标，上海华洋德律风公司全面接管
中国华洋德律风公司的业务。上海华洋德律风公司积极引进新技术把手摇
式口呼话机改成了旋转式自动拨号话机；十分注重经营管理，拓展客户，
开发新型业务，除了个人用户以外还开办了公共电话业务。上海华洋德律
风公司还开办了电话天气预报业务，通过电话将天气预报从徐家汇天文台
传到外滩的信号台，由外滩信号台向公众发布，受到公众的极大欢迎。上
海华洋德律风公司分别在 1908 年和 1909 年同公共租界和法租界签订合同，
取得了为期 30 年的电话专营权。其后，上海华洋德律风公司还通过与中
方电话局协商，签订了"华洋接线合同"，实现了租界与华界的直接通话，
以及租界电话接入中国国内长途电话系统。1929 年，上海华洋德律风公司
又陆续开通了报警、火警、急救等专用电话。但是，由于各种原因，上海
华洋德律风公司的经济效益并不佳，公司财力无法支撑接二连三的技术创
新和改进。1930 年，为了统一上海全市的电话制式，租界电话需要全部改
为旋转式自动拨号话机，上海华洋德律风公司因无力承受改制所需财力而
被工部局取消在租界的电话专营权。在新的招标中，美商国际电话电报公
司中标，接管上海华洋德律风公司的全部业务和网络。1930 年 8 月 5 日上

海华洋德律风公司停业时，拥有 26 281 个用户，7 个电话交换台所。①1930年美商国际电报电话公司收购华洋德律风公司后，改名美商上海电话公司，到抗日战争全面爆发前该公司通话电话机达到 53 326 台，与日本、美国均可通长途电话。

至于华界的电话事业，是在大北电报公司开始在上海经营电话业务的25 年后，即 1907 年（光绪三十三年）10 月，清地方政府，始在华界南市大东门外新码头里街设立上海市内电话局，开始电话业务，第一批用户仅为 92 家。此时租界内的电话已经非常有规模，但华界南市与租界不能直接互通电话，要靠人工转接。直到新中国成立后，原租界和华界之间的电话才可直通。

电报也是重要的通信工具，虽然主要用于生产和经营，但是电讯手段不发达的时候，电报同一般人的生活也有着密切的关联。直到 20 世纪 90年代，外地来人接站、家人患病住院或者病亡等事件还是通过拍电报来传递。除了上文提及大北电报公司以外，同时在华经营电报业务的还有英商中国海底电报公司（英商大东电报公司的前身），双方订立合同，划分各自在中国经营电报业务的势力范围，议定：大北公司的水陆电报线，不能延伸到香港以南，中国海底电报公司的水陆电报线，不得延伸到上海以北，上海、香港间定为双方共同营业的区域。

四、电车在上海的诞生

在很长一段时期中，上海话中的"电车"一词等同于公共交通，这是因为在各种公共交通工具中，电车最早在上海出现，并且基本覆盖整个上

---

① 王戴香：《大北电报公司在中国述略》，上海社会科学院硕士学位论文 2014 年。

海城区。

1881 年 5 月，第一辆有轨电车在德国柏林工业博览会上展示，德国工程师冯·西门子在德国柏林附近铺设了世界上第一条电车轨道。当年，英商怡和洋行向法租界公董局倡议在租界内开办有轨电车，公董局对此表示赞同，着人开始研究法租界有轨电车交通计划。1888 年，世界上第一个有轨电车路线在美国弗吉尼亚州里士满市投入运行。1895 年 5 月，美国人亨脱向工部局提交了一份申请在上海开通有轨电车的计划书，当这个申请被英商自来水公司知道后，他们以有轨电车会压坏铺设的自来水管道为由坚决反对，结果亨脱的申请未获得工部局的同意。此后，又有不少洋商申请开通电车，但均因他们拿不出确保自来水公司利益的方案，也无法在工部局通过。开通有轨电车会压坏自来水管的说法直到 1902 年才被破除，当时工部局邀请英国土木工程协会的专家和英国电车的工程师到上海实地考察，他们经过考察后得出开通有轨电车不会影响自来水管道的结论。

此时的上海公共租界已经从最初的英租界 830 亩的窄小地盘扩展到了东起杨树浦、西至静安寺，东西距离长 11 公里的区域。租界建立之初，人们的代步工具主要是黄包车、独轮车和马车等，随着租界面积不断扩大，以人力、畜力为动力的交通工具无法满足需要，无法跟上城市的发展节奏。电车的引进已经是势在必然。因此，尽管有电车会压坏煤气和自来水管道的说法，租界电车建设的步伐并没有停滞不前。

1898 年 3 月，公共租界和法租界联合组成电车设计委员会，由公共租界董事 2 人、法租界董事 1 人和双方推荐的工程师数人组成，但是设计过程中各方达不成一致意见，此举又半途而废。次年，法商兴业银行、德商联合电车公司、比商窄轨铁路公司、法商里昂会社、美商上海电车公司和英商电气运输公司再次提出申请，公共租界和法租界当局通过了这 6 家公司的申请。但是，在提交两租界纳税人大会审议时却意外发生分歧。纳税人大会的英国成员表示，既然公共租界的一切权利归英国商人，那么美商上海电车公司就不应该参加投标。受此影响，法国驻沪总领事巨赖通知法租界公董局，既然英商如此要求，法租界的电车也应该由法国人主办，不容他人插手。上海租界的电车事业也由此一分为二，公共租界和法租界各自开办电车。

1901年，公共租界再次招标，英商布鲁斯·庇波尔公司和英商电气运输公司中标，但是又因这两家公司筹资不顺，再次流产。1905年3月，布鲁斯·庇波尔公司再次获得在公共租界建设和经营电车的权利，同年10月，公共租界工部局与之签订协议，授予布鲁斯·庇波尔公司电车专营权35年。布鲁斯·庇波尔公司随即在公共租界的西端赫德路（今常德路80号）购进土地12亩招商承包建造电车场。然而平地又起风波：布鲁斯·庇波尔公司突然表示无意继续电车事业，并于1906年将取得的电车专营权转让给英商上海电气建设公司。

英商上海电气建设公司（Shanghai Electric Construction Co. Ltd，也有人译成"上海电气建设公司上海有轨电车公司"），即上海电车公司，俗称英商电车公司（或英电），是英商电气事业建设公司为承接电车事业而新成立的子公司，1907年10月1日正式成立，总管理处设在北苏州河路2号，注册资本为70万英镑，公司董事会则设在英国伦敦。同年，上海电车公司位于静安寺地区的静安寺车栈（赫德路80号）竣工。12月25日，公共租界工部局在派克路（今黄河路）、斐伦路（今九龙路）兴建的电车专用变电站亦最终完成。有轨电车所需各项基本要素都已具备。1908年3月5日清晨，上海第一条公交线路——英商1路有轨电车线路正式通车营业，1路有轨电车全线总长6.04公里，自静安寺至外滩上海总会，途中经过的道路皆为当时上海最重要的商业区，如南京路、四川北路、外滩。同年，上海电车公司又陆续开通静安寺至虹口公园、静安寺至十六铺、杨树浦至十六铺等电车线路，均获得社会民众的一致好评。此后，该公司包揽了公共租界的全部有轨、无轨电车的线路。

与此同时，1906 年 6 月 19 日法商电车电灯公司（Compagie Francaise de Tramways et E'clairage Electrique）取得在法租界经营电车电灯事业的经营权。1908 年 5 月 6 日，法商 2 路有轨电车（善钟路至十六铺）和 10 路（十六铺至卢家湾）有轨电车通车。

从 1881 年英商怡和洋行提议建造电车开始，到 1908 年第一条电车路线通车运行，经历了 27 年时间，是上海各项公用事业开办所花时间最长的，其间所呈现的各列强之间的钩心斗角也是最为充分的。尽管如此，电车还是给上海人民带来了现代化的便利，电车，特别是有轨电车一直是早期上海的城市风景线，是上海人生活的一部分。著名作家张爱玲喜欢电车，也喜欢写电车，在《封锁》《童言无忌》《到底是上海人》《有女同车》等多篇文字中都有电车出场。她居住最久的常德公寓（今常德路 195 号）就落在英商上海电车公司 1 路的起点静安寺车栈旁边。她写道："我喜欢听市声。比我较有诗意的人在枕上听松涛，听海啸，我是非得听见电车响才睡得着觉的。……城里人的思想，背景是条纹布的幔子，淡淡的白条子便是行驰着的电车——平行的，匀净的，声响的河流，汩汩流入下意识里去。"

五、电力在上海的诞生

上海有电的历史几乎与世界同步。

1866 年，德国工程师西门子制成发电机。1875 年法国第一座发电厂在巴黎建成。1879 年 4 月，上海工部局英国电气工程师毕晓普（J. D. Bishop）在虹口乍浦路一家仓库里，以 10 马力的蒸汽机为动力，带动了一台西门子公司生产的自激式直流发电机。该发电机产生的电力可供相当 6 000 支烛光的弧光灯所需要的电力。从此，华夏大地上有了电灯。同年 5

月，美国总统格兰特（U.S.Grant）路过上海，英国人在黄浦江外滩用该发动机发出的电力点燃弧光灯，以示欢迎。

1882 年 6 月，美国纽约珠街电厂建立，这是美国，同时也是世界第一座商业发电厂，为城市提供电力照明。同年 7 月 26 日，中国第一家发电公司——上海电气公司也宣告成立，要比日本东京电灯公司早了 5 年。设立上海电气公司的是英国人立德尔（R.W.Little），他筹集了 5 万两白银，并从美国购进一套 16 马力的 100 伏蒸气直流发电机组，在南京路江西路北角（今华东电业管理局）创办了中国第一家发电厂，并在外滩一带立竿架线，安装了 15 盏 2 000 支光的弧光灯，一是作为路灯，二是作为广告为其公司招揽生意。这些炫人眼目的弧光灯吸引了成百上千的市民翘首围观。《万国公报》报道说，"光照海面，几同白昼"。

然而，被人们赞为"奇异的自来月"的弧光灯，却遭遇清政府驻上海的地方官员抵制。上海道台认为"电灯有患"，恐焚屋伤人导致灾祸，遂照会英国领事馆通知停用，并下令禁止中国人使用。但越来越多的人认识到电灯具有油灯、煤气灯无法比拟的优势，清政府禁令成了一纸空文，电灯的使用逐步增加。上海电气公司先后在外滩、南京路、百老汇路（今大名路）3 条主要干道上安装 35 盏弧光灯，极大地改善了道路照明。

上海的路灯照明，在经过煤气灯、弧光灯阶段，至 1916 年已全部使用价廉稳定的白炽灯。1925 年起，开始采用 220 伏路灯，改串联为并联接线。至 1949 年，全市共有路灯 18 356 盏，大都安装在繁华地区和主干道。早期的电灯用户大多是洋行、医院和工部局的各部门。到 1888 年底，电气公司仅能供应 60 盏弧光灯的电力，而用户却还在迅速增加。

以此为背景，电力工业的公用事业性质由此逐渐显现，公共租界工部局遂收购上海电气公司，在乍浦路建立容量为 197 千瓦的中央电站，后又在斐伦路（今九龙路）建造容量为 298.5 千瓦的新中央电站。至 1900 年，发电设备总容量已达到 576 千瓦，电扇、电梯、电动机等电力器具开始在上海的厂商和个人家居中广泛应用，当时上海的电灯已接近 9 万盏。工部局不得不一再扩大电站规模，装置了全国第一台 800 千瓦汽轮发电机组，供电达 4 400 千瓦。

上海较早的大型火电厂是杨树浦发电厂。原系由公共租界电气处经营的江边电厂，1911 年由英国商人投资动工建造，安装两台 2 000 千瓦汽轮发电机组，1913 年建成发电。杨树浦发电厂位于上海市区东部杨树浦路 2800 号，南濒黄浦江、北沿杨树浦路、东临复兴岛、西至今杨树浦大桥，占地 14.2 公顷。该厂建成后，由于电力需求激增，一再增加设备，扩大生产规模。到 1924 年，该厂容量已达 12.1 万千瓦（汽轮发电机组 12 台，锅炉 26 台），成为远东最大的火电厂。

1929 年 4 月 17 日，公共租界纳税人会议批准向美国依巴斯公司所属的美国和国外电力公司出售电气处。该公司为了取得公共租界的电气事业，终组成了一个由 70％美资、20％英资以及 5％中资、5％日资组成的国际财团，于 1929 年 5 月在美国特拉华州注册成立美商上海电力公司。[①]在美国人的经营之下，杨树浦发电厂发展更为迅速。到 1949 年杨树浦发电厂共有 16 台机组，总容量 19.85 万千瓦，是当时中国最大的火电厂，占当时全国总装机容量的 10.5％。

这一时期，法租界公董局也在今延安东路山东路口建造了专供法租界照明的洋泾浜电气厂，此乃上海法商电车电灯公司的前身。上海的民族电力工业也开始崛起，先后创建了南市电灯厂和闸北水电公司。中外四家电力公司在上海已初具规模，电力除用于路灯照明外，还供应工厂用电和电

---

① 《上海租界志》编纂委员会编：《上海租界志》，上海社会科学院出版社 2001 年版，第 392 页。

车等用电。

第四节　洋商对公用事业的垄断和华界的抗争

租界是上海公用事业的起步之地，租界一方面为上海城市的发展提供了有利的条件；另一方面也因为租界的性质，上海的公用事业的殖民性质十分明显。

一、租界公用事业的殖民特征

第一，公用事业品的服务对象有限制，主要是为租界内洋人服务的。至于租界外的中国人，基本上与租界现代化公用设施无缘。犹如上海外滩沿线繁华的楼群，那只是租界光鲜的表面，在高楼背后，阴影很长，除了极少的豪商贵人之外，在上海的一般华人很难从这个城市的公用事业发展中获得真正的福利提高。1905 年，工部局与自来水公司的特许权协议中明确规定，上海自来水公司不能向租界以外用户供水，除非向工部局缴纳特别税。即使缴税，扩大向界外供水，还得得到工部局的同意。1928 年续订的特许权协议依然保留这一条款。又如 1930 年法租界公董局与上海电话公司签订的专营合约条款中，就有关于限制向租界外居民提供电话服务的规定，"除有特殊规定外，公司不得向界外居民提供电话服务，公司须遵从公董局的要求切断抗捐居民的电话线"。[①]

第二，租界公用事业的发展往往成为列强扩张租界，索要各种政治经

---

① 《上海租界志》编纂委员会编：《上海租界志》，上海社会科学院出版社 2001 年版，第 419 页。

济权益的武器和手段。一般华人对于自来水开始时持怀疑和排斥态度，一段时间后才慢慢接受，进而发展到争相申请安装自来水。随着华界用水客户的增加，在公共租界上海自来水公司因生产能力扩大，开始越出租界向华界供水。工部局就趁机以此为要挟，把正常的经济交易变为扩张的工具。工部局规定，凡是华界要使用租界的自来水，必须先编订租界的门牌号码，缴纳租界的治安税。1908 年，工部局借华界的闸北宝山路宝兴路的居民要求接装租界自来水之机，强行要求此处居民缴纳相当于房租 6% 的界外巡捕治安税，引起当地居民的强烈不满。于是当地居民自行组织成立新闸自来水公司，由公司出面从英商上海自来水公司取得 546 立方米的自来水，然后由新闸自来水公司向居民供水，以此来规避缴纳界外巡捕治安税。英商上海自来水公司发函同意这一方案。但是，工部局坚持非要居民缴税。其实，当年工部局已经收缴了 28 万两界外巡捕治安税。工部局之所以坚持要新增华界自来水用户缴纳巨额界外巡捕治安税，是因为时值租界越界筑路的高峰，工部局需要更多的钱财来维持越界筑路所需的各项经费。[1]

又如，通过自来水管道铺设，肆意扩张租界地盘也是一例。从 1898 年开始，在租界多次大肆越界筑路的同时，公共租界上海自来水公司也在租界筑路工程两旁排管供水发展用户。工部局将自来水公司管道在华界道路上的扩展原因认定为华界政府"默认"。有人指出，华界土地主权"半以路权而丧失，半随水电而俱亡"。

二、晚清上海官民合作兴办公用事业的尝试

以此为背景，清末民初的政府也开始认识到公用事业的重要性，或官

---

① 李春晖：《风骚独领——上海早期供水事业的创立和演变（四）——老城厢外华界之闸北水电公司与浦东水厂筹建始末》，《城镇供水》2015 年第 4 期。

办，或支持华商兴办各项公用事业。在上海，陆伯鸿、李平书等实业家先后投资创办水、电等各种公用事业，华界的公用事业开始从无到有，风生水起，打破了原来洋商一家独占的局面，上海的公用事业由此出现了英美资本的公共租界、法国商人的法租界和华界三方鼎立的格局。虽然华商的公用事业在规模和技术上都不敌洋商，但却为中华民族的城市发展写下了浓重的一笔。

陆伯鸿与李平书合作创办南市电厂和闸北水电公司就是典型例子。陆伯鸿是近代上海的华商领袖，早年作为上海总商会代表，赴美国、意大利、瑞士等国观光考察，回国后立志实业救国，陆续兴办一系列工商企业。他所兴办的企业不仅盈利丰厚，且多为城市建设必须的公共事业，有的至今仍发挥着作用。

李平书是清末上海地方自治运动的代表性人物，既是辛亥革命元勋之一，又是著名民族实业家。1905 年他出任上海华界地区自治组织总工程局的总董，统管城厢内外各项工程。他主持总工程局工作后，派人接收城厢内外道路、路灯管理权，设立和资助小学堂以利初等教育事业的发展，统一巡警以维持地方治安，同时还采取一系列措施阻止租界的扩张。

陆伯鸿和李平书合作创办南市发电厂和闸北水电公司，是民族资本对上海公用事业发展作出的重要贡献。1897 年，上海地方政府出资兴建南市电灯厂。那时，距英商上海电气公司正式供电已经过去了整整 15 年。每当夜幕降临，租界里华灯齐上，照如白昼，而一旁的老城厢却依旧点着油灯，昏天黑地。在如此鲜明反差的推动下，时任上海道台蔡钧与上海县令黄承暄商定，决意效仿租界，拨银 4 000 两，从英商沪北怡和洋行租来一套发电机，在十六铺附近老太平码头（今老太平弄）建厂成立了南市电灯厂。为了和租界媲美，他们用洋松木制成电杆，沿着新辟的外马路（今中山南路）竖起 30 盏路灯。1898 年 1 月 21 日傍晚时分，黄承暄率领县衙大小官吏亲临电灯厂，观看试灯，这天正巧是大年三十，上海县城的第一盏电灯就在辞旧迎新的爆竹声中点亮了。30 盏电灯一同放光，顿时"照耀通明"，"几疑朗月高悬"，上海老城厢从此进入电气时代。①

但是，由于官办经费拮据且管理不善，南市电灯厂一直处于亏损之中，还因为装机容量极小，发电量最多也只能满足 1 010 盏电灯的照明所需。1906 年，时任上海城厢内外总工程局总董的李平书等人发起成立商办内地电灯公司，上海地方政府决定将南市电灯厂由官办改成商办，折价并入李平书的内地电灯公司。内地电灯公司开办之初，也一直处于亏损之中，为此李平书于 1911 年推荐陆伯鸿接办内地电灯公司。由于陆伯鸿管理有方，内地电灯公司很快扭亏为盈，并扩大了经营规模。数年内，地处南市的华界路灯数由原 1 000 余盏激增至 7 万盏，成为当时上海继英、法经营的电气事业之后第三大发供电公司，迅速缩小了华界和租界在市政建设方面的差距。1918 年，内地电灯公司与陆伯鸿创办的华商电车公司合并为华商电气股份有限公司。至 1937 年抗日战争全面爆发前夕，为了进一步增加发电量，该公司在半淞园黄浦江滨（即上海解放后南市发电厂厂址）兴建新厂，并从德国西门子公司进口两台 1.5 万千瓦汽轮发电机组等设备。就在万事俱备之时，"八一三"事变爆发，工程被迫中止。上海沦陷后，华商电气公司遭日军劫掠，并一度更名"华中水电公司南市分公司"。其间，发电设备也陆续被拆走，至 1942 年，不得不停止发电。抗战胜利后，华商电气公司虽然复业，但无法发电，只得向美商上海电力公司购电转售用户，直到 1949 年初方才恢复发电，但装机容量仅有战前四分之一。上海解放后改为上海南市发电厂。南市发电厂虽然已在 2007 年关

---

① 张姚俊：《南市发电厂的今生前世》，载上海档案馆信息网 www.archives.sh.cn/shjy/shzg/201203/t20120313_6396.html，2011 年 11 月 29 日。

停。但是，由南市发电厂烟筒改成的巨型温度计，至今还耸立在上海世博会园区内，吸引着来自世界各地的人们的目光。

上文提到的华商电车公司也是由李平书推荐、陆伯鸿一手创办的。辛亥革命后，环绕县城的城墙被拆除，建成了环城马路（即现在的人民路、中华路环路）。城墙拆除后，华界和租界连成一体，于是开通电车被提上了议事日程。英法租界纷纷表示要将电车线路延伸到华界，均遭到时任上海市政厅民政总长李平书的拒绝，他主张南市的电车一定要由国人承办。1912 年 4 月，李平书推荐陆伯鸿出面经办南市的电车开行事宜。陆伯鸿经考察论证后，向社会集资 20 万元，设立南市电车厂。1913 年 8 月 11 日，华商经办的第一辆有轨电车正式通车，最初线路是从十六铺到沪杭火车站，里程仅为 4 公里，以后又陆续建立开通了 4 条电车线路。1918 年，华商电车公司与内地电灯公司合并。

三、民族资本在公用事业领域同洋商的抗争

李平书和陆伯鸿携手创办和经营的闸北水电公司影响尤为重大。如上文所述，公共租界、法租界先后在 1883 年和 1902 年建立了自来水供水系统，华界的老城厢地区也因法租界水厂借道而用上了自来水。除此三块区域之外，上海还有北面的闸北地区和浦东地区仍是自来水供应的空白地区，当地企业居民要求使用自来水的呼声十分强烈。1910 年，两江总督张人骏上书朝廷称："查上海北市水源不洁，有碍卫生，与英商接管购水，莫如设厂自办。"次年即得清廷核准。张人骏指派李平书主持创办闸北水电厂，并拨借官款 26 万两白银在苏州河边的广肇山庄北首（今铁路上海新客站附近）建厂。1911 年 10 月 27 日，闸北水厂建成供水，新任关道刘襄孙到会致贺，李平书发表演说，在称"闸北居民盼望水电刻不容缓，闸

北水电工程以极快时间赶建竣工"的同时极力呼吁，"除用道署及银行款项外，尚不敷甚巨，仍需从速招股"。①

不久，因苏州河原水污染，水质浑浊，且因投资不足，水压不高，以致无法用于消防。1924 年 3 月 10 日，闸北区川公路祥经丝织厂不慎失火，在救火时因自来水水力不足，扑救不及，竟致灾情扩大，酿成烧死工人数十人之大惨案，于是舆情喧嚣，各方要求水厂由官办改归商办。1924 年，商办闸北水电公司成立，在李平书的力荐之下陆伯鸿出任董事，主持公司，公司股本扩充至 400 万元。因为此时苏州河水被污染得很严重了，几乎已经无法作为饮用水源了，经过积极地筹办，很快确定在黄浦江中下游处的闸北殷行乡剪淞桥购地 148 亩，作为新水厂基地。

为了有能力全面同租界的水电竞争，1925 年 11 月，公司通过全面考察和分析，以 27 万元收购由宁波籍商人蔡春芳开办的江湾电灯厂，在此基础上新建电厂向闸北地区供电。1926 年 9 月开始建设，1930 年 2 月全部完工，7 月机组安装竣工。12 月 24 日，新电厂开始发电向用户供电。

为了将大量管道埋置地下，自江湾（今大柏树一带）穿越淞沪铁路（今轨道交通 3 号线），向西连接闸北柳营路，输送水、电，以供应闸北一带的用户，1927 年，闸北水电公司专门为此新建了一条马路，并用公司名称将此路命名为水电路。②

闸北新水厂筹建 3 年，于 1928 年 5 月 19 日试车通水。当年出厂水量约在 1.6 万至 1.8 万立方米/日，至 1930 年夏最高日出水量已达 2.8 万立方米。经过不断扩建增能，1935 年最高日出水量增至 6 万立方米。1931 年 7

---

① 李春晖：《风骚独领——上海早期供水事业的创立和演变（四）——老城厢外华界之闸北水电公司与浦东水厂筹建始末》，《城镇供水》2015 年第 4 期。

② 徐鸣：《水电路：水电公司修建的马路》，《劳动报》2017 年 12 月 4 日。

月，闸北水电公司经谈判收回了原由英商上海水电厂供水的公共租界北面的给水权。同时，闸北水电公司和上海市政府签订了特许经营水电事业的合约，规定以当时江湾、彭浦、闸北、引翔四区全部及殷行区内张华浜以南之区域、蒲淞区内在苏州河北岸自陈家渡以北直达真如、蒲淞两区界线所划直线以东之区域为闸北水电公司的营业区域，允许公司在该区域内继续经营制水输水售水事业的 50 年专营权。1935 年，闸北水厂再次扩建，又增添沉淀池一座，快滤池四座和洗水塔一座，1936 年 6 月 22 日工程竣工时，总出水能力已达 9.46 万立方米/日。同时，水厂又向南面排设第二根钢质出厂水管，900 毫米口径，总长 3 282 米，沿上达路、中原路、华原路至翔殷路与原 500 毫米口径水管连接，排管工程于 1937 年 6 月全部完成，大大拓展了上海东北部区域的供水范围。①

第五节　民国和抗战时期上海的公用事业

1911 年辛亥革命爆发，1912 年中华民国成立，直到 1949 年中华人民共和国成立，中国在此期间先后经历了北洋军阀统治、国民党统治、抗日战争，以及解放战争。在这一连串重大事件和变革中，除了太平洋战争造成的损失以外，1945 年以前的上海租界倒是基本上维持了相对安定的平稳和发展。租界的公用事业，尽管有着严重损害中国主权和人民权益的基本特征，但是在客观上，也发挥了将西方物质文明和科学生活方式传入中国的桥梁作用。无论是北洋政府还是国民党政府对租界都采取容忍和维持的

---

① 李春晖：《风骚独领——上海早期供水事业的创立和演变（四）——老城厢外华界之闸北水电公司与浦东水厂筹建始末》，《城镇供水》2015 年第 4 期。

态度，甚至相互之间还有不少合作。出自民族自立的愿望，北洋政府和国民党政府也在上海兴办了不少公用事业，由中国官方主导的公用事业出现较大的发展。

一、民国时期的上海公用事业

从时间和主体上，可分为两个阶段，第一阶段为辛亥革命前后到南京国民政府成立，时间约为1905年至1927年，其特征是民族资本积极参与公用事业，出现了与租界鼎立竞争的局面。第二阶段为南京国民政府成立到抗日战争全面爆发，时间约为1927年至1937年，其特征是中国政府开始按照国际标准，积极筹划包括水电煤通信等公用事业在内的上海全面发展，并在原上海市政府等江湾地区的大型公共建筑屋内作了示范。

第一阶段，即清末民初，是中国社会的动荡时期，各路军阀忙于相互争夺地盘，根本无力顾及民生。混乱的自由中催生出一批具有强烈地方自治意识的华人巨商同租界洋人独占公用事业相抗争的局面，使民族公用事业实现了从无到有的突破。陆伯鸿、李平书创办闸北水电公司最有代表性，影响也最大，对此上文已有详细叙述。除此之外，还有不少从事公用事业的华商。著名民主人士黄炎培在1920年夏与穆湘瑶、张志鹤等创办浦东汽车公司。当时，浦东黄浦江沿岸的烂泥渡一带，华洋厂栈林立，市面日趋繁荣，但交通滞后，仅有一些人力车。处于浦东腹地的川沙、南汇更为落后，根本没有现代意义上的公共交通系统。黄炎培、穆湘瑶等创办上川交通股份有限公司，从筑路开始，继而经营自川沙王家桥到庆宁寺的公共交通。这大致是后来上川公路的走向。1921年7月，在黄炎培主持下，上南长途汽车公司也宣告成立，依然是从筑路开始，经营北起黄浦江边周家渡、南抵南汇大团，全程30公里的公共交通。几乎是同时，华商董杏生创办了中国第一家公共汽车公利汽车公司，从事静安寺路和曹家渡之间的公共汽车事业。虽然公利汽车公司因各种原因，只存在了两年多一点，但是显示了众多华人绅商的公益眼光和商业才能。①又如，被称为"浦东开发第一人"的童世亨，在 1919 年与黄炎培等共同创办浦东电气股份有限公司，为浦东最早的供电设施。浦东电气股份有限公司的供电范围从浦东沿黄浦江一带扩大到川沙周围及曹路、顾路、龚路等集镇。经过他们的努力，公用事业的供应越出了租界的范围，扩展到了华界，与公共租界和法租界的煤、水、电等公用事业形成三足鼎立之势。据民国时期的不完全统计，到 20 世纪 30 年代，华商开办的电厂有 6 家，自来水公司有 2 家，公共交通有 5 家（见表 0-1）。

表 0-1　上海市民营水、电、交通公司简表

自来水部分	闸北水电公司	上海内地自来水公司	电力部分	华商电力公司	闸北水电公司	浦东电气公司	翔华电气公司	真如电气公司	沪西电力公司	交通部分	华商电气电车公司	华商公共汽车公司	沪闵南柘长途汽车公司	沪太长途汽车公司	上南长途汽车公司

资料来源：《选述公用事业概况刊登中西报纪念刊物等》，1931 年 8 月 10 日，上海市档案馆藏，全宗号 Q5-3-1835。

"大上海计划"是第二阶段内中国政府积极筹划包括水电煤通信等公用事业在内的上海全面发展的主要成果。1927 年成立的南京国民政府，鉴于上海在政治、经济上的重要地位，把上海辟为"特别市"，不久又提出一个比较完整的现代城市规划，即"大上海计划"。这个计划因日本全面

---

① 《上海租界志》编纂委员会编：《上海租界志》，上海社会科学院出版社 2001 年版，第 422 页。

侵华而被迫中断。"大上海计划"，亦称"大上海建设计划"或"新上海建设计划"，最初出于革命先行者孙中山 1919 年的《建国方略·实业计划》。按孙中山的睿见，"设世界港于上海"。1927 年，上海被南京国民政府定为直辖中央的"特别市"，特别市市政府专门成立一个设计委员会，集中一批专家研究上海的城市建设问题，开始了上海成为全球城市的第一次探索和实践。市政府提出将港口附近的江湾地区建设为新的市中心区域，划定闸殷北路以南、翔殷路以北、淞沪路以东大约 7 000 亩土地作为新的市中心区，即以今江湾五角场地区为轴心，寻求辐射发展。把市中心设在江湾，是南京国民政府在政治上无法实现对租界统一领导的情况下，设想通过城市规划和建设来最终实现对上海的统一控制。为了实现"将租界取而代之"的这一民族目标，南京国民政府雄心勃勃，邀请了众多当时国际一流的建筑、规划专家共同参与大上海计划的实施，童大酉等著名建筑师、规划师响应号召，纷纷回国积极参与。规划刚有眉目，1929 年至 1933 年间爆发了全球最严重的经济危机，刚刚崛起的民族工业与国力遭到重创，国内的战火更是雪上加霜。但是，"大上海计划"的梦想并未放弃。为了缓解经费紧张，上海特别市政府于 1929 年、1934 年分别发行了 300 万元和 350 万元的市政公债，并悉数投入"大上海计划"的公共设施建设中，市政府大楼、体育馆、图书馆等主要公共建筑先后完工，这些建筑在传统的民族风格的外表之下，完全使用钢筋混凝土结构，内部设施也同样现代化，拥有现代化水电设备，电梯、暖气、卫生、消防设备等一应俱全：配有电梯与消防设备，每层均有热气管道与抽水马桶，装有防暑扇 119 个。即便室外温度为 0 摄氏度时，室内热水管道所产生的热能，也能使室内达到 22 摄氏度，可谓是冬暖夏凉，即使今天看来也是十分现代舒适和环保。

至于公用事业的发展，上海市公用局的成立是典型的代表。上海被明确为特别市后，为了统一管理公用事业，在市政府内成立上海市公用局。

首先，上海市公用局的成立，有效地抵制了租界以提供公用事业产品和服务为名而展开的政治经济权益扩张。由于租界和华界的两立，非常不利于上海公用事业整体性的发展、规模经济的达成、生产成本的降低和民生的全覆盖。上海市公用局成立后，与租界的利益协调有了统一的官方指导，凡涉及华洋两界的利益之争，均由上海市公用局出面协调，有效地防止了租界越界筑路的再发生。华商与法商有轨电车相互接轨问题。如在小东门、老西门均有华商的 3 条有轨电车和法商的 1 条有轨电车并存，但是相互之间不能相互接轨。1927 年，经过上海市公用局出面协调，华商与法商电车电灯公司达成环路接轨协议，形成 3 路圆路。为确保各方经济收益，上海市公用局决定，华商与法商电车公司在 3 路线上采取等量行驶的办法。①

其次，为上海公用事业发展建章立制，并制定了较为全面详尽切实可行的公用事业发展规划。上海市公用局制定和发布了一系列管理公用事业的制度、条例，其中主要的有：1928 年 8 月 1 日出台的《上海特别市政府关于商办公用事业监督政策及其说明》，以及不久后发布的《规定商办公用事业建立规则及其处分细则案》；1930 年出台的《民营公用事业监督条例案》及《地方政府监理公用事业事项案》。②这些规划和制度的制定在一定程度上有助于集中资源、集合市场，进行相对有效的监督，使得公用事业行业更有效地发展。在上海市公用局成立后的十年中，由于行政上的统一，上海的公用事业得到了进一步的发展。

---

① 《上海租界志》编纂委员会编：《上海租界志》，上海社会科学院出版社 2001 年版，第 427—428 页。

② 周利敏：《民国时期上海市公用局发展公用事业政策研究》，东华大学硕士学位论文 2004 年。

二、日伪统治时期的上海公用事业

租界公用事业的发展，在 20 世纪 30 年代后期进入鼎盛时期。但是，1937 年卢沟桥事变后日军侵攻上海，上海爆发"八一三"淞沪抗战。日本的侵略对上海的经济社会发展造成了巨大的破坏，租界公用事业当然不可能例外。

日伪上海市政府对租界的"控制"是逐步推进的。1937 年 12 月 13 日，日伪上海市政府发函给英法租界当局称，"查上海市政府自党军败退后，所属各籍贯均已解散屋邨，维持地方无人负责。兹经各界公推鄙人担任市长，业于本月五号暂在浦东成立上海市大道政府行使职权。嗣后对于贵局范围以内所有地方一切交涉时间，仍由本市长遵照旧例继续办理"。①所谓"遵照旧例继续办理"，实质上是想给英美法租界当局吃定心丸，表示日军对两租界维持现状。随着战事的进展，日本同美国、英国的矛盾越来越凸显，日军很快就露出了狰狞的面目。在日本和德国、意大利签订轴心国条约前夕，1939 年 4 月，日伪上海市政府在其发布的施政纲中明确表示，"急宜与工部局交涉收回，以维主权"，"正式收回市商会"。

1943 年 2 月 17 日，日本占领当局限令居留在沪的英、美等国侨民在月内迁入指定的"人民集合所"居住，日军集中拘禁了在沪英、美、荷等国侨民。同年 6 月 30 日，汪伪政府"外交部长"褚民谊与日本外务大臣重光葵在南京签订所谓的《关于交还上海公共租界条款》及《了解事项》。这些文件规定，自 1943 年 8 月 1 日起租界行政权及公共设施资产，均由汪

---

① 《致两租界当局公函（12 月 13 日）》，载上海市档案馆编：《日伪上海市政府》，档案出版社 1986 年版，第 10 页。

伪政府"继承"。随后，公共租界改称为"上海特别市第一区"，工部局改为"区公署"，总巡捕房改为"第一警察局"；法租界改称"上海特别市第八区"，公董局改为"区公署"，法总巡捕房改为"第三警察局"。伪署长、局长均由伪市长陈公博兼任。伪区公署设日籍顾问，伪警察局配日籍副局长，实际上处于日军的控制之下。

在此情况下，上海租界的各项公用事业也遭到不同程度的侵占和破坏。但由于"孤岛"时期租界人口暴增，消费剧增，租界公用事业品价格暴涨。在租界被日伪上海市政府"收回"后，日军下令由大上海瓦斯株式会社接管上海煤气公司，1943年后，由于原料紧缺，除军需用气不受限制外，对全市煤气实行限制，上海煤气业发展停顿。自来水、电力行业也基本如此。在1941年太平洋战争爆发之前，作为"孤岛"，租界的供电和供水勉强维持。太平洋战争爆发后，日军进占公共租界，当天就占领了杨树浦水厂。1942年，日军筹组"华中水电股份有限公司"，下设"大日本军管理上海水道会社"，杨树浦水厂的公司经理、水厂厂长及各部门负责人都由日本人担任，同时还将闸北水电公司、内地自来水公司、浦东水厂等中外公用事业企业均纳入旗下，并取消原来各自公司名称，统一改为华中水电股份有限公司某某支店。①

简言之，在太平洋战争爆发之前，为维系与英美法等的关系，日本在表面上对租界基本采取了容忍和维持现状的态度，但实际上，日本军事当局步步进逼，给租界设置种种限制，蚕食和侵吞租界的产业和财物。太平洋战争爆发后，日本侵略军撕下伪装，通过日伪上海市政府接管了租界产业。

---

① 《上海租界志》编纂委员会编：《上海租界志》，上海社会科学院出版社2001年版，第382页。

日本占领上海期间，上海的许多公用事业设施毁于一旦，很多民用设备和资源被强制转化为军备资源，在这种局面下，租界的公用事业发展停滞，一片寥落。作为亚洲最早实现发电和供电的城市，上海竟然出现了严重的缺电甚至无电可用的局面。1941 年 12 月起，日军就开始在上海推行一系列"节电"措施，明令规定，所有生活用电以前 3 个月平均用量为上限，如超用 1 度，便要交平时电费的 25 倍的罚金，如连续 2 个月超用，便派人上门剪断电线，停止供电。所有商店一律营业到晚上 9 点。电车从全天开行改为早午晚 3 个时段开行，早上为 2 小时，7:30 至 9:30；中午为 1 小时，12:30 至 13:30；晚上也只有 2 小时，16:00 至 18:00。1943 年 8 月起进入所谓"限电"阶段。居民用电额下降到 2 年前的 35%，商店营业时间不能超过晚上 8 点。到了 1944 年秋，居民用电限制为一户一灯，不久又只限晚上 7:00 至 10:00 才可开灯。除了军工生产以外，所有工厂一律停业，电车开行时间又缩短为早晚两档时间。①

三、抗战胜利后至新中国成立上海的公用事业

抗日战争胜利后至新中国成立，只有短短的 4 年时间。这段时间，经历了国民党政府接收日伪产业和资产，以及国共谈判破裂、内战爆发。这段时间内的上海公用事业基本上还没有从战争的创伤之中恢复过来，发展有限。

从租界的角度来看，因为美、英、法等国先后宣布完全放弃在华租界的一切权益，这就使原来在租界工部局和公董局治下的各项公用事业面临

---

① 朱建国、朱果如、胡敏杰：《日伪时期上海租界供电怪现相》，《农村电工》1995 年第 5 期。

管理架构的重组。同时，因受到战争破坏，租界的公用事业也面临着供给能力恢复的难题。抗日战争期间，上海租界公用事业发展停滞，并遭到不同程度的破坏，战后重建工作亟需大量的资金支持和稳定的政治社会环境，这些条件恰恰是在这段时间无法实现的。

从整个上海来看，上海光复以后，国民党政府也花了不少时间来规划和考虑包括公用事业在内的上海长远发展。抗战胜利以后，上海终于结束了百年的租界历史，新上海的建设被提上议程。当时的国民党上海市政府启动了"大上海都市计划"的编制。"大上海都市计划"是 1945 年抗战胜利后，为适应战后上海的重建和复兴，巩固和发展上海在全国的作用地位而编制的，为编制"大上海都市计划"，当时的上海市政府于 1946 年 8 月成立了上海市都市计划委员会，共有委员 28 人，时任上海市长的吴国桢任主任委员，工务局局长赵祖康任执行秘书，其他成员来自建筑、金融、工商、政法界，甚至还有医生。这个委员会存在了 3 年。1946 年底该计划初稿完成，1947 年第二稿完成。1949 年 5 月，上海解放，该委员会并没有随国民党政府倒台而自行解散，一直坚持工作到 1949 年 6 月第三稿完成。他们编制的"大上海都市计划"中，从交通系统规划，到教育、卫生等公共设施的配套，再到发展卫星城镇、绿地建设等，都有详尽的考虑。对于他们的工作，解放后首任上海市市长陈毅十分肯定，1950 年经陈毅市长批准，前后三稿的全文予以刊印。

但是从抗战胜利到新中国成立，也不过短短的 4 年时间。因此，国民党政府对上海公用事业的发展规划，并未得到有效的实施。上海公用事业发展的春天在新中国成立之后来临。

第一章 回归人民手中

1949年是中国近代史上极为重要的分水岭，10月1日，毛泽东主席在天安门城楼上宣布中华人民共和国成立，半殖民地半封建的旧中国一去不复返，共产党领导人民当家作主的新中国开始了新的征程。公用事业作为政府连接广大市民群众的桥梁，却长期被对新政权极不友好的美国、英国等西方大国所控制和垄断。如何使具有浓厚殖民地背景、基本上为帝国主义列强所控制的水电煤和电灯、电话、电车等公用事业重新回到人民手中，当然成为新政权优先考虑的重要问题。

考虑到新中国成立初期错综复杂的国际局势，打破美、英等国对公用事业的垄断和控制，又必然同新政权的外交战略密切相连。本章将从新中国成立初期的外资政策和外交战略两个维度，叙述中共在上海解放前后，如何审时度势，积极而稳健地把被外资控制了近百年的上海公用事业逐步收归为人民所有的历史进程。

第一节 肃清帝国主义残余是新中国外资政策的核心

1949年新中国的成立，是中共从革命党转变为执政党的历史性转折。

在这重大历史转折关头，中共一方面坚定地坚持了革命初衷，在打倒蒋介石集团取得政权之后，立即着手在各个领域内大张旗鼓地清除帝国主义在中国的政治、经济残余，着手收回对被帝国主义长期控制的公用事业；另一方面又根据严峻的国际环境和复杂多变的国内形势，在接收和清理被外资控制的公用事业企业时，采取了高度灵活而又十分谨慎的政策和策略。为了清晰地勾画新中国成立初期在外资问题上各种决策的历史背景，有必要首先对中共外资政策历史演进过程适当回顾和分析。

一、新中国成立前中共外资政策的演进过程

自鸦片战争起，中国一直饱受西方列强的欺凌。中共自成立起就一贯主张反对帝国主义的侵略和取缔其在华特权，并在一定程度上对未来的政策进行了设想。

1927 年 7 月，中国共产党第一次全国代表大会通过的《中国共产党纲领》明确提出奋斗目标是："消灭资本家私有制，没收机器、土地、厂房和半成品等生产资料；消灭资本家私有制，没收机器、土地、厂房和半成品等生产资料。"1922 年 6 月，中共在其《第一次对时局的主张》中，明确要求"改正协定关税制，取消列强在华各种治外特权，清偿铁路借款，完全收回管理权"。中共二大则进一步阐述了中国经济政治所遭受到的外国资本和在华外资企业的压迫："在中国自己的领土之内，三分之一的铁路为外国资本家的所有物，其他铁路也是直接或间接由外国债权主人管理；外国的商轮是在中国的海口和内河里面自由行驶；邮电是受严密监督；关税也是不能自主的，是由外国帝国主义者协定和管理的……中国经济生命的神经系统已经落在帝国主义的巨掌之中了。"①

---

① 中央档案馆：《中共中央文件选集》第 1 册，中共中央党校出版社 1992 年版，第 67 页。

在土地革命时期，中共处在国民党的全面的军事包围和经济封锁中。中共的主要精力集中于如何在贫瘠的内陆农村，或僻远的山区坚持武装斗争。当时党的经济政策，主要集中在土地政策上，通过打土豪分田地，以吸引和动员广大贫苦百姓参加革命。除此以外，很少有余力来关注其他。

随着抗日统一战线的建立和各根据地的不断扩大，中共开始对外国资本予以关注，不仅允许和鼓励在华外资企业在各抗日根据地的存在和发展，而且在一定程度上对抗战胜利后的外资政策进行了种种设想。1936 年7 月，美国记者埃德加·斯诺采访毛泽东，问及中国是否承认外国在华的财产和欢迎外国人来华投资时，毛泽东回答说："苏维埃政府欢迎外国资本的投资。"但是，他同时又强调说："只有中国取得真正的独立和民主之后，才有可能把大量外资用于大规模地发展生产事业。也只有自由的中国，由于生产性经济的广泛发展，才能够偿还这种外国投资的本金和利息。"①

1939 年，毛泽东在《中国革命与中国共产党》一文中强调："帝国主义列强还在中国经营了许多轻工业和重工业的企业，以便直接利用中国的原料和廉价的劳动力，并依此对中国的民族工业进行直接的经济压迫，直接阻碍中国生产力的发展。"他们还"在中国开设银行，垄断了中国的金融财政，因此他们不但在商品竞争上压倒了中国的民族资本主义，而且在金融上、财政上扼住了中国的咽喉。"②1945 年 4 月 23 日，毛泽东在中共七大上所作的《论联合政府》政治报告中明确指出：为着发展工业，需要大批资本，从什么地方来呢？不外两方面：主要地依靠中国人民自己积累资本，同时借助于外援。在服从中国法令，有益中国经济的条件下，外国投

---

① 《毛泽东文集》第 1 卷，人民出版社 1993 年版，第 394 页。
② 《毛泽东文集》第 2 卷，人民出版社 1991 年版，第 629 页。

资是我们欢迎的。对于中国人民与外国人民都有利的事业，是中国得到一个巩固的国内和平和国际和平，得到一个彻底的政治改革与土地改革之后，能够蓬蓬勃勃地发展大规模的轻重工业与近代化的农业，在这个基础上，外国投资的容纳量是丰富广大的。①

1946年1月，在全国政治协商会议上，中国共产党代表团提出《和平建国纲领草案》，明确主张："防止外国独占资本之操纵国民生计；在不妨碍民族独立条件下，极力发展中外经济与文化的合作，并保护外国人民在华合法利益、生命财产之安全。"②

1946年5月，任弼时在受党中央委托起草的《关于解放区经济建设和财政金融贸易的基本方针》中宣布："在有利于发展和繁荣解放区经济的条件下，可以允许外国资本家到解放区投资，但必须以尊重中国主权与法律为条件。外资可以独办某些企业，约定一定年限（10年至多20年）由政府收回；也可以合股经营，按股分利。但有重大军事意义的企业，如我们的军事工业，则不应让其经营或入股。"③

《论联合政府》《和平建国纲领草案》和《关于解放区经济建设和财政金融贸易的基本方针》中关于外资论述的内容，基本上总结了中国共产党对外资政策的核心内容。一方面，从发展经济，摆脱一穷二白的落后状况来看，中国需要外资，落后的旧中国必须实现工业化，而外国投资是帮助国家恢复和发展经济的重要渠道；另一方面，从过去的惨痛历史经验来

---

① 毛泽东：《论联合政府》，《解放日报》1945年5月2日第5版。毛泽东这一段关于利用外资的讲话，在中共晋察冀中央局1947年3月编印的《毛泽东选集》第2卷（第172—173页）还有明确登载。但到1953年《毛泽东选集》第3卷出版时被删。转引自卿定文：《论中国共产党利用外资思想的初步形成》，《中共党史研究》2005年第5期。

② 中央档案馆：《中共中央文件选集》第16册，中共中央党校出版社1992年版，第46页。

③ 《任弼时选集》，人民出版社1987年版，第394页。

看，中共又十分强调，利用外资是有前提条件的，必须是由政府加以严格管理的。

二、新中国成立前夕中共的外资政策和策略

解放战争三大战役胜利后，新中国的建立已经是呼之欲出，新中国成立后如何同帝国主义打交道，实行什么样的外资政策，如何坚决而彻底地清除西方列强在中国的政治经济残余势力，如何使得长期被帝国主义霸占和垄断的公用事业完整地等回到人民的手中等一系列战略和政策，提上了中共领导人的日程。从 1948 年底起，毛泽东主席和刘少奇、周恩来等中共领导人在继续指导战争进程的同时，花了巨大的精力来研究、制定新中国的外资政策和策略。

1949 年 1 月北平和天津解放后，中共中央在总结各地经验的基础上制定了《中央关于外交工作的指示》，为全面的城市接管中处理在华外资企业提供了政策指导。《中央关于外交工作的指示》规定：在原则上，帝国主义在华的特权必须取消，中华民族的独立解放必须实现，这种立场是坚定不移的。但是在执行的步骤上，则应按问题的性质及情况，分别处理。凡问题对于中国人民有利而又可能解决者，应提出解决。其尚不可能解决者，则应暂缓解决。凡问题对于中国人民无害或无大害者，即使易于解决，也不必忙于去解决。凡问题尚未研究清楚或解决的时机尚未成熟者，更不可急于去解决。强调在外交工作方面，要恰当地掌握原则性与灵活性，才能站稳立场，灵活机动。

在外资企业问题上，《中央关于外交工作的指示》明确规定，对于一切资本主义国家政府的和私人的在华经济特权、工商企业和投资，均不给以正式的法律的承认。但也不要忙于去做有关禁止、收回或没收的表示；

只对其中对国家主权和人民经济生活危害最大者，例如金融投机、内河航运等，发出立即禁止的命令。其他如外国银行等不要忙于令其停业。

《中央关于外交工作的指示》还规定对一切非政权机关的外国雇员，从顾问到一般技术人员，原则上我们不承认其原有机关的合同。但在需要与并无危险性的职位上，可以容留某些外国雇员，继续其工作。为此，解放军占领的各大中城市均设外国侨民事务处，专管外国侨民所经营的事务（如工厂、企业、银行、公司、商店、学校、医院、教会、团体、报纸、刊物、通讯社等）的登记、审查和批复。[①]

1949年3月，中共中央在河北省平山县西柏坡村召开了中共七届二中全会，毛泽东在会上提出了全国解放后处理帝国主义在华经济事业的基本原则。毛泽东指出，"在国民党军队被消灭，国民党政府被打倒的每一个城市和每一个地方，帝国主义者在政治上的控制权即随之被打倒。但帝国主义者直接经营的经济事业和文化事业依然存在。对于这些，我们必须分别先后缓急，给以正当解决"；"不承认国民党时代的一切卖国条约的继续存在，取消一切帝国主义在中国开办的宣传机关，立即统制对外贸易，改革海关制度"，"剩下的帝国主义的经济事业和文化事业，可以让他们暂时存在，由我们加以监督和管制，以待我们在全国胜利以后再去解决。对于普通外侨，则保护其合法的利益，不加侵犯"。

简而言之，新中国成立前夕中共制定的外资政策的核心是：在坚决取消外资企业在中国拥有一切特权的基础上，对其实行监管和利用。监管就是使其遵守人民政府法令，规定其经营范围，反对投机经营和违法经营；利用就是运用其人力、资力和国外的经济关系，促进国民经济的恢复和发展。

---

① 转引自徐黎：《中国共产党对在华外资企业政策的研究》西南交通大学博士学位论文2014年，第62—64页。

遵照中共七届二中全会的精神，在解放军已经占领的哈尔滨、沈阳、北京、天津、济南等大城市先后在市政府内成立外国侨民事务处及公安局内的外国侨民事务科，其负责人均由中共中央批准，章汉夫、黄华等一批著名外交家先后任北京、天津等地的外国侨民事务处处长等职。

1949 年 9 月 29 日，在开国大典的前夕，中国人民政治协商会议第一届全体会议通过了《中国人民政治协商会议共同纲领》。这部共同纲领，实际上就是新中国成立初期的临时宪法。《中国人民政治协商会议共同纲领》明确宣告："中国人民解放战争和人民革命的伟大胜利，已使帝国主义、封建主义和官僚资本主义在中国的统治时代宣告结束。"即将建立的"中华人民共和国必须取消帝国主义国家在中国的一切特权，没收官僚资本归人民的国家所有"；"凡属有关国家经济命脉和足以操纵国民生计的事业，均应由国家统一经营。凡属国有的资源和企业，均为全体人民的公共财产，为人民共和国发展生产、繁荣经济的主要物质基础和整个社会经济的领导力量"。[1]共同纲领的颁布和实施，使得中共在长期革命实践中形成的外资政策具有了法律效应，成为指导各项具体工作的总纲。

可以清楚地看到，在取得革命胜利之时，中共一方面秉承自建党以来的基本信念，坚决反对帝国主义对中国的政治、经济和文化侵略，取缔其在华各种特权；另一方面，中共对于具体的外资企业，既没有单纯着眼于意识形态上的政治判断，也没有停留在振奋人心的革命口号上，而是根据国内外的复杂形势和盘根交错的利益格局，审时度势地从实际出发，提出了一系列具体的政策和策略，为全盘接收和清理在华外资企业做了完整细致的政策准备和思想准备。长期为西方列强所垄断、控制和利用的上海公用事业，作为在华外资的一个重要组成部分，当然也应该遵循这一原则。

---

① 转引自《中国人民政治协商会议共同纲领》。

第二节　新中国成立前后严峻的国际环境

外资政策是中共对外战略的一个组成部分。着眼于取消各帝国主义在华一切特权的外资政策，既是中共作为反帝反封建无产阶级政党的初衷，也是新中国成立前后中共身处非常严峻的国际环境而做出的必然选择。新中国成立前后，美国为首西方大国不同程度地对新中国采取了怀疑、敌视态度，乃至封锁，迫使中共在采取"对苏一边倒"战略的同时，对其他国家外交不得不采取"打扫干净屋子再请客"的策略。尽管中苏关系在中华人民共和国对外关系史上，出现过巨大的变化和漫长的曲折，但是考虑到新中国成立之初的国际环境，"对苏一边倒"外交政策是当时唯一的正确选择。事实证明，正是西方大国的敌视与封锁，推动和加快了中共对美英等国在沪公用事业企业的军管、征用或接收。

一、美国对新中国的政策从摇摆走向敌视

早在抗日战争时期，中共领导人就对美国的积极援华给予高度评价，希望同美方发展友好合作关系。毛泽东在接见美国记者时，或在同美军驻延安观察团负责人谈话中，多次表示过这种愿望。尽管在抗战胜利后国共调停中，美国一再偏袒国民党，支持蒋介石打内战，中共也没有放弃同美国合作的愿望。1945 年 4 月，毛泽东在中共七大政治报告（《论联合政府》）中郑重宣布："我们主张的新民主主义的政治，就是推翻外来的民族压迫，废止国内的封建主义的和法西斯主义的压迫，并且主张在推翻和废止这些之后不是建立一个旧民主主义的政治制度，而是建立一个联合一

切民主阶级的统一战线的政治制度。"毛泽东的话表明，中共在夺取政权后的政治立场是基于孙中山三民主义的新民主主义革命，而不是马上进入社会主义革命。

至于中共的外交战略，毛泽东明确表示，"中国共产党同意大西洋宪章和莫斯科、开罗、德黑兰、克里米亚各次国际会议的决议，因为这些国际会议的决议都是有利于打败法西斯侵略者和维持世界和平的"。众所周知，这些国际会议一方面积极筹划全面打败法西斯德意日三国，另一方面也是美苏在筹划战后瓜分各自势力范围。毛泽东的这段话，明确地表达了中共在执政后不会去主动挑战第二次世界大战后形成的国际政治格局的意愿。但是，美国并没有对中共的诚意做出积极的回应，对中共和新中国的政策逐渐从摇摆走向敌视。

1949 年 3 月人民解放军横渡长江，攻占南京。在各国外交机构纷纷南迁广州之时，美国大使馆却例外地留在了南京。驻华大使司徒雷登通过昔日燕京大学的学生、时任解放军南京市军管会外事处处长黄华，积极试探与中共保持关系的可能，并一度提出愿意只身北上，到北平同中共最高领导人见面会谈。然而，司徒雷登的北平之旅并未能成行，在美国国务院的阻挠下，1949 年 9 月司徒雷登凄惨回美。

此时的华盛顿，国际政治中的美苏冷战与美国国内两党政治斗争交织在一起，麦卡锡主义盛行，各派政治力量激烈博弈。就中美关系而言，各方都在追究"谁丢失了中国"。杜鲁门政府的对华政策乱成了一团糟。

第二次世界大战后，美国在亚洲、太平洋地区的势力和影响大大地加强。对美国来说，蒋介石国民党政权的存亡关系到美国对亚洲太平洋地区的控制和领导地位，关系到美苏对抗与美国夺取全球霸权地位的战略全局。但是国民党政权的贪腐和无能，又使得史迪威、马歇尔，以及司徒雷登等军政要员普遍对蒋介石政权不信任甚至反感。在 1949 年初，美国统治集团内部不少人已经看到国民党政府垮台已是不可避危，中国人民将接受共产党政府领导。1949 年 3 月，美国国会外交委员会在讨论是否对国民党政府增加 15 亿美元紧急援助时，国务卿艾奇逊提出强烈反对。他指出，增加对蒋介石军援不会产生任何改变中国内战局势的可能性，国民党政府的垮台完全是其腐败无能所致。①杜鲁门也认为，从冷战角度看，美国的主要敌手仍是苏联，和中国共产党政权建立正常关系将会利多弊少，至少可以避免中国一边倒向苏联。在此背景下，司徒雷登在解放军攻占南京后没有随国民党政府南迁广州，而是留在南京，并主动同中共打交道。

　　但是，出自反共的意识形态，以及第二次世界大战后美苏冷战的政治现实，美国又对中共怀有根深蒂固的怀疑和敌视。美国统治集团中的大部分人认为，尽管国民党有种种问题，但双方的基本利益是一致的，因此主张：不论是在战时还是在战后，美国政府和两党决策层都应该把全力援助蒋介石国民党反共亲美政权作为美国对华的基本方针。1948 年 10 月至 1949 年 2 月的 4 个多月时间里，美国国家安全委员会提出了两项有关对华政策的文件，其一是《美国对华政策》，其二是《美国对华贸易政策》。

　　制定这两项政策文件的初衷是为美国从中国脱身做准备，但同时也强调了对新中国的敌视。《美国对华政策》认为，"克里姆林在中国的目标是扩大其在华影响，最终是控制中国整个领土"，因此"美国对华政策目标是防止中国变成苏联的附庸"。如果"中共的性质不改变"，美国就应"力求发现、培植、引起一场新的革命，这场革命最终可能会与中共进行军事较量"。可见，在美国政府内部敌视中国的主张已有相当市场。即使杜鲁门本人也是经常摇摆不定，他曾在 1949 年 1 月 19 日的内阁会议上表示："我们不能和一个共产党政权打交道。"②

---

① 《1949—1950 年对中国和朝鲜的经济援助》，见美国参议院外交委员会执行会议文件。

② 霍世亮：《论五十年代美国的对华政策》，《美国研究》1993 年第 4 期。

共和党人在国会激烈批评杜鲁门的对华政策。他们认为，1945 年美国与苏联签订雅尔塔协定，出卖了蒋介石政权；迫使赫尔利辞职是为出卖蒋介石政权扫清道路；马歇尔强迫蒋介石与中共成立联合政府是进一步出卖国民党政权；军事援华不力导致蒋介石军事失利。1949 年初，尽管蒋介石集团已经全面败溃，中共开始着手筹划建立政权，但是美国共和党人不仅更猛烈地攻击杜鲁门政府对华政策，还要求继续大规模援蒋，坚决反对在政治上承认中共新政权。1949 年 6 月 24 日，参议院外交委员会主席范登堡（Arthur H. Vandenberg）向杜鲁门政府提出，行政当局在没有与外交委员会充分磋商之前不得考虑承认未来中国的共产党政权。①

面对反对派的强大压力，1949 年 8 月 5 日杜鲁门政府精心编撰和发表了《美国与中国的关系》白皮书，以期撇清其对蒋介石政权失败的责任，谋求美国"从中国体面地脱身"。白皮书以大量的篇幅披露了美国对华关系决策中各种考虑因素，公布了国民党腐败无能的大量资料，旨在说明国民党垮台不是因为美国援助无力而致，其根本原因在于国民党自己腐败。白皮书的发表，使得美国统治集团内部主张抵制和敌视新中国的势力迅速占了上风。军方也表态反对杜鲁门的对华政策，参谋长联席会议认为发表白皮书极大地打击了蒋介石政权，损害了美国为遏制中共而作的努力，军方还指责政府大量公布机密军事情报和外交文电，会危及美国的安全体系。

杜鲁门政府在各方压力下，对新中国的政策从摇摆与动摇逐渐转向敌视和反对。1949 年 10 月 1 日，毛泽东主席在北京天安门广场庄严宣布中华人民共和国成立。10 月 3 日，杜鲁门即指示国务院"我们不应过急的承

---

① 王立新：《意识形态与美国对华政策——以艾奇逊和"承认问题"为中心的再研究》，《中国社会科学》2005 年第 3 期。

认这个政权，我们在承认苏联的共产党之前曾等了 12 年"。①

二、英法旨在维护既得权益的对华政策

英国、法国等西方国家虽然在本质上也都是同美国一样，对新中国采取敌视和怀疑的态度，但是在具体做法上还是有相当的差别。英国和法国都是老牌帝国主义国家，有着丰富的实利主义外交经验，特别是这两个国家都在第二次世界大战中受到重大损失，迫使它们不得不在对华政策中更加看重本国在华既得的政治经济权益。

英国早就预计中共统一中国是不可逆转的局势，主张必须尽快与中国共产党取得联系，以寻求保护其在华既得利益的可能。因此，英国采取的是"一只脚留在门内"的对华政策。1949 年 1 月 26 日，英国没有理睬国民党政权要求其大使馆南迁广州的要求，则是把使馆内的中低级官员派到广州，大使则继续留在南京。英国对此解释说，如果大使馆撤离南京，就很可能丧失"与中共建立联系的机会，并意味着放弃在华商业利益"。②

英国在中国本土的经济利益是庞大且有深厚根基的。据英国官方统计，1941 年，英国在华资产和投资总额达 3 亿英镑，其中三分之一集中在上海；英国对中国的出口总额在 1947 年接近 1 300 万英镑，1948 年略少于该数字。对华投资和贸易的数字之大，是其他西方国家无法比较的。更有意思的是，英国一直对此抱乐观的态度。1949 年 3 月，时任外交大臣的贝文提出关于中国问题的备忘录，认为，尽管"共产党迟早会征收外国资

① 《美国国家档案馆第 59 类》，《国务院执行秘书档案第 6 匣》，转引自陶文钊：《1949—1950 年美国对华政策与承认问题》，《历史研究》1993 年第 4 期。

② 爱德温·W.马丁：《抉择与分歧——英美对共产党在中国的胜利的反应》，中共党史资料出版社 1990 年版，第 29 页。

产，但在建立起足以替代现状的经济体系之前，中国共产党会允许英国的公用事业、保险、银行、商业和航运机构以及工业持续运作"。①

1949 年 4 月英国军舰"紫石英"号强行闯关而受到解放军炮击事件发生，使得英国当局更为担心因与中共的正面冲突而使其在大陆的权益受损，并进一步危及其在香港的殖民统治。但是，1949 年底，解放军进入华南以后，非但没有进军香港，中共中央还做出了，打算长期充分利用香港的战略决策。在此情况下，英国国内要求与中共政权保持联系的呼声更高，甚至有人极力主张尽快承认中共政权。在此背景下，新中国正式宣布成立后，英国驻北京总领事曾向新中国外交部长周恩来传达了英国的良好愿望，他表示"英国政府认真地研究了中央人民政府建立给中国带来的新局面。中英两国友好互利的政治经济关系历经数代，英国诚挚希望这种良好关系可以长久下去。英方希望待英方完成对中国的分析研究之后，两国可以着手建立非正式的外交关系，以便给双方的官方接触和经贸交流带来便利"。②

法国在对华关系上一直比所有西方大国都要积极主动。但是，在新中国成立之初，中法关系却困难重重。除了在华权益以外，印支战争是困扰法国同新中国打交道的重要因素。第二次世界大战后不久，法国就陷入了以越南为主战场的印支战争的泥潭而无力自拔。法国政府在国内需要面对法国共产党等政治力量所组织的反战运动，在国际上则遭到印度、细甸等亚洲国家的反对，要求法国放弃殖民政策，给予越南、老挝、柬埔寨独立。

在此困境中，法国十分担心中共一旦获胜，极有可能为越盟提供援助，从而使法军遭到更大困难。1949 年 2 月 2 日，法国外交部一份回复英

---

①② 孙洁璇：《英国承认新中国决策过程研究》，南京大学硕士学位论文 2017 年。

国关于中国局势的备忘录把法国在对华关系上的考虑，表露得充分无疑。这份备忘录认为：虽然中国北方省市被中共控制，但与印度支那半岛安全与经济息息相关的中国南方四省（广西、广东、四川和云南）还没有落入中共手中，中国有可能出现南北分治的情况，为此建议政府采用经济手段来迫使中共采取现实主义的政策。备忘录还说，当国家局势相对平静后，中共政府就需要为经济与社会的恢复创造有利条件。他们还会面临国民党政府未解决的食品供给和工业设备等问题。故而中共将不得不向外寻求援助。首先是进口食品和基础物资，之后还需要外部提供技术援助及财政援助。如果中共政府采取现实主义的态度，那么法国外交部会支持法国在华的私营公司配合当地的生产计划，并主动提供产业信息。①

　　渡江战役后，法方开始认识到中共统一大陆进程已经不可逆转。1949年11月1日，法国外交部举行了对新中国承认问题的讨论会，外交部部长舒曼、海外部部长勒图尔诺、驻印度支那高级专员皮农、驻华大使梅理霭、亚大司司长和亚大司中国处负责人等出席了会议。舒曼认为，法国是否承认新中国，主要考虑两点：法国在华利益和对印度支那的影响。会议经过讨论认为，南京解放后，虽然法国大使馆的外交人员的安全和自由并没有受到什么伤害，但是中共新政权拒绝承认他们的外交地位，只是作为普通的外籍侨民。他们预计，法国在上海的公司、工厂、学校等在上海解放两个月后，将面临破产和关闭。会议的结论是：法国在华利益已遭受损失，但法国在印度支那的利益还需要防守。因此，法国的对华政策应该从属于法国在印度支那的战争。

　　此外，美国对华敌视政策也是一个重要因素。1949年北大西洋公约组

---

①　高嘉懿：《冷战格局中的现实主义外交——中法关系史新探（1949—1969）》，华东师范大学博士学位论文2015年。

织成立后，美国多次强调在承认中共政权问题上，北大西洋公约组织国家应该结成联合阵线，共同对中共政府施压。法国不仅在欧洲事务上有赖于美国的支持，而且在印度支那问题上也需要美国的支持，希望美国承认法国所扶持的南越南保大政府。因此，法国对于是否承认新中国，就尽量与美国保持一致。美国对于法国任何试图与中国改善关系的做法都非常敏感。当驻华大使梅理霭等人为了保护侨民和在华法国企业而要求政府发出尽快承认新中国的信号时，法国外交部部长舒曼很坦率地答复道："我不怀疑这一点，即承认毛泽东政府有利于保护我们在中国的利益。但是，法国政府现正处于（就印支问题）与美国谈判的微妙时刻，我们希望美国对印度支那提供援助。"我们不能不考虑，美国方面明确反对法国对中共作出妥协。①

1950 年初，中国与越南民主共和国建立了外交关系，向以胡志明为首的越南政府提供军事援助，并很快取得奠边府战役的成功。法国因此不得不被迫退出印支地区，法国对华政策也就更加追随美国，在相当一段时间内奉行敌视中国的政策。

三、对苏"一边倒"政策的形成

新中国成立后，中国共产党采取对苏"一边倒"外交政策，历史和意识形态因素当然起了很大的作用。在历史上，苏联与中共的成立、发展和壮大有着密切的联系，在新中国成立之际，当然会首先考虑如何处理好与苏联的关系。苏联出于巩固以其为首的社会主义阵营的目的，也非常密切

---

① 高嘉懿：《冷战格局中的现实主义外交——中法关系史新探（1949—1969）》，华东师范大学博士学位论文 2015 年。

地注视着中国新生政权内外政策的走向。此外，新中国成立初期美英等西方大国对新中国的敌视和封锁，也加快了中共同苏联的结盟的步伐，以取得急需的经济技术援助。

中共和苏联的关系有着极不对称的两面性。一方面，长期以来苏共在革命斗争中给了中共许多实际的帮助和扶持；另一方面，斯大林出于大国沙文主义的利益权衡，对中共横加干涉。早在土地革命时期，斯大林就对毛泽东的以农村包围城市战略深表怀疑，在抗战时期又要中共无条件地服从与国民党的统一战线，以维护苏联远东地区的安全。在解放战争时期，斯大林还要求中共不要打过长江去，与国民党南北分治。

随着解放军的节节胜利，斯大林逐渐改变看法，在 1949 年 1 月 30 日至 2 月 7 日派苏共中央政治局委员米高扬访问西柏坡，同毛泽东及其他中共主要领导人进行了多次谈话，听取中共领导人详细而全面地介绍中共的政治、军事、经济、外交等方面正在或即将实行的方针和政策。[①]在与米高扬谈话的基础上，1949 年 6 月 3 日，毛泽东在《论人民民主专政》一文中宣布了中共将实行"一边倒"的外交政策。他强调指出："一边倒是孙中山的四十年经验和共产党二十八年经验教给我们的，深知欲达胜利和巩固胜利必须一边倒。积四十年和二十八年的经验，中国人民不是倒向帝国主义一边，就是倒向社会主义一边，绝不例外。骑墙是不行的，第三条道路是没有的。"

1949 年 6 月 26 日，刘少奇率中共代表团秘密访问苏联。这次历时 50 天出访的主要目的，就是直接向斯大林表明中共在国内外重大问题上的立场，听取苏共中央的意见；了解苏共对中共的立场和态度；详细提出请求苏联援助的事项；对苏联政府和苏共组织进行实地考察、学习。斯大林为刘少奇的来访做好了充分准备，第一天见面就几乎同意了刘少奇提出的所

---

① 　师哲：《米高扬来华与刘少奇访苏》，《国际新闻界》1993 年第 1 期。

有要求，包括提供贷款、派遣经济专家、支援中共的海军和空军建设、开辟中苏之间航线等，甚至主动提出愿意帮助中共占领新疆。在会谈中，斯大林多次对中共做出高度评价，并明确为苏共过去的某些做法表示道歉。斯大林还建议毛泽东来挑起领导亚洲革命的重担。这些举动毫无悬念地表明苏共也已确定了以中共政权为盟友的对华政策。中苏同盟关系已经初步成型。因此，毛泽东在接到刘少奇同斯大林会谈后的第一封电报后，便明确拒绝了尚留在南京期望同中共建立联系的美国大使司徒雷登提出的希望来北京面谈的要求。①

　　1950 年，毛泽东对苏联进行国事访问和《中苏友好同盟互助条约》的签订是中苏结盟标志性的事件。毛泽东访苏期间，顺利地克服了分歧，就中苏关系和重大国际事务达成空前的一致。中共做出的对苏"一边倒"战略决策，为新中国在遭受西方势力敌视的国际环境中迅速巩固政权，获得了极为宝贵的财政和经济援助，为今后的发展奠定了基础。同时，中共秉承独立平等原则处理对苏关系上的胆识和意志，也使得斯大林和苏联真正明白到：中共做出的对苏"一边倒"决不意味着放弃独立自主。尽管毛泽东宣布中苏战略结盟，但是同时通过《中苏友好同盟互助条约》收回了苏联从国民党政权拿到的各种在华特权，依据国民党政府与苏联签订的条约，这些特权一直要存在到 1975 年。

　　与对苏"一边倒"政策一起构成中共在新中国成立初期的外交战略的，还包括"另起炉灶"、"打扫干净屋子再请客"。

　　所谓"另起炉灶"，是组建一支全新的外交队伍。周恩来提出："我们决

---

① 《米高扬与中共领导人谈话备忘录（1949 年 1 月 30 日至 2 月 7 日）》，АПРФ，ф.39，оп.1，д.39，л.1—95，Русско-китайскиеотношение，Т.V，К.2，с.33-93，转引自沈志华：《无奈的选择：中苏同盟建立的曲折历程（1944—1950）》，《近代史研究》2010 年第 6 期。

不能依靠（国民党）旧外交部的一套人马办外交，必须'另起炉灶'，创建新型的外交队伍。"按照这一指示，一大批久经战火考验、立场坚定、纪律严明的解放军高级干部进入外交领域，形成了一支"文装的解放军"外交队伍。

所谓"打扫干净屋子再请客"，就是对旧中国同外国签订的一切条约和协定重新加以审查，在清除帝国主义在华特权和影响之后，再请外国客人进来。

1949年初，毛泽东在西柏坡就向米高扬阐述了这些政策思想。毛泽东说："我们这个国家，如果形象地把它比作一个家庭来讲，它的屋内太脏了。解放后我们必须认真清理我们的屋子，从内到外，从各个角落以至门窗缝里，把那些脏东西统统打扫一番，好好加以整顿，等屋内打扫干净，有了秩序，陈设好了，再请客人进来。"周恩来对此作了进一步的解释，他更明确地指出："帝国主义总想保留一些在中国的特权，想钻进来。有几个国家想同我们谈判建交，我们的方针是宁愿等一等。先把帝国主义在我国的残余势力清除一下，否则就会留下它们活动的余地。帝国主义的军事力量被赶走了，但帝国主义百余年来的经济势力还很大，特别是文化影响还很深。这种情况会使我们的独立受到影响。因此，我们要在建立外交关系以前把'屋子'打扫一下，打扫干净屋子再请客。"

在对苏"一边倒"、"另起炉灶"和"打扫干净屋子再请客"三大外交方针的指导下，对长期被美英等主要西方大国资本控制的上海公用事业进行清理、接收和改造也就是必然的，顺理成章的。

第三节 上海解放初对外资公用事业的监督与利用

根据中共七届二中全会提出对外资企业逐步进行利用和改造的方针，

上海解放之初，先是进行了全面的军事接管，然后根据形势的变化，采用分两步走的办法，对外商公用企业进行清理和改造。

从 1949 年 5 月上海解放到 1950 年 6 月朝鲜战争爆发前，出于维护社会稳定和稳妥处理对西方国家相互关系的考虑，对上海的外商公用事业主要是采取比较温和的手段对其监督和利用，让其在原有经营体制下继续发挥作用。朝鲜战争爆发后，由于国际形势发生重大变化，美英等国对我采取敌视和封锁，对外商公用事业因此而改以军管、征用和征收等手段强硬手段收归国有，对其进行全面的清理和改造。

1949 年 4 月 1 日，也即是渡江战役的前夕，中共华东局发布《关于接管江南城市的指示（草案）》。该文件明确指出对新收复的城市或工业区，均应实行一个时期的军事管制制度。由攻城部队直接最高指挥机关军政负责同志与地方党政若干负责人，组织军事管制委员会，为该城最高权力机关，在军管会领导下可委任市长并成立市政府，统一指挥和开展肃清反动武装的残余势力，建立革命政权；保证城市政策的正确的执行与有秩序地进行各种接管工作。待上述基本任务大体完成，始得取消军管制。

在中共华东局发布的《关于接管江南城市的指示（草案）》中，专门对公用事业的接收与管理作了规定。具体为："对一切官僚资本的企业及其他各种公共企业，如工厂、矿山、铁路、邮电、轮船、银行、电灯、电话、自来水、商店、仓库等等，必须一律接管。"该指示强调，"在接管官僚资本企业与公共企业时，应采取自上而下，按照系统，原封不动，整套接收的办法。同时必须严格的注意到不要打乱企业组织的原来机构"；"另方面可以分别召集该企业各部工人会议或工人代表会议宣传政策，发动工人群众配合"。"对公用事业企业中的各种组织及制度应照旧保持，不应任意改变或废除"。"旧制度中有须要加以改良者，旧人员中有须要加以调整者，均须在情况了解后，再作必要与适当的处理"。①

一、对公用事业的军事接管

上海战役的前夕，陈毅在筹划和指挥上海战役的百忙之中，仍然对公用事业十分重视和极度关心，给了许多具体的指导。在进城前夕，陈毅花了两天时间连续听取相关汇报，对进城后的接管工作做了明确指示。在谈到公用事业时，陈毅还特地强调公用事业是密切关系上海五百万人口的一件大事，一定要把接管工作做好。他十分强调城市电灯、电话、电车和公共汽车正常运转对保持城市秩序稳定的重要性。

解放军进城前，为了有序地开展接管，就在上海市军事管制委员会所属的财经接管委员会下面设立了公用事业处，由叶进明与程万里分任处长和副处长。同时成立市政大队，配属公用事业处工作。军管会给公用事业处的任务是：除了接管国民党市政府公用局和官僚资本兴办的公用事业企业以外，主要是对外商公用事业企业进行管理和监督。考虑到外商企业的复杂性，在上海解放前夕，负责处理涉外事务军管会外事处的负责人章汉夫和黄华，专门会见了公用事业处和市政大队的负责人，听取了关于上海煤气、电力、电灯、电话和电车六大公用事业的相关情况汇报。

1949 年 5 月 27 日，上海全境解放，上海市军事管制委员会成立。次日，上海市人民政府正式成立。陈毅同时担任上海市军管会主任和上海市市长。1949 年 9 月 1 日上海市人民政府公用事业局正式成立，叶进明为局

---

① 筹备接管上海史料之二《华东局关于接管江南城市的指示》，载上海档案信息网 www.archives.sh.cn。孙强、裴建国：《对外商"六大公用事业"的监督管理》，载中共上海市委党史研究室编：《接管上海》（下卷·专题与回忆），中国广播电视出版社 1993 年版，第 164—165 页。

长。当时公用事业局的行政监督管理范围是电、水、煤气和市内公共交通，以及码头仓库。经营这类公用事业的企业，主要是旧租界地区的外商企业。其他由华商经营的公用事业企业，大都零星分散，规模不大，无法与外商相提并论。如华商经营的南市发电厂，年发电能力最大时只有 3 万千瓦，与美商杨树浦发电厂的 19.85 万千瓦相比，根本不成气候。国民党上海市政府曾在抗战胜利后成立过上海公共汽车公司筹备处，但是由于战乱和经营不善等原因，直到上海解放时还是处于筹备之中，军管会派人接收时，只有 306 辆汽车，由于缺乏汽油，基本停驶。

上海解放时，外商在公用事业领域里处于垄断地位。据上海市政府外侨事务处和工商行政管理局在 1950 年 6 月进行的联合调查统计，当时在上海的各类外资企业有 685 家，其中英国 185 家为最多，占 27%；美国 123 家，占 18%；法国 41 家，占 6%。这 3 国的企业占在沪外国企业总户数的 51%，根据其自报的资产、土地和人员数，分别占在沪外商企业总量的 91.4%、99% 和 95.5%（参见表 1-1）。

表 1-1　1950 年 6 月外国在沪企业统计

国籍	企业数	占在沪外商企业总户数的%	职工数（华籍员工）	占在沪外商企业总员工数的%	资产（万元人民币）	占在沪外商企业总资产额数的%	地产（市亩）	占在沪外商企业总地产数的%
英国	185	27	29 313	61	3 700	34.8	7 224	65
美国	123	18	12 773	26.5	3 162	29.7	3 102	28
法国	41	6	3 836	8	2 863	26.9	633	5.4
瑞士	35	5	801	1.7	533	5	45	
苏联	128	18.7	410	0.8	14	0.1	4	1.6
其他	173	25.3	961	2	369	3.5	127	
合计	685	100	48 094	100	10 641	100	11 135	100

资料来源：《处理外国企业》，载上海市地方志办公室网站 http://www.shtong.gov.cn。

说明：其他国家包括丹麦、希腊、比利时、荷兰、意大利、葡萄牙、西班牙、挪威、瑞典、德国、奥地利、加拿大、捷克、波兰、匈牙利、罗马尼亚、巴拿马、土耳其、印度、巴基斯坦、伊朗、伊拉克、菲律宾、锡兰、朝鲜、日本等 27 个国家和无国籍者。

尽管在上海解放前夕，已经有不少外商企业抽逃资本、偷运设备出境或者整体撤离上海，但是外资企业依然在上海国民经济中占有重要地位，上海的进出口业和远洋运输业仍由外国企业继续操纵。英资亚细亚公司，美资德士古、美孚公司等几大石油公司掌握着中国各主要城市的大部分石油存储设备，控制着中国的煤油、汽油市场。英资卜内门公司经销的洋碱，英资中国制皂公司生产的肥皂，英资颐中烟草公司生产的红锡包、老刀牌、大前门香烟都遍销内地，直至新疆、西藏。此外，在房地产、码头、仓库、保险、机器制造业和一些日用工业品的生产、销售方面，外国资本都居于极大优势甚至能够左右市场的地位。

同样，解放前的上海，水、电、煤、话等公用事业基本上被外商所控制，以下 6 家英美企业基本上垄断了上海的公用事业，解放初期的上海六大公共事业之说也就由此而来。这 6 家外商公共事业企业具体为：

（1）美商上海电力公司，简称上电，俗称杨树浦发电厂，成立于 1882 年，原先只经营公共租界的电力业务，1935 年将其经营范围扩展到公共租界之外，太平洋战争爆发后，被日军征用，抗战胜利后被国民党政府发还经营，成为上海最大的电力公司，1949 年初总装机容量为 19.85 万千瓦，发电量占到全市发电总量的 81％。

（2）美商上海电话公司，简称上话，成立于 1930 年，其前身为华洋德律风公司，1949 年上海解放时，其交换机最大容量为 1.2 万门，垄断了全上海的民用电话业务。

（3）英商上海自来水公司，简称上水，成立于 1880 年，拥有上海 6 大水厂中的杨树浦水厂，占全市供水总量 50％以上。

（4）英商上海煤气公司，简称上煤，成立于 1864 年，1949 年其日产煤气 8 万立方米，占全市供气总量的 76％。

（5）英商上海电车公司，简称英电，成立于 1906 年，1949 年拥有各类无轨电车和有轨电车 235 辆，控制了原公共租界内的大部分公共交通，是当时上海最大的公交企业。

（6）法商上海电灯电车公司，简称法电，也是成立于 1906 年，集供水、供电和公共交通的综合企业，垄断了原法租界内的全部之来水和电力供应，以及大部公共交通。[1]

从整体规模上讲，上述 6 大外商公用事业企业是外商在沪投资的主体。虽然六大外商公用事业企业仅占当时外商企业总户数的 1％不到，但是其资产却占到当时外商企业总资产的一半以上；雇用的华籍员工人数也占到了当时外商企业雇用华籍员工总人数的 27％。以法商电灯电车公司为例，其投资额占到法国在上海投资额的 95％。就公用事业而言，6 家外资企业明显居垄断地位。6 家外资公用事业企业的发电量占全市总发电量的 91％，煤气和自来水供应量分别占 83％和 71％，电话安装架数占 94％，公共电车为100％。[2]

在整个外商投资中所占的主体地位和在公用事业占据的垄断地位，决定了新中国人民政权在上海解放初期把对六大公用事业的接收和改造看成是着手清理帝国主义特权的具有象征意义的举动。这一历史性过程时分三个阶段进行的，首先是在战争状态下进行临时性军事接管，其次是新政权对其进行监督和利用，然后是根据国内外形势的变化采取军事管制和征收、征用等手段将其收归国有。

临时性军事接管是对外商公用事业进行接收改造的第一步，主要是派出军事代表，进驻相关企业，清点物资，清理人员，同时维持生产继续正

---

① 《上海外事志》，载上海市地方志办公室网站 http://www.shtong.gov.cn。

② 孙强、裴建国：《对外商"六大公用事业"的监督管理》，载中共上海市委党史研究室编：《接管上海》（下卷·专题与回忆），中国广播电视出版社 1993 年版，第 165 页。

常进行。按照中共中央华东局指定的"在接管官僚资本企业与公共企业时，应采取自上而下，按照系统，原封不动，整套接收的办法"的指示，考虑到公用事业是密切关系上海 500 万人口的大事，军管会对六大外商公用企业的接管工作制定了"维持生产，保证供应，原封不动，稳步前进"的十六个字方针。军管会和上海市委要求派驻各外商公用事业企业的军事代表和联络员必须十分审慎，对外商经营管理人员要坚持及团结又斗争的方针，要求外商积极生产，保证正常的供水供电交通正常，既要防止外方可能的破坏和各种形式的消极怠工，又要认真解决其生产上的实际困难。由于接管方针的正确，接管人员的努力，地下党组织的配合，以及工人群众和全市人民的同情支援，很快就完成了初步接管的任务。

下面是上海档案馆所藏的《关于上海市军管会驻公交代表关于接管公交的交接报告》。在这份报告中，时任负责接管公交公司的军代表靳怀刚、朱苏明向市公用局局长叶进明十分简洁地报告了接管的情况。该报告概要如下：

一、接管单位：上海市公共交通公司筹备委员会

二、接管人：上海市军事管制委员会驻公共交通公司军事代表靳怀刚、朱苏明

三、移交人：上海市公共交通公司筹备委员会筹备副主任代筹备主任余子澄

四、接管开始日期：1949 年 5 月 27 日

五、接管完没日期：1949 年 9 月 30 日

六、接管任务：安定秩序、保护物资、维持业务、由官僚资本企业改进成为人民的企业

七、接管经过：清点物资、考核人事

八、接管凭证：截至 1949 年 5 月 24 日止移交清册 13 本（订成五册），点后盈亏更正清单 131 页，理合检同上项清册清单报请核备①

二、对外资公用事业的监督和管理

在完成军事接管以后，进入了对外资公用事业的监督利用阶段。根据陈云对哈尔滨、长春和沈阳几个城市接管官僚资本企业所总结的经验，上海也采取了在不打乱原来的企业结构、技术组织和生产系统的情况下，进行监督生产。陈云指出，这样做的好处是基本上没有发生生产停顿，产品没有在生产过程中受到损害的现象，从而稳定了局势，有力地保障了正在南下中的解放军各项后勤供应。

由此上海军管会向各公用事业企业继续派驻军事代表或者联络员，在各企业原有中外经营管理人员继续行使职权的情况下，对其进行监督，保证各类公用事业企业的正常运转。

上海解放前夕，出于对共产党政权的恐惧和对政策的不了解，大多数外商一方面为失去种种特权而极度不满，另一方面又认为共产党政权既不会长久，也没有能力管好这座大城市。美商上海自来水厂董事会就认为，"新市政当局究将承认本公司之供水专营权与否，不敢预卜，对尚在军管会管制下之将来如何递变，实为重大问题"。美商上话的总经理公然说，"解放军在上海呆不长"，"共产党不会管理城市，不懂经济"。大多数外商经营管理人员要么态度蛮横，消极怠工，要么冷眼观望，动不动就向政府甩包袱施加压力。还有不少企业乘机抽逃资金，停止从境外运入已经订购的设备和原料，生产设备的检修也日益松弛，行政管理日益松垮。在此情

---

① 《上海市军管会驻公交代表关于接管公交的交接报告》，上海档案馆。

况下，六大公用企业的生产极不稳定，产量直线下降，经济亏损不断增加。英商煤气公司从 1949 年 6 月就出现亏损，其存煤量从以往常存足 2 至 3 个月用煤下降到不到 10 天用煤；英商电车公司借口国民党海军封锁上海口岸，已经订购好的电车配件被搁置在香港，迟迟不运来上海，以致旗下电车维修更新不能及时进行，出车率大大下滑；美商上海电力，以自己是上海最大发电企业为要挟，要求外汇采购燃料，否则"停电不管"。1949 年底，明明各外商企业经营不佳、财务拮据，但是资方却出于"吃光化光"的心理，提出要给工人大幅度升职加薪，巧立名目发放各种加班费。①

由于外商的消极抵制，自上海解放起，外资六大公用事业的产量直线下降，经营出现巨额亏损，市民的日常用电、出行和通信均面临困难，极大地影响了上海的社会稳定。为了扭转局面，军管会公用事业处和市政府公用事业局采取了一系列措施。

首先，由军代表出面开展企业查账，弄清企业亏损原因，动员工人参加管理，确保公用事业正常运转。军管会指示各驻厂军事特派员或联络员，分别向外方人员宣传共产党的政策主张，宣传新中国成立以来的成绩，以消除其悲观失望情绪，积极组织生产搞好经营管理。与此同时，组织人力对外商企业的财务状况进行检查，防止其进一步抽逃资金，查找企业亏损的原因，确保生产的继续进行。

在查账过程中，军事特派员和联络员还深入到群众中去，通过底层员工中了解生产和经营的实际情况，发动群众对资方的消极怠工行为进行有理有节的斗争。上海解放初，一部分工人中也出现报复心理。他们说，过

---

① 孙强、裴建国：《对外商"六大公用事业"的监督管理》，载中共上海市委党史研究室编：《接管上海》（下卷·专题与回忆），中国广播电视出版社 1993 年版，第 167—168 页。

去外国人压迫剥削我们，现在解放了，应该让资方多多赔偿。美商上海电力的工人就说，"外国人从前刮了许多钞票，现在要他们呕出一点来也不算罪过"。有的人还要求政府采取多征税，不给企业正常经营提供贷款等办法让外资垮台。对此，上海市委和军管会通过各种渠道向工人们做工作。根据上海市委确定的"在现阶段对外商公用事业的基本政策是维持而不是接收"的原则，军代表积极地向工人群众做说服工作，明确指出，六大公用事业虽属外商所有，我们还不能一下子使一切都合理，资方过去确实赚了钱，不过我们要看到，解放后政权已经掌握到人民手中，电力、电车都是为人民服务的，已无（外商）垄断的可能，我们应该好好地利用它，而不是破坏它。假如电力、电车被破坏，必定给上海造成极大困难。通过教育和说服，工人们很快打消了报复心理，树立了主人翁精神，积极配合军代表清查资产，坚持岗位，搞好生产。为了反制资方吃光花光的做法，工会出面同资方交涉，自动要求不加薪，不领取各种名目的加班费。英商电车已订购配件就是通过工人与资方谈判，迫使资方从香港运回了已订购的配件，保证了生产正常开展。[①]

其次，原地下党成员参与军管会对六大外商公用事业外商进行的监督管理。上海是我们党的诞生之地，党在上海的影响很大。据解放前上海地下党负责人之一毛齐华的回忆：上海解放前夕中共地下党已经发展到 9 000多人，其中产业工人党员有 3 000 多名，大多数党员都成为我党领导的各个产业工会的领导骨干。对上海的政治、经济斗争全局有重大影响的市政、工交、纺织、机电、印刷出版等行业的工会领导权基本上掌握在上海地下党的手中。棉纺和公用事业工会在表面上，是由国民党在主持，实际

---

① 孙强、裴建国：《对外商"六大公用事业"的监督管理》，载中共上海市委党史研究室编：《接管上海》（下卷·专题与回忆），中国广播电视出版社 1993 年版，第 170 页。

是上海地下党掌控一切。这两个工会在全市有很大影响。①著名的王孝和烈士就是上海地下党在上海公用事业中的一面旗帜。王孝和于 1941 年在励志英文专科学校读书时就加入了中国共产党。1943 年考入上海电力公司当抄表员，1948 年，王孝和当选为我们党所掌握的上电工会常务理事，发动工人与国民党当局进行各种形式的斗争。同年 4 月 21 日，因组织杨树浦发电厂停电罢工而被捕。当王孝和察觉自己已被叛徒出卖后，便承认了共产党员的身份及敌人指认的部分情况。为了从王孝和身上进一步摸到叛徒所不知道的材料，敌人对王孝和连续施以酷刑。面对敌人的严刑拷打，王孝和坚贞不屈，最后被判处死刑。1948 年 9 月 30 日，王孝和英勇就义。

从 5 月 12 日解放军向防守上海外围的敌人发起进攻，到 5 月 27 日上海解放的 16 天时间里，在地下党的工作下，全市绝大多数工厂运转如常，学校继续上课，商店照常营业，人心安定。特别是在解放市区的 3 天激烈战斗中，上海的公用事业运转如常，水电不停、电话畅通、公共汽车照常行驶，保证了社会秩序的稳定，为上海解放作出了贡献。由于电话局照常提供服务，解放军甚至用电话劝降了一部分负隅顽抗的国民党军队。解放军顺利攻占苏州河南岸后，汤恩伯等随即逃离上海，把烂摊子甩给杂牌军刘昌毅，刘昌毅随即向解放军接洽投降，苏州河北岸地区的大部分也得到解放。但是上海的枪声尚未最后沉寂。国民党 21 军 230 师还杨树浦一带在负隅顽抗。为了保护好杨树浦发电厂和自来水厂，在现场指挥的解放军 27 军军长聂凤智要求部队在军事准备强攻的同时，还需采取政治攻势瓦解敌人。正在聂凤智等为寻找敌人内部关系展开政治攻势时，陈毅司令员来到了指挥所，听取了汇报。当听到杨树浦守军是敌 21 军 230 师副师长许照在指挥时，陈毅当即指示，尽快查找许照的恩师蒋子英在上海的家庭电话。根据

---

① 毛齐华：《风雨征程七十春》，当代中国出版社 1997 年版。

地下党提供的资料，由聂凤智出面同蒋子英通了电话，要求他劝降许照。通过蒋子英的说服，也迫于大势所趋，许照终于放下武器，率部投降。①

上海解放后，一大批地下党员纷纷参加军管会，作为军事特派员或联络员承担起对六大外商公用事业外商的监督管理工作。程达肯于 1936 年在上海中法学校读书时，就积极参加中共领导下的中法校友会组织的抗日爱国宣传活动。1941 年 10 月，程达肯在英商上海煤气公司工作期间加入中国共产党，1949 年 2 月，任中共地下党上海市政工作委员会委员。为迎接上海解放，根据党组织的指示，他不计个人安危，到闸北电厂等企业做宣传工作。同时，对煤气公司的高级职员和工程技术人员、资方人员也做了大量说服和稳定工作，保护了公司财政经济和技术设备等有关资料。上海解放后，程达肯作为上海市军事管制委员会军代表，全面负责接管英商上海煤气公司。接管完成后。程达肯长期在公用事业领域工作，担任了上海市公用事业管理局副局长等一系列重要职务。又如，解放初期任上海市公用事业委员会党委书记的顾开极是在土地革命时期加入中共的，长期在上海江南造船厂从事地下斗争，1948 年才奉命撤离上海进入解放区。上海解放时，随大军重返上海参加上海总工会的筹建，1949 年 9 月为加强公用事业的干部力量，出任中共上海市公用事业党委书记，此后长期在公用事业系统工作。程达肯、顾开极等一大批地下党成员，他们长期在公用事业系统工作，熟悉情况，掌握技术，有的人本身就是某一方面的专家或技术人员。他们参加军管会的工作，不仅为军管会和市政府及时而充分地掌握外商六大公用事业的各种内外情况提供了极大的便利，而且为有理有节地同外国资本家开展斗争，发展生产作出了巨大的贡献。同时，也借重他们广泛的人脉基础，从而有利于在各个领域中发动工人群众和技术人员参加

① 毛齐华：《风雨征程七十春》，当代中国出版社 1997 年版。

管理和监督。

第三，在使用强硬手段进行直接监督管理的同时，军管会也给与相应政策扶持，主动帮助外商解决生产和经营中的实际问题。由于经济不稳定，物价出现普遍的上涨。六大外商公用事业的经营日渐困难。为了保护外商的合法经营，提升其经营信心，军管会先是对六大外商公用事业的经营管理成本作了详细的调查与核算，决定适当提高煤水电和电话的价格，该举措很快就缓解了六大外商公用事业财务上入不敷出的局面，使他们的经营信心大增。在调整公用事业价格的同时，军管会还通过中国人民银行向各公司提供大量贷款以维持生产和经营的正常进行。仅1949年8月，中国人民银行就向美商上海电话公司提供168万折实单位，向英商电车提供了113万折实单位，向英商上海煤气公司提供80万折实单位和1.2亿元人民币（旧币），向美商上海电力公司提供590万折实单位，向美商上海自来水公司提供78万折实单位，向法商电灯电车公司提供154万折实单位。军管会的主动调价和发放贷款，对于经营处于极度不稳定的外商来说，是强效定心丸，打消了他们的惊恐情绪，稳定了各项公用事业的有效运转。①

发电"油改煤"是军管会主动帮助外商解决生产和经营中实际问题的另一典型事例。上海解放后，国民党海军用水雷封锁了长江入海口的交通并派出军舰拦截过往船只，国民党空军经常窜入大陆，空袭市区，扫射船舶和汽车，形成对上海的经济封锁，使上海的各项原材料供应十分紧张，全市存粮一度只有1亿斤，至于工业原料和燃料更是困难。承担上海主要发电供电的美商上海电力公司在解放前引进了燃油发电机，完全依赖进口原油。在严格封锁的情况下，继续依赖进口原油发电，将会严重影响上海的电力供应和人民生活。市军管会经过一再研究，下决心摆脱对进口原油

---

① 毛齐华：《风雨征程七十春》，当代中国出版社1997年版。

的依赖。于是，以军事特派员发布命令的办法，要求美商上海电力公司将燃油发电机组的锅炉改成燃煤。在发布命令的同时，通过工会发动公司内的技术人员和工人研究方案，更换相关设备和零部件，确保了"油改煤"的顺利成功。为了确保电厂的原煤供应，军管会报请中央政府支援，从东北和华北地区调来大量原煤。各地出动大量的船只紧急为上海抢运煤炭，甚至以客轮代替货轮运输煤炭。招商局客轮"江新"轮就是在从浦口将煤炭运到上海停在黄浦江洋泾码头卸煤时被国民党飞机炸沉。尽管作出了重大的牺牲，在中央人民政府的全力支持和上海各方面的通力合作下，上海的电力供应一天也没有停止。

第四节　朝鲜战争与对外资公用事业的军管与征用、征收

朝鲜战争对新中国发展历程的影响极大，一方面，朝鲜战争打出了国威，使得美国和西方其他大国对中国不得不刮目相看，看到了中国人民自立于世界民族之林的信心和决心；另一方面，大大加速了国内在各个领域中清除帝国主义残余的步伐，大大加快了社会主义改造的进程。长期为帝国主义所控制的上海公用事业也在这一浪潮中迎来了新生，通过军管与征用、征收等方式，这些企业真正回到了人民手中，逐步改造成了为人民服务的国有经济的一个组成部分。

一、西方禁运是对外资公用事业实行军管与征用、征收的直接动因

对华禁运源于第二次世界大战后美国对社会主义国家的贸易管制。

1948 年 3 月，美国商务部把对苏联和东欧国家列为 R 类，对其任何出口都实行出口许可证制度。为了贯彻对社会主义国家的禁运。美国通过外交手段，要求英国、法国等主要西方大国与其共同行动，严格限制对苏联和其他社会主义国家的贸易。1948 年秋，美国及马歇尔计划的主要受援国组成了向社会主义国家出口统筹委员会（COCOM，巴黎统筹委员会，简称"巴统"）。除美国外，巴统还包括英、法、比、荷、意、挪威、丹麦、卢森堡、西德、加拿大、葡萄牙、希腊、土耳其、日本等国家，后来，巴统又与澳大利亚、瑞典、瑞士订立了合作协定。

新中国成立之初，美国国家安全委员会就把对华贸易列入上述 R 程序以及后来的巴统范围，但管制程度比对苏联稍宽。美国国务卿艾奇逊（Dean Acheson）在 1949 年 2 月 28 日向国家安全委员会提出《关于美国对华贸易的政策》的报告时称，中共既要解决中国的吃饭问题，又要重建国家，它势必寻求外援，寻求与西方的贸易，因此"在共产主义理论与中国的具体现实之间的第一个冲突大概会具体地在经济领域中产生"，这"正是在对华经济关系领域中美国具有对付中共政权的最有效的武器"。①

由于美国严格管制对华贸易，朝鲜战争爆发之前中美贸易已经大幅度下降。据美国商业部统计，1948 年美国对华出口总值为 2.734 亿美元，1949 年降至 0.826 亿美元，1950 年 1 至 8 月更降至 0.33 亿美元。对华出口下降最多的是石油制品，与 1948 年相比，1949 年美国向中国出口的汽油、柴油及其他燃料油、煤油、工业润滑油分别减少了 94%、93%、99%、93%；从 1950 年 1 月起，美国商业部又停止大多数精炼油出口许可证的发放。②

①② Acheson to the National Security Council，Feb. 28，1949，RG59，Records of Policy Planning Staff，Box 13，National Archives，Washington，D.C.，转引自陶文钊：《禁运与反禁运：五十年代中美关系中的一场严重斗争》，《中国社会科学》1997 年第 3 期。

美国要对新中国实行禁运需要得到西方国家，尤其是英国的支持。但英国力图"把一只脚留在中国门内"，以便维护在亚洲大陆的利益，特别是在香港的利益。香港是东亚的转口贸易中心，美国的要求无疑将大大损害英国利益。1949 年 5 月，英国政府开始禁止从香港转运武器去中国大陆。但除了军火，英国不愿对其他物资实行美国所要求的严格控制。在美国的压力下，1949 年 10 月上旬，也即是在中华人民共和国成立之后，美英之间才达协议，英国同意，如果法国、比利时、荷兰政府对此合作，英国将对中国、朝鲜及澳门地区实行 1A 类物资（即军火装备及与战争潜力直接有关的物资）出口许可证制度。

1950 年 6 月，朝鲜战争爆发。1950 年 10 月，中国人民志愿军入朝参战。西方大国对华禁运全面升级。联合国安理会在美国操纵下于 1950 年 6 月 25 日通过决议，要求成员国不对朝鲜提供帮助。随即，美国国务院下令各石油公司停止对华出口石油产品。美国商务部于 12 月 2 日宣布，"凡是一个士兵可以利用的东西都不许"运往中国，包括纺织品和废橡胶，自 12 月 3 日起对中国大陆及香港、澳门地区实施全面禁运。16 日，美国政府又宣布"将中国共产党在美国管辖内的一切资产置于管制之下"，并禁止在美国注册的船只驶往中国口岸。1950 年 12 月 16 日，美国政府宣布管制中华人民共和国在美国的公私财产并禁止一切在美国注册的船只开往中国港口。

美国还通过巴统向盟国施加压力，要求英法等国也参加对华禁运。英国对此积极响应，不仅把已在香港的存油将归英国海军部管理，而且还准备把一切石油制品列入禁运名单，并要求在新加坡、香港的殖民当局也采取同样办法。

针对美国政府的封锁和禁运，中国政府采取了针锋相对的反击措施。12 月 18 日，周恩来总理发布中央人民政府政务院《关于管制、清查美国财产和冻结美国公私存款的命令》。命令宣布："鉴于美国政府对我国日益加剧的侵略和敌视行动，为了防止其在我国境内从事经济破坏和危害我国家人民的利益起见，特采取如下措施：（1）中华人民共和国境内之美国政府和美国企业的一切财产，应即由当地人民政府加以管制，并进行清查；非经大行政区人民政府之核准，不得转移和处理。各该财产的所有者或其管理者应负责保护这些财产，不得加以破坏。（2）中华人民共和国境内所有银行的一切美国公私存款，应即行冻结。为维持正当业务及个人生活必需的费用，亦须经当地人民政府核准后始得动用。"同时，政务院及其有关主管部门还就妥善执行命令下发了具体指示。例如，不停止美资工厂的生产、商店的营业；除要美商报告其资产外，不要到其商店或私人家内去清查财产；对美侨个人存款不超过 3 000 元、企业存款不超过 5 万元者，动支时不予限制等。

遵照政务院命令和指示，1950 年 12 月 30 日，上海市军管会主任陈毅、副主任粟裕发布布告宣布，自即日起对美资上海电力公司、电话公司实行军事管制，并分别派出军事管制专员负责执行。布告称："本会鉴于美国政府对我国日益加剧的侵略和敌视行动，为了保护全市人民利益攸关的电力、电话供应，防止美帝国主义从事破坏，危害全市人民生活起见，特根据中央人民政府政务院 1950 年 12 月 28 日政财字第 412 号命令，决定自布告之日起，对美商上海电力公司及美商上海电话公司加以军事管制，并分别委派军事管制专员负责执行，仰各该公司全体员工，在本会军事管制专员领导之下，各安职守，奋勉工作，保护全厂资材，严防美帝国主义特务造谣破坏，以便确保对全市人民之电力、电话供应。各该企业的所有者或其管理者，应服从命令，负责保护，不得破坏。特此布告周知。"

1950 年 12 月 31 日，上海市军管会又发布命令宣布：（1）凡美国政府及美国企业在本市的一切财产，其所有者或管理者应将其所有或管理之全部财产详具清册呈报本会各主管部门，并负责保护；非经核准不得以任何方式转移或处理。（2）本市各公私企业中凡存有美国政府和美国企业之财产者，必须详具清册呈报本会各主管部门，并负责保护；非经批准，不得以任何方式转移或处理。（3）本市各公私银行存有美国公私存款者，须详报本会各主管部门；非经批准，不得动支。（4）凡本市中外企业中有美国公私股本或投资者，均须呈明股权情况，经调查审核后分别处理，在未查明前不得有转移股权、资本等行为。

经过一段时间管制和清查之后，上海市开始按照国营企业要求对美资上海电力公司、上海电话公司其进行全面改革，并自 1954 年 11 月份起，将美商上海电力公司改名为上海电业管理局杨树浦发电厂，美商上海电话公司改名为上海市内电话局。

与此同时，按照中央人民政府政务院确定的对于美资企业中"有关中国主权及同中国国计民生关系较大者，可予征用"，其余企业可根据需要和不同情况，予以"征购""代管"或让其"自行结束"的原则，1951 年 5 月至 1953 年 4 月，中方先后征用了德士古、美孚、中美 3 家石油公司的除总办公室场所以外的一切财产，并征购其全部油料。同时被征用的有：上海码头堆栈公司、华美电台、亚尔西爱胜利公司（中国唱片厂前身）、奇异安迪生电器公司（上海灯泡厂前身）等一批企业，以及皇后大戏院和大华电影院。此外，还有因无人负责等原因，中方代管了黑石公寓、美业、达华等房地产商，大美汽水厂、哈克生汽车公司等工厂，以及平安和光陆大戏院。

在采取强制性的军管和征用、征收方式以外，中方还通过商业方式接收了花旗烟公司、马迪汽车公司和沙利文糖果饼干公司等美资企业。至于美资的银行和保险公司、轮船公司及绝大部分进出口商因美国对华实行封锁禁运后，经营无以为继，不得不申请歇业。关于公用事业以外的大量美

商企业的接管、征收、征用和代管、转让的具体情况，可参阅本书的
附章。

二、英国在"两航资产"问题上玩弄花招是推动对外商公用事业军 管和征收的另一重要原因

"两航资产"问题起源于 1949 年 11 月的两航起义事件。"两航"是原国民党政权下的两个民航公司，即中国航空公司和中央航空公司。中国航空公司成立于 1930 年 8 月 1 日，由国民党政府交通部与美商中国飞运公司订约合营，中方股份占 55％，美方占 45％，后来中方股份增至 80％，美方减为 20％。中央航空公司前身为欧亚航空股份有限公司，1931 年 2 月正式成立。由国民政府交通部与德国汉莎航空股份有限公司合办。第二次世界大战爆发后，国民党政府交通部于 1941 年 8 月接管了"欧亚"的德方股份，并于 1943 年 3 月将其改组为中央航空公司，开始营业。到 1948 年底，两航共拥有大中型飞机近百架，空、地勤人员 6 780 多人。

两航原来均以上海为基地，自 1948 年底起陆续迁离。中航总部一部分迁往台南，主要业务部门和机组等则迁到香港。1949 年 8 月，央航总公司也迁到香港。两航迁港后，同英资航空运输企业之间业务利益的矛盾日益激化。港英当局一再侵占两航的利益，港英当局又先后下令征用中航的厂房和其他设施。

上海解放后，市军管会接管了两航的留守机构。1949 年 6 月，周恩来根据国内时局的变化和两航的实际情况，做出策动两航起义的决策，派出吕明、查夷平等人赴港，同香港地下党一起策动两航的飞机和工厂迁返大陆。经过艰苦的工作，1949 年 11 月 9 日，两航公司总经理刘敬宜、陈卓林率领中国航空公司 10 架、中央航空公司 2 架共 12 架飞机飞抵天津。同

日，两航 2 000 多名员工通电起义。周恩来随即以政务院的名义宣布两航公司的资产归新中国政府所有，当时两航尚有 71 架飞机和大批物资和设备留在香港。

两航起义后，国民党政府勾结港英当局对两航在香港的资产和设施进行各种破坏和劫夺活动。1949 年 12 月，国民党政府得知英国意欲承认新中国政府，担忧两航资产全部被中共接收，遂通过时任行政院院长的阎锡山将尚停在香港的 71 架飞机卖给陈纳德与魏劳尔，陈纳德和魏劳尔二人随后又将此转售给美国民航公司。美国民航公司立即向香港法院提起诉讼，要求获得两航飞机所有权。这样，原本只是中国内政的两航资产归属问题上升为国际问题。

围绕着两航资产问题，出现了中国、美国和英国三方博弈的格局。其中，英国处于十分关键地位。由于两航的飞机和资产大都在香港，英国政府及香港当局成为资产归属的仲裁者。按照国际法惯例，承认行为往往会在国家资产方面发生以下后果："新国家或政府因此为它本身和它的财产取得对承认的国家的法院管辖的豁免权和附带的权利；新国家或政府也因此有权要求和接收坐落在承认的国家管辖范围内原属前政府的财产；新国家或政府的行政和立法行为有权在承认的国家的法院得到承认，因此，在承认以前会被法院认为无效的某些财产转移和其他交易行为由于承认具有追溯力而有效。"由于国际法规定对于新国家和新政权对其财产具有追溯权，因此香港法院最初驳回了美国民航公司请求获得两航飞机所有权的依据，确认了中国中央人民政府对两航的资产享有所有权。判决书指出"中央人民政府于 1949 年 10 月 1 日成立，而从该日起，国民政府各官员都已被免职，中航前董事亦不例外，因此国民政府无权核准此项买卖"。其依据是：由于阎锡山和陈纳德之间的买卖行为发生在新中国成立后，故为无权处分。对于美国律师提出的买卖行为发生在英国承认新中国之前，因此有权处分的申述，香港法院强调：按照英国法律，承认具有追溯力，可追溯到实际控制之日起。香港法院指出，两航总部位于上海，而中共于1949年5月便控制上海，因此国民政府无权处分两航资产。

1950年4月，国民党特务炸毁了两航停放在香港启德机场的7架飞机。我国政务院即向英国提出抗议，指出英国政府没有保护好中国在英殖民地财产。中方提出的抗议指出："中央人民政府对于香港英国当局阻难中央人民政府民航局所属中国、中央两航空公司直接保有的飞机起飞返回，又不真正负责保护，以致其中7架遭受破坏之事，认为英国政府并未能用实际行动表示其对中央人民政府国家产权及财产处置权之充分尊重。"

英国政府不顾中方的抗议，反而以两航的资产归属存在争端为由，发布敕令扣留停放香港的两航飞机，听候司法判决。英国一方面表示尊重中国政府在英国、香港、英国其他殖民地的国家财产，另一方面又说，如果中国政府和其他国家或个人在财产所有权上发生争议，以及中国政府无法实际控制国民党政权留在香港资产的情况下，英国政府无法通过行政手段进行干预，只能向司法寻求帮助。英国政府一再宣称，对于两航飞机问题，关键不在于英国政府的态度，而在于只有香港法院对此可以做出判决，英国政府无权干预。

与此同时，由于香港法院屡次驳回美国民航公司请求，导致美国政府介入两航问题。于美国而言，争夺两航飞机的必要性不在于它能够给国民政府带来多少好处，关键是飞机属于美国对新中国的禁运物资。朝鲜战争爆发后，美国更加急切想要夺取两航飞机所有权。

1951年8月，香港法院在大陆缺席的情况下再审此案，仍然根据"承认具有追溯力而有效"而做出了维持原判的决定，再次确认了中国中央政府对两航资产享有所有权。

但是，由于朝鲜战争爆发后的国际形势变化和东西方冷战的全面展开，1952 年 7 月，在美国压力下，英国枢密院作出最终审判，否决了香港地方法院裁决，将滞留在启德机场的两航飞机和其他资产判给美国民用航空公司。英国枢密院的理由是："承认的回溯既往原则，只能使当时事实上的政府变为法律上的政府有效，但不能使当时法律上的政府行为无效"。①

对于英国政府的作法，中国政府做出强烈的回应。1952 年 7 月英国枢密院就两航资产做出最终审判后，上海市军管会随即于 8 月 15 日公布命令征用了英商英联和马勒两个船厂。1952 年 10 月 8 日，港英当局法院根据枢密院的审判，将两航滞留在香港的部分民航飞机及其他资财"判给"美国民用航空运输公司。中国外交部于 10 月 28 日再度向英国政府提出严重抗议。11 月 20 日，上海市军管会发布命令，宣布征用英国在上海的电车公车、自来水公司、煤气公司和隆茂洋行的全部财产。当天上午，上海市政府外事处黄华处长召见英国上述 4 家企业的负责人，当面宣读市军管会的征用命令，并宣布立即执行。12 月 12 日将上海煤气公司英商更名为上海市煤气公司。1953 年将吴淞煤气厂并入上海煤气公司，实行统一经营管理，负责全市煤气生产、输配和服务供应。

英国在两航资产问题上出尔反尔的同时，还劫夺了我国万吨远洋油轮"永灏"号事件。几乎在两航起义的同时，设在香港的招商局率包括"永灏"号在内的 13 艘商船于 1950 年 1 月 15 日宣布起义。由于"永灏"号正在香港黄埔船厂修理，没能随其他船只驶回广州。英国政府先是勾结台湾国民党政权，在"永灏"轮的产权问题上做文章，图谋扣押该轮。朝鲜战争爆发后，英国政府派兵参加了美国组织的联合国军入朝参战后，劫夺"永灏"轮的步伐明显加快。1951 年 4 月初，"永灏"号基本修理完毕，准备回到大陆时，英国政府突然于 4 月 5 日由殖民大臣葛里菲斯出面发布紧

---

① 转引自孙洁璇：《英国承认新中国决策过程研究》，南京大学硕士学位论文 2017 年。

急法令，以"停泊不用"为由，宣布征用"永灏"号。葛里菲斯在解释此决定的公开谈话中说，征用"永灏"号的真正理由是："为了在朝鲜的英国及联合国军队的安全，决不能让'永灏'轮驶回中国去。"①

　　对英国劫夺"永灏"轮的恶劣做法，中国政府于4月18日向英国政府提出严重抗议，但英国置若罔闻。4月30日，中央人民政府政务院发布命令，宣布征用英资亚细亚火油公司除其总公司和分支机构办公用房以外的全部财产，并征购其全部存油。上海市军管会按上述命令，于当天发布征用布告，并派出军事代表执行。亚细亚火油公司总部在上海，几乎靠垄断了旧中国所有民用石油制品供应，其销售网密布全国，并拥有船队，在上海、广州、武汉各地有专用码头、油池、制罐厂，销售产品最初为煤油，后又增加汽油、柴油、航空燃料、重油、润滑油、沥青、石蜡等。

　　此外，英国是西方国家在上海企业最多的国家。对英国企业的清理接收与改造具有十分典型的意义。除了上述军管和征用以外，大多数企业是采用对价转让的方式让渡给中方的。对价转让的做法，是长期垄断中国卷烟市场的英资颐中烟草公司提出的。创设于1902年的英资颐中烟草公司在上海解放以后，因生产过剩，开工不足，亏损严重，负债累累，难以为继。英资颐中烟草公司曾请求政府，或准其解雇职工和停工，或由中方租用、收购。中方未予同意。1951年8月22日，英资颐中烟草公司董事会授权其代表田克恩，书面向上海市政府提出对价转让设想，即对其现有的资产和债务进行估价后转让给合适的企业，并要求介绍愿意接受该公司的中方单位，进行谈判。经上海市政府外事处介绍，上海烟草公司与颐中公司进行谈判，双方于1952年4月1日达成转让、承让契约，于7月28日签字生效。此后，英国联合利华公司旗下的中国肥皂有限公司、英资海和

①　卓东明：《"永灏"轮起义前后》，《中国船检》，2009年第2期。

公司不少英资企业陆续与中方商谈对价转让。其后，英国联合利华公司在远东最大的子公司中国肥皂有限公司、兰烟囱轮船公司、怡和啤酒股份有限公司、太古车糖股份有限公司等一大批英资企业与中方相关企业达成转让契约。与中方达成财产转让的还有英商沙逊集团。沙逊集团是创建于 1872 年是解放前上海最大的外国房地产企业集团，其转让的房产有锦江饭店南北楼、和平饭店、都城饭店、河滨大楼等 57 处房产，总面积共约 54 万平方米。①

英国在沪的 3 家银行汇丰银行、麦加利银行、有利银行，先是提出歇业申请，但因有未清偿的存款及其他债务，以及对职工应负义务的履行等大量事项，转而提出对价转让要求。经过 10 余轮谈判，大华企业公司与这 3 家银行分别达成转让和承让契约。3 家银行转让后，有利银行经上海市工商局批准歇业。汇丰银行、麦加利银行仍保留小型机构，迁入新址，继续经营中国政府所许可的外汇业务。从 1956 年起，前汇丰银行大厦改变为上海市人民政府的办公大楼。汇丰银行在同中方开展对价谈判期间，曾再三要求以 1 000 英镑代价，保留并运走汇丰银行大楼门口的一对英国式青铜狮子。中方未予同意。现在，这对铜狮子陈列在 2018 年 3 月开馆的上海历史博物馆里。

对法商电灯电车公司的收归公营是外商六大公用事业回归中方的最后一站。1953 年，在美国在沪公用事业企业已被军管、3 家英国公用事业企业已被征用的情况下，为了对全市公用事业进行统筹建设和经营管理，保障城市人民生活的需要，上海市人民政府于 11 月 2 日决定，将法商电车电灯公司收归公营。随着最后一个外国公用事业企业的收归公营，为日后逐步改造租界割据时代所形成的上海公用事业布局、设施的畸形、紊乱局

① 《上海外事志》，载上海市地方志办公室网站 http://www.shtong.gov.cn。

面，扫除了障碍。同样，法国在上海也有许多企业，这些企业也是通过对价转让等方式逐步移交给中方。其具体情况，请参阅本书的附章。

对上述外商公用事业的征收、征用得到了各方面的支持和拥护。据公用事业党委向中共上海市委的报告，在宣布对英商电车公车、自来水公司和煤气公司之时，"军事代表于 11 月 20 日上午 10 时在外事处出席了宣布征用会议后，分别到达各该公司，召集公司负责人开会宣布军管会命令，各单位工会配合着将征用消息广播全厂，职工群众无不欢欣鼓舞，随后军代表由公司负责人伴同巡视各车间，群众均以放鞭炮、呼口号，热烈欢迎，当天还召开了各种会议，做了业务上的一些布置"。普通职工群众对政府征用这 3 家企业，情绪热烈、相互道喜称贺。"恭喜！恭喜！"，成为一般职工群众相晤时的口头语。例如电车公司一位工人讲："怎么睡一觉后，英电已经解放了。"甚至一个本想看病的工人，听到公司被征用而高兴得不顾去看病，要去上班。上海煤气公司也产生了新气象，如过去一向不到工会去的一些工人，也到工会去了，并还替工会做些事情。上海电车公司一个老工人说："解放前我工作是用五分力，解放后是用十分力，今天接管了我要用十二分力了。"[1]

三、对外商公用事业的初步调整和改造

在完成了对外商六大公用事业军管或征收、征用之后，如何使之真正成为新中国经济的一部分就成了刻不容缓的任务。上海市政府和军管会为之做出了极大的努力，从 1952 年起先后开展了民主改革和生产改革两大

---

[1] 《关于上海电车公司等三单位征用工作第一次综合报告》（自 11 月 20 日至 11 月 30 日）公委（52）字第 096 号，上海档案馆。

运动。

通过民主改革调整原外商公用事业中的人与人的相互关系和分配关系，确立工人阶级的主人翁地位。民主改革是和肃清企业内帝国主义和封建残余以及暗藏的反革命分子的工作结合进行的，主要内容是：

（1）清除原来企业残留下来的压迫和奴役工人的制度，如包工制、工头制、打骂私刑、搜身制、强迫工人签订卖身契的"关书"制、不合理的罚则、限制工人人身自由、歧视和侮辱女工，以及其他各种形式的封建把头或封建恶势力。不这样做，就谈不到树立工人阶级的主人翁地位。

（2）改革企业的领导和行政机构，推翻原来企业的资本主义、专制主义的管理，在各企业建立党组织，形成在党委领导下的，有工人、技术人员和职员代表参加的工厂经营体系，逐步向社会主义企业管理制度过渡。

（3）调整职员（特别是高级职员）和工人之间的相互关系。当企业掌握在洋人手里的时候，高级职员代表的是外国资本，工人群众同他们之间的矛盾，实质上是无产阶级同资产阶级之间的矛盾。对中低级职员和技术人员，一般通过批评与自我批评，加强对政治思想教育，使其改变对工人的态度，积极为社会主义制度服务。

（4）改革原企业极端混乱的工资制度。在外商公用事业企业中工资差别很大，职级繁多，有的多达一百多级。同洋人有关系的人，哪怕一点本事也没有，一进工厂就能够每月领得很高的工资。在民主改革中，先革除其极不合理的部分，逐步为实行按劳分配的工资制度准备条件。①

当时以原外商六大公用事业为主体的上海公用事业局干部职工全部参加了民主改革运动，完成了民主检查、反贪污，划清了与资产阶级的思想界线，群众觉悟普遍提高，弄清了人员情况，加强了职工内部团结，健全

---

① 许涤新：《上海解放初期经济战线上的斗争》，上海人民出版社 1984 年版。

与整顿了工会会基层组织，为整党建党、增产节约打下基础。由于在工人中间进行了什么是工人阶级、共产主义社会、工人阶级与党的三个单元的教育，也使他们真正明确了自己的地位、作用和过去所受压迫剥削的原因，批判了过去存在过的"命苦"、"做工人没出息"等思想，大大鼓舞了生产热情和学习热情。

整党和建党是民主改革的核心内容之一。当时，公用事业党委领导下的 16 个企业单位及 4 个机关，在 1952 年 6 月底原有党员 826 人，仅占职工 22 045 人的 3.7%；而且党员分布极不平衡，党员占职工比例最大的单位达 17.2%，而少的只有 1.68%，许多重要的生产车间及部门无党员或只有很少党员。为此，根据上海市委建党整党指示：公用事业党委在民主改革中开办了夜间党校和工人政治学校，对现有党员进行整党教育的同时，训练了大批积极分子，共计团员 546 人、非党团员 1 255 人先后参加了整党建党培训，从中发展了新党员 516 人。这些新党员大多数是公用事业各单位的老工人、老积极分子，有的在解放前已受到我们党教育，在解放后又经过考察与教育。在这批新发展的党员中，不少人走上了生产经营的管理岗位。仅在 1952 年一年，由工人提拔出来当行政干部已达 227 人，仅上海杨树浦发电厂就有 101 人。在整党建党的基础上，企业内的党组织也逐步建立健全。1952 年一年中公用事业党委领导下的 16 个企业中已有 5 各单位成立党委、3 个单位成立了党总支，7 个单位成立了党支部。

在民主改革运动中，先后清查出国民党特务 307 人、反动党团分子人 612 人，极大地纯洁了工人队伍。[1]

在民主改革的基础上，各个被接收的外商公用事业企业开展了初步的

---

[1] 《一九五二年一年来公用事业工作的初步总结报告》，公委（53）字第 006 号，上海档案馆。

生产改革，开始实行计划生产，建立合理的生产定额，开展先进生产者运动，并在清产核资的条件下，建立经济核算制度。在此情况下，各项公用事业开始呈现新的发展势头。

电力供应：1949 年的发电装机容量为 25.33 万千瓦，尽管经历了国民党的狂轰滥炸，上海的发电能力在 1952 年底上升为 27.38 千瓦。1949 年平均月发电量只有 8268.7 万度，1952 年底 10 335.6 万度，比解放初增加了 25%。

给水：1952 年全市的制水量为 188.411 4 立方米，较 1949 年减少 0.54%，但是供水量反而增加 9.5%，达到 150.124 4 立方米。使用自来水的人数，从 1950 年的 417.2 万人增加到 499.0 万人。用水人数增加如此之多的原因是新生的人民政府把自来水的发展方向从高档住宅区扩展到人口密集的棚户区，为劳动人民集居的地方设立了大量的给水站，使他们也用上了干净便捷的自来水。

公共交通：解放后 3 年来增加了公共汽车 152 辆（其中 1952 年增加 132 辆），无轨电车 71 辆、有轨电车 8 辆、拖车 12 辆，增加公交路线 31.174 公里，兴建停车场三处，可容 618 辆车。1952 年，全市陆上交通平均每日参加行驶车辆计公共汽车 317 辆、无轨电车 150 辆、有轨电车 295 辆，载客人数较 1949 年增加 34.6%。

电话：1952 年全年通话总数约 17 450 万次，为 1950 年的 94.3%，其中工业区的通话量显著提高，而商业区的通话量减少（上半年受"三反""五反"影响甚大）。由于对电力设备及冷气设备进行了大检修，电话通信故障明显减少。①

---

① 《一九五二年一年来公用事业工作的初步总结报告》，公委（53）字第 006 号，上海档案馆。

第二章　自来水：从公共给水站到入户清泉

上海是中国自来水事业的发源地。上海的自来水是经济社会发展和现代科技相结合的成果，是租界时代的产物，在当时仅为满足在沪洋人和极少数华人需要而出现。由于租界的殖民统治性质和旧中国整体经济、科技、工程管理和施工水平的落后，在解放前的上海不存在真正意义上的公共给水事业。1949 年的上海解放，为上海的自来水成为所有城市居民服务的公用事业提供了制度保证。随着 1979 年以来的改革开放以及科技的发展，以及上海对公用市政建设投入的加大，上海自来水事业发展焕发了新的活力。特别是改革开放 40 年以来，上海自来水事业经历了一段从保证供水到提供优质用水的历史性转变。

第一节　上海自来水的起源与初期发展

1958 年之前的上海市辖区面积较小，基本就是原公共租界、法租界、上海老城厢、闸北和租界扩路西区（沪西）等地区。1927 年 7 月 7 日，南京国民政府设上海特别市，上海县治所在的南市连同宝山县共 17 市乡划归上海特别市。1949 年上海市解放时，这一区域内共有五家自来水厂，分别是英商自来水公司（原公共租界、沪西地区）、法商电车电灯公司（原法租界）、内地自来水厂（原上海老城厢）、闸北水电公司（闸北地区）、浦东水厂（陆家嘴地区）。解放初期，上海给水事业是在整合旧上海这五家公共给水事业基础上形成的，为能够清楚地呈现上海自来水事业的来龙去脉，在此对上海开埠后至解放时近 110 年时间的公共给水事业作简要回顾。

一、英租界的自来水

近代上海开埠之前，上海县城人口只有 20 万左右。鸦片战争后由于中国处于战乱状态，各方面管制也比较少，各方面因素推动下上海租界得以快速发展和扩张。[①]起初上海县城与其他县城一样，市政非常落后，上海开埠后，随着租界的设立和发展，来沪外侨和华人人数持续增长，至 1942 年公共租界内居民总人数达到 1 585 673 人，法租界内总人数达到 854 380 人。外国侨民日益增多，早期他们并没有喝开水的习惯，一般直接饮用生水，所以患传染病的死亡率比上海本地居民高。[②]

人口的增多随之而来的是居住问题和水源问题。[③]饮用未经处理的河水往往诱发疾病，不卫生不安全。由于不良饮水习惯造成如霍乱等疾病丛

---

① 李春晖：《风骚独领——上海早期供水事业的创立和演变（二）——法租界内供水事业的形成和发展》，《城镇供水》2014 年第 5 期。

② 菊池智子：《从晚清上海自来水建设看城市社会的形成》，《城市史研究》2009 年第 00 期。

③ 《第一编　区域人口》，载上海市地方志办公室网站 http://www.shtong.gov.cn/newsite/node2/node2245/node63852/node63857/index.html。

生，外国居民开始重视饮水问题。19 世纪中叶，伦敦自来水厂早已经按户供水，上海的英、法租界的外侨也非常渴望能使用清洁方便的自来水，于是要求建设自来水厂的呼声不断，但因各种原因一直没有实际动作。1860年美商旗昌洋行（Russell & Co.）在外滩开凿了上海第一口深井（78 米）仅供洋行内部人员使用。①英租界工部局 1867 年也曾着手认真地进行公共给水事业的准备工作，因耗资过大，力不从心（约需 50 万两白银，超过工部局岁入的 38 万两），没有实行。

太平天国和小刀会起义使得大量华人涌入英、法租界，使得饮水和消防问题更加突出。1870 年 10 月，英租界工部局委派工部局卫生官爱德华·亨德生（A. Honderson）对上海的黄浦江及邻近的江河、湖泊进行了一次全面的水源水质调查，分别对上海黄浦江的上游、中游，苏州河的上、中、下游，以及黄浦江的水源地淀山湖及周围松江境内的河流共 12处进行取水样，并送英国伦敦进行化学检验。化验报告由英国皇家化学院弗兰克兰特博士主持完成，从当时的化验结果来看，上海取样的水质都优于同期英国泰晤士河水，属于可利用的软淡水，矿物质含量适中，硬度低，有机污染极轻或无。当时作为黄浦江支流的苏州河的上、中、下游的水质也都很好的，基本属于无污染或极轻度污染的水源。②权威性检测报告，为工部局解决上海租界的供水问题提供了决策依据。1872 年三个自来水建设方案分别是在黄浦江上游松江凤凰山附近取水（耗资51.5万两）；在黄浦江中游龙华段取水（耗资 39.8 万两）；在黄浦江下游杨树浦港附近建造大型水池，涨潮时从黄浦江取水（耗资 29.9 万两）。经工务局纳税人会

① 菊池智子：《从晚清上海自来水建设看城市社会的形成》，《城市史研究》2009 年第00 期。

② 李春晖：《风骚独领——上海早期供水事业的创立和演变》，《城镇供水》2014 年第3 期。

议多次酝酿，均因投资过于巨大，最后以失败告终。①

工部局官方暂时无法推动公用饮水事业，因此私人资本开始进入。1872 年 11 月间上海出现了第一家私人投资经营的"沙漏水行"，行址设在松江路 6 号（即现在的延安东路外滩北侧）。水行有制水船一艘，生产经沙滤工艺净化处理过的清水供给民用。随后 1875 年 3 月英国人格罗姆（F.A.Groom）等 4 人，筹集 3 万两资本，在今杨树浦水厂南部厂区的旧址购地 115 亩，创办立德洋行供水公司。由于当时的水厂离开上海老城厢约有七公里之遥，采用推车送水，价格极其昂贵，用水客户主要是住在英租界的侨民和一些官员绅士。普通市民无法承担如此昂贵的水费，②该水厂由于各种原因无法受到工部局当局的支持，不能发展壮大。

大灾之后要有大治。常言道，水火无情，"水火"二字是经常联系到一起的，上海公用自来水真正得以起步，必须提到一场火灾：1879 年 8 月15 日（清光绪五年六月二十八日）5 时，小东门外法租界陆家石桥顺兴八鲜行起火，焚毁中式房屋 991 间，损失折合白银 150 万两③（约 42 万英镑④）。这一惨痛的事件，由于其独特的位置和对租界各国人群的震撼，催生出了对消防和公用给水事业的巨大需求，各国商人迫切希望建立上海公用给水事业。⑤基于这一背景，英商麦克利沃特（A. Mcleod）向工部局提出在上海建造自来水厂的建议，同时在伦敦组成上海自来水公司筹备委员会。⑥

---

①② 李春晖：《风骚独领——上海早期供水事业的创立和演变》，《城镇供水》2014 年第3 期。

③ 《附记：1842—1994 年上海火灾例选》，载上海市地方志办公室网站，http://www.sh-tong.gov.cn/dfz _ web/DFZ/ZhangInfo?idnode = 59888&tableName = userobject1a&id = -1。

④⑤ 《自来水》，载上海市地方志办公室网站 http://www.shtong.gov.cn/dfz _ web/DFZ/Info?idnode = 64483&tableName = userobject1a&id = 58006。

⑥ 顾振国：《上海市自来水厂的发展及生产管理》，《上海水务》2005 年第 2 期。

1880 年 1 月该筹备委员会向工部局提出水厂工程方案，在黄浦江下游取水，供水可达用户屋内各个房间，并适当安装消防龙头，以供灭火、卫生及其他公共需要，市政当局有权收买公司的水厂或承包公司的供水业务，要求工部局批准。工部局复信赞成该方案，但提出此事应由公司直接向纳税人会议提出以求批准。

1880 年 6 月 16 日，租界纳税人特别会议授权工部局给予拟建中的自来水公司以专营权，供水合约确定工部局同意公司在租界以内排设干管支管供水，但有权在水厂供水十年以后收买公司的业务和一切资产。同年 11 月 2 日，筹备委员会组成了上海自来水股份有限公司（Shanghai Waterworks Co.）并在伦敦注册，额定资本为 10 万英镑，实收 75 750 英镑（合 30.3 万两），公司以 1.8 万两收购格罗姆等人无以为继的供水公司土地，在公共租界杨树浦、许昌路附近黄浦江边购地 18.5 英亩（74 867 平方米）建造水厂。该处是黄浦江最宽的河段，在涨潮后一小时的最高潮位时取水，保证水质。[①]其可以满足向英租界、虹口租界、静安寺、法租界及华界城厢的供水。[②]水厂建设所需的机器设备及铸铁管、闸阀均从英国采购。为保证日夜连续供水，公司在英租界的中心位置的自来水公司本部大楼旁建造起容量为 15 万加仑（682 立方米）、高 103 英尺 6 英寸（31.5 公尺）的巨型水塔一座，建筑费用达 11 058 英镑。[③]

杨树浦水厂在 1883 年 6 月全部建成竣工。当年 6 月 29 日，北洋大臣李鸿章应邀到杨树浦水厂主持通水典礼，并亲手开启了引入黄浦江水的进水闸门，中国国土上有史以来第一次出现了公用自来水给水事业。上海自

---

① ② 《自来水》，载上海市地方志办公室网站 http://www.shtong.gov.cn/dfz _ web/DFZ/Info?idnode = 64483&tableName = userobject1a&id = 58006。

③ 顾振国：《上海市自来水厂的发展及生产管理》，《上海水务》2005 年第 2 期。

来水公司初建成时，用水人口仅 15 万人，平均日供水量 3 698 立方米。随着租界工商业不断繁荣，供水需求量持续增长，公司资本和生产设备大量扩充，成为当时远东第一大型自来水厂。①

新鲜事物往往不被保守落后的民众接受。由于专制统治和封建迷信对民众的思想禁锢、对现代科学知识的匮乏、保守心态严重，上海民众对从未出现过的清洁无比而又日夜供应的"自来水"起初极度排斥，种种谣言造成很多群众不敢使用自来水。经过工部局、上海道官府等大力宣传解惑，加上自来水独特的口感和方便取用等优势，民众才逐渐由排斥转为接受，最终广为艳羡期待，实现了自来水事业的扩张。②

1883 年英商上海自来水公司在租界主要道路旁建设了消火栓，但起初水压不稳。1884 年，工部局要求警务处每两小时测一次水压，并报告供水情况，为此，杨树浦路的自来水厂泵站装了一只电铃，与虹口消防队建立联系。1884 年年底，火政处才对道路边消火栓水压表示满意。这是中国城市建设中出现的第一批消火栓，实现了上海公用给水事业的初衷。1930 年公共租界有消防专用水龙头 543 个。③这些从英国来的消防龙头在平时成为初期自来水推广的重要帮手：原有从河边取水的挑水夫改以消防龙头为水源，将自来水售卖到租界内中国居民的家中，④当时上海从消防龙头售水以墨西哥鹰洋计价。

二、法租界的自来水

1880 年 11 月 23 日，在英商上海自来水公司筹建时，法租界公董局总

---

① ②　顾振国：《上海市自来水厂的发展及生产管理》，《上海水务》2005 年第 2 期。

③　《消防管理》，上海市地方志办公室网站 http://www.shtong.gov.cn/Newsite/node2/node2245/node63852/node63861/node63962/node64495/userobject1ai58040.html。

④　上海市公用事业管理局：《上海公用事业》，上海人民出版社 1991 年版，第 122 页。

董维尔蒙就同英商自来水公司主席麦克利沃特达成协议，由上海自来水公司在法租界内铺设水管，专营自来水事业 13 年，合约期满后，法公董局有权收购在法租界内的所有水管及用具。因此，8 月 1 日英美法租界同步供水，双方商定法租界内的市政用水每年确定 2 000 两白银，居民用水由法公董局以房捐总额 3/8 作为水费统一支付，之后由于中国人大量涌入法租界，用水量大增，公董局负担不起，改按房租的 5% 收取水费。①1893年，双方续约谈判中由于法租界坚持拒绝英商自来水公司借道法租界向华界城厢供水，谈判破裂，合约改成双方逐月签订的方式，以随时脱离。此时公董局开始积极筹建水厂，准备摆脱英商自行独立供水。而上海自来水公司向上海老城厢供水的计划也因上海城墙隔离导致失败。

1895 年，法国人开始准备在靠近华界的董家渡（南外滩）一带购地建设水厂，但因上海道台反对，一直无法取得合法手续。直至 1897 年法国总领事白藻泰到上海以后，开始强力推行水厂建设，强行占据基地，再向上海道台施加压力强硬交涉，终于取得办厂执契，上海道因各种因素同意董家渡水厂的输水管道通过华界的沿江马路向法租界供水。1902 年 1 月终于全部建成水厂。

此前，法租界公董局已以 3.5 万白银买下英商自来水公司在法租界的全部地下水管与供水设施，1902 年 1 月 11 日，法总领事赖塔尔、总董勃吕纳和上海道台袁树勋参加水厂通水开幕式，2 月 1 日起正式切断英商杨树浦水厂来水，董家渡水厂正式向法租界供水，当年的平均日供水量不足 3 000 立方，之后缓慢扩张。起初该水厂由公董局自来水部管理，后来因为经营不善，公董局决定让有能力的承包商接手。英国人起先很有兴趣，

---

① 李春晖：《风骚独领——上海早期供水事业的创立和演变（二）——法租界内供水事业的形成和发展》，《城镇供水》2014 年第 5 期。

但考察后发现该水厂设备需要大规模整修才能使用，于是放弃投标。最后法商电车电灯公司于 1908 年 3 月 20 日无竞争得标，1908 年 5 月 1 日起接收了董家渡水厂的全部管理权，承租期长达 75 年。[①]辛亥革命后的 1912 年至 1914 年里，历经 300 多年的上海老城墙被拆除，[②]为董家渡管线越过城墙障碍扩张铺平了道路。1920 年法租界大幅扩张到徐家汇，法租界西区内整齐美观的市政道路交通设施和大量高品质的高级住宅纷纷拔地而起，使得富有阶层大为青睐，纷纷涌入法租界买房或租房，自来水业务需求急骤增加，董家渡水厂的经营终见起色。

三、华商集资自办水厂

看到了租界的自来水清洁方便，老城厢的中国居民自然也希望用上自来水。但由于当时上海县老城墙未拆除，加上法租界的阻挠使得英商自来水无法通往华界。之后由于各种原因，上海县城拒绝了董家渡水厂供应，1897 年 1 月，由地方绅商曹骧等推举怡和洋行买办唐荣俊和商人杨文俊筹建国人自办的自来水公司，此事很快得到上海道刘麟祥的官方批准。为了区别于英、法外商水厂，第一家中国人自办的供水企业命名为“内地自来水公司”，但此水厂经营颇为波折，历经官督绅办到商办等变迁，直到 1929 年左右才稳定经营。[③]上海另一块被租界隔离的闸北地区 1911 年也建立了闸北水厂，起初以苏州河为水源，但苏州河从 1920 年代开始出现民

① 李春晖：《风骚独领——上海早期供水事业的创立和演变（二）——法租界内供水事业的形成和发展》，《城镇供水》2014 年第 5 期。

② 尤乙：《上海城墙拆除记》，《档案春秋》2009 年第 5 期。

③ 李春晖：《风骚独领——上海早期供水事业的创立和演变（三）——第一家中国人自办的自来水厂创办始末》，《城镇供水》2014 年第 5 期。

族工业，1912 年至 1925 年间，苏州河畔工业企业大规模发展。刚从日本回国途经上海的郭沫若望着河岸的烟囱还曾赞颂说，"盛开着 20 世纪文明的黑牡丹"。蓬勃发展的工业导致大量未经处理的污水排入苏州河，困扰上海近百年的工业污染黑臭现象由此开始出现，1928 年闸北水厂被迫搬迁到军工路黄浦江取水。闸北水厂经营之初就被军阀管辖，管理者只知盘剥不知经营，历经波折，后演变为闸北水电公司，供应闸北、江湾等地。

南京国民政府成立后，1930 年 5 月上海市公用局开始筹划建造浦东水厂，最初是以陆家嘴桃园宅的一块 0.552 亩公地为基础，再购得邻近土地 2.543 亩，在共计有三亩多土地上着手落实水厂建设工作。1937 年浦东水厂建成供水后，当时平均出水量为每日 1 500 立方米，水价每立方米为 0.21 元，当时浦西南市的内地水厂、闸北水厂仅为 0.11 元/立方米；浦东水厂零售水价每担 45 公斤为铜元 5 枚，而当时内地水厂和闸北水厂仅为 1.5 枚。[①]

至此，英商上海自来水厂、法商电车电灯公司、内地自来水厂、闸北水电公司、浦东水厂五家不同背景、不同大小的公司，共同构成了上海城区供水的完整格局，基本覆盖保障了这座大都市各区域的工商业发展和城市居民生活的供水需求。1935 年，英商自来水公司开始进行水表的安装，以表收费。[②]民国时期，上海人口逐渐增致数百万，自来水日益普及，熟水店也逐渐增多，老虎灶的盛行与上海居民炉灶特点有关，据严跃平考证，因为绝大多数居民炉灶是以煤球煤饼为燃料的小煤炉，用小煤炉烧大量开水不划算，不少人家煤炉仅用于烧饭，开水则购之老虎灶，一分钱一壶，

---

① 李春晖：《风骚独领——上海早期供水事业的创立和演变（四）——老城厢外华界之闸北水电公司与浦东水厂筹建始末》，《城镇供水》2015 年第 4 期。

② 上海市公用事业管理局：《上海公用事业》，上海人民出版社 1991 年版，第 135 页。

便宜省事。①

1938 年前后，因为日军进攻并占领上海，大量难民涌入租界。为应对战乱、防止霍乱等传染病的发生，法租界在棚户区建立"防疫龙头"，为棚户区提供清洁水源，这是公用给水站的前身。1938 年之后日伪占据上海期间，各种市政设施并无太大进展，反倒遭受战争破坏。抗战胜利后，1946 年，上海特别市政府下令在市内各贫民区安装"防疫龙头"。解放前夕，全市 322 处棚户区设有 159 只"防疫龙头"，战乱时节，防疫龙头却被地痞恶霸占据，哄抬水费，导致饮用自来水人口仅有约 8.7 万人，其余上百万棚户区居民仍饮用附近河浜水。这种恶劣情况一直延续到上海解放。

表 2-1　解放前夕上海公用给水事业②

企业名称	性质	供水日期	开始时日均供水量（吨）	到解放时已创办年份	1949 年日供水量（吨）
上海自来水公司	英商	1883.8	3 698	66	280 000
法商电车电灯公司	法商	1902.2	2 552	47	100 000
内地自来水公司	商办	1902.9	9 000	47	96 000
闸北水电公司	商办	1911.9	9 090	38	50 000
浦东水厂	官办	1937.6	1 500	12	3 000
沪西自来水设计处	官办	1947.6	1 000	2	1 000

到上海解放时，上海城区日均供水量 53 万吨，其中英商自来水公司供水 28 万吨，法商电车电灯公司供水 10 万吨，两家外商合计占比 71%。内水和闸北两家商办公司占比 27%，两家官办水厂因为战乱等各种原因，

① 严跃平：《建国初期上海熟水商业同业公会价格协调考察》，《兰州财经大学学报》2014 年第 3 期。

② 上海市公用事业管理局：《上海公用事业》，上海人民出版社 1991 年版，第 163 页。

只占不到 1％的供水量。共计供水面积 137.1 平方公里，总供水人口 440 万人，71 027 户；地下管网长度 850 公里。[①]可以说，上海的自来水供应，基本垄断在英法公司手中，英商自来水公司一家就占供应量的 52％。但由于解放战争、通货膨胀等原因，基本上全行业亏损，只有浦东水厂一家尚有微利。[②]

第二节　解放初上海自来水的统一经营

1949 年 5 月 27 日，上海解放。中国最大城市的公用给水事业的发展开启了新篇章。新中国成立时，上海市行政区域总面积 636.18 平方公里，其中市区面积 82.40 平方公里；全市总人口 773.14 万，其中市区人口452.43 万。五大水厂供水能力合计约为每日 80 万立方米，但供水量不足，水压低落，甚至局部缺水。为改善上海市民用水问题，上海自来水事业这一时期的发展，主要体现在三方面：第一，原先各自分离的水管形成管网，整体管网长度增加；第二，水费统一、日供水量显著增加；第三，服务用户数量显著增长、覆盖面增大。

一、解放初的自来水统一经营

新中国成立伊始，国家学习苏联经验。当时苏联专家认为上海最适合的改造方法，是仍以已有市中心区为将来市区的中心，而以扩大已有市区

---

① 上海市公用事业管理局：《上海公用事业》，上海人民出版社 1991 年版，第 164 页。

② 同上书，第 166 页。

的面积来发展新市区，这种"集中式布局"在市政公用设施等方面比较经济。在此基础上，新中国成立初期建设上海的思想是改变不合理的城市布局和人口结构，将旧上海"消费城市"改造为"生产城市"。[①]1951 年 4 月，陈毅代表上海市委、市政府在市二届二次人代会上提出了城市建设"要为生产服务，为人民服务，首先是为工人阶级服务"的方针。这些规划和指导方针对上海的城市改造和公用事业建设产生了巨大而深远的影响。[②]

自来水作为管道输送产品，需要遵循"生产—输送—使用"的平衡，自来水生产和输送管网的布局，以及作为最终使用者的终端用户分布，均依赖于全市整体发展规划。解放初期上海行政区划尚未扩大，上海市管辖范围内的自来水事业，面临三大突出难题：第一，水费不统一、各公司管网隔离；第二，水压不定、百万棚户区民众用水困难；第三，郊区民众则仍然饮用深井水和河水。这些问题本质上是现代给水设施匮乏造成的，供给匮乏问题亟待解决。

1949 年 7 月 13 日，人民解放军上海市军管会就发布公告，改"防疫龙头"为"零售给水站"，保证棚户区居民基本用水。上海市军事管制委员会财政经济接管委员会公用事业处随后成立，当时规定上海的给水事业私营部分继续由原企业经营，公用事业处派出联络员。1949 年 9 月 2 日，上海市人民政府公用局成立，1950 年 6 月在公用局领导下，成立上海市浦东沪西自来水联营公司。1950 年 7 月，公用局给水管理处组织了技术人员和干部，深入到上海各自来水公司实地调研、搜集资料，并通过内部联系

---

① 《上海市改建及发展前途问题意见书》，载上海市地方志办公室网站 http://www.shtong.gov.cn/dfz_web/DFZ/Info?idnode=64670&tableName=userobject1a&id=58441。

② 《建国初期上海城市规划》，载上海市地方志办公室网站 http://www.shtong.gov.cn/dfz_web/DFZ/ZhangInfo?idnode=64662&tableName=userobject1a&id=-1。

人等掌握第一手详细运营资料，摸清外商公司经营实况。

朝鲜战争爆发后，中美、中英之间的气氛骤然改变，各种因素共同作用之下，1952 年 11 月 20 日，中国人民解放军上海市军事管制委员会发布命令，征用英国在上海市的上海电车公司、上海自来水公司、上海煤气公司及隆茂公司全部财产。①1952 年 12 月 12 日，公用局发布通告将"上海自来水公司"更名为"上海市自来水公司"。1953 年 11 月 2 日，上海市人民政府发布（53）沪府建字第 3397 号命令，将法商电车电灯公司收归公营，并成立上海市沪南水电交通公司，后奕斋、周国强为正副经理。②

1952 年 12 月 25 日，闸北水电公司签署公私合营协议书。1953 年 1 月 1 日公私合营后，宋名适任经理，王兼士、翁长溥任副经理。当时闸北水电公司由上海电业管理局领导。1955 年 6 月 2 日，国务院批复自 1955 年 7 月 1 日起由上海市自来水公司统一经营全市自来水事业，经过一系列调整，将闸北水电公司私股部分集中在电业部分，仍按公私合营；将自来水部分由上水公司按地方国营接办。③另一所公私合营的内地自来水公司也逐渐将管网与上水合并，1956 年 11 月 1 日与沪南水厂合并成为上海市自来水公司南市水厂。统一经营后的内地自来水公司接受上水直接领导，但因经济类型不同，仍单独编制计划、自理收支。④

在统一经营的前提下，上海自来水进行了水费价格的统一。1949 年至 1952 年之间，由于经济运行极不稳定，通货膨胀严重，各个公司经营水平不一，导致水费不统一，1949 年各水厂以旧人民币为计价单位的水费调整了三次；1952 年 11 月 1 日起，公用局实行了各自来水公司水价差额金制

---

① 《军办秘（52）密二字第 12580 号（甲）》，上海档案馆。
② 上海市公用事业管理局：《上海公用事业》，上海人民出版社 1991 年版，第 168 页。
③ 同上书，第 169 页。
④ 同上书，第 171 页。

度，将成本低的供水单位差额逐月上缴政府以补贴成本高的供水单位，全市生活、工业、营业和市政用水统一定价为每吨 1 200 元（旧人民币，1 140 + 5％附加捐），此价格自 1952 年起一直沿用到 1986 年。①在这一水价基础上，对棚户区零售给水站水价定为每吨 714 元（旧币，50％水价 + 114 元养护费），集体龙头水价为每吨 960 元（旧币，80％水价），但零售给水站和集体龙头只占售水总量的 2.5％。

1952 年，上海五家水厂共制水 188.4 万吨，用水 150.1 万吨，较 1949 年增加 9.95％。其中，公共给水站用水量较 1950 年增加 264.06％。用水人口自 1950 年 417.2 万人增至 499 万人，增加 19.61％。三年增加水管长度 93 公里，为 1949 年的 11％。1952 年人均自来水用水量为 378 升/年。②

统一经营后，上海供水事业发生了巨大改变。

自来水生产能力提高、质量提升：由于解放前没有统一的水质标准，各水厂性质不一，均依据所属地区的市政当局规定来确定自身水质，如英商自来水按照与工部局合约规定的水质标准，法商水厂按法国水质标准，内地、闸北和浦东水厂则按照 1928 年上海市公用局和卫生局规定的《上海市饮水清洁标准》执行。解放后自来水水质标准实现了统一，1950 年 5 月开始实行《上海市自来水质量暂行标准》，为加强上海水质的统一检验监督，1956 年 2 月上海市自来水公司中心化验室成立，5 月 10 日规定全市建立取样点 188 点。

为保障全市供水系统安全运行和连续供水，1956 年 5 月建立了中心调度室，采用二级调度管理，即各水厂内部运行，但对管网系统有直接影响的事宜由中心调度室负责。为保障生产顺利进行，还对原有水厂生产设备

① 上海市公用事业管理局：《上海公用事业》，上海人民出版社 1991 年版，第 171 页。
② 《关于 1952 年一年来公用事业工作的初步总结报告》，上海档案馆。

进行挖掘潜力，提高净水设备效能，如改善混合反应设备，提高沉淀效率，提高滤池滤速等。由于上海很多管网铺设年久，管道内部结垢严重，有的甚至只有新管 50% 的输水能力。1956 年，上水公司开始对管网进行扩管，从直径 100 毫米至 200 毫米的管线开始逐渐扩大到 300 毫米直径。到 1957 年已扩管 36 公里，大幅提高了水压和供水能力。

输送管网初步成型：从自来水事业诞生以来一直到 2000 年左右，中国境内的自来水使用的输水管线都是铸铁管，解放前从英国进口，解放后由国内制造；进户管线为镀锌钢管。国家在上海给水事业的投资在 1957 年底之前主要用于管道的排设。由于解放前五座主要水厂各自经营，供水管线在新的政治经济格局下排线不合理问题凸显，如当初英商建造杨树浦水厂主要是为外侨服务的，英商杨树浦水厂可向远在 20 多公里外的西郊高尔夫球场和别墅排设供水管道，但与水厂近在咫尺的茅家塘世代居住的水厂工人却用不上自来水，只能以河水度日；各公司排线由于水源均取自黄浦江，大部分干管都是东西走向。各个自来水公司管线不统一，导致在各公司管网末端交界地区水压较低，供水不足。抗日战争前上海市公用局曾提出绕租界排管接通南北水管的计划，但在当时条件下无法实现。这些问题出现的根本原因在于分割经营造成的供水系统缺少环流干管网络以联通全市各地。

1951 年 8 月，在统一经营的条件下，市公用局给水管理处编制了改进上海市给水系统的初步方案。环流工程从 1952 年开始，到 1955 年底为止，敷设了直径为 450 毫米以上的管线，主要的环流管网基本联通，沪西供水区域由于中山南路、中山北路等一系列干管的铺设，使内地、沪南等水厂的水可以送到沪西去，解决了解放前多年来用水的困难，闸北地区由于新管的铺设，也基本上解决了这些地区的用水困难。环流干管工程使得原先分割不通的四个水厂的管道相互联通，不仅解决了缺水地段的供应，也有利于统一经营，便于全市供水调度。加上各水厂也进行了自身区域内的排管，到 1955 年全市管网长度已达到 1 151 公里，增加了37.5％。①

二、工人新村与自来水用户群体的扩大

解放前的上海，在半殖民地半封建条件下，城市发展十分畸形。1949 年市区人口达到 419 万人，面积仅 82.4 平方公里，人口密度高达每平方公里 5 万余人。一方面高楼大厦、花园洋房随处可见；另一方面广大劳动人民却栖身于简陋草棚茅屋中，分布于杨浦、虹口、普陀、闸北、南市、浦东等地的 322 处棚户区集中了超过 100 万居民，棚户区缺水无电，道路狭窄，没有下水道。雨天积水，道路泥泞，居住环境十分恶劣。著名的有药水弄、藩瓜弄等。这些地区严重缺乏公用设施，棚户区居民仅有 159 只防疫龙头，服务于约 8.7 万人，有超过 100 万人吃不到自来水。

1949 年 7 月 13 日，军管会下令原防疫水龙头改称"零售水站"。棚户区房屋过于狭小密集，自来水管道铺设需要大动干戈，无法实现入户进室，于是就依据当地条件，在各个棚户区相对空旷的地方，建立公用"给水站"，集中向居民供水。当时确定以约 150 米为半径、200 户居民为单位，建立公用给水站。②陈毅对棚户区居民生活状况十分关心，认为"目前国家有困难，可以先解决棚户区的吃水、用电、修马路、造厕所等问题，以后再改造。我的想法，要下决心建设大批工人新村，把棚户区从上海消灭掉"。他亲自找市工务局、公用局的负责人商讨，还深入棚户区实地调查。③

---

① 上海市公用事业管理局：《上海公用事业》，上海人民出版社 1991 年版，第 175—177 页。

② 胡伟祖：《上海，消失的公用"给水站"》，上观新闻 2016 年 6 月 8 日。

③ 中共上海市委员会：《陈毅同志永远活在上海人民心中》，载人民网 http://cpc.people.com.cn/GB/69112/69114/69123/4684634.html。

同年 9 月 10 日上海市公用局成立伊始就实施了《沪西区装接自来水集体用户暂行办法》，之后下设公用局给水站作为专业专利部门，拨款在棚户区供水。新中国成立以后政府从 20 世纪 50 年代初就着手改善棚户简屋区的居住环境，政府借开辟消防"火巷"的机会铺设路面，敷设下水道，安装路灯、集体水龙头，增建学校，初步改善了居民的居住生活条件。1950 年给水站数量就扩大到 355 处，服务用水人口近 20 万人；1951 年达到 1 119 处，61 万人受益。

1955 年 5 月 21 日，公用局将给水站一切财产移交上水公司，在上水公司统一调配下，1956 年给水站达到 1 866 处，解决了棚户区 131.6 万人的饮水问题。给水站水价低廉，每人每月水费在当时为 0.1 元左右。1966 年给水站已达到 3 903 处，用水人口 160 万人，年供应量 1 873 万吨；1979 年达到顶峰，为 4 490 处。之后由于居住条件逐渐改善，给水站逐渐撤销，到 1986 年剩余 1 620 处。[①]当时的给水站多是在屋棚里，屋顶铺设瓦片，约 10 平方米大，水池占五六平方米，其余三四平方米是管理人休息小间。水池里的水多是周边居民到这里洗菜、淘米、洗衣服等。手指宽大的筹子是用竹片做，同旧时澡堂浴室的筹子一样，一面光洁，另一面用铁字烫刻的字样，上面刻给水站名，再刻阿拉伯数字。筹子分有 5 斤、10 斤、20 斤、50 斤一根，5 分钱一把，一把有 20 斤的 10 根筹子，每根筹子可取水一铅桶约 20 斤的水。居民取水时，先给看水龙头的管理人员递上筹子，然后用铅桶在水龙头两侧接水，接满后拎水回家备用。[②]也有人把衣物和菜蔬拿来，直接在给水站清洗，以省来回拎水之苦。[③]

---

① 上海市公用事业管理局：《上海公用事业》，上海人民出版社 1991 年版，第 173 页。

②③ 《难忘以前的大给水站》，载新浪网 http://blog.sina.com.cn/s/blog_53c13a6e01018vdx.html。

上海解放初期，政局逐渐稳定，在自来水供应之外的熟水业生意转旺，新店逐步增加。1950 年，有 2 519 家熟水店、从业人员 4 035 人。为协调与原有老店的矛盾，1950 年 10 月，同业公会和市工商联、工商局、卫生局商定新开熟水店和原有熟水店间距从 50 个门面改为至少 25 个门面。

表 2-2　1949 年熟水店状况①

年　　份	1949	1950	1951	1952	1953	1954	1955	1956
从业户数	1 560	2 340	2 623	2 525	2 429	2 396	2 397	2 117

从上表可以看出，自 1949 年开始至 1951 年间熟水店剧增，之后逐年减少，到 1955 年之后公私合营，各熟水店分别组成合作商店和合作小组。②熟水店有 3 种炉灶，分别是老虎灶、经济灶和七星灶：（1）老虎灶，以灶形似虎得名，泥砖灶心，灶面置水锅 3 只，第一只为开水锅，其后是加煤孔，再后是 2 只积水锅，尾端砌烟囱通往屋顶外，形如老虎，1950 年 2 月有 1 985 家熟水店用此灶。（2）经济灶，用铁皮、铝皮制成，下部是燃煤炉膛，上部是水箱，中央置排烟管，炉外装温度表、水龙头，1950 年 2 月有 335 家熟水店用此灶。（3）七星灶，由大缸下端凿口为炉膛，备风箱，缸面用泥砖搪成 7 个火孔，置 7 只铜吊烧水，1950 年 2 月有 199 家熟水店用此灶。③

上海工人群体随着居住条件的改善，给水设施和自来水供应逐步普及。苏联专家指导制定的《城市总图规划》认为，由于上海工厂分散，为使居民尽量靠近工作地点，上海应四面发展，在约需 360 平方公里的居住

---

① 《上海市熟水商业情况报告》，1955 年，上海档案馆藏，卷宗号：S343-4-6；转引自严跃平：《建国初期上海熟水商业同业公会价格协调考察》，《兰州财经大学学报》2014 年第 3 期。

②③ 《第四节　茶楼、熟水、咖吧行业》，载上海市地方志办公室网站 http://www.shtong.gov.cn/dfz_web/DFZ/Info?idnode=79408&tableName=userobject1a&id=104455。

地内，应划分成 20～30 个居住区。按照当时规划，上海进行了小区建设和棚户区改造①，积极改善劳动人民的居住条件，着手建设工人住宅新村。曹杨新村②的建设就是其中的重中之重。陈毅市长认为，"我们要重视生产、但不能忽视生活"，作出了建造 2 万户工人新村的决定。基于沪西工业区的规划，1951 年 3 月，中共上海市委、市政府派出工作组到普陀区和杨树浦地区调查劳动人民的居住情况，为建造工人住宅新村选址，最后决定首先兴建上海第一个工人住宅新村——曹杨新村。第一期工程于 1951年 9 月启动，1952 年 5 月竣工，共建了两层楼房 48 幢，1 002 户，即现在的曹杨一村。在曹杨新村的建设过程中，水、电、煤气、电话等现代化生活设施第一次进入了普通工人的住宅。③

从上海解放初期至 1957 年末，上海供水事业投资 2 266 万元，敷设管道约 413 公里，平均日供水量由解放初期的 50.3 万立方米提高到 66.9 万立方米，最大日供水量 95 万立方米。但由于人口增多，需水量迅速增长，高峰期经常出现用水困难。1956 年虽将出厂水压提高 5 米，但用户水压却比 1955 年降低 3 至 5 米，边缘地区如哈密路、虹桥路一带，水压只有 2 米，出现低压区域；有的工厂因水压不足不能开工，居民生活用水困难的里弄有 1 000 多条。上海市自来水公司为用户敷设内外管道、解决困难里弄用水，1956 年完成 458 条，投入资金 17 万元，其中 9.6 万元由业主或住户负担，改善了约 15 万人的用水困难。④上海给水事业经过初期的混乱，开始

① 《新建居住区和棚户简屋区改建规划：概述》，载上海市地方志办公室网站 http://www.shtong.gov.cn/dfz_web/DFZ/Info?idnode＝64649&tableName＝userobject1a&id＝58565。

② 《曹杨新村》，载上海市地方志办公室网站 http://www.shtong.gov.cn/dfz_web/DFZ/Info?idnode＝64738&tableName＝userobject1a&id＝58568。

③ 《普陀区工程建设执行委员会签》，上海档案馆档案。

④ 《改善用水困难》，载上海市地方志办公室网站 http://www.shtong.gov.cn/dfz_web/DFZ/Info?idnode＝55094&tableName＝userobject1a&id＝42351。

逐步走上发展之路。

第三节　"文革"前后自来水事业的艰难发展

自来水和其他公用事业一样，在计划经济体制下，虽然有所发展，但是整体上速度不快，在"文革"期间还一度出现停滞。

一、"生产城市"格局下的自来水供给

新中国成立初期苏联专家提出的上海整体规划是扩展上海城区，将作为"消费城市"的上海改变为"生产城市"的上海，因此给水事业整体布局均围绕原有上海工业生产能力建设，在原有上海市辖区范围不断的补短板状态。但伴随国内外局势的发展，1956 年毛泽东《论十大关系》发表以后，中共上海市委及时制定了上海工业"充分利用，合理发展"的方针，对城市规划提出新的要求。

1958 年，国务院批准将江苏省的嘉定、松江等 10 个县划归上海市，自此，上海由主城区和周围郊县组成，上海的行政区划一下子扩大十倍。行政区划扩大为上海城市发展重新布局提供了基础条件，奠定了今天上海的规模，上海市城市布局开始形成以市区为主体，近郊工业区和远郊卫星城镇相对独立又有机联系的群体组合城市。①

1959 年 10 月，上海完成《关于上海城市总体规划的初步意见》，提出

---

① 《上海城市总体规划》，载上海地方志办公室网站 http://www.shtong.gov.cn/dfz_web/DFZ/Info?idnode=64641&tableName=userobject1a&id=58439。

逐步改造旧市区、严格控制近郊工业区、有计划地发展卫星城的城市建设方针。此后不久，由于三年困难时期，贯彻"调整、巩固、充实、提高"的方针，建设项目大量压缩；接着"文化大革命"时期上海发展面临严重干扰，城市总体规划意见难以全面实施，但是逐步改造旧市区，严格控制近郊工业区，有计划地发展卫星城这一上海城市建设方针还是得到了贯彻。这一时期由于计划经济思维的影响，在一切为了生产的工业化观念下，片面强调"先生产、后生活"，单纯追求生产型经济发展指标、忽视社会发展目标，将市政公用设施一律作为非生产建设项目对待，并不列入投资计划，排队在后，削减在前，市政投入极其不足；基础设施建设基本被当作单纯的福利事业来办，自来水价格三十年一贯制，导致企业大多亏本经营。①

二、卫星城镇建设和新水厂

根据 1959 年上海市城市总体规划，以疏散城区人口为目的的建成区远景规划人口为 310 万，近郊工业区及外围人口 100 万，卫星城人口 148 万，农村人口 442 万，总计全市人口 1 000 万人。规划居民用水单人耗"二五"期末为 103 升/年，"三五"期末为 151 升/年，至"五五"期末（1977 年）达 250 升/年。自来水普及率方面，市区早在 1968 年已达到 100%，但这一标准是在极低的人均供应量下实现的，郊区（县）1990 年达到 70%。但从 1966 年至 1976 年的 11 年间，给水事业固定投资年均仅596.6 万元，比 1958 年至 1965 年间的 627.4 万元稍微减少，但其中基本建设投资每年仅 260.1 万元，比 1958 年至 1965 年间的 499.1 万元减少的太

---

① 上海市公用事业管理局：《上海公用事业》，上海人民出版社 1991 年版，第 425—426 页。

多，仅达到新中国成立初期到 1958 年每年 269.4 万元的水平。[1]

上海 1977 年建成区平均工业用水每日 180 万立方米，近郊工业区每日 45 万立方米，规划全市需水量为每日 473 万立方米。需新建、扩建一批水厂，其中地面水源水厂有长桥水厂、闵行水厂、吴淞水厂等，地下水源水厂有东沟、高桥水厂等，水厂总规模达到每日 482 万吨。

1959 年规划的近郊及远郊的十几个工业区含有高浓度酚和氨的废水，排入黄浦江后，导致 20 世纪 60 年代以后黄浦江市区水域出现季节性黑臭，江中鱼虾绝迹，上海市被列为水质型缺水城市。[2]由于黄浦江水源受到工业化污染日趋严重，水厂虽增加净水药剂，但经过处理的水仍有异臭异味，这一问题因为属于整体性环境治理问题，在改革开放前始终无法解决。[3]在 1976 年至 1985 年给水十年规划中，曾考虑采用长江及淀山湖新水源，并同老厂扩建挖潜方案作了比较，提出十年规划仍立足于老厂扩建，但需为十年后规划采用新水源做好准备工作。

为实现工业化发展，上海首先建立位于黄浦江上游的闵行卫星城，在那里设立了一批大型骨干企业，如重型机械厂、上海汽轮机厂、电机厂等。闵行老街的居民一直使用黄浦江支流横泾河水，新建的为重工业企业配套的制水供水设备并不能惠及整个城镇，因此，1958 年建造了上海解放以后的第一个水厂——日供水能力达 5 万吨的闵行水厂。该厂仅用了 10 个月的时间就建成投产，其水源依旧来自黄浦江。闵行水厂是产、供、销自成体系的独立给水企业，为周围 12 平方公里内约 10 万人提供日常用水，其管网与市区互不沟通，管理体制也与其他水厂不同。

① 上海市公用事业管理局：《上海公用事业》，上海人民出版社 1991 年版，第 206 页。

② 顾振国：《上海市自来水厂的发展及生产管理》，《上海水务》2005 年第 2 期。

③ 上海市公用事业管理局：《上海公用事业》，上海人民出版社 1991 年版，第 214 页。

1960 年以后，又陆续建成下列市政水厂（见表 2-3）。

表 2-3 上海在 20 世纪 60 年代建成的中小水厂一览

水厂名称	概　　况
长桥水厂	1966 年建成一期工程，日供水能力 30 万吨；1971 年 7 月完成二期扩建，日供水能力 10 万吨；1983 年底完成三期扩建，日供水能力 60 万吨；1990 年底完成四期扩建，日供水能力 40 万吨，形成每日供水 140 万吨的规模。长桥水厂的建成大大改善全市管网的输水能力，使历年来上海供水由东向西水量水压递减的局面得到明显改善，也为以后上海发展西区居住区和新兴技术开发区创造了有利条件。
闵行水厂	1959 年 5 月 1 日建成，设计能力每日 5 万吨。1988 年底建成闵行第二水厂，日供水能力 10 万吨。
吴淞水厂	1981 年底扩建竣工，设计能力为每日供水 15 万吨。
桃浦水厂	为解决地区生产用水，压缩地下水开采量，1963 年 4 月市人民委员会批复同意，1964 年 12 月建成投产，规模为每日 3.5 万吨。
周家渡水厂	1963 年，上海市人民委员会于当年批准建设，其规模为每日 3 万吨，先建设每日 1 万立方米，1965 年 6 月建成投产。次年经挖潜改造，日供水量达到2.5 万吨。1974 年，为配合白莲泾万吨码头建设，国家批准投资 35 万元对原进水口移位重建。新进水口考虑远景发展，土建按每日 10 万吨能力设计，泵房按每日 4 万吨安排，1978 年建成。

1972 年，国家在杭州湾畔金山卫围海造地建设上海石油化工总厂。1978 年，又在长江南岸建设宝山钢铁总厂，同时规划建设金山卫和宝山两个卫星城，上海城市开始形成向杭州湾北岸和向长江南岸两翼发展的格局。

1958 年上海行政区划扩大后，上海的郊区指的是上海县、南汇县、奉贤县、青浦县、松江县、金山县、崇明县、川沙县、嘉定县、宝山县等地的城镇和农村地区。上海解放前这些地方的城镇居民和农村农民大多饮用河水，少数地区兼用井水。20 世纪 20 年代起，有少数单位在城镇建成简易供水设施或开凿深井，向城镇的工厂、浴室、茶馆和少量居民供水。整体而言，郊县自来水普及缓慢，且大多以井水为主。例如 1950 年起，崇明县结合兴修水利，疏通河沟，努力使居民饮用活水。1963 年又提倡打井、饮用井水，实行井水消毒。1964 年，首先在城桥、堡镇、新河、陈家镇等地挖掘大型公用井。至 1965 年，全县共打公用井 2 215 口，1971 年至 1973 年又打公用井 6 755 口。1974 年打灶边井及室外小井 43 894 口，其中 73％的水井都实行漂白粉消毒，饮用井水居民占全县总人口的 57.7％。1963 年起，在城桥镇和堡镇镇建造水厂和净化水塔。1970 年至 1976 年，8 个市属国营农场先后完成以净化水塔和深水井为主的供水工程改造。①

不洁河水往往是病原体的来源，会增加患血吸虫病和肝癌等疾病的几率。上海解放后，随着工业的发展和人口的增长，河水逐渐遭到污染，各县政府为防止肠道传染病滋生蔓延，在城镇人口集中地区，利用单位自备深井敷设管网，作为临时应急措施，解决居民用水困难。后来为了防治血吸虫病，井水一度成为人们的主要饮水源。20 世纪 60 年代初，上海市人民委员会公用事业办公室组织市公用、卫生防疫、规划、城建等部门和各县政府一起，在县城镇分期分批建成一批简易水厂。20 世纪 70 年代起，为避免地下井水抽取过多导致上海地面沉降，市、县两级政府在市各专业部门的配合下，对早期建成的简易水厂有计划地进行改建，郊县城镇普遍建成正规化的水厂，水井逐步停用。②

以嘉定为例，1950 年嘉定县有水井 7 000 多口，1984 年上升为 40 172 口，1984 年后，农村自来水渐次普及，不少水井停止使用。1996 年，嘉定全区尚在使用的土井约有 2.2 万余口。1958 年，嘉定县的城厢镇、安亭镇被辟为上海市卫星城镇后，逐渐开始兴建地面水厂和开凿深井，供应部分单位和居民用水。③随后南翔镇仿效。1960 年至 1966 年，城厢、安亭、

---

① 《卫生防疫》，载上海市地方志办公室网站 http://www.shtong.gov.cn/dfz_web/DFZ/Info?idnode=17187&tableName=userobject1a&id=6143。

② 《郊县供水》，载上海市地方志办公室网站 http://www.shtong.gov.cn/Newsite/node2/node2245/node4516/node55029/node55079/index.html。

③ 《给水》，载上海市地方志办公室网站 http://www.shtong.gov.cn/dfz_web/DFZ/Info?idnode=97755&tableName=userobject1a&id=146128。

南翔 3 镇新建或扩建地面水厂。1962 年，马陆人民公社建自来水厂，自来水遂向农村集镇扩展。1976 年，安亭公社吕浦大队办自来水厂，自来水才开始向农村扩展。

三、供水管网建设和供水服务

上海自来水输送是由大型水厂集中供应，管网发展一直较弱，从解放上海时的 841 公里，1953 年达到 1 053 公里，1978 年达到 2 042.1 公里，近二十年间仅增长一倍多一点，发展很慢。[①]上海解放以后，虽然供水量有很大提高，但仍不能满足需求量的迅速增长，夏季高峰供应时经常会出现用户用水困难。因此，上水公司在供水管网中的适当地段增加泵站加压，以增加自来水流、增加末端供水压力，挖掘输水潜力，成为管网投资不足时的替代手段。[②]但因当时的政治经济状况，管网发展并无很大进展。

1959 年后为配合近郊工业区及卫星城镇的建立，住宅规划重点转向近郊区和卫星城镇，根据"就近生产，就近生活"的原则疏散市区部分工厂企业和人口。当时有代表性的居住区规划有闵行一条街和东风新村、彭浦新村、天山新村等，但大多只执行了初期计划。[③]自来水管线也随之进入铺设。为了改善劳动人民的居住条件，成片地改变市容，摸索加快市区成片棚简屋改建的途径，藩瓜弄、明园村、市民村等棚户区改建规划和修建设计相继列入棚户改建计划。雨水、污水、供水、煤气、电力等管网，根据

---

① 《管网》，载上海市地方志办公室网站 http://www.shtong.gov.cn/Newsite/node2/node2245/node4516/node55029/node55077/node55093/userobject1ai42344.html。

② 上海市公用事业管理局：《上海公用事业》，上海人民出版社 1991 年版，第 215 页。

③ 《新建居住区和棚户简屋区改建规划：概述》，载上海市地方志办公室网站，http://www.shtong.gov.cn/dfz_web/DFZ/Info?idnode=64649&tableName=userobject1a&id=58565。

原有的条件和新村发展的需要以及分批建设的要求，统一规划，分段实施，[1]此时每家每户的水表普及率并不高，大多是由一个总表控制若干分水表的模式。20 世纪 70 年代以后棚户区的给水站撤掉亭子，专职看管自来水的管理人员也取消了，用于储水的大水池被替换为在中间竖一根半人高的大口径水管，下面用砖块水泥将四周围砌起一个石柱保护水管，上面用三通横接一根水管，水管两头分别装上龙头，用水直接从龙头放水，比原来从储水池舀水方便和卫生。因为一座给水站只有一只大水表，没有了专职管理人员，水费改为按每户人家的实有人口平均分摊，一般由居民小组长负责，每月收到水费单据后，将总价除以总人数，得出每人需缴的金额，然后上门一家家收取，收齐以后再统一上交。[2]由于棚户区文化程度普遍不高，算不清楚账的人很多，因此居民间时有矛盾。

在自来水使用上，当时城区老百姓意见最多的，一是水质问题，二是水压问题，三是自来水供应时间问题。

在水质问题上，民众普遍开始反映环境污染导致水质量下降，感知最强烈的就是苏州河的黑臭问题。苏州河环境的急剧变化发生在上海重工业化急速发展的 20 世纪 50 年代。当时苏州河两岸重工业发展迅速，新中国成立初期规划的沪西工业区集中了上海近千家企业，聚集人口超过 300万。从 1958 年起，蚂蚁浜周围集中了闸北的几家电镀厂，镀镉废水未经处理直接排入浜里。蚂蚁浜地区水系纵横，一直通向苏州河，使得 50 年代末苏州河变成黑色。苏州河是潮汐河，河水流动性不强，海潮大时河水会被潮水顶回去，这条"黑缎带"便周而复始在河道里游来荡去，生活在

---

① 《明园村》，载上海市地方志办公室网站 http://www.shtong.gov.cn/dfz_web/DFZ/Info?idnode=64739&tableName=userobject1a&id=58577。

② 胡伟祖：《上海，消失的公用"给水站"》，上观新闻 2016 年 6 月 8 日。

苏州河两岸的民众苦不堪言。因为环境污染的原因导致这一地区智障、精神病人特别多，加上棚户区"三湾一弄"的存在，上海人称为"下只角里的下只角"，每天早晨运粪船靠岸，臭气四溢，让人无处躲藏。甚至在冬天，都可以闻到浓浓的硫化氢的味道。20 世纪 70 年代末期，苏州河流经上海的 53 公里河段已全线黑臭。1975 年，蚂蚁浜地区（彭浦工业区）发生了一起重大污染事故——"痛痛病"鸭子事件。当地用被污染的水浇地的农民发现有些鸭子的翅膀耷拉在地上，走起路来一跛一跛，一时谣言纷起。鸭子得的就是因镉污染造成的"痛痛病"，在每公斤鸭肾中，镉大约有 50 毫克。当时上海对镉污染的治理与日本换掉所有被污染土壤的方式不同，早期采用污水浇地，但后期改为修建污水处理管道。上海当时的处置方案是由冶金局买下受污染的 600 亩地，用于其他用途；搬迁电镀厂家，改变原有工艺。当年市蔬菜公司革委会发出的通知：蚂蚁浜地区的燕毛湾生产队的 120 亩蔬菜被禁止上市——这些蔬菜含镉最高超标 66 倍，[①]周边民众苦不堪言。为治理苏州河地区合流污水，1988 年，合流污水治理一期工程动工建设；1993 年，主体工程建成通水。[②]但当时因为各种原因，资金短缺，水质并无实质性改善。

当时上海城区自来水水质不高，色度和气味都不佳。活性炭净水技术能够有效地调理自来水中的酚、色度和多种有机物，改善水质，但由于上海水厂内全部采用活性炭净水有困难，于是在 20 世纪 70 年代初推广家用小型活性炭净水器，至 20 世纪 80 年代初销售约 70 万只。[③]

---

① 《苏州河——中国第一条被污染河流的新生》，载搜狐网 http://news.sohu.com/87/27/news146782787.shtml。

② 《城市排水》，载上海市地方志办公室网站 http://www.shtong.gov.cn/dfz_web/DFZ/Info?idnode=68359&tableName=userobject1a&id=65886。

③ 上海市公用事业管理局：《上海公用事业》，上海人民出版社 1991 年版，第 214 页。

水压和供水时间问题，本质上是供应能力问题。长桥水厂在 1970 年 10 万吨/日净水设备扩建后，供应能力勉强达到 40 万吨/日。1975 年，上海全市供水低压区面积达到 32.4 平方公里，其中三分之二都是长桥水厂的供水区。为解决沪西、沪北居住区的用水困难，1977 年，扩建长桥水厂 60 万吨/日的任务书获得批准。①

至于农村地区以井水占主流，如果能有自来水喝就算过的不错了。20 世纪 70 年代末、80 年代初的时候，在许多徐泾人印象中，徐泾地区最高的建筑物，不是高架，也不是那些商品房，而是那些深井自来水厂的水塔，那时候徐泾地区零零散散的有几家小型的自来水厂，为镇区居民和部分村民供应深井水。徐泾民主村的孙玲芳回忆道："以前几家合打一口井，洗衣就到河边，淘米烧水就从井里打上来，哪有现在这么方便省力，当时如果能用上自来水，那就是算村里发展好了"。②

总体而言，1958 年至 1978 年改革开放前的供水事业，因为国家整体政治经济出了大问题，在"先生产、后生活"观念的指导下，一直以紧缩、节俭、压缩需求为主，因此投资严重不足，发展速度很慢，远不能充分满足广大市民的生活需求。

第四节　百废待兴后的起航

中共十一届三中全会以后，上海供水事业开始出现新的变化。当国门

---

①　上海市公用事业管理局：《上海公用事业》，上海人民出版社 1991 年版，第 209 页。

②　《改革开放 40 年——这些"细枝末节"可能你不知道，但是身边的变化看得见摸得着！》，载微徐泾微信公众号 https://mp.weixin.qq.com/s/0WevOovQAV1NQm1Ste7dbg。

大开，民众看到发达国家和地区先进便捷的供水设施，严格的饮用水标准，痛感上海必须迎头赶上。1988 年启东毛蚶引起上海肝炎大流行，是上海全市上下，痛下决心从水源地着手，全面整治自来水事业的直接动因。

一、启东毛蚶引发上海肝炎恐慌

黄浦江是上海的水源地，自 20 世纪 70 年代后期以来逐渐黑臭，一年竟有一半日子被污水遮盖，江面上到处垃圾漂浮，一到天热就散发出阵阵恶臭。由于黄浦江水质日益劣化，加之自来水厂水质处理水平低下。当时来沪工作和旅游的外国人都不敢喝上海的自来水，而是从国外自备饮用水，这让上海官员、民众非常难堪。治理黄浦江，改善上海饮用水质，成为上海所有民众的共识。1988 年启东毛蚶事件的发生，更是极大地刺激了上海党政军民各方。

1987 年底起，上海市政府为了适应进出口贸易的急剧增长，决定全面疏通长江口和黄浦江。当时，上海正值改革开放的 10 年之际，不但上海的各项经济社会工作都有了飞速发展，而且长三角经济区也已形成了初步的规模效应。因此，上海地区的港口吞吐量直线上升。据统计，当年上海吴淞港的货物吞吐量已达到 12 833 万吨，比 1978 年增加了61.32％；外贸货物的吞吐量也达到 2 681 万吨，相比增加了 70.44％；而集装箱的吞吐量达到 22.4 万标准箱，增加了 28 倍。

在此情况下，长江口和黄浦江的港口和航道出现严重堵塞。全面疏浚长江口、黄浦江航道，增加航道的船流量和通航船舶吨位，进一步提高黄浦江航道的利用率的方案，被上海市政府提上了议事日程。最后经中央同意，由上海市港务局负责，组织其所属航道管理和相关的工程部门开始实施长江口及黄浦江航道全面的疏通工程。

工程正式从 1987 年的 9 月份开始实施，一大批不同吨位的河道挖泥船有计划地驰向长江口和黄浦江开始作业，当这些疏浚河道的挖泥船在长江口江苏省境内的启东县江段进行航道疏浚作业时，意外地发现在挖出江底的淤泥中含有大量的野生毛蚶，许多工人还在下班后将大量的毛蚶带回家去，供家人和亲友食用。但随着挖掘工程的进展，作业工人发现河床淤泥中的毛蚶密度越来越高，甚至最后挖出一勺江底的淤泥中竟含 80％以上的毛蚶。这时的毛蚶数量已经不是现场的作业工人所能处理得了，这在启东县也成了超级的大新闻，全县百姓闻讯而来，随身带着各种工具盛器，江面上形成了众多农船围着挖泥船排队搬运毛蚶，而在沿江岸边上还有成千上万的农民等着毛蚶的壮观场面。

毛蚶因味道鲜美和价格实惠，所以是上海人平时比较喜欢的食品之一，但长期以来上海市场的毛蚶主要来自山东省的毛蚶养殖场。而江苏省启东县原来不出产毛蚶，所以这次发现的毛蚶完全是在长江中自然野生的。后来，据有关部门对黄浦江启东县江段的野生毛蚶分布范围的监测，在长江该县的江段中竟分布着约有长度为 20 余公里、平均厚度为 1 至 3 米不等的毛蚶集聚带。长江口发现了毛蚶集聚带，对启东县农民来说毫无疑问是天上掉下来的一个大馅饼，起先大家还仅是分一点毛蚶供家人和送亲戚朋友尝尝鲜，但随后马上把毛蚶作为当地经济发展的一种新亮点，而进行自发组织起远距离的运输销售。

上海这个新兴的国际大都市首先成为了毛蚶销售的目标市场，一是上海的市场规模大，二是上海人经济条件相对比较好，三是新鲜毛蚶符合上海人的口味。于是启东全县的农用船、机帆船、拖拉机、农用车等各种运输工具都统一集中到向上海运输毛蚶的工作上来了。当时一只 3 吨的农船花只要花上 30 元钱，让疏浚航道的挖泥船给自己装上三满勺带泥的毛蚶（后来按每勺 10 元付给挖泥船工），直接去上海，路上顺便不断用江水反复冲洗把毛蚶洗干净一点，运送到上海市场就以每公斤 1 元的价格出售，一般 2 至 3 天就能卖完，那就能换回两三千元钱人民币了，这在当时可是一笔大买卖了。基本上每天会有上百条农船满载着毛蚶运向上海市场，这使得上海毛蚶市场上马上被启东占领，山东养殖毛蚶因价格上的问题根本无法与启东毛蚶相竞争，不久就自动地退出了市场竞争。

由于价格低廉、味道鲜美，立即在上海市民中掀第一次争相购买和食用毛蚶的高潮。在市区供应接近饱和以后，启动的毛蚶运输大军开始转向市郊各农贸市场，从而引起市郊居民、农民竞相购买和食用毛蚶的第二次高潮，这次毛蚶的供应范围一下子扩散到整个上海行政区域。直到 1988 年春节期间，仍有许多农民放弃过节，乘农用船沿河道或挑担在上海的街头巷尾销售毛蚶。

这次大规模毛蚶销售之后，上海突然出现爆发性甲肝。1988 年 1 月中旬开始，上海出现了甲肝病人，随后病人数量急剧攀升，开始每天一两百例，接着三四百例、后来是一两千例，至 1988 年 1 月底每天新增的甲肝病人已达 1 万例左右。2 月 1 日病人数达到高峰，为 19 000 余例。各家医院都有大量的病人涌进来，他们大多伴有身体发热、呕吐、乏力。很多人天没亮就来排队等待诊治。有的病人怕传染家人，医院没有空床位就自带折叠床、被褥，来到医院，要求立即住院。据上海市卫生防疫站疫情统计：1988 年全市甲肝报告发病数为 34 万例，创出了世界甲肝流行新的历史纪录。当时上海所有医院（包括妇产医院）总共也就 5.5 万张病床，但甲肝病人数日以万计，且发病十分集中，即使所有医院腾出所有床位全部收治甲肝病人，也无法解决甲肝病人的住院问题。于是政府开始干预，要求沪上一些大中型企业腾出仓库，开办临时隔离病房，收住本企业的甲肝病人。同时，借中小学校放寒假之机，把部分学校的教室办成病房。一些小旅馆也被要求空出客房接收病人。当时上海市各区政府以及各级卫生行政防疫部门都召开了紧急会议，提出了"全市动员起来打一场防治甲肝的人民战争"的口号。最后，上海有许多学校全部停课，教室改成病房，还有许多工厂停厂，车间改成病房，尽最大的可能收治所有的甲肝病人，终于基本上解决了甲肝病人的住院问题。当时部分人群特别紧张，如果听说某户人家出了甲肝病人，同一幢楼里的居民上下楼都不敢摸栏杆，有病人的家庭会很快被周围人"孤立"起来。所以病人一旦得病，就要为家人、为楼里的邻居考虑，千方百计地住进医院。由于床位供不应求，甚至发生了不少病人和家属跑到病房抢床位的情况，引起了争执和吵闹，医院也不得不请警察来帮助维持秩序。由于人们害怕感染甲肝，预防性注射行为大幅度增加，上海生物制品所虽然加班加点生产丙种球蛋白，但市面上的丙种球蛋白仍被抢购一空而时常缺货。这在全国范围内也引发了肝炎恐慌。

经过上海市各级卫生防疫人员到各医院和社区深入调查，发现有 85％以上的甲肝病人都有毛蚶食用史，这就确定肝炎流行与毛蚶有密切的关系。上海医科大学和市卫生防疫站对启东毛蚶作了化验，发现从启东的毛蚶体内检测到了甲肝病毒，这才正式确定毛蚶是引起甲肝暴发流行的罪魁祸首。虽然毛蚶带有病毒的原因虽是多方面的，但黄浦江水源污染是使毛蚶带有病毒的根本性原因。长江口和黄浦江沿江城镇和农村每天有大量工业、生活污水排入长江，特别是上海和江浙两省一市有相当一部分人畜粪便尚未经任何无害化处理就直接排放到长江口，严重污染长江口水源和滩涂，许多生长在长江入海口和滩涂上的毛蚶等小海鲜因此而带有病毒。自此之后，对黄浦江和水源污染整治日益成为上海市民的共识。

二、城市总体规划中的上海自来水事业更新改造

其实，上海早就在考虑自来水的水源问题。1986 年 7 月 22 日中共上

海市委、上海市人民政府上报《上海市城市总体规划方案（修改稿）》，1986 年 10 月 13 日国务院批复原则同意。这是上海市有史以来第一个报经国家批准的城市总体规划方案。上海城市建设的发展方向是：建设和改造中心城，充实和发展卫星城，有步骤地开发"两翼"，有计划地建设郊县小城镇，使上海发展成为以中心城为主体，市郊城镇相对独立、中心城与市郊城镇有机联系、群体组合的社会主义现代化城市。[1]市规划院根据上海市城市总体规划预测，2000 年中心城居民生活用水量规划采用每人每日 200 公升，按照市供水 2‰ 至 3‰ 递增率估算，1990 年规划日供水量为 500 万吨（中心城为 430 万吨，卫星城及近郊工业小城镇为 70 万吨），2000 年期末规划日供水量约 650 万吨（中心城为 550 万吨，卫星城和近郊工业小城镇为 100 万吨）。

　　为在水质和水量两方面满足全市人民日益增长的生活用水需要，适应 2000 年工农业总产值翻两番的要求，从 1981 年起开展黄浦江取水口上移的可行性论证，提出在黄浦江上游松浦大桥附近设取水口，引水量为每日 430 万至 500 万吨。1981 年至 1984 年上海市科委和市建委组织市公用局、市水利局、六机部第九设计院、市基础公司、市政设计院及自来水公司等数十个单位对黄浦江上游引水方案进行可行性研究；同时组织上海市高教局系统组成高校环保协作组进行上游水源保护和污水综合治理方案。1985 年 4 月，上海市建委批准初步设计。[2]为了解决相应的资金需求，上海市政府实施了"九四专项"，从国内外多方面筹集资金以改善城市供水问题。20 世纪 80 年代中期，外资开始进入中国城市建设。1984 年，中国开始组

---

　　① 《上海城市总体规划：概述》，载上海市地方志办公室网站 http://www.shtong.gov.cn/dfz _ web/DFZ/Info?idnode = 64641&tableName = userobject1a&id = 58439。

　　② 《供水》，载上海市地方志办公室网站 http://www.shtong.gov.cn/dfz _ web/DFZ/Info?idnode = 64718&tableName = userobject1a&id = 58531。

织 BOT 试点，国务院 1986 年 94 号文批复同意上海第一批扩大利用外资 32 亿美元，用于加强城市基础设施建设、工业技术改造和发展第三产业，并给予九条优惠政策和措施，上海根据文件精神，制订具体实施办法和优惠政策，称此为"九四专项"，直接到国外筹资，市政府于 1987 年批准成立上海久事公司，作为"九四"专项的"总账房"。到 1986 年，共筹集外资 32 亿美元，并且几乎有 40％用于包括水务项目在内的城市基础设施建设，①此举打开了上海利用外资加强基础设施建设的大门。

三、治理苏州河、溯源黄浦江

水质差的一个终极解决办法是解决水源污染问题。1980 年前后，上海市每天排出未经处理的污水有 500 余万吨，苏州河黑臭期每年在 150 天以上，上海污水治理刻不容缓。时任上海市长汪道涵作为当时为数不多了解国际金融的官员，提出使用世行低息贷款来治理上海污水问题。

苏州河合流污水治理工程（后列为"上海环境项目一期工程"）项目，被喻为"生命工程"，是"七五"期间上海市最大的市政工程项目之一，也是第一个利用世行贷款的市政项目。1982 年，世行亚太区总裁为"黄浦江项目"专程来上海，要求上海方面就此项目作出合理的规划，以此作为能否贷款的条件。与国外专家反复调研后规划师们发现，欲治黄浦江，还是要先治苏州河，苏州河进入黄浦江的污染总量接近五成。于是，第二年签约时项目资金用于苏州河治理。②

---

① 《九四专项贷款和外汇贷款余额》，载上海市地方志办公室网站 http://www.shtong. gov.cn/dfz_web/DFZ/Info?idnode=75637&tableName=userobject1a&id=92508。

② 《城市排水》，载上海市地方志办公室网站 http://www.shtong.gov.cn/dfz_web/DFZ/ Info?idnode=68359&tableName=userobject1a&id=65886。

1983 年 7 月，澳大利亚政府与中国政府签署提供援助的谅解备忘录，提供研究资金前后共 427 万澳元（约合 380 万美元）。经中澳专家共同研究，1984 年 8 月提出合流污水治理方案，并得到有关方面赞同。该项目主要是建设一条西起普陀区丹巴路，东至川沙县（现浦东新区）竹园长江排放口的长达 30 多公里的污水管道，将原来排入苏州河的污水截流后，经简易处理再排入长江扩散稀释，以使苏州河水达到 3 级水体标准。该项目总投资 16 亿元，其中利用世界银行贷款 1.45 亿美元，1988 年 2 月 27 日生效，偿还期为 20 年，含 5 年宽限期，年利率为 4.0％。其中由国际复兴银行提供 4 500 万美元硬贷款，由国际开发协会提供 1 亿美元软贷款。一期工程 1988 年 8 月 25 日正式开工，1993 年底竣工通水。[①] 到 2001 年 10 月底，上海苏州河六大支流共完成 1 212 个污染源截污纳管任务，每天为苏州河减少 15 万吨污水排入。环保部门认为目前苏州河干流和支流的水质已得到稳定改善，当年 7 月份苏州河市区段还出现了成群的小型鱼类。

治理苏州河对财政能力的要求很高，时任上海市长朱镕基曾将治理苏州河比作向上海人民还债，而不是讲"办好事"，债权人是苏州河和其两岸的人民。1990 年，上海作出决策，要在 2000 年基本消除苏州河黑臭，2001 年使河水变清。这一综合整治规划若完整实施，需要的资金量在 200 亿元以上。治理苏州河非常关键的是 20 世纪 80 年代末中国开始允许土地批租，城市土地所有权和使用权开始分离，土地变成一种可流通的资源。在寸土寸金的上海，政府可以通过土地批租，筹集大量资金，穿越上海腹心的苏州河地带，其巨大的商业价值也就凸显出来。

解决水质差问题的另一个方法是将各水厂引水口向黄浦江上游迁移，

---

① 《国际金融组织贷款》，载上海市地方志办公室网站 http://www.shtong.gov.cn/dfz_web/DFZ/Info?idnode＝74874&tableName＝userobject1a&id＝89828。

经过调研，上游引水量确定为 430 万吨。为考虑将来西南地区的发展，上游引水泵站与取水口的土建按规划每日 500 万吨能力设计，在浦东临江建泵房取水，在严家桥、张车村各设增压泵站，过江段采用钢管。上游引水一期临江取水工程于 1985 年 2 月正式开工，1987 年 7 月，临江优质水送到居家桥、杨思、杨树浦水厂，同年年底又送到南市水厂。浦东老水厂由于通往水厂排管工程困难，直至 1991 年 4 月 12 日才通临江水。黄浦江临江段与黄浦江杨浦段相比，原水水质明显改善，全市约有 430 万居民饮用水水质有所提高，然而由于潮汐河流的本质，临江水域受黄浦江下游市区污水上溯及上游吴泾、闵行污水下泄的影响，水质仍不够稳定。在这一时期，上海开始考虑使用长江原水作为上海自来水的新水源。

四、新水厂的扩建与管网发展

这一时期由于城市供水的需要，新建、扩建了一批水厂，其中地面水源水厂有长桥水厂、闵行水厂、吴淞水厂等，地下水源水厂有东沟、高桥水厂等，水厂总规模达到每日 482 万吨。

随着宝钢建成和发展，居民生活用水和工业用水急剧增加。1986 年吴淞水厂最高日供水量已达 19.4 万吨，超过设计规模每日 15 万吨。为了满足宝山、吴淞地区用水发展和改善水质的要求，决定建设月浦水厂。1989 年 6 月 23 日，确定了月浦水厂厂址，原水管走向及水库站位置。1990 年 11 月 30 日动工兴建，1992 年 6 月 25 日部分建成投产，1992 年 11 月 2 日完成每日 20 万立方米供水能力。月浦水厂是上海利用长江水源的第一座市级水厂，其水质明显优于其他各水厂。1987 年 7 月起，市区各水厂相继采用黄浦江上游和长江原水，自来水水质更趋稳定。

在解决管网覆盖不足的问题上，20 世纪 80 年代城区管网建设的核心目标是完善供水管网和蓄水库建设，市区输水管道扩展到 4 754 公里，在管网中建有水库唧站 25 座，增压泵站 23 座，基本消灭低压供水区。

与此同时，在开发新水源上也做了不少努力。陈行水库的建设便是其中一个重要举措。陈行水库位于宝山区罗泾镇的东部长江江堤外侧。水库呈矩形，面积 135 万平方米。东傍新川沙河口，西连宝山湖（宝钢水库），是上海市主要取水口之一。长江陈行水库引水前期工程于 1989 年和月浦水厂一期工程同步建设。工程包括陈行水库输水泵站土建按每日供水 40 万吨修建，设备按每日供水 20 万吨安装，原水输水管直径1 200计 8.7 公里，于 1992 年 6 月建成投产。经国家建委批准，从 1992 年起，长江陈行水库引水后续工程建设，1996 年 6 月 5 日建成投产。长江陈行水库的建成不仅为上海城市建设提供量大且质优的源水，而且形成两江供水的新格局。

五、居民对住宅供水方式的新要求

1990 年前后，上海的住宅供水方式，依据不同的区域规模和住宅状况，已经出现了水塔供水、水泵加压和水箱供水等多种模式。水塔供水主要用于住宅楼层不高的状况，如"六五"期间，市政府要求集中建设规模较大的居住区，住宅建设重点向市区边缘发展，彭浦新村是其中之一。1978 年后，彭浦新村划入闸北区范围，新村居民由郊区户口变为市区户口，很多职工愿意迁往新村；位于闸北区的铁路东站将改建为上海新客站，附近大批居民需动迁安置，要求扩建彭浦新村。在新村建设过程中，居民供水系统仍然采用水塔方式。[1]

---

[1] 《彭浦新村》，载上海市地方志办公室网站 http://www.shtong.gov.cn/dfz_web/DFZ/Info?idnode=64738&tableName=userobject1a&id=58569。

水泵加压模式首先应用于曲阳新村的建设。位于上海市区东北部的曲阳新村，是"六五"期间规划新建和扩建的 12 个居住区之一。从 1979 年动工，1991 年底建成。曲阳新村在规划上改变了以往规模较小（2—7 公顷）的街坊单位规划，首次以较大规模的居住小区为单位进行规划设计。新村市政公用设施配套完善，规划供水排管 2 920 米；排水采用分流制，雨水泄水区属东体育会路、大连西路两个系统，先建大连西路系统过渡；新建日处理污水 7.5 万吨污水处理厂 1 座，新建雨、污水泵站各 1 座，全村雨污水分流直接纳入市政管道。新建高压水泵站 1 座，曲阳新村成为上海第一个多层住宅屋顶没有水箱的新村。

楼层较高的康健新村采用了高层屋顶水塔供水的模式。康健新村是漕河泾地区三大片居住区的重要组成部分，也是"六五"期间全市新建的 12 个大型居住区之一。整个新村分成东块、中块、西块 3 部分。中块是新中国成立以后上海第一次采用居住区规划设计邀请竞赛评选的最佳方案来实施。新村规划总用地 164 公顷，总建筑面积 142 万平方米，可居住 95 万人。1984 年动工，1985 年 1 月规划更改，将分区设水塔供水改为高层屋顶水塔供水，以取消多层屋顶水箱，节省了大量投资，1995 年底基本建成。①

对于较大的区域，规划和施工上则采用新建水厂和水库唧站加压的模式来为居民提供自来水。如工农新村和民星路新村共用部分市政公用设施：供水取自闸北水厂，新建每日 15 万吨水厂 1 座；民星路居住区建 2 万吨水库唧站 1 座，埋管 12.91 公里，屋顶不另设水箱。新建工农雨水排水系统，两新村各设泵站 1 座，将雨水分别排入黄浦江和虬江。新建每日 5

---

① 《康健新村》，载上海市地方志办公室网站 http://www.shtong.gov.cn/dfz_web/DFZ/Info?idnode=64738&tableName=userobject1a&id=58571。

万吨虬江二级污水处理厂1座，将污水分别排入黄浦江和虬江口，远期纳入东区污水总管。①市光、开鲁、国和新村的市政公用设施有其相通之处。给水取自闸北水厂，埋设水管输配给各街坊；全市著名的徐汇区市民村、普陀区药水弄、南市区西凌家宅等大型棚户简屋区经过十年规划建设，也逐步改善了民众居住生活条件。

六、公共给水站和乡村地区用水更新改造

1976年之后，上海自来水水质检测执行的是《国家生活饮用水卫生标准》，这一标准检测项目只有23个。一直到1985年，国家才出台《生活饮用水卫生标准 GB5749-1985》，出水检测项目增加到35项。②

由于历史欠账的问题，上海里弄用水普遍较为困难，解决这一问题的办法之一是普装水表。上海解放后总表里弄约有二三千条，有500余条问题突出，总表里弄1只水表供应10个门牌以上用水，进水受到总表限制，里弄末端用水困难。为提高服务水压，上海自来水公司开始对居民大楼和总表里弄实行分层装表和分幢、分区装水表，以改善用水困难。1978年起，供水部门和房管部门合作，对部分总表里弄结合房屋大修、管道更新，实行房屋按幢装水表，有计划地分期分批逐步实施，新建住房由基本建设单位投资，实行按户（套、室）装表。③

① 《中原居住区》，载上海市地方志办公室网站 http://www.shtong.gov.cn/dfz＿web/DFZ/Info?idnode＝64738&tableName＝userobject1a&id＝58572。

② 佚名：《1950年以来上海自来水水质标准提高与检测项目概况》，《上海水务》2005年第2期。

③ 《改善用水困难》，载上海市地方志办公室网站 http://www.shtong.gov.cn/dfz＿web/DFZ/Info?idnode＝55094&tableName＝userobject1a&id＝42351。

上海解放初，为解决劳动人民用水难问题，上海曾大力发展公共给水站，按成本价收水费。但随着大批公房的兴建和人民生活水平的提高，公共给水站已趋淘汰，20 世纪 70 年代末期弄堂整治使得民众居住整体风貌大变，1980 年起，实行按户接水装表，改善用户用水条件，自来水接到每家每户。自来水龙头接到家，老百姓生活方便多了。从那以后，给水站逐渐关门打烊。随着城市营造的逐步升级，大给水站渐渐消失。①自来水接装到各家各户、取消总表分摊的水费收取办法，也促进了节约用水。

1978 年，老虎灶随着城市煤气的发展逐渐减至 926 家，1979 年减至 842 家、从业人员仅 2 991 人。1984 年 12 月，按照企业租赁、分户核算、保缴税金、盈亏自负的原则，实行老虎灶各门店职工集体租赁经营。1985 年有熟水店 623 家、从业人员 2 096 人。1989 年为 221 家、857 人，营业额 457.2 万元，首次出现亏损 6 万元。1990 年为 195 家、836 人，营业额 549.8 万元、亏损 1.8 万元，老虎灶逐渐消亡。②

农村地区的自来水普及也是较为缓慢。如早期浦东地区只有沿黄浦江一带有少量的企业，浦东水厂主要就是供应这一带，其他地域则全是农村，农村居民用水长期来一靠附近的河水，二靠自己挖掘的井水。进入 20 世纪 60 年代以后，农村对洁净水的需求已经不断地在增长：1962 年时川沙县有水井 2 000 只出头，到 1985 年底猛增至 11 万只，其中绝大部分是居民生活用的"灶边井"，将近 9.6 万只；1963 年川沙县有了第一座地面水厂，另有一个深井水厂，1985 年增加到 5 座地面水厂，28 个深井水厂。水井、水厂如此迅速地增长，除了由于当地工农业用水增长较快等原因

---

① 《难忘以前的大给水站》，载新浪网 http://blog.sina.com.cn/s/blog _ 53c13a6e01018vdx.html。

② 《茶楼、熟水、咖吧行业》，载上海市地方志办公室网站 http://www.shtong.gov.cn/dfz _ web/DFZ/Info?idnode = 79408&tableName = userobject1a&id = 104455。

外，还反映了农村居民的生活方式在改变，用水多了，也折射出河道逐渐开始被污染，不能直接作为生活用水。即便如此，所有这些水厂的总供水能力仅 6.7 万吨/日，只能供应全县不到 30％的人口。①

西部徐泾地区也是这样。随着徐泾地区发展步伐的加快，生产、生活用水量也与日俱增，原有的自来水厂供水能力明显不足，一到用水高峰和旺季，自来水压力明显不够，当时家住三楼以上的居民一到用水高峰基本上水龙头是"涓涓细水"，居民意见很大。为了使镇内自来水普及率达到100％，20 世纪 80 年代，徐泾先后投资建造了四家小型的自来水厂，但是无论在供水质量和还是在供水能力上，都无法满足居民和企事业单位的日益增长的生产生活要求。

20 世纪 80 年代是上海自来水事业最为艰难的一段时光。改革开放之初，各项公共事业百废待兴、整治资源匮乏、技术落后，民众开始逐步意识到环境问题对于自身健康的重要意义，政府和社会也逐渐意识到公共事业对整体经济发展的重要意义，渐渐改变了自来水等公共事业的"福利配给观"。由于当时国内外客观的原因，公共给水事业逐步走上正确的发展道路。

第五节　面向现代化国际大都市的公用给水事业

1990 年 7 月，上海刚入夏便遭遇连续高温，全市自来水日供水创历史最高纪录，突破 470 万吨。在用水需求量超大的同时黄浦江上游来水却日

---

① 《水厂的故事——凌桥、临江和金海水厂》，载 water8848 微信公众号 https://mp.weixin.qq.com/s/XYy4TRa6zaKfJyzE8Y72oQ。

趋枯竭，导致中下游污水上涌，自来水水质迅速下降，部分地区居民反映自来水带有臭味。上海不得不求助苏浙两省从太湖开闸放水，但因下泄流量有限，对各水厂取水口水质的改善并不明显。[①]

20 世纪 90 年代初自来水行业是不折不扣的亏损大户，年财政补贴曾高达 8 亿元。1990 年 4 月，为解决巨额亏损问题，上海市公用局建立给水管理处（后改名上海市给水管理处）对市、县（区）、乡、村的供水事业和建有供水设施的企业实行行业管理，负责全市的供水、节水、农村改水、地下水开发利用、保护地下水资源、资质管理和法制建设等工作。在发展进程中，上海供水事业逐渐实现了政企分开、管办分离的模式：上海市水务局负责上海供水事业的管理，上海城投水务（集团）负责基础设施投建运营。

一、上海城投与给水事业投融资新体制

城市建设需要巨额投资，由于对公用设施的认识问题，新中国成立后公用设施投资历来在固定资产投资中处于很低的比例，普遍仅为国际经验比例的十分之一到五分之一。[②]1950 年至 1980 年间上海投向市政、公用设施的建设资金仅为 24.13 亿元，为同期固定资产投资的 6.5%。1992 年上海财政收入仅为 185.56 亿元，当年财政已赤字 6.88 亿元，市政投融资体制无法满足需要。财政紧缺导致城市公用设施建设资金严重短缺，困扰着亟待开发的浦东新区及上海市政府。

上海开埠以来，浦东地区的开发在历次城市总体规划中均有不同程度

---

① 《上海找水 20 年》，《第一财经日报》2010 年 12 月 3 日。

② 上海市公用事业管理局：《上海公用事业》，上海人民出版社 1991 年版，第 426 页。

的设想，但因各种原因都没有贯彻实施。1985 年 2 月，国务院在批复《上海经济发展战略汇报提纲》中，肯定了上海市人民政府提出的关于开发浦东的建议。1988 年 5 月，市政府召开了"开发浦东新区国际研讨会"，时任中共上海市委书记江泽民，市长朱镕基，市人民政府顾问、原市长汪道涵出席会议并作了讲话。1989 年 10 月，《浦东新区总体规划初步方案》编制完成，规划用地从 1986 年《上海市城市总体规划》确定的 63 平方公里扩大至 150 平方公里，人口规模也从 90 万人增加至 150 万人。1990 年初春，邓小平倡导支持开发浦东、在国际上打上海这张"王牌"的全局构想。邓小平指出："开发浦东，这个影响就大了，不只是浦东问题，是关系上海发展的问题，是利用上海这个基地发展长江三角洲和长江流域的问题。抓紧浦东开发，不要动摇，一直到建成。"1990 年春，国务院副总理姚依林、国家计委主任邹家华等到浦东考察并向国务院汇报了关于浦东开发的几个问题。同年 4 月 18 日，时任国务院总理李鹏在上海宣布：中共中央、国务院同意加快开发浦东，在浦东实行经济技术开发区和某些经济特区的政策。根据中央的要求进一步编制了浦东新区总体规划方案，1992 年 11 月上海市人民政府提请市人大常委会审议，同年 11 月 26 日市九届人大常委会第五次会议通过。①

　　1992 年，在邓小平视察南方谈话发表以后，中共十四大确立建立社会主义市场经济体制的改革目标，促使中国第一个国家级新区——浦东新区的成立。之后上海出现了 1993 年至 1995 年三年大变样的新局面。为解决资金匮乏问题，1992 年 7 月，上海市城市建设投资开发总公司（下称"上海开发"）在浦东新区成立。该公司获得上海市政府的授权，主要从事城

---

① 《城市规划管理》，载上海市地方志办公室网站 http://www.shtong.gov.cn/node2/node2245/node64620/node64635/index.html。

市基础设施投资、建设和运营工作，"上海开发"也被认为是中国第一家城投公司。①1993 年 4 月，"上海开发"发行了首支城投债，融资 5 亿元。加上城建收费、贷款、利用外资等方式，1993 年筹资 73.9 亿，缓解了市政建设资金压力。在发展过程中，"上海开发"通过资源注入、资产重组、资本运作等手段，形成了路桥、水务、环境、置业四大核心业务板块及金融股权投资等新兴战略性业务，从政府投融资、建设、运营主体向城市基础设施和公共服务整体解决方案提供商的角色转变，促进了城市基础设施大发展。②

二、从"九龙治水"到"一龙管水"

21 世纪初始，上海市供水行业出现以下三件大事：

1. 供水和管理机制改革

1999 年供水事业加大了改革力度，打破由上海市自来水公司独家经营的垄断局面，上海市自来水公司改革重组成立闵行、浦东、市南、市北四家自来水公司和供水调度监测中心，实现独立核算，输配系统实行管养分开，管抄分离，进一步引入竞争，打破垄断，促使企业着力转换机制，开拓市场。改革当年就实现扭亏为盈，2000 年上半年首次实现盈利 600 多万元，全年利润 3 200 万元。③4 家区域性自来水公司开展有益的竞争，各公司管辖区域的供水量、水质、输配、销售等指标全面提升。

---

① 《城投生于 1992，卒于 2018》，https://baijiahao.baidu.com/s?id=1593825098880667619&wfr=spider&for=pc。

② 《平台公司转型资本运作之上市——基于上海城投上市运作案例研究》，载搜狐网 http://www.sohu.com/a/246090146_726670。

③ 《城乡供水》，载水电知识网 http://www.waterpub.com.cn/SLNJ/DetailSlnj.asp?id=367。

进入 21 世纪后，上海的供水管理体制改革迈出了新的步伐。2000 年前的上海同大多数城市一样，对水的行政管理处于部门分割状态，九龙管水，责任主体不明确，效率极差。引入从"水源头"至"水龙头"全过程统一"水务"管理概念的上海市委、市政府为从根本上解决城市水问题，在市政府 2000 年机构改革中作出重大决策，于当年 5 月 13 日组建水务局，成立中国第一个省级水资源一体化管理机构。①然后实施政企、政事、管办分开。2005 年按照管资产和管人、管事相结合，责权利相统一的原则，将原局直属供排水企业整建制划归市城投总公司，其他企业关停并转，与政府脱钩成为自主市场主体。随后实行上海市海洋局和市水务局合署办公，两块牌子、一个机构。②

新组建的水务局承接了以下职能，包括原市水利局承担的行政管理职能，原市公用事业管理局承担的供水及地下水开发利用管理、计划用水、节约用水管理职能，由原市地质矿产局承担的地下水行政管理职能，由市政工程管理局承担的市政排水与污水处理设施及市政公用防汛墙与驳岸等建设和管理职能，集水利、供水、排水、污水处理、地下水开发管理等职能于一身，建立了城乡一体、水行业全覆盖"一龙管水"的水务一体化管理体制。

上海成立水务局以来扭转了以往"多龙管水"的局面，包括水源地保护、河道整治、城乡水利建设以及城市自来水供应、排水和污水治理在内的水资源开发管理，全部被纳入一体化框架之内。一体化框架为市场化投融资体制的确立提供了投融资体制改变的基础保证。2000 年 12 月，上海实施水务投融资体制改革，成立了专门的上海水务资产经营发展有限公司。③

---

① ②　张嘉毅：《上海水务：在科学发展中实现跨越》，《中国水利》2008 年第 24 期。

③　刘丽达：《上海水务基础设施建设的融资渠道研究》，上海财经大学 2006 年。

2001 年据上海水务局局长张嘉毅估算，在今后 5 年之内，上海水务行业在重大水利工程和城市供排水建设上所需投入的资金量至少要 400 亿元，而政府财政投入至多只能达到 60 亿元左右。为保证供水事业发展，水务局当时考虑四条路径以推动水务融资：（1）以提高水务投资回报率为基础，吸引以外资为主的多元投资体；（2）实现一部分国有资产的转让变现，初步考虑将一家区域性自来水公司的一部分国有股权出让；（3）充分发挥水务行业中上市公司在资本市场的融资作用；（4）争取银行贷款。①

2. 凌桥和原水企业划归上海城市建设投资开发总公司

1997 年 7 月 25 日，上海市国有资产管理委员会以沪国资委授（1997）13 号文，授权上海市城市建设投资开发总公司经营上海凌桥自来水股份有限公司和上海市原水股份有限公司。1999 年 6 月 14 日，上海市建设委员会以沪建干（1999）388、389 号文，明确上海凌桥自来水股份有限公司、上海市原水股份有限公司的行政隶属关系由上海市公用事业管理局划归上海市城市建设投资开发总公司。②

3. 外资开始进入上海水务供应市场

1989 年，英国政府将水务（包括供水和污水处理）部门私有化，泰晤士水务成为英国最大的水务公司。1994 年，上海宝维士泰晤士大场自来水有限公司（简称大场水厂）开始筹建，这是解放后上海第一家外商独资供水企业。大场水厂为 BOT 项目，引进资金 7 300 万美元，工程分两期建设，1998 年 10 月竣工，共计生产能力日供水 40 万立方米。大场水厂采用长江原水，用现代化净水工艺，主要机电设备和仪表从国外进口，全部仪

---

① 李荣：《沪水务投融资体制实施改革》，《科技日报》2001 年第 1 期。

② 《股份制企业》，载上海市地方志办公室网站 http://www.shtong.gov.cn/dfz _ web/DFZ/Info?idnode＝78100&tableName＝userobject1a&id＝96510。

表和控制系统实现自动化运行和管理。出厂水进入上海城市供水总管网，通过市自来水公司转售给用户。水厂投产后，1996 年 1 月 10 日上海市政府发布《上海市大场自来水处理厂专营管理办法》授予英方 20 年的经营权，政府承诺给予其 15％的市场平均固定回报（当时通货膨胀率极高，银行利率普遍约为 9％），由投资方英商专营管理。1997 年 10 月，经市给水管理处审查，市公用局核准，大场水厂获城市供水企业资质证书，6 年后服务于 200 万人。但经营环境出现变化，因固定回报率问题，基于国务院发文，2004 年 2 月，泰晤士水务与全国排名第三的上海市北自来水公司签署了股权合作协议，4 月 26 日，双方签署股权转让合同，大场水厂由上海水务资产经营公司回购国有。①

2002 年 5 月，法国威立雅水务以超过 15.2 亿元 50％的溢价，收购上海浦东自来水公司 50％的产权。这是中国第一个授予外方完整服务内容的公有服务授权经营合同，涵括供水的生产、配送、管网及客户的管理。

随着改革开放进程不断深化，上海市城市建设投资开发总公司于 2014 年改制为上海城投（集团）有限公司，由上海市国有资产监督管理委员会全资拥有。隶属于上海城投集团的上海城投水务集团成为专业从事城市水务基础设施投资建设、运营管理的大型国有企业集团，是全国单体城市综合水处理能力最大的企业之一。上海城投水务（集团）有限公司实行董事会领导下的总经理负责制，下设 7 个职能部门和 5 个专业管理中心；下属原水公司、制水公司、供水公司、浦威公司、排水公司、污水公司、水务建设、水中心 8 家核心企业和 5 家其他企业，主要负责上海中心城区和部分郊区的原水供应，自来水制水、输配和销售服务，雨水防汛和干线输

---

① 《泰晤士水务入华 27 年浮沉记》，载中国水网 http://www.h2o-china.com/news/241617.html。

送，污水处理和污泥处理，以及供排水投资、水务基础设施建设管理、水环境研发等。

三、"两江并举、集中取水、水库供水、一网调度"格局

1986 年至 1995 年，为改善上海自来水水质，增加自来水供水能力，上海决定建设黄浦江上游引水工程，开辟长江新水源工程和新建与扩建市区水厂。黄浦江上游引水一期工程投产后，日取水量 230 万立方米，供应杨思、南市、浦东、杨树浦和居家桥 5 家水厂原水。

从规划设计新中国第一座大型水电站——新安江水电站起步、成立于 1954 年的中国长江三峡集团上海勘测设计研究院，承担着长江口、黄浦江、太湖等流域性的综合整治规划。[①]为解决上海市民的饮水问题，在中共上海市委、上海市政府以及上海市水务局等相关委办局的领导下，从 20 世纪 80 年代起，上海勘测设计研究院开展长江口、黄浦江等综合治理规划研究，为长江口和黄浦江的整治开发与保护提供了指导性依据。由上海勘测设计研究院主持完成的陈行水库、青草沙水库、崇明东风西沙水库、金泽水库等一系列工程的规划设计以及勘测、监检测、监理、总承包工作，为实现上海市民饮用清洁水的梦想逐步从蓝图变为现实奠定了基础，这四大水库成为上海市目前的四大水源地。四大水源地的建设见证了上海水源地设计理念的更新换代：从最早的求质保量，到如今则追求绿色生态。

向嘉定、宝山供水的陈行水库最早建设。1992 年竣工的陈行水库位于宝山区罗泾镇东部长江江堤外侧，东傍新川沙河口，西连宝山湖（宝钢水库）。

---

① 见上海勘测设计研究院有限公司网站 http://www.sidri.com/Single.aspx?t_p=2。

水库呈矩形，面积 135 万平方米，设计容量 830 万立方米，一期工程投产后，供应月浦、凌桥和泰和水厂长江原水，其水质优于黄浦江原水水质。随着嘉定、宝山区域人口导入增加，陈行水库的供水能力急需进一步提升。

为了确保供水安全和提升水源原水质量，上海市两大水库——青草沙水库和陈行水库将建设连通管工程，通过长约 15 公里的管道，将青草沙水库富余的优质水补充到陈行水库，以此扩大陈行水库咸潮期的供水范围，这样，陈行水库每天将可增加 350 万吨左右的原水供应量。

根据《上海市城市总体规划（1999—2020）》，到 2020 年上海将初步建成国际经济中心城市，城市发展使得供水需求量逐年增长，城市原水供需矛盾日益突出：2004 年上海市原水总供水规模达到每天 1 064 万吨，预计 2020 年上海市供水总规模为每天 1 428 万/吨，但上海地表水水质污染严重，当时除长江口外符合国家地表水水质一、二类的水资源几乎为零。为此，上海已被纳入全国 36 个水质型缺水城市之一。为缓解上海市原水供应矛盾，2006 年 1 月 20 日，青草沙水源地建设正式被列入《上海"十一五"规划纲要》，以改变上海当时 80％以上自来水源取自黄浦江的格局。青草沙水库总投资 170 亿元，于 2011 年建成通水，水质要求达到国家Ⅱ类标准。青草沙水库，位于长兴岛西北方冲积沙洲上，依江望海。作为目前世界上最大的河口江心水源水库，青草沙每天向上海中心城区、浦东新区等地供应约 500 万吨原水，占全市供应总量的 50％以上，成为 1 300 余万人日常生活生产的"源头活水"。青草沙水库工程的建设和投入运行，改写了上海饮用水主要依靠黄浦江水源的历史。

在青草沙水源地建设时，生态水库的理念起到作用。青草沙水库有 48 公里的长堤，围垦近 70 平方公里的水面，最大有效库容达 5.53 亿立方米，设计有效库容为 4.35 亿立方米，相当于 10 个杭州西湖。水库水体富营养化导致的藻类是水库供水安全的重要问题，青草沙水库设计时就计划采用生物调节等手段，在水中引入大量植物、微生物，并投放花鲢、白鲢等摄食藻类的鱼苗，取得良好的防控效果。为了确保供水安全和提升水源原水质量，青草沙水库和陈行水库间的连通管工程正在建设。随着技术的进步，现有水源地的供水能力仍有提升空间。

崇明从 1950 年起结合兴修水利，疏通河沟，努力使居民饮用活水。1963 年，又提倡打井，饮用井水，实行井水消毒。经过数十年发展，全县饮用自来水、井水居民达到 70 多万人，占总人口的 94.7%。但其中饮用自来水的仅占 26.7%。①东风西沙水库归属上海崇明原水管理有限公司，处于东风西沙和崇明岛之间的夹泓地带，是继青草沙水库之后的第二个长江口江心蓄淡避咸型水库。2014 年 1 月，崇明东风西沙水库通水，惠及崇明岛 70 多万名居民。东风西沙水库有效库容 890.2 万立方米，总库容 976.2 万立方米，最高蓄水位 5.65 米。近期供水规模为 21.5 万吨/日，远期供水规模为 40 万吨/日。

2016 年底，日供水规模达 351 万吨、位于太浦河黄浦江上游水源地的青浦区金泽镇金泽水库投入使用，保障了上海西南五区的供水，670 万人受益。太浦河因沟通太湖和黄浦江而故名，黄浦江始于上海市青浦区朱家角镇淀峰的淀山湖，淀山湖水源自太湖，黄浦江水系承太湖总泄水量的78%，为太湖水系最重要的注入长江水道。太浦河位于青浦区西南部，1958—1991 年在天然湖荡的基础上人工开挖连接而成，西起江苏省吴江市庙港乡太湖东岸，东至青浦区金泽镇池家港村入上海市境。1995 年 12 月太浦河开通后，成为黄浦江主要水源，②因此太浦河水质与黄浦江水质密切

---

① 《卫生防疫》，载上海市地方志办公室网站 http://www.shtong.gov.cn/dfz_web/DFZ/Info?idnode=17186&tableName=userobject1a&id=6141。

② 《水文》，载上海市地方志办公室网站 http://www.shtong.gov.cn/dfz_web/DFZ/Info?idnode=79119&tableName=userobject1a&id=102190。

相关。与传统水库追求高大水坝相反，金泽水库属于边滩浅型水库，以"低"为主要特征，最深下探到地下 5 米。考虑到成本等各种综合因素，金泽水库落户稍稍往西或往南便是其他省界，是上海最接近东太湖的区域之一。金泽水库的建成宣告上海原水全部实现由水库集中取水，河道分散取水时代一去不复返。[①]同时，金泽水库也成为浙江嘉善备用水源地。

通过连通管主线与松浦大桥泵站、闵奉原水支线等各区配套的原水支线工程成为一体衔接，五区现有原水设施共同组成黄浦江上游水源地系统，将五区现有各自取水口归并于太浦河金泽水库和松浦取水口，实现"一线、二点、三站"的黄浦江上游区域原水供应格局，一旦水源污染，供水功能可实现正向和反向互联互通输水，保证供水可靠安全。[②]其运行管理纳入现有松江自来水有限公司和松江西部自来水有限公司统一管理，上海原水公司金泽泵站统一供水调度。

城投水务原水公司管理上海四大水源地的三个：青草沙水库、陈行水库和金泽水库，其中青草沙水库设计库容为 5.27 亿立方米，陈行水库、金泽水库库容分别为 953 万立方米和 910 万立方米，原水供应能力 1 788 万吨/日，原水管渠长度约 435.64 公里，真正实现了"两江并举、集中取水、水库供水、一网调度"的原水供应格局

四、城市供水能力的极大提升

1995 年，上海有自来水厂 504 座，其中市区水厂 13 座；上海市区水

---

① 《金泽水库今早投用沪实现原水全部水库集中取水》，载凤凰网 http://news.ifeng.com/a/20161229/50497357_0.shtml。

② 《黄浦江原水松江支线工程今天通水松江人从此喝上金泽水库原水》，载新民网 http://shanghai.xinmin.cn/msrx/2017/05/16/31032455.html。

厂经过扩建和新建，1995 年日供水能力达 557.2 万吨，市区夏季最大日供水量 570.9 万吨。上海全市年供水量 33.21 亿吨，其中市区供水量16.17 亿吨[①]，供水区域扩大到 451.55 平方公里，比解放初供水量和供水区域分别增加 6 倍和 2.3 倍。1994 年，上海纺织业破产下岗大潮开始使得用水量大、污染量大的纺织工厂关停并转，工业用水量从此开始减小，居民用水开始摆脱紧缺状态。从 1996 年起，随着用水量大、污染大的工厂逐渐关停并转，上海的城市供水需求趋向缓和，供水量转为供大于求，提高自来水水质成为制水厂工作的重心。近些年来水处理技术和工艺的发展为水质提升奠定了基础，水务局成立之后提出 2010 年上海自来水质量要达到当时欧盟水质标准。生产优质自来水，提供优质供水服务，提升上海市民生活质量、建设国际大都市，无一不体现了社会各界对生命和健康的重视程度日益提高。[②]

2003 年上海最高日供水量为 608 万吨，供水基础设施建设的加快改变了自来水供应以往年年"保高峰"的被动局面，2007 年上海市自来水日供应能力已跃升到 1 138 万吨。往年水务"夏令热线"收到的市民反映的情况大多是局部地区"断水"或水压不足，2007 年有关供应的投诉已少见，对水质的关注度明显上升，进户水管的水锈问题及屋顶水箱的"二次污染"问题反映剧增。以 2007 年为转折点，上海供水行业终于实现了从"保供应"到"保水质"的历史性改变。[③]

2016 年上海市区供水面积约 984 平方公里，自来水年供水总量 32.04 亿吨；日公共供水能力达到 1 152 万吨，其中市属供水企业日供水能力 783

---

① 《供水：概述》，载上海市地方志办公室网站 http://www.shtong.gov.cn/dfz _ web/DFZ/Info?idnode = 55041&tableName = userobject1a&id = 42312。

② 顾振国：《上海市自来水厂的发展及生产管理》，《上海水务》2005 年第 2 期。

③ 孙瑞鹤：《从上海供水行业"保供应"到"保水质"》，《上海水务》2007 年第 4 期。

万吨、郊区供水企业日供水能力 369 万吨。全年售水总量 24.24 亿吨。至今为止，城投水务拥有制水能力达 885 万吨/日，管理杨树浦水厂、南市水厂、闸北水厂 3 家百年上水企业，以及 20 世纪 50 年代后相继兴建的长桥水厂、闵行水厂、泰和水厂、月浦水厂、吴淞水厂等市区共计 18 座自来水厂。

　　1995 年上海各郊区（县）共有县级水厂 44 座、乡水厂 159 座、村水厂 203 座、企业和农场水厂 85 座。[1]农村改水工作，由国家、集体、农民三方面集资，至 1995 年，改水工程已建成自来水化的乡 212 个和村 2 921 个，上海农村改水工作在全国农村中率先实现自来水化。20 世纪 90 年代起各县（区）水厂亦先后升格组建县（区）自来水公司，业务不断扩大。郊县（区）城镇自来水建设，起步于 60 年代，从简易水厂逐步发展成正规水厂，生产工艺和管理水平不断提高。20 世纪 90 年代嘉定、松江、浦东新区和南汇都开工建设生产能力超过 10 万吨/日的大中型水厂。由此，上海形成了多种形式、多渠道集资，发展供水事业的局面。

　　进入 21 世纪之后，2003 年上海提出了《上海市供水专业规划》，按照统筹规划、城乡一体；理顺体制、转换机制；强化管理、提高水质；政府推进、市场运作的原则，上海市水务局开始全面推进供水集约化。供水集约化是指对水资源进行合理配置，实施原水统筹供应、水厂规模经营、区域统一调度、服务优质高效的自来水供应方式。当时，上海供水集约化目标是到 2010 年，郊区（县）供水企业全面完成集约化体制重组，每个区组建 1 至 2 个以资产为纽带的自来水公司。[2]2003 年时各郊区（县）共有

---

①　《供水：概述》，载上海市地方志办公室网站 http://www.shtong.gov.cn/dfz_web/DFZ/Info?idnode＝55041&tableName＝userobject1a&id＝42312。

②　沈彭文：《上海水务——在发展中改革，在改革中发展》，《中国水利报》2006 年 8 月 8 日。

445 万人，供水体制为二级供水网络，即区（县）自来水公司和乡镇水厂，共有水厂 196 家。2004 年之后上海市城投公司分别与上海市各郊区政府签订集约化供水的协议书，各郊区原有的深井和小水厂逐步关停，新建集约化水厂，并入城乡供水一体化系统，①上海各郊县供水彻底纳入城市整体布局。

与供水能力大幅度提升同时并进的是自来水管网的急速扩展。上海供水管网是指约 984 平方公里范围内中心城区四个公司的管网。自 20 世纪 50 年代开始进入稳步增长的态势，20 世纪 90 年代开始大发展，一直延续至今。这一时期管网长度增长很快。1991 年至 1995 年累计完成直径在 300 毫米以上的管道敷设 1 320 公里，整体供水管网长度达到 4 754.3 公里。自 1996 年之后，城市管网长度急速上升，到 2001 年已达到 16 253 公里，5 年增长三倍，是之前 100 多年上海自来水管网铺设总和的两倍；之后更是迅猛增长，2016 年上海全市供水管线总长度达 36 642 公里。城投水务为上海市约 1 600 万人口提供自来水供水服务，供水服务面积约 1 710 平方公里。同时负责上海市域内的防汛排水、污水处理、污泥处置。

20 世纪 90 年代末期，上海已经禁止使用镀锌钢管用于室内供水，但 2000 年以前在住宅小区和建筑内部使用的供水管材均为镀锌钢管，这部分镀锌钢管老旧生锈、管道结垢严重，是导致市民反映最多的用水发黄、水质变差的重要原因。二次水泵加压设备和储水设施的清洗维护也成为影响水质的原因。但这些二次供水设施属于房屋业主财产，自来水公司以前无法控制。②自 2000 年开始上海管网逐步淘汰铸铁管、镀锌钢管，采用聚乙

---

① 王海亮：《上海自来水集约化发展研究》，《建设科技》2010 年第 17 期。

② 姚黎光：《上海供水管网问题现状与对策》，《建设科技》2008 年第 5 期。

烯（PE100）管线，[1]PE 管具有原先铸铁管、钢管所不具备的优势，因此在二次供水改造中大量采用，完全改变了居民饮水的质量。与住宅小区综合治理三年行动计划相衔接，列入市政府实事项目的 2 000 万平方米居民住宅二次供水设施改造提前完成，全年超计划完成 3 576 万平方米，供水企业新增接管 4 000 万平方米，"管水到表"深入推进。[2]

五、"三表出户"带动服务升级

上海自来水等公用事业服务的提升与市民的居住条件的改善有很大关系。每一时期不同的住宅建设都会对自来水等公用设施提出不同的要求。自 20 世纪 90 年代之后，上海住宅的建设走上了快速发展的道路，在规划建设时对水、电、煤等公用设施的配套要求更加清晰，并且住宅规划由于不同的设计思想和技术进步，对水、电、煤三表的安装各有不同。20 世纪 90 年代后，新建住宅开始要求管线入地、三表独用；并且逐步以人为本，过渡到为了安全和隐私原因要求三表房门外安装。这一时期的住宅，以康乐小区和三林苑小区为典型。

1989 年 12 月，国家建设部召开会议，要求各城市推荐上报第二批城市住宅小区建设试点工程。1990 年 3 月，上海市建委向建设部推荐上海市参加全国第二批城市住宅试点小区工程——康健新村东块的 13 号、14 号街坊（即健美坊、健生坊，后定名为康乐小区）。康乐小区北临钦州路，南至桂林东街，东起柳州路，西到桂林路，占地 10.52 公顷。康乐小区是

---

① 季伟：《PE 管在上海供水行业中的应用》，《中国科技博览》2009 年第 30 期。

② 《水、电、气供应》，载上海市地方志办公室网站 http://www.shtong.gov.cn/dfz_web/DFZ/Info?idnode=174907&tableName=userobject1a&id=238058。

康健新村的一个有机组成部分。1992 年市人民政府把康乐小区建设列为实事工程，1992 年 12 月全面建成。小区住宅单体有七种类型，一般住宅户均 50 平方米，每户有独用厨厕、明厅，水、电、煤气 3 表独用，烟气集中排放。公共建筑设施齐全。水、电、煤气、路灯、公用天线、电话电讯等管线全部埋入地下，总长超过 28.4 公里，地面上无架空线。[①]

另一个典型的居住小区三林苑居住小区位于浦东新区西南端。1994 年由建设部批准为全国第三批城市住宅建设试点小区之一；也是上海市人民政府决定在全市进行四大片居住区建设的东片基地——三林城的首期工程，上海市第二个住宅建设的试点小区。第一期工程于 1994 年 4 月开工，1995 年年底全部竣工，1996 年 1 月由建设部验收通过。三林苑小区根据上海小康住宅面积标准和 21 世纪现代化家庭居住功能的要求，将三表（水表、电表、煤气表）出户，避免抄表入户，增加居民安全感；市政公用设施如水泵房、煤气调压站、变电房、垃圾收集站等，由建筑师配合进行外形设计，[②]以融入整体小区氛围。

与住宅升级相伴的，是自来水服务的升级。1993 年，上海第一个自来水服务热线——"小郭热线"成立。经过 10 多年的发展，伴随供水企业的裂变重组，上海共有 5 条供水热线覆盖中心城区和部分郊区，由于多条供水热线并存，各热线提供的服务标准不尽相同，业务职责存在差异，给市民带来不便。为了更好地服务社会，提升供水服务质量，城投总公司自 2008 年下半年开始启动供水热线整合工作，"五条并一条"开通了"962740 上海供水热线"，标志着供水行业统一服务平台的诞生。上海市供

① 《康健新村》，载上海市地方志办公室网站 http://www.shtong.gov.cn/dfz_web/DFZ/Info?idnode=64738&tableName=userobject1a&id=58571。

② 《三林苑居住小区》，载上海市地方志办公室网站 http://www.shtong.gov.cn/dfz_web/DFZ/Info?idnode=64738&tableName=userobject1a&id=58574。

水行业还推出一系列服务承诺：铃响 3 声应有响应，接听电话认真受理，不推诿；爆管抢修 2 小时到现场止水（重要路段 1 小时到现场止水），急修、重大影响的抢修 2 小时到现场处理；一般用水、表务及投诉为 3 天处理期限。①

随着自来水进到千家万户的同时，公共给水站和老虎灶也先后退出历史舞台。1999 年 6 月 20 日，上海市自来水公司拆除位于卢湾区丽园路市区最后一座给水站，至此上海给水站改造工程和居民引水入屋工作全面完成。②1990 年，上海市区内尚有老虎灶 195 家、从业人员 836 人，营业额549.8 万元，亏损 1.8 万元。到 1994 年，只有 90 家老虎灶幸存，1995 年更是骤减至 50 余家，几乎从民众生活中彻底消失。③梅溪弄 47 号老虎灶存在近一个世纪，是上海最后一家老虎灶，面积仅十七八平方米，门口灶台上趴两口大汤罐，2004 年时每次打水费 2 角，一天很轻松能做上 10 元钱生意，但是到了 2008 年后就基本很难维持老虎灶的运营。2013 年 7 月，老虎灶老板无奈拆掉了灶头腾出空间买卖生活用品，唯一留下了"老虎尾巴"没有拆去，留作纪念。随着时代的变迁，煤气的普及、旧城乡的改造和居民住宅的大规模建造，居民家里都有热水器、电水壶和饮水机，喝热水、洗澡极其方便，围绕老虎灶热腾腾的生活场景已不复存在。④

伴随着社会经济的发展和民众对饮水的需求，20 世纪 90 年代瓶装水

---

① 《上海供水热线 5 条并 1 条"962740 热线"正式开通》，http://sh.bendibao.com/news/200956/34126.shtm。

② 《上海公用事业续志（1996—2000）——大事记》，载上海市地方志办公室网站http://www.shtong.gov.cn/Newsite/node2/node2245/node77981/node77983/index.html。

③ 《茶楼、熟水、咖吧行业》，载上海市地方志办公室网站 http://www.shtong.gov.cn/dfz_web/DFZ/Info?idnode = 79408&tableName = userobject1a&id = 104455。

④ 《老虎灶：已经消失的老上海记忆》，载腾讯新闻 http://op.inews.qq.com/m/20180316A148EM00?refer = 100000355&chl_code = newpic&h = 0。

和桶装水开始在上海市场上出现。瓶装水主打"比自来水有益于人体健康"，产量日益供不应求，于是桶装水应运而生。1994 年主打"纯净"的桶装水出现在上海，到 1997 年各净水企业的日生产能力达到 1 万吨。这种"纯净"一般是将自来水使用各种技术手段提纯灌装。无论是瓶装水，还是桶装水其实都指向一个原因：市政自来水水质不高，满足不了民众日益提升的安全饮水需求，原本只占日常用水量极小的饮用水与日常大量使用的其他生活用水在质量上的需求并不一致。但由于中国长期将所有自来水按照统一的标准进行处理，若将全部自来水都按饮用水洁净标准处理，既不必要，从经济和技术上也十分难以解决，因此分质供水应运而生。

　　1996 年，上海浦东锦华小区开始了铺设专用管道，向用户供应经深度处理的优质水的实验，即为"管道分质供水"。[①]到了 21 世纪，直饮水开始出现在上海。直饮水也是"分质供水"，1997 年国家主席江泽民在加拿大温哥华宣布，将由上海承办 2001 年 APEC 系列会议，为保障会议的顺利召开，提升供水服务业水准势在必行。2001 年《上海市水资源普查报告》中提到市区自来水人均综合用水量为 289 升/日，健康成年人每人每天以各种形式的摄入量在 2 至 3 升，人们饮用水量仅占生活用水的 1%。这一发现给给水事业进行分质供水提供了可能性。分质供水是将饮用水的供给与其他用途的水分开，对两种水实行不同的水质标准。2001 年 7 月上海原水公司应 APEC 会议需要，进行分质供水的研发，并在锦江饭店实行集中式专业处理的生饮水改造，水质达到卫生部和欧盟的饮用水标准。同年 9 月，上海原水股份有限公司、上海申耀环保实业有限公司、上海市自来水市南有限公司管道饮用净水分公司和上海管道纯净水股份有限公司等四家单位首批获得《上海市管道分质供水单位资质证书》，使上海管道分质供

---

① 季强：《我国城市分质供水现状分析》，《交通与港航》2003 年第 4 期。

水水质有了保障。2001 年 9 月 18 日 APEC 会议上海筹备组工作办公室开会宣布锦江饭店可提供生饮水，"龙头放开，水可生饮"的模式避免了桶装水、饮水机的二次污染，同年 6 月至 9 月上水市南公司在上海西郊东苑怡和园小区建成了全市首个分质供水小区，受到部分高档住宅小区居民的欢迎。之后"分质供水"模式开始在全市各个合适的地方进行推广。[①]

影响居民饮用水安全的另一关键原因就是在上海城市化进程中，高层楼宇供水技术所使用的"二次供水"模式。二次供水是指单位或个人将城市公共供水或自建设施供水经储存、加压，通过管道再供用户或自用，是高层供水唯一的选择方式。自 20 世纪 80 年代开始，随着城市建设和供水事业发展，二次供水问题逐渐呈现在水务管理面前。老旧小区由于建筑时材质标准较低，小区内进户"小管网"年久老化，导致自来水的浊度、色度和铁等指标时有超标；居民住宅二次供水设施由物业企业负责管理，供水企业管到街坊管道，容易导致责任不清晰，服务不及时。为此，2007 年上海市政府开始实施中心城区居民住宅二次供水设施改造和管理体制转变的决策，当时根据《上海市生活饮用水二次供水卫生管理办法》和《上海市供水水质管理细则》的相关规定，决定由上海市卫生局负责二次供水设施的预防性卫生监督及日常运行的卫生监督工作，由水务局负责二次供水水质的日常监督工作，由供水企业具体负责二次供水的日常运行维护及服务管理，由房地局及业主委员会负责协助管理。[②]这一模式在运行过程中由于需要经过居民楼顶水箱，会产生二次污染的问题。2013 年，"二次供水"设施改造项目被列入上海市委、市政府重点关注，市建委牵头推进的

---

① 胡昌新：《上海水史话》，上海交通大学出版社 2006 年版，第 118—119 页。

② 孙坚伟、吕娅琼、周云等：《上海市二次供水水质现状调查研究》，《给水排水》2009 年第 8 期。

"8 + 2"重点整改内容，力争到 2020 年完成中心城区居民住宅"二次供水"设施改造任务，逐步实现供水企业"管水到表"，并通过加强管理，使居民住宅水质与出厂水水质基本保持同一水平。自 2014 年开始，上海供水管理方式开始逐渐转变为"管水到表"，即从过去的一次供水由供水企业管理、二次供水归房管部门管理的模式，过渡到由供水企业"管水到表、一管到底"的模式。据市水务局的统计，2014 年城投水务已首批接管了中心城区 736 个住宅区、2 000 万平方米"二次供水"设施。①

正是在水务局从"水源头"到"水笼头"管理机制下，2013 年 11 月 1 日，修订后的《上海市供水水质管理细则》得以施行。此次修订主要包括：一是明确上海市供水水质实行"两级政府、两级管理"原则；二是明确政府和企业对供水水质信息公开工作均负有责任；三是根据生活饮用水卫生标准和上海市供水实际情况，调整部分政府监测和企业自检的指标和频率。

经过一百多年的发展，上海自来水终于从服务于少数洋人和少数市民的"奢饰品"变为全体上海市民的基本必备品；供应水质标准超越国标，逼近国际标准；指标考核的范围第一次明确覆盖到了二次供水，为实现《上海市城市总体规划（2017—2035）》中提出的"至 2035 年，全市供水水质达到国际先进标准，满足直饮需求"目标夯实基础。②自来水服务随着信息技术的发展，水费、燃气费也逐渐实现网上缴费，便利民众生活。上海公用给水事业，为民众的健康和社会的发展筑起坚固的基础，为城市生活创造更为美好的明天！

---

① 《上海"二次供水"逐步实现"管水到表"》，载东方网 http://sh. eastday. com/m/20141223/u1ai8504134.html。

② 《上海城投水务下属水中心从二次供水模式破题高品质饮用水目标》，载上海市政府网站 http://www.shanghai.gov.cn/nw2/nw2314/nw2315/nw31406/u21aw1316086.html。

第三章 燃气：从上等人家厨用到百姓家庭热源

燃气事业是城市公用事业的重要组成部分。燃气包括煤气、液化石油气和天然气。中国燃气事业最早出现的是人工煤气。上海的煤气事业于1865年在公共租界起步，早于日本和亚洲其他各国的城市。煤气起初被用来照明，电力照明兴起之后，煤气的功能由光源变成热源，成为市民日常生活和工业的燃料。

煤气在新中国成立前是洋人和华人中的达官贵人、富家商贾等所谓"上等人"的厨房专用之物。上海解放后，随着工人新村的建造，煤气才逐步进入普通市民的家里。20纪世纪90年代之前，上海市民的日用燃料有三种：煤球炉、人工煤气、液化石油气（煤气罐）。1994年之后增添了天然气作为气源，煤气逐渐淡出市民生活；2000年以来，人工煤气被天然气全面替代，煤气管道被改造为天然气管道。

管道燃气主要通过管道进行输送，管网的发展成为显著性的标志：上海解放后，上海燃气管网总长度从最初的400余公里，发展到目前的3万公里，实现了近百倍的发展。从某种意义上来说，讨论上海燃气事业，就是在讨论上海管道燃气的发展进程。

第一节　解放前的上海煤气事业

上海煤气事业由租界起步，本节对煤气在上海租界的发生和发展过程进行简要回顾。

一、煤气事业在英、法租界的起步

1853 年 3 月，太平军定都南京，江南震动，清军与太平军在江苏南部展开激战。基于安全需求，在 4 月 12 日英、法、美三国领事召集租界侨民开会，决定在西界开挖"护界渠"，组建志愿军。[1]同时，租界为了防备清军可能的骚扰和攻击，沿第二跑马场西侧的边界河道开凿深浜，以河泥筑起土城墙，[2]于是就有泥城浜之说。后来，泥城浜被填平为马路，取名为西藏路（今西藏中路）。战乱期间，大量华人涌入租界，租借日益繁荣，工商发展，人口激增。1861 年 1 月，一些居住在租界的英国商人看到上海的发展势头，借鉴英国存在的煤气照明的情况，倡议在上海生产和供应煤气以供照明。

本书第一章已经提到英国商人亚历克斯·肯尼迪·史密斯（Alex Kennedy Smith）首先写信给英租界工部局，并联合 C.J.金等六人发起成立了临时委员会。[3]1862 年 2 月 26 日，委员会在上海英文《航运商业日报》上

---

① F.L Hawks Pott, *A short history of Shanghai*, China Intercontinental Press, 2008, pp.26—30.

② 段炼：《鲜为人知的泥城之战纪念碑》，《档案春秋》1998 年第 5 期。

③ 上海市煤气公司：《历经沧桑显辉煌：上海市煤气公司发展史（1865—1995 年）》，上海远东出版社 1995 年版，第 1—3 页。

刊登筹建"大英自来火房"的发起书，在上海租界制造和供应人工煤气，用作路灯照明。

1862 年，法租界退出联合租界，自设公董局。1863 年 9 月，英国和美国在上海的租界正式合并为公共租界，统一由工部局（Shanghai Municipal Council）管理。上海的租界由此形成公共租界和法租界两大势力之分。由于太平天国运动导致租界土地昂贵，①为降低成本，1863 年 12 月，上海自来火房购买苏州河南岸泥城浜以西尚不属于租界的土地 8.7 亩（现西藏中路）作为建厂基地。②1864 年建造工程师感到面积不足，又购买 6.05 亩土地。1864 年（清同治四年）煤气厂准备开工兴建，为此筹备会召开了第一次董事会，C.J. 金被任命为董事长，会议决定注册办事处设在上海，大英自来火房成立。③1866 年开始，业务正常开展，一年后经营逐渐走上正轨，到 1870 年 4 月，自来火房所有股票全部售出，所有债券全部还清，彻底站稳脚跟。从 1886 年到 1881 年的 16 年间，外籍用户由 55 户增加到 509 户，华人用户从无到有增加到 209 户，路灯由 205 盏增加到 489 盏。④

由于当时重新设立的法租界也在兴建道路等基础设施，因此想使用自来火房的煤气作为法租界路灯照明，公董局起初向自来火房申请，要求建成之后同步在法租界供应煤气灯，但自来火房却告知公董局由于没有足够的煤气管，同时在满足英美租界要求之前无法供应法租界，公董局大为光火，于是在 1864 年 12 月 10 日由董事梅纳、施米特等集资 3 万两筹建煤气

① 《小刀会占领上海租界房价飞涨》，载网易新闻 http://help.3g.163.com/16/0302/11/BH59CVTQ00964JT6.html。

② 上海市煤气公司：《历经沧桑显辉煌：上海市煤气公司发展史（1865—1995 年）》，上海远东出版社 1995 年版，第 4 页。

③ 同上书，第 3 页。

④ 上海市公用事业管理局：《上海公用事业》，上海人民出版社 1991 年版，第 28 页。

厂。1865 年 1 月 16 日，法商自来火房在法国领事馆备案，正式宣告成立，公司为股份有限公司，享有自 1864 年 12 月起法租界煤气路灯专营期 25 年，梅纳任经理，施米特为董事长，选定洋泾浜南岸的一块土地开建，敷设管线，采购制气设备，由公董局向法国订购了 300 盏煤气路灯。梅纳计划在 1866 年 8 月 15 日开始送气，使法租界的交通要道都用上煤气灯照明，①但各种原因使得工程进度延误，直到 1867 年 3 月法商自来火行的煤气厂竣工投产，才开始向法租界主要马路的照明灯供应煤气。②

煤气生产依靠煤做原料。中国在刚有煤气厂和煤气灯的年代还没有大规模开采煤矿，因此自来火房用煤主要依赖澳大利亚、日本进口，价格昂贵。直到 1881 年河北唐山的开滦煤矿产煤，煤气灯价格才有所下降。③但此时煤气灯已经遇到了新兴技术的"挑战"——比煤气灯更亮的电灯来了。1882 年上海已经有了第一盏电灯。此后 70 年里，煤气灯与电灯并存。④自此，自来火房为了与电光公司竞争，每年都要改造或延伸若干管线。

1888 年 10 月，法商自来火行在法租界的专利权将到期，加之煤气价格较高，法租界公董局开始公开招标，英商自来火房中标，法商自来火行被英商自来火房以 3 万两价格收购，⑤1891 年英商自来火房正式接管法商自来火行，开始向法租界输送煤气。⑥

1900 年英商自来火房改建完成的 3 座新的炭化炉投入使用，使煤气生产能力达到 1.98 万立方米/日，比改建前增长 60％。1900 年 12 月 29 日，

---

① 上海市公用事业管理局：《上海公用事业》，上海人民出版社 1991 年版，第 442 页。

② 同上书，第 439—440 页。

③④ 《上海"煤气之路"折射一代集体记忆》，载网易财经 http://money.163.com/15/1124/10/B969FRVG00253B0H.html。

⑤ 上海市公用事业管理局：《上海公用事业》，上海人民出版社 1991 年版，第 44 页。

⑥ 同上书，第 443 页。

英商上海自来火房在香港注册，名称改为英商上海煤气股份有限公司。①在与电光公司的竞争中，自来火房（煤气公司）1882 年到 1911 年间一直以年平均增长 11％的速度高速发展，到 1912 年时，达到 1 550.9 万立方米的销售新纪录，之后由于电能的技术稳定和用户扩大，长期徘徊在 1 275 万至 1 415 万立方米/年的销售量。这种状态持续到 1928 年（民国 17 年），煤气用途由照明转为热能，僵局被打破：②上海煤气公司开始向居民出租煤气灶具，由于用户量大增，于是准备另建新厂。1931 年 12 月 10 日，英商上海煤气公司向英商恒业地产公司购进杨树浦路隆昌路沿黄浦江的 33.324 亩土地（每亩白银 3 万两），作为建造杨树浦煤气厂的基地。1934 年杨树浦路新建煤气厂主体设备投产，最大生产能力 11.33 万立方米/日，③虞洽卿路（今西藏中路）运行了 69 年的老厂同年 3 月停产。煤气厂需要购入大量的煤，水运自然最方便，因此沿黄浦江分布。杨树浦煤气厂建成后，上海煤气公司将西藏路老厂改建为输配站，铺设 10.75 公里的煤气输送干管，供应公共租界、法租界和闸北部分地区④。

大英自来火房基于英国经验，对煤气的产、供、销、储、输送等工作统一进行了规划，上海第一座"煤气包"（储气柜）于 1865 年 1 月建成，位于煤气厂内，容量为 1 700 立方米。1864 年上海自来火房开始在租界街道埋设煤气管（各种管径 5.05 千米），管线经浙江中路入南京东路直达外滩，⑤为南京路的外商、外侨住宅和公用路灯供应照明提供了前提条件。⑥

---

① 上海市公用事业管理局：《上海公用事业》，上海人民出版社 1991 年版，第 443 页。

② 同上书，第 45 页。

③ 同上书，第 447 页。

④ 同上书，第 442 页。

⑤ 同上书，第 439—440 页。

⑥ 《上海记忆：起起伏伏的煤气包》，http://www.kankanews.com/a/2014-12-23/0016139052.shtml。

1889 年至 1891 年，自来火房为与电光公司竞争，三年排管 11.2 公里，是其成立后排管力度最大的三年。

20 世纪初，西方灶具进入上海，煤气逐渐在上海推广。当时上海的里弄有"旧式里弄"和"新式里弄"之分，两者之间最重要的评判标准特征之一就是有没有煤气。①

1937 年 8 月 13 日日军侵占上海后，起初并未占领英商上海煤气公司，但煤气公司使用的平均每年 5 万吨原煤大多来自开滦煤矿，由于日军侵占华北，原煤来源受阻，上海煤气公司不得不大批量进口英国、澳大利亚和印度的煤来保证供应。

日军占领上海后意图将江湾地区建成为上海新中心，大批"伪特别市政府"公务人员的聚集，加上驻扎在虹口的日军海陆军所需，日军上海军部决定成立大上海瓦斯株式会社，一方面满足日本军部、驻军及伪职人员所需，另一方面则希望使用煤气厂的副产品焦炭为日军提供装备制造所需的燃料。1939 年 8 月，侵华日军在张华浜北徐家湾建成吴淞煤气厂。1941 年 12 月 8 日，英美对日宣战，日军占领上海租界，第二天越过西藏路桥，占领上海煤气公司，宣布军管。1942 年 3 月 20 日，日本军部兴业院华中联络部委托大上海瓦斯株式会社接管合并英商上海煤气公司，将杨树浦煤气厂改称为杨树浦工场，将吴淞煤气厂改称吴淞工场。②

抗战胜利后，1945 年 9 月国民政府上海市公用局接管吴淞煤气厂，英商上海煤气公司发还英商经营。③但由于解放战争、通货膨胀等原因，不管是上海煤气公司，还是吴淞煤气厂生产经营均困难重重。英商上海煤气公

---

① 《城市记忆：上海燃气 150 年》，载网易财经 http://money.163.com/15/1124/10/B969FRVG00253B0H.html.

②③ 上海市公用事业管理局：《上海公用事业》，上海人民出版社 1991 年版，第 450 页。

司 1947 年因时局恶化，在香港紧急注册，成为香港的公司，上海煤气公司因此成为香港总公司的一个分公司，英国人也不再对煤气公司扩大生产。吴淞煤气厂虽然在抗战胜利后一段时间恢复经营，但始终无法完全解决原煤供应问题，库存原煤往往只够用一个月，供气量往往只占全市四分之一。到上海解放时，吴淞煤气厂已经不得不停止生产。

二、早期上海市民煤气使用状况

1865 年的上海公共租界内有外侨 2 297 人，华籍居民 90 587 人；法租界内有外侨 460 人，华籍居民 55 465 人，[1]外侨是最主要的用户。1865 年 10 月 2 日，泥城浜煤气厂建设全部竣工，开始进行正式生产前的调试；11 月 1 日正式向南京东路的外商、外侨住宅供气，这是上海煤油灯被淘汰之初，也是中国使用煤气之始。[2]之所以进行路灯的装接，是因为上海煤气公司需要公共路灯以作为煤气照明效果的展示，同时获取工部局在排管方面的支持。当时共安装煤气表 58 只，其中家庭用户 39 只。[3]租界内南京路最先用上煤气路灯，12 月 18 日自来火房正式向外滩 10 盏公共路灯的照明供应燃料，耀眼的路灯给夜上海增添了光彩，广受市民称赞，煤气路灯甚至被赞美为"地火天灯，灿若晨星"，反响极大。由于当时普通民众并不清楚煤气的来源，因此称煤气为自来火。[4]公用煤气路灯起到了极大的示范效

---

①　杨秉德、于莉：《上海公共租界英文名称考证》，《华中建筑》2009 年第 12 期。

②　上海市公用事业管理局：《上海公用事业》，上海人民出版社 1991 年版，第 439—440 页。

③　上海市煤气公司：《历经沧桑显辉煌：上海市煤气公司发展史（1865—1995 年）》，远东出版社 1995 年版，第 5 页。

④　《话说老上海之自来火，没写错，就是火》，载 https://baijiahao.baidu.com/s?id=1597077815508960834&wfr=spider&for=pc。

应，一些中国富户也开始申请安装煤气灯。

经过一年的发展，到 1866 年底，私人煤气灯用表增加到 55 只，公用灯与路灯煤气表 130 只，共装接路灯 205 盏。同时，自来火房开始重视用户意见，在一些供气质量事故之后，开始由工程师对市区供气质量进行定期检查。之后由于电光照明的出现，煤气与电能展开了第一次竞争，自来火房为了增加新的用户，开始不断地降低煤气售价。

1883 年，自来火房也开始大力推动煤气发动机的使用，从当年的 3 台增长至 1891 年 16 台，主要用户是印刷厂、木工工厂等。为推广使用煤气，自来火房还大力发展家庭用户，对中国人用户实行免费安装屋内管，并广为宣传。经过不断的竞争，煤气销售总量从 1881 年的 99.2 万立方米，发展到 1891 年的 180.4 万立方米①。1893 年之后上海电光公司归属工部局，煤气照明开始面临巨大压力。

20 世纪初，英商上海煤气公司因与电能竞争的缘故，将西方灶具引入，煤气逐渐得到推广。1928 年之后，上海煤气公司开始将灶具出租给中国居民，并大力推广煤气灶的应用，当时英式煤气灶适合英式平底锅，灶头较低，脚不能翻。为推广灶具，煤气公司不断推出使用煤气灶能够制作的食品制作方法。1929 年上海煤气工程师在给董事长的年报中曾经提到"出租和借用的灶具总数已达 12 259 具"。②

至 1935 年，煤气路灯被电灯全部取代，煤气公司继续主要发展家庭烹饪和取暖、③工业热源。1937 年，上海煤气公司出版了中英文对照的《上海煤气公司烹饪菜谱》，向中国居民家庭普及食谱。1937 年 8 月 13 日

---

① 上海市公用事业管理局：《上海公用事业》，上海人民出版社 1991 年版，第 36 页。

② 同上书，第 44 页。

③ 《上海"煤气之路"折射一代集体记忆》，载网易财经 http://money.163.com/15/1124/10/B969FRVG00253B0H.html。

日军侵占上海后，租界成为孤岛，大批民众涌入租界躲避战乱。由于租界人口突然增多，煤气用量大增，形成畸形繁荣。但好景不长，1941 年 12 月 8 日太平洋战争爆发后，日军强行军管上海煤气公司，并与吴淞工厂合并，由于战争影响，原煤紧张，全市煤气用户实行限量供气。抗日战争之后，国民党公用局虽然接管了吴淞工厂，更名为吴淞煤气厂，但生产一直不正常，其供应范围局限于五角场附近，由于原煤供应不良，五角场地区的用户只能在上午 10 点到下午 1 点、下午 6 点到晚上 8 点用气。在勉强维持生产的情况下，1947 年，吴淞煤气厂仍然发展了复旦大学、同济大学和军医大学的用气。①

到 1949 年 5 月 27 日上海解放时，原上海特别市范围内只有杨树浦煤气厂、吴淞煤气厂两座生产厂。其中，吴淞煤气厂已停止生产，只剩下杨树浦煤气厂勉强维持生产供应上海居民煤气。全市当时煤气管网经过 85 年的发展，总长从 5 千米仅仅增长到 414 千米、3 座煤气包，总用户数从 1865 年的 39 户增长到 17 351 户，工业及其他用户 1 298 户，整个城市的煤气化率仅仅 2.1 ％。②

新中国成立前的煤气是外商家庭和中国的富裕人群才能用得上、用得起的"贵族"奢侈服务。据调查，在 1949 年解放以前，家里要铺上管道，装上一个煤气灶，需要花费两根金条，一立方米的煤气价格相当于 5 斤大米。③昂贵的价格使得上海的煤气普及率极低，一般普通人家用于烧煮的则是成千上万只烟雾缭绕的煤球炉。④

---

①②　上海市公用事业管理局：《上海公用事业》，上海人民出版社 1991 年版，第 45 页。

③　《城市记忆：上海燃气 150 年》，载网易财经 http：//money. 163. com/15/1124/10/B969FRVG00253B0H.html。

④　《上海"煤气之路"折射一代集体记忆》，载网易财经 http：//money. 163. com/15/1124/10/B969FRVG00253B0H.html。

第二节　解放初期上海煤气的新起步

　　自上海解放到 20 世纪 50 年代中叶，上海经济逐渐恢复，其间又经历了"三反五反"、公私合营、社会主义改造等一系列波澜壮阔的历史进程，上海的燃气事业呈现出了勃勃生机。

一、解放初期对上海煤气事业军管和征用

　　解放初期的上海经历了由"消费型城市"向"生产型城市"变迁的过程。这一时期上海规划重点是改变不合理的城市布局和人口结构，贯彻为生产服务、为劳动人民服务的方针，改善生产和居住生活条件。[①]在整体规划指导下，上海管道煤气的发展主要是集中于在市区范围内查漏补缺。

　　1949 年 5 月 27 日，上海解放。中国人民解放军军事管制委员会当即派员接管隶属于上海特别市政府性质为官僚资本企业的吴淞煤气厂。7 月15 日，市军管会派章棋栋作为军事联络员进驻英商上海煤气公司，在宣布因战事需要对其进行监督的同时，也明确英商上海煤气公司继续由英商自主经营和管理。[②]朝鲜战争爆发后，国际形势发生急剧改变，中英关系恶化，1952 年 11 月 20 日，上海市军事管制委员会宣布征用英商上海自来水公司和英商上海煤气公司等四家公司，1952 年 12 月 12 日英商上海煤气公

---

　　① 《建国初期上海城市规划》，载上海市地方志办公室网站 http://www.shtong.gov.cn/node2/node2245/node64620/node64626/node64662/index.html。

　　② 上海市公用事业管理局：《上海公用事业》，上海人民出版社 1991 年版，第 452 页。

司改名为上海市煤气公司。1953 年 5 月 31 日，吴淞煤气厂并入上海市煤气公司。由此，上海煤气事业全部纳入国营经济，实行统一经营管理。[①]当时的上海市煤气公司下设杨树浦煤气厂、吴淞煤气厂、表具修造工场三个生产部门，负责全市煤气事业正常运行。[②]在这一时期，上海煤气事业由于各种原因，基本上是处于恢复、改造的过程之中，谈不上大的发展。

二、打破封锁，恢复生产

上海解放时，杨树浦和吴淞两煤气厂均不同程度遭到破坏，处于停产和半停产状态。特别是吴淞煤气厂，由于战事，焦炉曾经历过两度冷却，因此需要全部翻修。翻修面临两大难题：一是材料问题，解放前煤气厂严重依赖外国进口的材料，当时订购的外国耐火矽砖因战事而无法到货，翻修需要的材料来源就成为大问题。经过多方努力，相关人员跑遍全国耐火材料生产单位，才在太原找到合适的矽砖。二是技术和经验问题，当时煤气厂技术力量缺乏，管理人员缺乏经验，同时吴淞煤气厂的焦炉建造后图样保存不全，只能在拆卸时逐层画图记录，[③]一直到 1951 年 1 月才全部完工。在经验、技术和材料都匮乏的情况下，解放初期的上海煤气事业只能着重于修复、挖潜、改造。

城市煤气的生产、输配和应用三个环节中，煤气灶和煤气表具是应用方面非常重要的工具。自 20 世纪 30 年代后期上海煤气公司从英国进口煤气灶和煤气表，但国内并没有制造煤气灶和煤气表的技术，大多数零部件

---

① 上海市公用事业管理局：《上海公用事业》，上海人民出版社 1991 年版，第 454 页。

② 上海市煤气公司：《历经沧桑显辉煌：上海市煤气公司发展史（1865—1995 年）》，上海远东出版社 1995 年版，第 50 页。

③ 同上书，第 48 页。

均来自英国，新中国成立前国内仅能够装配。①1954 年通过生产改革，煤气公司表具修造工厂开始自行设计和利用国产零部件，造出 54 式铁板灶和第一代 3 立方米/时的煤气表，为煤气的大规模应用打开了国外技术限制的桎梏。②

在上海市煤气公司的统一部署下，上海煤气事业也有了新的发展，首先是提高和统一煤气热值。1957 年之前，由于历史上各工厂原始设计的原因，杨树浦煤气厂和吴淞煤气厂两个厂生产的煤气热值不一：杨树浦厂供应的热值为 3 200 大卡/立方米，吴淞厂则为 3 800 大卡/立方米，售价相同、热值不同，导致两个供应区的管网相连却互不通气，所以仍然划区供应。为统一经营煤气事业，1957 年 1 月起，煤气公司采取措施分两步将杨树浦厂的煤气热值提高到 3 800 大卡/立方米，相对增加了煤气热能供应，节省了用户支出。两厂热值统一之后，同年三季度开始逐步混合送气，解决了冬季煤气高峰时输配上的困难，改善了 1957 年前常见的管网终端压力不足、供气不足的状态。③

其次是管道煤气最主要能力的体现——管网的铺设。解放初期上海地下铺设的煤气管网只有 414 公里，在新的政治经济形势下管网布局问题凸显：英商上海煤气公司原先是以"利之所在、势之所及"的原则铺设管线的，布局着重于原租界地带；吴淞煤气厂管线铺设注重于五角场附近，两厂煤气管网零乱，瓶颈管线集中在东北部和市中心区，西部形成低压区。由于法租界在历史上拒绝英商煤气公司通过法租界向南市铺管，因此南市、闸北一带为管网空白区，煤气中压管未成环路。吴淞厂出厂管输送能

---

① 《城市记忆：上海燃气 150 年》，载网易财经 http://money.163.com/15/1124/10/B969FRVG00253B0H.html.

②③ 上海市煤气公司：《历经沧桑显辉煌：上海市煤气公司发展史（1865—1995 年）》，上海远东出版社 1995 年版，第 51—53 页。

力不足，须加大管线或新排出厂管。输配站只有西藏路一处，有贮气柜2座，地处中心区，影响市容，对人防、消防不利。

1957年4月，市规划局提出《煤气供应情况调查报告》，要求煤气事业要充分体现为工业生产服务，为劳动人民服务的方针，在发展方向上，尽量满足工业生产的需要。规划中计划扩建杨树浦煤气厂和吴淞煤气厂、接通杨树浦煤气厂出厂管环流，提高出气能力，并能双线供应；放大吴淞煤气厂出厂管，改为400毫米管径，沿逸仙路、水电路南下，至水电路输配站，以充分发挥吴淞煤气厂的生产能力；规划建设水电路输配站3座贮气柜，以满足调节贮存的需要。结合1958年钢铁炼焦厂建设，规划在城市南部地区建设新煤气厂。[1]基于规划要求，水电路输配站在1957年第二季度开始建设。但由于解放初期国民经济状况不佳，这一时期煤气管网铺设进展非常缓慢，每年仅以个位数增加，到1957年，上海煤气管网总长度从1949年414公里增加到464公里。这一时期的杨树浦煤气厂和吴淞煤气厂由于各厂煤气的热值不同，两者管网虽然连接，但并未相互完全开放，依旧是各自分区供气。

三、煤气开始走入市民家庭

俗语说："无灶不成家。"居民家庭煤气的使用是与居民住宅营造密切相关的，解放初期的上海发展理念，依据苏联城市的建设思想，住宅区规划原则上基于全市工业区部署而定，上海市内居民众多，而住房却极度稀缺，特别是普通工人群众住房条件十分恶劣。1951年4月市二届二次各界

---

[1] 《煤气》，载上海市地方志办公室网站 http://www.shtong.gov.cn/dfz_web/DFZ/Info?idnode=64718&tableName=userobject1a&id=58532。

人民代表会议上，在毛泽东主席倡导下，市长陈毅提出市政建设应"为生产服务，为劳动人民服务，并且首先为工人阶级服务"的方针，决定首先兴建上海第一个工人住宅新村——曹杨新村。①第一期工程于 1951 年 9 月启动，1952 年 5 月竣工，共建了两层楼房 48 幢、1 002 户，即现在的曹杨一村。1952 年，第一批入住的沪西地区纺织、五金系统 1 002 位光荣的劳动模范、"三八红旗手"携家带口搬进曹杨新村一村，住上了煤气和抽水马桶齐全的新公房。②曹杨新村的建成，开启了煤气由贵族厨房专用逐步走向城市普罗大众的历史进程。

第二批新建住宅为"两万户"新工房：1952 年 4 月，市政府设立上海市工人住宅建筑委员会，在全市 9 个地块分别兴建 2 万户工人住宅。其中，曹阳新村规模最大，1952 年 8 月 15 日全面动工兴建，以曹杨一村为中心向周围扩展，依次形成曹杨二村至六村，1953 年 7 月竣工。"两万户"住宅是砖木结构，上下两层楼住房，楼上楼下各有大小 5 套房间；虽然水、电、煤气俱全，但受到建筑成本的限制，厨房和厕所还是公用，5 个灶台和 5 个水斗一字排开。在建房的同时，还辟筑道路，敷设下水道，配套建设学校、商店和绿化地，形成了一个个宜居宜学的社区。当时一共建造了2 000 幢新公房，可供 2 万户家庭居住，"两万户"因此得名。

在兴建"两万户"时，煤气公司专门派人到每个新村的居委会现场示范，一桶吊水放在煤气灶上烧 7 分钟，若在煤球炉子上，烧开则要 28 分钟，③工人

① 《曹杨新村》，载上海市地方志办公室网站 http://www.shtong.gov.cn/dfz _ web/DFZ/Info?idnode = 64738&tableName = userobject1a&id = 58568。

② 《中国首个工人新村的荣光与尴尬》，载上观新闻 https://www.shobserver.com/news/detail?id = 31957。

③ 《城市记忆：上海燃气 150 年》，载网易财经 http://money.163.com/15/1124/10/B969FRVG00253B0H.html。

阶级第一次在生活中享受到了煤气的便利。1955年，位于梅陇镇东的华东化工学院教职工家属也用上了管道煤气。[1]

煤气从奢侈品转身进入寻常百姓家的变化中，对普通民众而言感触最大的首先是装煤气不用付钱。1949年前要铺上管道、装上一个煤气灶，需要两根金条才行。解放后，人民政府出台了一系列政策，灶头不用买，可以租，一年租金3块钱。1957年市煤气公司停止向新装家庭用户收取保证金；[2]二是煤气价格不断下降，解放前一立方米煤气要5斤大米，解放后1950年4月27日，英商上海煤气公司在市公用局督促下，家庭用户煤气降价为0.174元/立方米。6月21日又一次降价为0.14元/立方米。[3]1951年7月1日，家庭用户煤气第三次降价为0.098元/立方米。1952年上海职工的月平均工资为52元（取国营企业和集体企业的平均值）。至1960年六次降价后降至至7分钱/立方米，长达几十年不变，相当于半斤粳米的价格。

煤气进入寻常家庭后，从1958年后上海开始有了自己设计的符合国情的煤气灶：为适应国人喜欢炒菜的习惯和清洁习惯，新煤气灶脚设计成可以向上翻，配合圆底炒锅使用；57型双眼铁板灶和搪瓷灶是当时最普及的煤气灶。[4]搪瓷灶头与铸铁灶相比，更方便清洁。一只搪瓷煤气灶，当时需要17块钱，几乎在家家都能看到。

尽管通过兴建工人新村的办法，让部分普通市民用上了煤气，但是由

---

[1] 《煤气、液化石油气》，载上海市地方志办公室网站 http://www.shtong.gov.cn/dfz_web/DFZ/Info?idnode＝54009&tableName＝userobject1a&id＝36177。

[2] 《营业》，载上海市地方志办公室网站 http://www.shtong.gov.cn/dfz_web/DFZ/ZhangInfo?idnode＝55053&tableName＝userobject1a&id＝－1。

[3] 上海市公用事业管理局：《上海公用事业》，上海人民出版社1991年版，第452页。

[4] 《城市记忆：上海燃气150年》，载网易财经 http://money.163.com/15/1124/10/B969FRVG00253B0H.html。

于先生产后生活的指导思想，以及资金和原料的极度缺乏，导致燃气产量极其有限和管网依旧匮乏，绝大多数城市居民仍然使用的是煤球炉。当时的上海处于整体国民经济改造、恢复阶段，为了优先发展工业，1956 年工业用气占到供应总量的 57.7 ％。[①]1950 年至 1957 年，在没有增加新的煤气生产设备的基础上，上海市煤气公司仅依靠修复、挖潜和改造等设施，先后发展了家庭用户 15 156 户，1957 年末家庭用户数已达32 507 户，但绝大多数民众没有享受到管道煤气的便利，大部分民众只能羡慕。

第三节　上海煤气事业的 20 年曲折发展

从 1958 年到 1978 年，国民经济和国家建设均在曲折中发展，上海煤气事业也概莫能外。

一、卫星城带动煤气事业发展

1958 年，国务院批准将原属江苏省的嘉定、上海、松江等 10 个县划归上海市，为上海城市发展提供了重要条件，上海的工业逐渐向郊区扩展，闵行、张庙、桃浦等新兴工业城镇拔地而起，为新型卫星城市提供煤气势在必行。上海市城市规划勘测设计院参照 1956 年 10 月煤气公司的《第二个五年计划资料》和 1957 年 4 月市规划局的《煤气供应情况调查报告》，制订了《1958—1962 年上海市煤气工程规划》。当时，规划新建吴泾、闵行、浦东、吴淞等处炼焦厂，扩建杨树浦和吴淞两煤气厂，预计每

---

① 上海市公用事业管理局：《上海公用事业》，上海人民出版社 1991 年版，第 73 页。

日可供煤气 969 万立方米。如浦东不建，每日仍可达 870 万立方米。在管网规划中，实行管线环流计划，使浦东和浦西联成一个大环系统。

在上海市公用局、上海市煤气公司统一领导下，1958 年至 1968 年杨树浦煤气厂扩建伍特型直立连续势炭化炉、煤气发生炉、水煤气炉及压、排送机和提苯等设备。1959 年吴淞煤气厂扩建 59 型简易焦炉、红旗 3 号件炉以及有关配套设备。1958 年国家批准的吴泾炼焦制气厂开始施工，这是解放后上海首次新建的煤气工程，以炼焦为主，副产煤气，[1]在当时算是较为先进。9 月其第一座焦炉竣工投产，年产焦炭 45 万吨，平均每日输送城市煤气 40 万立方米。1959 年 9 月，吴泾炼焦制气厂建成投产，1960 年 6 月 9 日该厂划归上海市化工局领导，改名为上海焦化厂。[2]上海焦化厂的出气量相当大，并且由于其煤气是副产品，为保障焦炭生产，就会不断地产出煤气，因此其出现对管网供应平衡要求十分高，需要杨树浦厂和吴淞厂适当减产做到管网内的气源平衡。

这一时期上海气源发展出现了新变化：三年困难时期，国内石油燃料匮乏，1961 年 2 月，上海市出租车公司试制成中压液化天然气，装置在 27 辆小客车上以气代油，恢复营运。[3]1970 年上海吴淞煤气厂油制气工艺在上海市公用事业研究所指导下，经反复试验获得成功，该厂第一次扩建日产 40 万立方米制气工程，开始建造催化裂解重油制气炉及净化回收配套装置，先后建造 11 台（吴淞煤气厂 6 台，杨树浦煤气厂 5 台），每台日产 10 万立方米，从此上海城市煤气增加了一种新的气源——油制气。由于受石油资源的限制，以后又逐渐将大部分油制气改成煤制气。

---

① 《煤气厂》，载上海市地方志办公室网站 http://www.shtong.gov.cn/dfz_web/DFZ/Info?idnode=54823&tableName=userobject1a&id=41199。

②③　上海市公用事业管理局：《上海公用事业》，上海人民出版社 1991 年版，第 456 页。

20 世纪 70 年代初，上海炼油厂、上海合成橡胶厂、高桥化工厂等单位有多余石油液化气供应。1972 年 4 月，上海市革命委员会工业交通组决定由煤气公司负责开发和利用液化石油气，由上海炼油厂每年供 6 000 吨液化气给市煤气公司，作为第二种气源，用于一些管道煤气还不能到达的地区。①经规划，选址在南市、杨浦、石化总厂、浦东、闵行等处建设装罐站。同年，543 户居民第一次用上了液化气。1976 年在政修路成立液化石油气管理所，统一经营全市液化气业务。管理所内建有卧罐 12 只，总存储量为 960 立方米。

二、煤气管网建设依旧缓慢

"大跃进"时期，上海煤气管网建设速度曾一度出现呈现飞跃式发展，仅 1958 年一年就铺设了 50 公里的煤气管道，接近新中国成立之后铺设管道长度的总合。但随即又迅速跌落，1959 年以后的排管量一直维持在较低水平，大多在 20 到 30 公里/年，从 1958 年到 1977 年，上海煤气管网长度从 511 公里增长到 1248 公里，仅增加约 700 公里。

煤气输配能力的改造升级也在徘徊之中。上海解放后，就开展了煤气管网的输配改造，到 1967 年全市管网改造基本完成，能够初步适应煤气业务的扩张需求。但是，"文革"时期管网输配能力改造近乎停顿，工业和居民用户发展不配套、管网与气源不配套，全市煤气管网输气压力普遍下降，造成很多用户在高峰时无法使用煤气，用户反映意见很大。不得已之下，从 20 世纪 70 年代起，上海开始大规模建造人工煤气储气柜，以分

---

① 上海市公用事业管理局：《上海公用事业》，上海人民出版社 1991 年版，第 458—459 页。

区解决煤气压力问题，"煤气包"逐渐出现在城市各处。[1]到 1977 年为止，上海煤气输配站共有 3 处，分别位于西藏路、水电路、金沙江路。

三、住宅建设近乎停滞，新增煤气用户有限

1958 年，在"大跃进"的氛围下，煤气事业也获得了"跃进式"发展，从 1957 年到 1960 年，全市家庭煤气普及率从原来的 2.5％上升到 5.8％，到 1960 年，共有家庭煤气用户 8.03 万户。[2]三年自然灾害后，上海煤气用户数微增，如 1963 年原不通煤气的曹阳新村普遍接通煤气；1964 年 4 月漕河泾镇 245 户居民也由上海市区供气；1967 年 7 月，朱行、梅陇两镇从吴泾煤气厂接管，753 户（其中有梅陇镇 250 余户农户）居民和天山五村 1 466 户居民用气；[3]1972 年龙华镇 94 户居民也接通了煤气。

但是，由于住房建设等方面的不配套，引发了许多新问题。1959 年之后，为配合近郊工业区及卫星城镇的建立，上海住宅规划重点转向近郊区和卫星城镇，根据"就近生产、就近生活"的原则疏散市区部分工厂企业和人口。当时有代表性的居住区规划有闵行一条街和东风新村、彭浦新村、天山新村等，但大多只执行了初期计划[4]而先后停顿。由于三年自然灾害后经济调整和"准备打仗"的总体指导思想，导致上海的住宅建设严

---

① 《上海记忆：起起伏伏的煤气包》，载看看新闻网 http://www.kankanews.com/a/2014-12-23/0016139052.shtml。

② 黄坚：《"大跃进"时期上海的市政建设》，《上海党史与党建》2009 年第 3 期。

③ 《能源》，载上海市地方志办公室网站 http://www.shtong.gov.cn/dfz_web/DFZ/Info?idnode=54009&tableName=userobject1a&id=36177。

④ 《新建居住区和棚户简屋区改建规划》，载上海市地方志办公室网站 http://www.shtong.gov.cn/dfz_web/DFZ/Info?idnode=64649&tableName=userobject1a&id=58565。

重落后。到"文革"期间，上海基本上停止了住宅建设，只是见缝插针式地在已建新村中增建一些住宅，①没有把煤气作为公共用品纳入计划。

同时，随着社会经济的发展，上海的社会与家庭结构都在发生变化，上海的人口结构出现了"核心家庭"逐渐增多的新趋势。整体上市区人口增加不大，但是户数却有很大的增加。这些因素叠加在一起，导致上海整体住房十分紧张。居民生活状况长期无法得到有效改善，人均住房面积极低，当时规定住房困难的标准是 4 平方米/人，有的甚至低到 2.5 平方米/人。②在此情况下，即使有供气能力，也无法提供给市民使用，因为接转煤气的必要条件之一就是居住和厨房必须分开。因此，在 1958 年至 1978 年的 20 年间，煤气用户拓展速度并不快。

虽然到 1978 年全市管道煤气用户达到 55 万户，但其中有相当部分用户煤气并不能正常使用。由于在某些时期内的盲目发展，很多用户处于管网和气源不配套区域，出现大片大片的煤气低压区，导致用户无法按照正常的生活节奏烧水煮饭，出现了错峰用气的现象，要么在清晨烧水煮饭，要么在下午把晚饭提前做好。据 1977 年全面普查，全市共有黄浦等 7 个行政区内有 20 多块煤气低压区，到用气高峰，许多人家的煤气灶就会出现"绿豆火"，无法用来做饭，有 8 万多户用户的煤气无法正常使用，对民众生活，特别是双职工的工作和生活影响很大，民众意见纷纷。

四、郊县的煤气事业陷于停顿

除了梅陇等个别事例以外，在这 20 年中上海的郊区农村基本上与煤

---

① 《彭浦新村》，载上海市地方志办公室网站 http://www.shtong.gov.cn/dfz_web/DFZ/Info?idnode=64738&tableName=userobject1a&id=58569。

② 黄坚：《"大跃进"时期上海的市政建设》，《上海党史与党建》2009 年第 3 期。

气无缘。唯一的例外是当时的嘉定县。1958 年嘉定县城被上海市委、市政府认定为科学城。1964 年 8 月，上海市煤气公司在县城铺设煤气管道，供应煤气，嘉定县成为上海市郊第一个使用管道煤气的县，迁入县境的中国科学院上海原子核研究所为首先使用煤气的单位。1966 年起，煤气供应全体居民家用。1969 年 6 月，马陆电子厂始用煤气，不久邻旁的马陆村 327 户农民家庭相继用上煤气，成为全国最先使用管道煤气的农民家庭。①

其他郊县地方仍然维持着原始的烧柴禾状态。曾在奉贤燃气公司工作的周严萍回忆，改革开放前，村子里家家户户都会有个土灶，被烟火熏得污污黑黑，每家房屋上空都会有个烟囱。每到傍晚放学回家，小孩子们都盼望着能早点见到自己家房屋上空的炊烟，早点吃上晚饭。在那时候，柴火也成为家家户户的"宝贝物资"。像棉花秸秆、稻草和一些边角料是主要的燃料。甚至连木工刨下来的木花也会成为了家家户户的抢手货，村子里时常看到一堆堆的柴火。每到刮风下雨前，各家的男同志就要为柴火铺上一层尼龙布，用绳子捆绑好，以免柴火受潮。②至于郊区的城镇居民，也是如此，最多用上了煤球炉。20 世纪七八十年代，青浦金泽镇上大多数家庭是烧煤球炉。生炉子时要用木料引火，那时木材边角料是紧张物品，到木业社找关系开后门才能买到。每家生炉子引火木料经常短缺，没有办法，有时就把家里破旧的木凳、木椅拆了作引火柴爿，③生活非常不便利。

由此可以看出，上海煤气事业在 20 世纪六七十年代因各种因素，发

---

① 《煤气　液化气》，载上海市地方志办公室网站 http://www.shtong.gov.cn/dfz_web/DFZ/Info?idnode=17096&tableName=userobject1a&id=40013。

② 周严萍：《【改革开放四十年】"柴火"的变迁》，载奉贤区作家协会微信公众号 https://mp.weixin.qq.com/s/TO3cRdE5Hlt4HY5pPNhq2w。

③ 端寅：《【青浦文学】如今何人识此物》载看青浦微信公众号 https://mp.weixin.qq.com/s/hpX2bQT6r-UlAc9SFsWA6Q。

展十分艰难、曲折。据历史资料显示，1966 年上海 100 户人家中能用上煤气的仍不到 6 家。

第四节　改革开放带来的上海煤气事业的大发展

改革开放以来，伴随着人民群众对美好生活的向往，上海城市煤气面临着空前未有的发展机遇，但是也面临严峻的挑战。1986 年末，全国已经有 146 个城市有煤气设施，北京、天津两市的煤气普及率从 1984 年的 68.6％和 28.8％提升到 90％以上，然而上海则多年徘徊在 55％左右，在中国城市中气化率排名由第 1 位落到第 11 位，而且有进一步落后的趋势。[①] 当时，一位英国燃气公司的代表访问了原英商 30 年代建造的杨树浦煤气厂，他说："我看到我们博物馆的东西了，你们竟然还在用？"

确实，解放后上海人口增长了好几倍，仅依靠半个世纪前建成的杨树浦和吴淞两个制气厂，加上 1959 年投产以生产焦炭为主的上海焦化厂，无论如何是满足不了城市需要的。1983 年新建的解放后首家煤气厂——浦东煤气厂，虽然是国家重点民生工程，但对于满足民众需求而言仍旧杯水车薪。[②] 煤气建设当时最困难的是资金问题：一座煤气厂要投资一二十亿元。这座特大型的城市欠账甚多。用煤气代替煤球炉这一浩大工程，就是巨大的挑战。但令人高兴的是，上海燃气集团经过努力拼搏，最终给出了令人满意的答卷。

[①]　上海市公用事业管理局：《上海公用事业》，上海人民出版社 1991 年版，第 423 页。

[②]　《城市记忆：上海燃气 150 年》，载网易财经 http://money. 163. com/15/1124/10/B969FRVG00253B0H.html。

一、煤气事业的大发展

1978 年中共十一届三中全会后，各地煤气工程发展迅速。这一时期的上海煤气事业一方面要偿还历史欠账，使煤气供应能跟上城市的整体发展；另一方面还担负着对国内其他地区煤气事业发展技术输出的功能。在80 年代初中期，上海先后完成了南京梅山、福建三明、浙江富阳、江苏苏州等地一系列煤气工程设计。[①]

改革开放之后，上海的城市发展有了明确的方向，在 20 世纪 80 年代中期经国务院批准，上海明确提出要建设国际大都市的目标。1986 年 6 月5 日上海市委提出"告别 100 万只煤球炉"的口号。这座特大型城市当时仍有 100 万只煤球炉，也就是还有一半的城市家庭用不上煤气。上海市委、市政府明确要求，要做到居民家用燃料以煤气全面取代煤球。

随着城市发展方向的调整，拉开了上海煤气发展的序幕，民用煤气生产被列入重点工程，出现了新的发展生机。

改扩建煤气厂首先被提上日程。如下表所示，上海制定了详细的煤气改建和扩建工程规划，计划先后改造和扩建吴淞煤气厂、上海焦化厂，同时为了配合浦东开发开放，新建浦东煤气厂，以及为大众汽车和宝山钢铁总厂的配套而新建安亭煤气厂、石洞口煤气厂。1982 年浦东煤气厂开始建造，生产规模为 200 万立方米/日，1987 年底第一期工程完成，达到日产煤气 100 万立方米的生产能力。[②]浦东煤气厂第一期新建工程由上海化工院

---

① 《煤气厂》，载上海市地方志办公室网站 http://www.shtong.gov.cn/dfz _ web/DFZ/Info?idnode＝54824&tableName＝userobject1a&id＝41199。

② 上海市公用事业管理局：《上海公用事业》，上海人民出版社 1991 年版，第 461 页。

和冶金部鞍山焦化耐火材料设计研究院等单位设计，总规模为日产煤气 200 万立方米，能解决浦东、浦西 50 万至 60 万户居民燃用煤气，这是当时国内最大的煤气工程①。安亭煤气厂、石洞口煤气厂也先后建成。浦东煤气厂和安亭、石洞口 3 个新厂的建成，使上海的每日煤气供应能力一下子增加了 420 万立方米，比 1982 年上海全年供气量的 348 万立方米还要多（参见表 3-1 和表 3-2）。

表 3-1　20 世纪 80 年代初上海改建和新建煤气厂一览②

厂　　名	日期	建 设 说 明
吴淞煤气厂	1982	扩建后的制气量达 160 万方米
上海焦化厂	1982	建设"代道"工程，1989 年建设新 2 号焦炉，同时翻修老设备，日制气量超过 190 万立方米。
浦东煤气厂第一期工程	1982	1987 年 12 月竣工。第二期工程于 1988 年 1 月开工，1992 年 12 月竣工，日制气量达 200 万立方米。
安亭煤气厂		为配合安亭汽车工程的需要，每日制气 10 万立方米。
石洞口煤气厂		第一期改为轻油制气工艺，生产规模从原设计日制气量 83 万立方米提高到 210 万立方米，预期 1996 年底建成投产。

表 3-2　1982 年上海市区年底煤气供应状况③

煤气厂（共 3 座）	每日制气量（万立方米）
杨树浦煤气厂	118
吴淞煤气厂	110
上海焦化厂	120
共　　计	348

① 《煤气厂》，载上海市地方志办公室网站 http：//www. shtong. gov. cn/dfz _ web/DFZ/Info?idnode = 54824&. tableName = userobject1a&. id = 41199。

②③ 《煤气》，载上海市地方志办公室网站 http：//www. shtong. gov. cn/dfz _ web/DFZ/Info?idnode = 64718&. tableName = userobject1a&. id = 58532。

后来，上海又根据城市发展需要，在原宝钢煤气厂的基础上进行了扩建，使其每日制气能力从原来的 210 万立方米增加到 280 万立方米，解决了宝山地区大部分居民的用气需求。但是，由于历史的长期欠账，上海的煤气厂扩建和改建一直持续到 20 世纪 90 年代末，才基本上满足了城市发展的需要。到 2000 年上海日供煤气量已经达到 948 万立方米，接近 1982 年上海日供气量的三倍。

表 3-3　1980—2000 年上海煤气日产气能力①　　　　　　单位：万立方米

厂　　名	1980 年	1982 年	1985 年	1990 年	2000 年
吴淞厂	100	110	140	160	160
杨浦厂	118	118	118	118	118
上焦厂	105	120	155	190	190
浦东煤气厂	—	—	—	200	200
宝山煤气厂	—	—	—	—	280
合　　计	323	348	413	668	948

在这一时期，上海地下煤气管网建设也走上了新台阶。75 毫米以上的大口径输气管的总长度从 1978 年的 1 312 公里增加到 1982 年的约 1 555 公里，其中：中压管道 357 公里，低压管道 1 198 公里。每年的排管速度也大大提升，1982 年排管长度不到 100 公里/年。1987 年之后猛然提速，年均排管 200 公里以上，到 1990 年，上海煤气地下管网长度已经达到 2 700 公里，比 1978 年翻了一番。

二、煤气债券开辟了煤气大发展新路子

煤气供应和管道建设的飞跃发展是以机制和体制改革为前提的。长期

---

① 《煤气》，载上海市地方志办公室网站 http://www.shtong.gov.cn/dfz＿web/DFZ/Info?idnode＝64718&tableName＝userobject1a&id＝58532。

以来，煤气作为城市公用事业，特别在计划经济体制下，并不是真正意义上的现代企业的经营活动。到了 20 世纪 80 年代，一方面老百姓要提高生活质量，一方面又面临从计划到市场的转型，但企业毫无积累，也无从筹措资金。有将近 30 年的时间，煤气价格一直停留在 7 分/立方米。当年建设一个煤气厂要一二十亿元，用煤气代替全部煤球炉的浩大工程，钱从哪里来呢？1990 年上海市可支配的财政收入仅为 53.2 亿元。[①]当时中央给上海市的财政管理留成比例很低，地方分成较少，从 1959 年开始一直仅为 12％左右，甚至更低，一直到 1985 年以后，随着经济体制和财政体制的改革，地方分成收入的比重才有所上升，占到上海总财政比例的 30％。想要解决煤气问题，首先就要解决资金来源问题，就需要突破原有投融资体系。

当时担任上海市长的朱镕基说了一句话：我们决不能把上一个世纪遗留下来的落后的生活方式，带到下一个世纪。他提议：能不能发一点煤气债券，解决煤气的问题。经过研究，大家形成一致意见，认为集资办煤气是可行的。这个方案就是煤气债券，俗称煤气初装费。具体来说，一家一户装煤气，借用户 1 000 块钱，五年后归还，虽然利率相对较低，但上海市民心甘情愿。以发行债券的形式募集煤气建设资金，这在解放后公用事业的发展史上绝无仅有。根据朱镕基的提议，上海自 1990 年 7 月 10 日起向全市煤气新用户发行面额为 1 000 元、年利率 3.6％的五年期煤气建设债券，同时收取初装费（500 元），于同年 8 月起实施。[②]至 1995 年 7 月 10

---

① 《1949～1990 年上海市财政地方分成收入统计表》，载上海市地方志办公室网站http://www.shtong.gov.cn/node2/node2245/node4445/node57355/node57357/node57359/userobject1ai44257.html。

② 《收费》，载上海市地方志办公室网站 http://www.shtong.gov.cn/node2/node2245/node4516/node55028/node55053/node55069/userobject1ai42297.html。

日，首期到期本息全部兑付。发行煤气建设债券是实施上海"八五"城市煤气发展计划，解决资金不足问题的一项主要措施。当时集资 10 亿元，用这笔钱启动了作为国家重点工程的浦东煤气厂二期工程，扩建了吴淞煤气厂。此外，还新建了石洞口煤气厂、上马焦化厂"三联供"项目，多方齐头并进提供气源。正是机制和体制改革，才使搬走 100 万只煤球炉有了可能。到了 90 年代，用上人工煤气的家庭已达 237 万户，全市人工煤气供应量达 18.7 亿立方米，最高煤气日用量超过 800 万立方米，基本上告别了煤球炉。

在解决煤气取代煤球炉的过程中，煤气输送也是一个大问题。由于管网建设落后，为了保证一定的煤气压力，避免"绿豆火"再现，在相当一段时间内，居民煤气的气压是通过位于各地的输配站"煤气包"进行调节的。"煤气包"是煤气储气柜的俗称，是用高 50 至 60 米、直径 50 米的钢质圆柱形建筑来储存大量的人工煤气。

上海第一座"煤气包"建于 1864 年，容量为 1 700 立方米，最早的用户不足 100 户。"煤气包"的大扩容始于 20 世纪 70 年代末人工煤气开始规模化推广时，最多时上海在市区共建有 22 座，在高层建筑鲜见的年代一度成为城市地标。比如位于市中心苏州河旁西藏中路的那座"煤气包"，曾吸引了无数市民游客驻足观看，着实辉煌过一阵。不仅如此，"煤气包"还见证了城市发展、人民生活水平的提高。20 世纪 60 年代，大多数上海市民家里烧的还是煤球炉。从 70 年代起，上海开始大规模普及人工煤气，"煤气包"便"闪亮登场"，成为居民供气的"主角"。90 年代末，天然气开始逐渐取代人工煤气。1999 年，上海市天然气供应量为 1.1 亿立方米，到 2004 年已增至 10.7 亿立方米，2006 年突破 20 亿立方米。2013 年，这一数字则达到 68.1 亿立方米，10 年内增长了近 6 倍。由于天然气的普及，往日的"煤气包"开始逐渐退出舞台。2011 年，为市民服务了 26 年的浦东杨高路储气柜成为全市首个被拆除的"煤气包"。截至 2014 年，上海市已先后拆除了西藏中路等处共 7 座"煤气包"。煤气公司的计划是全面拆除煤气包，但是也有市民对此表示惋惜。他们表示，"煤气包"作为城市发展的一个印记，能否以适当的形式加以保留，而不是全部一拆了之。最后，有少数几个煤气包被保留下来，它不仅是城市发展的"印记"，还将继续承担储备天然气以及区域调峰和小时调峰作用。"不过那时'煤气包'肚子里没有煤气，取而代之的是天然气，它的名字也会被更名为'天然气包'。"①

在煤气普及过程中，灌装液化气也曾起过重要作用。液化气的钢瓶能够方便管道实在没有办法铺设的家庭，无论什么地方都可以使用，而且价格也十分便宜，即使到了 2018 年，一瓶 15 公斤重的液化气也只有 88 元，大体能满足 3 口之家一个月到一个半月的使用需要。因此，从问世起就受到市民的欢迎。一时间，灌装石油液化气成了宠儿，尽管它远没有管道煤气方便。如果一个地方还没轮到用液化气，想得到一个钢瓶的门槛也非常高，即使是知识分子、高级工程师们使用液化气是需要特批的。曾主持浦东煤气厂建设的王钰初厂长回忆："那个时候我拎了一个钢瓶，上门去做毛脚女婿，到丈母娘家弄堂里，两个眼睛都要看着你的，你能弄到一个钢瓶很了不起的。"很多市民在自己的自行车后面加装了一个钩子，用来挂煤气钢瓶，每个月换一次。踩自行车去换煤气，也曾经是市民生活一个必不可少的内容。

三、大规模住宅建设推动煤气普及

从"六五"期间（1981 年至 1985 年）开始起，上海市政府开始大规

---

① 《上海加快能源结构调整"煤气包"即将退出市场》，《中国环境报》2014 年 2 月 17 日。

模建设住宅，在整个80年代，上海一共建成了居民住宅4 000万平方米，人均住房面积达到6平方米。①为实现这一成就，上海先是大规模扩建了彭浦新村，后来又陆续新建了曲阳新村、田林新村、康健新村等12个大型住宅区。这些新村在建设时就提出必须保证水、电、煤气与住宅建设同步，煤水电等各种公用设施配套完善。以康健新村为例，整个新村分成东块、中块、西块三部分。中块是新中国成立以后上海第一次采用居住区规划设计邀请竞赛评选的最佳方案实施的。新村规划总用地164公顷，总建筑面积142万平方米，可居住95万人。1984年动工，1995年底基本建成。市政公用设施配套齐全，在新村内分设5个煤气增压站，确保居民用气。②

在市区大型住宅建设取得进展的同时，市政府还作出要有步骤地成片改建棚户简屋和危房的决定，规划也进入对重点地区进行综合改建的新阶段。当时市政府要求将棚户、简屋改建与人口疏解、市政公用设施改造相结合，配套建设公共建筑，提高居住生活质量。全市著名的徐汇区市民村、普陀区药水弄、南市区西凌家宅等大型棚户简屋区经过十年规划建设，逐步改善了民众居住条件，在改建过程中，煤气等公用设施也随之配套而生。

上海人的住房问题，1991年是关键年份：1991年3月，上海市政府制定《上海市住房制度改革实施方案》，允许公有住房的出售。1994年5月，上海出台《关于出售公有住房的暂行办法》。根据规定，公房承租人可以以优惠价格买下房屋产权，工龄可以抵扣购房款，许多职工花一两万元，买下了单位分配的公房。1999年市政府颁布深化房改综合配套改革的政

---

①　《生逢其时上海住房40年变迁史》，《新闻晨报》2018年8月28日。

②　《康健新村》，载上海市地方志办公室网站 http://www.shtong.gov.cn/dfz_web/DFZ/Info?idnode=64738&tableName=userobject1a&id=58571。

策，并于 2000 年起实施，上海住房制度改革进入全面建立与社会主义市场经济相适应的住房新制度的转折阶段。一方面，进一步推进公有住房出售。通过加强售房政策咨询和宣传，简化售房操作程序，促进了公有住房出售，满足了居民的购房要求。据统计，2000 年全年上海共出售公有住房 55.98 万套、建筑面积 2 975.04 万平方米，形成 1994 年以来的第二次购房高潮。至此，全市已累计出售公房 136.4 万套，7 100 万平方米，占可售公房的总量 75％以上，大大提高了职工住房的自有率。①住房数量的不断扩张，是上海燃气不断普及扩大的基础。之后上海城市住宅的不断建设，在建设中就实现了天然气管道的铺设和用户的增长。

四、市民对煤气的渴盼

改革开放初期，由于历史欠账导致煤水电样样供不应求。就煤气而言，上海城区尚有百万户居民使用煤球炉，每年仅有 3 万户居民能够新装煤气，一些新建涉外项目及商业、教卫、科研等单位的用气也难以解决。

改革开放带来的社会变化已经深入居民生活的方方面面，工作和生活节奏明显加快。百万煤球炉用户早上烧饭的时候，要劈柴生火，出门时则要封好炉子，防止熄火。烧一壶热水没有大半小时不行，煮一锅饭也得要上 1 小时，还会产生大量的煤烟和煤渣，再加上从煤店买煤球搬上搬下，十分不方便。绝大多数民众对方便的煤气供应极度渴盼。

市民对于煤气的渴望，莫过于复旦大学校长专门为教授们装煤气写信给朱镕基市长一事。1990 年初某日，朱镕基收到一封反映"煤气难"的

---

① 《回首上海房改 40 年：房子越来越大，价格越来越》，载搜狐网 http://www.sohu. com/a/245349070_575021。

信，写信者为复旦大学校长谢希德。谢校长强烈呼吁为教授们装煤气，信中把安装煤气之事提高到落实知识分子政策的高度。复旦大学是在上海的中国著名学府之一，随着知识分子政策逐步落实，1989 年一批复旦大学教授终于分到了新房，住进了新建的凉城新村。但问题随之而来，教授们搬进新公房，也把煤球炉带进了新居。特别是一日三餐烧饭时，家家户户都用煤球炉，烟熏火燎，遇上气压比较低的天气，家里的煤烟排不出去，整个小区乌烟瘴气。一些高龄老教授因此卧床不起。令人惊诧的是，凉城新村马路对面就是煤气公司建得的 3 个大"煤气包"，但凉城新村的居民就是用不上煤气。因为当时市政府有规定，为公平起见，要按照建房顺序输送煤气。凉城新村是 1986 年开始建设的住宅区，自然排不上号。最后在朱镕基的关心下，复旦大学教授用煤气的事总算有了个结果。

但是对一般市民来说，利用居住面积来换取煤气也是一种无奈之举。20 世纪 80 年代的上海是最典型的"蜗居时代"。由于当时没有开放公房买卖，整体房屋供应十分紧张，因此，在民众间有需求的时候，会进行民间"换房"。1981 年至 1990 年，上海共成功交换房屋 171 404 户，当时人均居住面积为 6.6 平方米，在换房的时候，如果该房有独立的煤气厨房和卫生间，是可以获得巨大的增值效应：80 年代拥有独立的煤气供应，其价值就等于房子面积"增加 4 个平米"，这在当时人均面积和户型均十分狭小的情况下，价值异常的高。[1]"上只角"和"下只角"本质差异不仅仅在地段，更在于其身边便利的公用服务。

郊县的居民为了用上煤气更是八仙过海各显神通。在 20 世纪 80 年代上海各郊县利用化肥或沼气等本地条件各显身手，开始了自办"小煤气"的尝试。

---

① 普郁、俞暄：《换房悲喜录》，《档案春秋》2014 年第 5 期。

全国第一个自办管道煤气的县是上海的青浦。①县办煤气是与青浦县原建设银行干部许都分不开的，他热心于社会公益事业，当获悉化肥厂放空的"合成驰放气"通过技术处理可转换成水煤气的信息后，从 1982 年春天起，放弃休息搜集有关资料，深入车间搞调查，向技术工人请教，经几个月的奔走努力，终于写出了一份有数据、有分析、可操作利用化肥废气变煤气的调查报告。同时又两次走访主管部门，建议发展煤气。青浦于是成为全国第一个办管道煤气的县城，利用青浦化肥厂生产设备的潜在能力，使用小合成氨厂煤造气的条件，用合成驰放气和半水煤气混合，②以250 万元的投资，③解决青浦镇庆华、城北两个新村 4 000 户居民的用气需要。

当时金山县则利用小化肥厂联产煤气和酒厂废醪液氧发酵产沼气搞镇煤气化，第一期工程 1986 年开工，但由于产量不稳定，导致总量有限（最大数为 5 000 户），于是将总量控制在 4 800 户以内，不稳定的气源供应迫使当时不少居民配备瓶装液化气成为双气源。④

1983 年，奉贤县经过调研利用奉贤化肥厂的合成驰放气加部分半水煤气，建设南桥民用煤气工程。1985 年 3 月，市计划委员会批复南桥煤气一期工程，日供煤气 1 万立方米，解决附近 4 000 余户居民生活用气。⑤一期工程的煤气主要供解放新村居民使用，兼顾沿线的企事业单位。1987 年 2

---

① 《全国第一个办管道煤气的县级城镇——青浦镇》，载青浦档案微信公众号 https://mp.weixin.qq.com/s/rxdVjR0dv0c-Sqc4mOv4Zw。

② 松年：《小合成氨厂供应城镇民用煤气的探索》，《节能》1986 年第 10 期。

③ 《煤气工程》，载上海市地方志办公室网站 http://www.shtong.gov.cn/dfz_web/DFZ/ZhangInfo?idnode=61648&tableName=userobject1a&id=-1。

④ 李福宝：《关于金山县煤气供应现状及对策探讨》，《上海煤气》1994 年第 3 期。

⑤ 《煤气》，载上海市地方志办公室网站 http://www.shtong.gov.cn/dfz_web/DFZ/Info?idnode=129521&tableName=userobject1a&id=181846。

月，解放新村439户居民为首批用户。是年底共有3 149户居民分六批用上煤气，占设计用户79％。翌年2月，奉贤县招待所小食堂成为第一个团体用户。1989年，副县长袁以星现场踏勘设施简陋的解放一村1、2号住宅楼，经各方协同改造后，使无厨房间的80户居民亦用上煤气。同年，又发展解放新村西南8幢新公房用户。原江海乡政府食堂、贝港幼儿园、县招待所大食堂、邮电局、鹏泰厂及县委党校食堂等15个单位也相继使用煤气。①1992年底，南桥镇管道煤气用户4 286户，其中居民用户4 270户，团体用户16家。②

罐装液化气的到来为郊县农民开辟了一条新路。1984年，原上海县区域内，通煤气的地区有漕河泾镇、龙华镇（涉及38个居委）以及梅陇、朱行集镇，全县用气户2.25万户③。随着液化气供应逐渐铺开，1983年，莘庄镇150户居民首批使用液化石油气，镇设液化气瓶调换站。但伴随着燃气事业发展，莘庄镇使用管道煤气后，大部分液化气瓶移至七宝、颛桥等镇，并在七宝镇设液化气站。至1988年，全县发放液化气瓶1 286只。④

但仅靠各郊县本地的煤气供应，只能解决城镇气源厂周围几千户居民的用气问题，大多数郊县居民仍然不能摆脱煤球炉和液化气灶。⑤曾在奉贤燃气公司工作的周严萍回忆说："90年代初期，液化气已经走进了人们的视线里，同学中谁家要是能用上液化气，那还真是件了不起的事。我的大表姐那时正在谈朋友，她就希望能找个家里用上液化气的婆家。后来，液化气使用普遍了，我家也总算盼来了液化气时代。当时家里的经济很紧张，但母亲还是凑足136元钱，去开了户。当时我和母亲都很好奇，因为

①②⑤ 《煤气》，载上海市地方志办公室网站 http：//www.shtong.gov.cn/dfz_web/DFZ/Info?idnode＝129521＆tableName＝userobject1a＆id＝181846。

③④ 《煤气、液化石油气》，载上海市地方志办公室网站 http：//www.shtong.gov.cn/dfz_web/DFZ/Info?idnode＝54009＆tableName＝userobject1a＆id＝36177。

这个煤气罐外表看上去就像是氧气瓶，里面装的东西却很厉害，厨房里有了它，配上一个灶盘，就能点火做饭了。自那时起，父亲常常用自行车驮着液化气罐去换气，用绳子将液化气罐拴在自行车后座上，也有的人则在后座上挂个特制的钩子，然后将液化气罐挂在自行车一侧。不过，最初几年换气站点建的少，换气也是个累人的活，家住在离换气点远的更是苦不堪言，一个来回要花掉个把小时。去换罐的时候还需要排队等候。"①

2018 年，各郊县民众也跨入了天然气时代。例如松江，1979 年的松江还没有煤气，家家户户都是用煤球。改革开放 40 年来，从柴木生火到烧煤饼炉，再到如今的管道天然气，松江人的生活燃料正在不断变化着。

松江的蔡阿姨出生于 20 世纪 60 年代，在她印象中，小时候宅前屋后堆满了干柴火。每到做饭时，自家农屋就会被炊烟萦绕，仿佛空气中都飘散着饭菜米香。小时候，很多小孩子会蹲坐在灶膛前，拿着蒲扇"煽风点火"。在添柴的时候，总不忘塞几个红薯、玉米进去，一边坐看火焰高，一边等待里面的美味。

改革开放初期，蔡阿姨一家有幸拿到了"煤球卡"，开始过起烧煤球的生活。"那个时候，煤球卡数量不多，每天都是省省地用的。"在煤球之后，一部分人开始从煤炭店买回一定量的煤灰，利用"模子"，自己"敲"煤饼做成"蜂窝煤"，配合小煤炉使用。

1984 年，松江有了第一家供气站——乐都路液化气供应站。在气源相当紧缺的年代，液化石油气是由市里按计划供应的。瓶装液化石油气开始逐渐进入普通家庭。配上灶具，轻轻扭转开关，火苗就蹿了出来，这让不

---

① 周严萍：《【改革开放四十年】"柴火"的变迁》，载奉贤区作家协会微信公众号 https://mp.weixin.qq.com/s/TO3cRdE5Hlt4HY5pPNhq2w。

少人感到新奇。

到了 1988 年，松江像青浦一样，利用化肥厂的驰放气，通过管道输送到居民家中。第一个用上管道煤气的是玉树路上的向阳新村居民区，当时有一万多户居民受益。

1996 年，松江县政府与上海市大众煤气公司联手组建上海松江管道煤气有限公司，松江引入了市区人工煤气，郊县"小煤气"得到了改造，供气质量也有所提高。2004 年，随着西气东输工程竣工，松江城区居民率先使用起天然气这一清洁能源。作为清洁能源，天然气安全无毒，居民用起来更加安心。同时，天然气经过脱硫处理，能够减少对管道的腐蚀，具有清洁环保的优点。

到了 2018 年的新春佳节，石湖荡镇恬润新苑居民们告别使用几十年的瓶装液化气，用上了清洁、便利的天然气。"接通天然气，我们再也不用扛着重重的钢瓶上下楼了。"作为浦南地区首个接通天然气的小区，居民们均深刻地感受到时代变迁带来的便利。①

第五节　清洁能源进入千家万户

煤气自 1865 年在上海诞生，到现今，已经走过了一个半世纪。新中国成立后，煤气从达官贵人的厨房专用，逐渐演变成普通市民的家庭能源。改革开放 40 年来，煤气事业更是发生巨大变化。在世纪之交，人工煤气逐步退出历史舞台，洁净而热量高的天然气开始进入家庭。煤气一词

---

① 《从柴火灶头到天然气，你家发生了多少变化？》，载上海松江微信公众号 https://mp.weixin.qq.com/s/a41t9yanVMYe－_OXISFi7w。

已经不再适应上海的实际情况，燃气一词在 2000 年以后逐渐地全面取代了煤气。以天然气为主体的清洁能源，已经进入到千家万户。在天然气取代煤气的背后是不断深化的机制体制改革以及国家对上海的全力支持。

一、不断深化上海燃气管理体制改革

用户的普及以及清洁能源的出现，对上海的燃气管理体制不断提出新的挑战，自 1997 年起，上海先后进行了多次体制机制改革。

解放以后，上海市煤气公司统一管理、经营上海市的煤气事业。在计划经济下，煤气不是商品，煤气行业长期处于补贴状态。这种亏损经营一直延续到 90 年代中期。当时，全市煤气补贴从 1992 年的 1.2 亿元猛增至 1997 年的 9.2 亿元。[①]巨额的财政补贴对上海本来就吃紧的财政形成巨大压力。面临煤气的急速普及，如何减亏是上海煤气行业面临的重要课题。在改革开放不断深化的进程中，为了既要保障供应，又要减少减亏，上海燃气行业首先从管理层面实施了三轮重大改革。

（1）第一轮改革：产销分离。1997 年 6 月，上海燃气实施了以"产销分离"为重点的第一轮行业改革，取消了"上海市煤气公司"这一建制，将燃气行业的国有资产划归上海市城市投资公司管理，同时将原煤气公司一分为二，撤销上海煤气公司，分别成立上海煤气制气（集团）有限公司、上海煤气销售（集团）有限公司。[②]三家企业独立核算，产销分开，并建立调度、计量运行机制。随后，开展二、三层次改革，液化所改制为上

---

① 潘鹏亮：《行政合同研究——以上海市燃气领域改革为例》，复旦大学硕士学位论文 2008 年。

② 上海燃气有限公司：《上海燃气发展历程及未来展望》，《城市燃气》2008 年第 5 期。

海液化石油气经营有限公司，吴淞煤气厂、浦东煤气厂、石洞口煤气厂分别改制为国有独资有限责任公司；杨树浦煤气厂改制为制气分公司（1999年8月停产）。①煤气营业所成立浦西抄表分公司。通过重组和改制，使企业面向市场。1998年底，体制改革的资产分割工作完成，上海市煤气公司的建制撤销。②第一轮改革取得了初步成效，1998年补贴减至8.54亿元③，其中上焦厂补贴为3.24亿元，但上海煤气事业仍然面临较严峻的形势，主要存在的问题是成本与销售价格倒挂，煤气销售、制气两大集团企业内部缺乏竞争激励机制。在上海城市燃气将由人工煤气、液化气和天然气"三足鼎立"，步入以天然气为主、液化气为辅，进而淘汰人工煤气④的时代，改革还没有到位，管理体制还不能完全适应城市燃气事业的新变化。

（2）第二轮改革：裂变重组，分灶核算。2000年5月8日起，上海煤气销售（集团）公司、上海煤气制气（集团）公司以及上海市燃气管理处等单位其行政隶属关系由市公用事业管理局划归市市政工程管理局。同时全面实施深化上海燃气行业改革方案。2000年9月，实施了以"裂变重组"为特点的第二轮行业重大改革，撤销上海煤气制气（集团）有限公司、上海煤气销售（集团）有限公司，成立上海燃气市南、市北、浦东销售有限公司等九家独立核算企业，归口上海市市政工程管理局管理。上海煤气第一（浦西）、第二管线工程公司（浦东）和燃气设计院整建制划入城建集团⑤，后

---

① 左沈怡：《上海燃气迈步"智慧"》，《上海国资》2015年第7期。

② 《上海公用事业续志（1996—2000）总述》，载上海市地方志办公室网站 http://www.shtong.gov.cn/node2/node2245/node77981/node77982/index.html。

③ 潘鹏亮：《行政合同研究——以上海市燃气领域改革为例》，复旦大学硕士学位论文2008年。

④ 《（十）城市供气管理》，载上海市地方志办公室网站 http://www.shtong.gov.cn/Newsite/node2/node19828/node20119/node20150/node64296/userobject1ai60000.html。

⑤ 上海燃气有限公司：《上海燃气发展历程及未来展望》，《城市燃气》2008年第5期。

归属于国资隧道股份。改革进一步取得成效，至 2001 年底，财政对燃气行业的补贴降为 3.59 亿元（其中上焦厂为 2.59 亿元），产销量为历年之最。①

（3）第三轮改革：从事业补贴转向市场经营。2003 年 12 月，上海燃气行业实施了第三轮改革，成立上海燃气（集团）有限公司，将吴淞、浦东和石洞口 3 家制气公司，浦东、市北和大众燃气 3 家销售公司以及天然气管网公司和液化石油气经营公司等企业统统并入。燃气集团归口申能（集团）有限公司管理。这次改革初步实现了从事业化运行机制向具有公益性特征的企业化经营机制的转变，上海燃气行业步入良性发展的轨道。

二、"X＋1＋X"模式的形成

在燃气集团隶属于申能集团之前，上海市区范围内的燃气销售和仓储是由数家国营的区域性燃气公司负责，后经整合全部进入燃气集团。但是，许多郊区的燃气公司，如松江、奉贤等地，因历史原因，股权结构复杂，虽然以国有为主体，但是也有不少各种类型的企业拥有股权。为保证燃气事业的公益性，燃气集团对各类经营企业进行清理整合。通过整合，先后共清理多头参股的燃气企业 240 余家。在全面完成清理整合以后，燃气集团又采取措施，把各区域燃气公司转制为燃气集团的全资子公司。这样，就从所有制的角度，为燃气集团在保证公益性的前提下，按照市场经济原则，进行统一经营管理提供了体制保证。

燃气集团的主管单位是申能（集团）有限公司。该公司是上海市国资

---

① 潘鹏亮：《行政合同研究——以上海市燃气领域改革为例》，复旦大学硕士学位论文 2008 年。

委全额出资的国有独资企业，前身为 1987 年创立的申能电力开发公司，1996 年成立集团公司，注册资本 100 亿元。目前拥有申能股份有限公司（600642SH）、上海燃气集团等 9 家控股企业，主要投资参股企业 15 家，基本形成"电气并举、产融结合"的产业发展格局。截至 2012 年底，公司总资产逾千亿元，年营业收入约 300 亿元，连续 11 年位列中国企业500 强。①

申能集团作为上海市重大能源基础设施的投资建设主体和主要的电、气能源产品供应商，控股电厂发电量占到上海市总发电量约三分之一。同时，集团形成上海城市"5 + 1"（西气一线、西气二线、洋山进口 LNG、东气、川气、江苏如东和五号沟 LNG 应急气源）天然气多气源保障体系，形成集燃气生产采购、管网配输、销售供应为一体的完整的城市燃气产业链，2012 年天然气供应量达到 62.8 亿立方米，占到上海市场份额 90%以上。

体制改革带来的显著成果是亏损的大幅度下降。燃气集团通过管理效率的提升以及运营机制的改变，逐步实现了更高效的成本控制。同时，统一经营全市燃气所带来的规模效应使得燃气集团的优势更加特出。在分散经营时期，人工煤气时代，主要靠多家制气公司分头生产。由于制气和输气是一家，需要各自在制气和输气实现自我平衡，因为各自输气网管的容量都不大，管网压力平衡限制了各制气工厂的产能提升。虽然杨树浦和吴淞煤气厂等有能力增加煤气的产量，但是各自有限的网管容量，使得其产能不能随意发挥，因此出现了"生产制造越多煤气，亏损也就越多"的怪现象。

燃气集团实行全市统一经营以后，首先铺设了一张覆盖全市各个角落

---

① 见申能集团"企业概况/公司简介"，http://www.shenergy.com.cn/intro.htm。

的天然气管网；其次利用其多种经营的优势从各方采购气源，按照需要统一配送和销售。燃气集团先从国内外统一采购各种气源，然后按一定价格卖给各销售公司，再由各销售公司根据政府定价向市场销售。由此，燃气集团形成了"X＋1＋X"经营模式。第一个"X"是指采购多种气源，"1"是指一张覆盖全市的天然气管网，第二个"X"是指多家下游销售公司。这种"多气源＋覆盖全市的配送网管＋IT 技术支撑的智慧服务"的新战略，使得上海燃气事业出现了既能按公众利益优先的理念提供家庭能源，又能按照市场竞争原则开展经营的城市发展模式。[①]

三、东海油气田的开采开启了上海天然气取代煤气进程

城市煤气化曾是我国现代化城市建设的一个重要组成部分。同固体、液体燃料相比，煤气的确是最方便、最干净、热效率最高的优质燃料。城市煤气的热效率是原煤的 7.38 倍，即 1 万立方米的煤气相当于 7.38 吨原煤。但是，煤的气化和液化是在城市内进行的，需要将大量的煤炭运入城市。煤炭运输过程中不仅需要耗费大量能源，而且在堆存和装卸过程中会发生自燃，煤炭扬起的灰尘也会污染大气环境，煤炭如果遇到水，还会随水流失而污染周围水系。另外，在煤的液化、气化过程中，还会排出大量污染物和废渣，污染物中有颗粒物、硫氧化物、氮氧化物、一氧化碳，等等。

天然气是天然蕴藏在地下由烃和非烃混合而成的可燃气体，是优良的燃料和化工原料，具有开采成本低、便于用管道运输、燃烧效率高、污染少等优点。天然气不仅给城市居民提供了燃烧效率高、污染少、价格低廉

---

① 左沈怡：《上海燃气迈步"智慧"》，《上海国资》2015 年第 7 期。

的新能源，而且可大大减轻煤炭运输及气化、液化过程给城市带来的各种污染。从 20 世纪 80 年代起许多国家都在致力于推广用天然气代替煤炭、石油作为生产、生活能源的途径。

1990 年至 1995 年期间，浦东煤气厂二期工程竣工，吴淞煤气厂扩建完工，上海焦化总厂"三联供"上马，以及石洞口煤气厂建成，使全市的煤气供应能力在 1994 年底达到日供 818 万立方米。与此同时，液化石油气达到年供 10 万吨，从而基本保证了上海城市发展对煤气的需求。

以人工煤气为主的供应格局，虽然使得上海甩掉了 100 多万个煤球炉，普及了煤气，极大地方便了城市居民生活。但是，同时也使上海面临着大气污染等严峻的环境挑战。上海作为中国最大的经济中心城市，早在 1999 年就提出了城市能源改造方案，计划逐步以天然气取代人工煤气，从根本上改变提升上海环境保护的水平。上海以天然气取代煤气进程的顺利完成，是得益于两项国家级的工程。一是东海油气田的天然气开采成功，二是国家布局的西气东输工程。

东海油气田，也即春晓油气田，在上海东南 500 公里，距宁波 350 公里的东海海域，是中国在东海大陆架盆地"西湖凹陷"中开发的一个大型油气田。中国从 1974 年开始就在东海进行石油、天然气勘测，并发现了多个油田，初步探明该海域有极其丰富的油气资源，储量在 7 000 亿立方米左右，投产后每年可供优质天然气 25 亿立方米。中国自 1980 年在东海首次钻探龙井一号井成功以来，先后在"西湖凹陷"钻井 30 口，其中 20 口获高产工业油气流。但由于日本在钓鱼岛主权归属上的无理取闹，东海油气田的开采迟迟不得进展，90 年代中后期，中国排除日方的干扰先后开发了平湖、春晓、天外天、断桥、残雪、宝云亭、武云亭和孔雀亭等油气田。1999 年 4 月，东海平湖天然气开始供应浦东地区。2005 年 9 月 19 日位于我国东海的大型钻井平台点火成功，春晓油气田进入正式生产，日处理天然气 910 万立方米。同年年底，海上油气田所产天然气在宁波北仑登陆，并入城市天然气管网。

在东海油气田开采取得初步成效的 90 年代初，上海市政府就决定，把东海油气田的天然气作为上海燃气转换的起点，充分利用已发现并开采的东海大陆架油气田丰富的天然气资源，通过现有的煤气管道，让天然气逐步取代煤气进入千家万户，并在浦东的一些居民小区进行转换试验，取得了成功。东方明珠、金茂大厦、香格里拉大酒店、海关大楼和水运中心已成为浦东地区首批用上天然气的单位。

迎接天然气抵沪的工作准备早在 1992 年 9 月已启动，当时经原上海市公用事业局批准，上海市煤气公司天然气公司成立，负责东海天然气下游工程的建设。根据燃气集团提供的资料显示，东海天然气是上海首个天然气气源。1994 年开始由东海平湖油气田，经 388 公里的海底输气管道，主要向浦东地区供气。一期供气规模为 120 万立方米/日，2003 年扩建工程投产。年供应量由 2000 年的 2.16 亿立方米增加到 2003 年的 4.97 亿立方米。2003 年底，上海天然气用户数增加到 87.6 万户。

四、西气东输与上海"5＋1"多气源格局的形成

随着天然气需求的不断增加，单靠东海油气田的天然气还不能满足上海的市场需求。在国家的支持下，"西气东输"工程成为上海天然气供应的重要支撑。实施西气东输工程，有利于促进我国能源结构和产业结构调整，带动东部、中部、西部地区经济共同发展，改善管道沿线地区人民生活质量，有效治理大气污染。这一项目的实施，为西部大开发、将西部地区的资源优势变为经济优势创造了条件，对推动和加快新疆及西部地区的经济发展具有重大的战略意义。2000 年 2 月国务院第一次会议批准启动

"西气一线工程"，这是仅次于长江三峡工程的又一重大投资项目。

"西气东输"有两条路线，一条是"西气一线工程"，即将我国新疆地区的天然气向沿海地区输送的工程。"西气一线工程"使用的是我国距离最长、口径最大的输气管道，西起塔里木盆地的轮南，东至上海，东西横贯新疆、甘肃、宁夏、陕西、山西、河南、安徽、江苏、上海 9 个省市，全长 4 200 公里。全线采用自动化控制，供气范围覆盖中原、华东、长江三角洲地区。

2002 年 7 月 4 日，西气东输工程试验段正式开工建设。2004 年 1 月，举世瞩目的"西气一线工程"正式向上海供气，上海燃气从此进入了天然气发展的新时代。[1]同年，上海燃气供应出现了历史转折点：人工煤气供气量 23.99 亿立方米，比上年下降 4%；天然气供气量 10.7 亿立方米，比上年增长 115.35%；液化石油气供应量 44.65 万吨，比上年上升 4.02%。全市共有家庭用户 656.8 万户，其中人工煤气 260.1 万户、天然气 142.5 万户、液化气用户 254.2 万户。[2]在 2004 年天然气开始逐步淘汰应用了将近 140 年的人工煤气。

2004 年 1 月 1 日，上海燃气集团下属上海天然气管网有限公司与中国石油天然气股份有限公司正式签订《天然气销售协议》，开始接收"西气东输"的天然气，并与浦东地区东海天然气高压输配管道连通，基本形成"东西互补、南北贯通、两环相连"，总长 500 多公里的上海天然气主干管网系统。西气东输天然气供应上海，使上海初步形成"东气"和"西气"双气源、具备一定市场规模的天然气供应体系。"西气"年供应量由 2004

---

① 上海燃气有限公司：《上海燃气发展历程及未来展望》，《城市燃气》2008 年第 5 期。

② 《（九）城市燃气》，载上海市地方志办公室网站 http://www.shtong.gov.cn/Newsite/node2/node19828/node72707/node72734/node72770/userobject1ai83904.html。

年的 4.97 亿立方米快速上升到 2008 年的 25.2 亿立方米，成为当时上海的主要气源，2008 年"东气"和"西气"合计供应量近 30 亿立方米。"西气"入沪，天然气供应规模不断扩大，天然气的应用领域不断拓展，改变了燃气供应的传统结构。

"西气二线工程"由一条干线和八条支干线组成，主气源为中亚进口天然气，工程西起新疆霍尔果斯口岸，南至广州，途经新疆、甘肃、宁夏、陕西、河南、湖北、江西、湖南、广东、广西等 14 个省份，干线全长 4 895 公里，加上若干条支线，管道总长度（主干线和 8 条支干线）超过 9 102 公里。2012 年 12 月 30 日，中国石油天然气集团公司宣布，来自中亚的天然气经由西气东输二线最后一条投产的支干线广州—南宁段于 30 日到达南宁，标志着"西气东输二线工程"1 条干线 8 条支干线全部建成投产。工程年输气能力达 300 亿立方米，可稳定供气 30 年以上，为中国能源版图又增添了一条重要动脉，将有利于缓解天然气供应紧张局面、提高天然气管网运营水平，并进一步优化中国能源消费结构。2012 年 6 月，"西气东输二线"正式供应上海，上海的天然气供应又多了一个坚实的保障。

在东海油气入沪和西气东输的同时，上海还陆续开辟了"川气东送"、进口液化天然气（LNG）等新的气源。"川气东送"是我国继"西气东输"工程后又一项天然气远距离管网输送工程。该工程西起四川达州普光气田东至上海，跨越四川、重庆、湖北、江西、安徽、江苏、浙江等 6 省 2 市，管道总长 2 170 公里，年输送天然气 120 亿立方米，相当于 2009 年中国天然气消费量的 1/7。工程于 2007 年 3 月 25 日开工，2010 年 3 月"川气东送"开始供应上海。

到 2015 年，上海市天然气气量达到 100 亿立方米，应急保障能力超过 15 天。西一线和西二线供应上海市的天然气气量将"对半开"，总量仍将占上海市用气量的一半左右；"川气东送"的年供气量将达到 19 亿立方米，约占上海市用气量的20%。

大规模进口液化天然气是上海实现天然气稳定供应的又一举措。液化天然气是天然气经压缩、冷却至其沸点（－161.5 ℃）温度后变成液体，通常液化天然气储存在－161.5摄氏度、0.1 MPa左右的低温储存罐内。其主要成分为甲烷，用专用船或油罐车运输，使用时重新气化，被公认是地球上最干净的化石能源。无色、无味、无毒且无腐蚀性，其体积约为同量气态天然气体积的1/625，液化天然气的质量仅为同体积水的45%左右。液化天然气燃烧后对空气污染非常小，而且放出的热量大，所以液化天然气是一种更为先进的能源。20世纪70年代以来，世界液化天然气产量和贸易量迅速增加。上海液化天然气有限责任公司成立于2005年1月，由申能（集团）有限公司、中海石油气电集团有限公司共同投资组建。公司负责投资、建设和运营上海LNG接收站和输气管线项目，一期规模为进口天然气300万吨/年。自2009年11月17日实现向上海市正式供气以来，现已全面达到接卸和气化输出LNG 300万吨/年的设计规模，年供应量占到上海本地天然气需求量的50%。进口LNG已成为目前上海市天然气供应保障和调峰应急的主力气源，对上海市天然气供应安全保障发挥了重要作用。

随着上海天然气市场的快速扩容，"十三五"期间天然气消费量预计将达到100亿立方米，上海市天然气需求市场的不均匀性和不确定性也将一步增加。东海平湖天然气海上钻井平台易受海上气候影响，台风季节开采作业存在中断风险。西气东输天然气，因上海在近4 000公里长管线的末端，因不可抗力、人为损坏等因素随时可能导致供应中断。

为提高供气能力和弹性，保障上海市天然气的供应和调峰，上海采取了两项重要措施。一个措施是由上海液化天然气有限责任公司实施储罐扩建工程，新建2座20万立方米的LNG储罐及相关配套设施等。建成后LNG总的储存能力将增加近50%，项目的供应弹性和调峰能力将大大提高，为上海市天然气供应市场提供更强有力的支撑和保障。项目计划 2020 年建成投产。

五号沟 LNG 应急气源站是上海为保证天然气稳定供应的另一措施。此站始建于 1996 年，位于浦东新区曹路镇五号沟地区，以东海平湖气田天然气作为气源，服务于上海天然气供应的应急和调峰。站内建有 1 座 2 万立方米 LNG 储罐和 1 套天然气液化装置，是国内最早的天然气液化装置和应急储备站，也是国内第一座天然气液化工厂。2008 年此站进行一期扩建，增加 2 座 5 万立方米 LNG 储罐、1 座 5 万吨级专用码头和相应生产装置。扩建后 LNG 储备能力达到当时全市用气量的 10 天以上，在当时任一气源故障情况下，基本满足上海城市燃气用户和部分大工业用户用气需求。五号沟 LNG 站扩建工程于 2008 年 11 月完成，并于当月接收了由马来西亚船运来的 LNG（船舶容量 19 100 m³）。随着 2015 年上海进入城市全天然气化，上海燃气不断加速城市天然气管网改造和建设，进一步拓展天然气应用领域。五号沟 LNG 站二期扩建工程建设历时近五年，于 2017 年 11 月正式投入运营。

由此，上海开始形成"5 + 1"燃气供应格局：5 是指东海平湖海上油气、西气东输一线、西气东输二线、川气东送和进口液化天然气五个天然气供应源，1 是指五号沟 LNG 应急气源站。这种多项重点工程供气格局在全国也不多见。"5 + 1"供应格局的形成，改变了过去单一线路供气局面，提高了输气管道系统运行的安全平稳可靠性，确保了管道"运行一刻不能停，供气一刻不能断"。

五、智能管网建设的新进展

20 世纪 90 年代，上海人工煤气的家庭用户达到了 237 万户，全市人工煤气供应量达 18.7 亿立方米，最高煤气日用量超过 800 万立方米，基本告别了煤球炉。①但煤气有其自身的问题：由于各个制气厂、输配站和管网的分布，导致煤气供应具有区域性和局限性。例如，上焦厂地处城区外南部，其煤气产量再高也不可能解决嘉定的用气问题，偏少的气源将会造成管网压力失衡。同时，煤气质量的好坏不仅关系到用户使用体验，也影响到煤气的正常输送，1993 年至 1994 年冬高峰期间，由于上焦厂煤气质量很差，含萘量高，导致管道堵塞严重，使得长宁、徐汇、静安和浦东部分地区煤气供应不良，②民众意见非常大。

为适应城市能源结构调整，迎接"西气东输"等渠道的天然气进沪，2000 年 8 月 9 日，上海天然气管网有限公司正式揭牌成立。公司由申能股份有限公司和上海燃气（集团）有限公司共同投资组建，注册资本金 15 亿元。上海天然气管网有限公司负责统一投资、建设和管理上海天然气主干输气管网系统，负责落实"西气东输"天然气及其他各种气源的统一接收工作，供应上海地区各直供大用户和各区域性燃气销售公司。根据市政府批准的《上海市天然气主干网系统规划》，公司沿上海外环线和郊环线，逐步分段敷设压力级制为 1.6 Mpa、4.0 Mpa、6.0 Mpa 的天然气高压输配管道及相应配套设施，与浦东地区在线运行的东海天然气高压输配管道连接，形成"南北贯通、东西互补、两环相连"，总长 500 多公里的上海天然气主干管网。随着工程的逐步竣工，上海天然气高压管网已有 400 多公里管线投入运行。③ 天然气管道从 1999 年 388 公里猛增到 2007 年的10 867

---

① 《上海记忆：起起伏伏的煤气包》，载看看新闻网 http://www.kankanews.com/a/2014-12-23/0016139052.shtml.

② 郭伟斌：《上海煤气生产供应的现状与思考》，《上海煤气》1995 年第 6 期。

③ 《（九）城市燃气》，载上海市地方志办公室网站 http://www.shtong.gov.cn/Newsite/node2/node19828/node72707/node72734/node72770/userobject1ai83904.html。

公里。与此同时，上海人工煤气管道从 1865 年的 5.5 公里开始，经过 142 年风雨历程，也在同年达到巅峰：8 697 公里。自此之后，天然气管道日益增加，2012 年破 2 万公里，2017 年破 3 万公里，而人工煤气管道日益减少，在 2014 年彻底消失。

表 3-4　2007—2016 年间上海燃气管网长度表①　　　　（单位：公里）

年份	管道总量	煤气管道	天然气管道
2007	18 964	8 697	10 867
2008	19 962	7 086	12 877
2009	21 153	6 156.5	14 996.61
2010	22 834.07	5 517.3	17 316.8
2011	23 778.62	4 710.2	19 068.44
2012	24 908.8	3 626.1	21 282.7
2013	26 634.41	2 961.9	23 156.25
2014	28 166.95	2 109.1	26 057.87
2015	28 601	0	28 601
2016	29 554	0	29 554

至此，上海目前已经基本建成了"X＋1＋X"燃气供应模式，也就是上游多气源、中游一张网、下游多元竞争的格局。目前，上海正在打造"X＋1＋X"升级版：智慧燃气。所谓智慧燃气是指在多气源保证稳定供应的前提之下，重点推进用 IT 技术改造管网输配气，提升服务水平。建设智慧管网；进行智慧调度；提供智能服务。为此，上海燃气积极对标香港中华煤气公司，以其独创的"神秘顾客"模式，即通过第三方扮演顾客进行服务体验，以帮助企业提升服务质量和效率。此外，在智慧服务的建设上，燃气集团即将推出自助抄表付费和业务办理的手机端 APP "上海

① 参见《上海年鉴》。

燃气"。

历经 153 年的沧桑剧变，上海民用燃气事业取得了辉煌的成就。过去是城市贵族身份的象征，如今则是一般市民的日常生活必备。1949 年上海解放时燃气用户仅 1.73 万户，至 1978 年燃气用户发展到 55 万户，改革开放后截至 2018 年底上海的燃气用户已经超过 1 000 多万户。这场变革是极其深刻的，首先是体现了人民当家作主后的巨大变革，其次是体现了改革开放带来的勃勃生机。目前，燃气事业又面临着建设世界卓越城市的新挑战和新考验，人们完全有理由相信，坚持走改革开放的道路，就一定真正实现"城市让生活更美好"，实现中华民族的伟大复兴！

第四章 电力：从电灯照明到能源大网

上海是中国电力工业的发源地，有着一百多年的历史。一百余年来，上海电力工业经过起步、扩充、衰退、恢复、发展、壮大的历史变革，正在迎来绿色发展的新时代。①电力的使用属性也从家庭照明逐步转向能源多样化。本章将回顾上海电气事业百年来的巨大变化，感受上海市民用电的巨大变迁。

第一节 上海电力事业的起步

上海电力起步于旧时租界，国外电气技术通过租界传入，孕育和催生了上海的电力工业。

一、上海的第一盏电灯与第一家电厂

开埠以前的上海，居民的照明用品，在室内是油灯，所用之油主要为

---

① 上海电力工业志编委会：《上海电力工业志》上海社会科学院出版社 1994 年版。

豆油或菜油，在室外，有钱人家行路用灯笼，内燃蜡烛。一般居民、客商行路则在黑暗中摸索。个别繁盛之处设有"天灯"，但所照范围极为有限，入夜以后便漆黑一片。西方人来了以后，开始用火油灯。火油灯比豆油灯光亮，一盏火油灯可相当于四五盏豆油灯。[①]虽然比油灯亮了一些，但是，商贸的发展需要更多更强的室内外照明。

首先为马路提供照明的是煤气灯。1864 年 3 月，上海第一家煤气公司"大英自来火房（Shanghai Gas Co.，Ltd.）"开张，厂址初设汉口路，后迁新闸路。上海照明设施进入煤气阶段。英美租界中的主要街道陆续装上煤气灯。外滩南京路一带率先使用煤气灯照明，因其管道从地下接气送出，时称"自来火"和"地火"。私人用户用煤气灯很少，但公用照明十分普遍。这给上海城市面貌带来很大变化。入夜以后，火树银花，光同白昼。19 世纪 70 年代，上海人评沪北即租界十景，其中之一就是"夜市燃灯"。有人以诗咏此一景："电火千枝铁管连，最宜舞馆与歌筵。紫明供奉今休羡，彻夜浑如不夜天。"[②]随着时间的推移，上海居民也纷纷在城内设置街灯，随后又追逐文明发展的脚步，将煤气灯引入古老的上海城区。

1873 年的维也纳万国博览会上，展出了一台用瓦斯原动机拖动的发电机，带动一台水泵运转，引起了参观者的极大兴趣。这是世界上电力开始在工业上应用的前奏。上海是西方文明在中国最深入的地区，当世界上最早的发电设备在英美诸国刚刚出现时，也立即引起了在上海的外国人使用电灯的兴趣。

1879 年 5 月 28 日，公共租界工部局电气工程师毕晓浦在上海虹口乍

---

① 《论用火油灯》，《申报》1875 年 3 月 2 日。

② 古月山房薪翘氏：《沪北十景》，之九，《夜市燃灯》。诗中"电火"即指煤气灯而非电灯，此时上海还没有出现电灯。

浦路的一幢仓库里，以一台 10 马力（7.46 千瓦）蒸汽机为动力，带动自激式直流发电机，用产生的电流点燃了碳极弧光灯，放出洁白强烈的弧光，试验取得成功。自此，第一盏电灯在华夏大地问世。时隔 3 年，英国人立德尔（R. W. Little）等人成立上海电气公司，从美国购进发电设备，在南京路江西路的西北角（今南京东路 190 号）创办了上海第一家电厂。在电厂的转角围墙内竖起第一盏弧光灯杆，并沿外滩到虹口招商局码头立杆架线，串接 15 盏灯。1882 年 7 月 26 日下午 7 时，电厂开始供电，夜幕下，弧光灯一齐发光，炫人眼目，吸引成百上千的人，带着惊喜又新奇的心情聚集围观。第二天，上海中外报纸都作了电灯发光的报道。"其光明竟可夺目。美记钟表行止点一盏，而内外各物历历可睹，无异白昼。福利洋行亦然。礼查客寓中弹子台向来每台须点自来火四盏，今点一电灯而各台无不照到。凡有电灯之处，自来火灯光皆为所夺，作干红色。故自大马路至虹口招商局码头，观者来往如织，人数之多，与日前法界观看灯景有过之无不及也。"①人们称之为"奇异的自来月"。

这座电厂的建成，标志着中国电力工业由此起步。它虽比英国伦敦的霍而蓬电灯厂（Holborn）晚 4 个月，比 1875 年世界上第一个使用弧光灯的法国巴黎北火车站电厂晚 7 年，但比美国人爱迪生创立的纽约珠街电厂早 4 个月，比日本东京电灯公司早 5 年。

最初的弧光灯发出的光有点像烧电焊的光，时亮时暗，十分刺眼，电灯在上海的推广使用并不顺利。清政府上海道台甚至认为"电灯有患"，如有不测，会焚屋伤人，无法可救，一度下令禁止中国人使用电灯，并照会英国领事馆停用。尽管弧光灯有种种缺陷，但由于其效用是油灯、煤气灯等其他照明用具无法比拟的，所以它被越来越多的人所认识，人们竞相

---

① 《电灯光灿》，《申报》1882 年 7 月 27 日。

装接。路灯线路由外滩向西逐步延长至静安寺的龙飞马房，公共租界内总长 43 英里的路段，有 9 英里安装了电灯路灯。为满足各方的需求，上海电气公司又从英国订购了蒸汽发电机组，在 1883 年 2 月 23 日将电厂从南京路迁址到乍浦路 41 号。6 月，公司与公共租界工部局签订合约，在外滩、南京路、百老汇路（今大名路）3 条主干道上，安装弧光灯，使道路照明得到改观。

19 世纪末，以钨丝为发光体的白炽灯泡开始投入生产和推广使用，很快替代了弧光灯，电灯照明开始走入寻常市民家中。1888 年 11 月 1 日，上海电气公司改组为新申电气公司，开始使用白炽灯为民间住户和马路提供照明。

由于工部局对马路沿线路旁架线的限制极为严格，新申电气公司又缺乏资金购置价格昂贵的地下电缆，于是 1892 年 3 月起与工部局谈判，希望工部局收购公司。经过一年半左右的谈判，工部局于 1893 年 8 月 31 日出价 6.61 万两白银收购新申电气公司的全部产业，9 月 1 日成立了工部局电气处。电气处成立后马上着手扩大生产和经营，于虹口港斐伦路（今九龙路）30 号建造新中央电站。厂房、机组的布局由工部局电气处工程师查尔斯·梅纳（Charles Mayne）参考英国当时最先进的曼彻斯特市电厂设计。该厂总造价 2.45 万银两，1896 年 5 月落成发电，总容量为原电光公司乍浦路中央电站的 1.6 倍，烟囱高 36.58 米，是当时上海最高的砖砌烟囱。1897 年，斐伦路电厂向界内 122 盏弧光灯、9 945 盏家用白炽灯供电。1899 年，电厂开始正式发电。①工部局电气处在杨树浦沈家滩另建江边电站（今杨树浦发电厂），1913 年建成发电，设备容量 4 000 千瓦，称远东第

---

① 《上海首家电光公司遗址》，载上海虹口门户网站 http://hkq.sh.gov.cn/WebFront/sub _ newscontent.aspx?cid = 565&id = 386。

一发电厂。

1897 年，法租界公董局也在洋泾浜畔带钩桥（今延安东路山东路口）筹建洋泾浜电气厂，以直流电供法租界照明。法商电车电灯公司租赁了董家渡水厂，经营业务扩大为电力、电车和自来水。

二、从生活照明到生产用电

1901 年，电气处在虹口公园、跑马总会内安装了变电站，又为兰心戏院和礼查饭店变电站增添了变压器，增加了对这些区域的供电能力。这个时候的电力已经不再仅仅是点灯照明了，而开始进入到生产、商贸金融和交通等城市发展的各个领域。

电力应用的扩大，对市民生活而言，标志性事件是电车的问世。1908 年 3 月，上海第一条电车开始通车，上海大马路上首次出现了"叮叮当当"的有轨电车。1910 年 11 月，中国第一家以电力为原动力的面粉厂投产，因其成本比用蒸汽机动力下降了 20％，很快吸引了包括华俄道胜银行在内的大客户，他们纷纷停用自己的煤气发电设备，接通电气处电厂的电线。不久，电气处宣布停止收取用户电表的租金，这又促使电风扇、电热取暖器、碳精灯、金属丝灯、电炊具的用户显著增加。①

随着工业发展和居民生活对电力需求的日益增加，电力公司不得不提升自己的运作能力。1913 年 4 月 12 日，一座现代化的发电厂——上海公共租界工部局电气处下属的江边电站（即杨树浦发电厂）诞生，全部工程耗资 50 万两。发电厂开业时，举行了隆重的投产仪式，还邀请了一批社会名流参观电厂。一些西方同行参观后，对上海有这样现代化的电厂感到

---

① 《旧上海公用事业机构发展概况资料（一）》，《档案春秋》2003 年第 1 期。

十分惊奇。到 1923 年，江边电站共有发电机组 12 台，锅炉 26 台，总设备容量 12.1 万千瓦，发电量超过设备容量比它大很多的英国最大的曼彻斯特市营电厂，且电费极为低廉，成为当时远东最大、效益最好的火力发电厂。

杨树浦发电厂的运营，大大促进了当时上海工商业的发展，整个杨树浦工业区更是近水楼台先得月。电厂所有机器超负荷运行，除供给有轨电车用电外，1915 年起，60％以上的电力投向工业企业。为了满足租界各处日益增长的电力需要，电气处在地下大量敷设 6.6 千伏电缆，又在棉纺、面粉等工厂比较集中的杨树浦地区单独配置变电站。马路上封闭式电弧灯全部拆除，改用先进的充氮气金属丝灯，明亮程度更胜一筹，从机声隆隆的杨树浦到市声嘈杂的老城厢，上海的夜色变得璀璨夺目，渐成不夜之城。

1929 年 8 月 8 日，工部局因政治经济诸因素，以 8 100 万两银子的价格，将电气处的全部产业和专营权出售给摩根财团所属的美国和国外电力公司（American and Foreign Power Company）。这家美国公司为了继续经营在上海的电力事业，早在 1929 年 5 月就在美国特拉华州注册成立美商上海电力公司（Shanghai Power Company）。原工部局电气处已建有斐伦路（今九龙路）电厂和杨树浦电厂，装机容量为 12 万余千瓦。美商上海电力公司接手后，不断投入资金，发电能力不断扩大，1935 年增至 18 万千瓦，年售电 7 亿多千瓦时。当时的上海人口已逾 300 万，是远东最大的国际大都市。1935 年的上海发电设备能力已达 26.62 万千瓦，占全国总容量的 45.5％。在上海的发电总量中，美商上海电力公司占据绝对优势。以此为背景，国民党上海市政府于 1935 年 1 月 4 日同美商上海电力公司合作，成立中美合资沪西电力股份有限公司，经营公共租界越界筑路地区的供电业务，上海市政府以 150 万元的价格向中美合资沪西电力公司转让沪西地区

30 年供电专营权。美商上海电力公司以拥有沪西电力公司 62.7％的股份，实际控制沪西电力公司的生产和经营。

1937 年 8 月 13 日，日军大举入侵上海，民族资本经营的华商、闸北和浦东 3 家电气公司的发电设备或被日军全部拆走，或因战乱损坏严重，员工均遭遣散。为控制长江流域的电力工业，日商勾结伪政府成立了华中水电公司，强行将华商、闸北、浦东 3 家电气公司纳入旗下。上海沦陷后，租界成为"孤岛"，因其独特政治地位，逃避战乱而涌入的人口日益增多，经济一时呈畸形发展，部分地区的电力负荷还有所增长，美商上海电力公司的生产和经营在当时仍正常进行。1941 年底，太平洋战争爆发，日军进占租界，美商上海电力公司和中美合资沪西电力公司终被日军占据，并入华中水电公司。在日军占领期间，上海的各家电厂多次遭轰炸，设备受到严重损坏。1945 年，全上海的售电量降至 1.74 亿千瓦时。

抗日战争胜利后，上海各电力公司由国民政府经济部从日军手中接收后即发还原主经营，上海电力工业一度有所恢复。美商上海电力公司收回各项产业后，1946 年售电量回升到 6.36 亿千瓦时，装机容量最高峰达 19 万千瓦，发电量占上海地区的 80％，不仅独占公共租界和西区的供电，而且通过华商电力企业售电而间接垄断了华界的供电。但是，在蒋介石发动全面内战后，由于燃煤运输不继，供应锐减，导致发电能力停滞徘徊，上海电力供应严重不足。

1949 年 5 月 27 日，上海解放，全市发供电设备在地下党和工人阶级的努力下得到完整保存，电力供应从未中断。至 1949 年底，上海共有发电设备容量 25.96 万千瓦，占全国的 14％，年发电量 10.09 亿千瓦时，占全国 23.4％，人均年用电量 201 千瓦时，发电标准煤耗率 647 克/千瓦时，厂用电率 7.96％，发电设备年平均利用小时 3 886 小时，线路损失率 10.68％，5.2 千伏至 33 千伏线路 1 580 公里，380/220 伏低压线路 2 064 公里，22 千伏至 33 千伏变电容量 24.85 万千伏安，最高负荷 21.6 万千瓦，年售电量 8.18 亿千瓦时。[①]

三、华界电力的艰难成长

随着外商电力事业的顺利展开，华商也开始尝试办电厂。从 19 世纪末起到抗战前夕，上海的民族电力企业经历了从无到有，从小到大的成长历程，同时还经历了由官办过渡到民办的艰难转折。其间，涌现出了闸北水电公司、华商电气股份有限公司等上海民族资本电力企业。

华商电气公司是由南市发电厂、闸北水电厂、浦东电气股份有限公司等一批民族资本企业几经合并、改组，逐步形成的。

前文已述，南市发电厂是上海最早问世的上海民族电力企业，原来是官办，后来在李平书等民族工商业者的努力下起死回生。官办的南市电灯厂因管理落后，连年亏损，且装机容量极小，虽经两次迁厂扩建，发电量最多也只能满足 1 010 盏电灯的照明所需。1906 年，上海城厢内外总工程局（由南市马路工程善后局改组而来）总董李平书等集资创设商办内地电灯公司，并折价收购了南市电灯厂。内地电灯公司开业后另辟新厂于十六铺里街紫霞殿（今紫霞路、篾竹路口）。内地电灯公司的业务发展蒸蒸日上，到 1917 年供电灯数已增至 2.3 万余盏，为当时上海的第三大发供电公司。1918 年初，内地电灯公司与华商电车公司合并，组成华商电气股份有限公司。1919 年童世亨等创办浦东电气公司，填补了上海浦东地区无电的空白。

到 1929 年共有 35 家民族资本经营的大小电厂，总容量为 2 700 千瓦，

---

① 　胡永钫：《上海电力工业志》，上海社会科学院出版社 1994 年版。

其中大部分电厂如翔华、宝明、真如等电气公司先后被闸北水电公司兼并或转向其购电。从而形成以华商、闸北两家电气公司的发电厂为主要电源点，众多小电厂向这两家购电经营的格局。

20 世纪三四十年代的抗日战争，打断了上海民族资本办电的进程。当时，华商电气股份有限公司为了进一步增加发电量，于 1935 年 10 月勘定在半淞园黄浦江滨（即上海解放后南市发电厂厂址）兴建新厂。经过了一年多的建设，厂房顺利落成，从德国西门子公司进口的两台 1.5 万千瓦汽轮发电机组等设备也运抵上海。就在万事俱备之时，"八一三"事变爆发，华商电气股份有限公司的扩建工程被迫中止。

1937 年 8 月 13 日，日本军队大举入侵上海，华商、浦东 2 家电气公司的发电设备被日军全部拆走，荡然无存；闸北水电公司设备虽未被拆，但损坏严重，员工均遭遣散。为控制长江流域的电力工业，日商勾结伪政府成立了华中水电公司，将华商、闸北、浦东 3 家电气公司分别改名为华中水电公司南市分公司（华中水电株式会社南市支店）、北部分公司（北部支店）、浦东营业所，民族电力工业受到严重摧残。由于其设备大部被破坏，至 1942 年，华商电气公司停止发电。抗战胜利后，重新复业的华商电气公司依旧无法恢复发电，只得向美商上海电力公司购电转售用户。直到 1949 年初方才恢复发电，但装机容量仅及战前四分之一。①

租界成为"孤岛"后，因其独特地位，逃避战乱而迁入的人口日益增多，经济一时呈畸形发展，部分地区的电力负荷还有增长。1941 年太平洋战争爆发，日军进占租界，美商上海电力公司和沪西电力公司亦被日军占据，并一起并入华中水电公司，改称上海电气分公司（支店），法商电车

---

① 节选自张姚俊：《南市发电厂的前世今生》，载上海档案信息网 http://www.archives.sh.cn/shjy/shzg/201203/t20120313_6396.html。

电灯公司虽未被占，但有 5 台机组被日本军事当局征用拆走。1944 年 11 月，美国飞机投弹轰炸被日军占领的江边电站，2 台机组和部分厂房设施被炸，至此，全上海共减少发电能力 7.91 万千瓦。上海在沦陷期间，水陆交通被阻，燃料供应困难，全市经济凋零，人民处于水深火热之中，电力工业明显萎缩。

抗战胜利后，1945 年 9 月，伪华中水电公司由国民政府经济部派员接收后，将各家电力公司发还原主经营。由于租界特权已被取消，上海的电气事业全部由公用局实施行政管理。

四、从包灯制向电表制过渡

早期照明用电的电价计费方式，因当时电力主要对象是供人们点灯照明，因此是采取的包灯制，即按照每家每户使用的电灯泡个数收费。当时电费昂贵，只有少数的外国领馆、报社、医院、洋行、夜总会、银行、电话公司才能用上电灯。外资和华商电灯公司的电费稍有不同。公共租界电气处下属的电灯公司因为用户较多，相对便宜，一千瓦时收银子一钱三分。法租界电灯公司价目同公共租界一样。[1]相比之下，华界电灯用户少，装火表的更少了，只能根据使用灯泡功率来计价，家庭装一只电灯的月费是银元一元二角半，或视用量多少计算，每一千瓦时收取银元八分。当时流通货币分"银两"和"银元"两种，一银元约等于0.73两银子，"八分"即一银元的 8%，也即五分八厘银两。由此算来，华界八分与租界的"一钱三分"的价格相差很多。当时，民间把灯的亮度与蜡烛比较，相当于一支蜡烛的亮度称为"一支光"，25 支光的照明效果就相当于 25 支蜡烛同时

---

① 《上海指南·电灯及电扇》，1911 年版。

在一处点燃发光的亮度。

随着发电能力的增强，以及电力供应对象逐渐从照明向工商业倾斜，非照明用户激增，包灯制很快被电表制取代。1894 年塘沽路、七浦路、河南路桥、静安寺路等 12 家用户安装了英国制造的单相电度表，这是上海第一批实行用电计量收费的用户。当时的电度表被叫做"火表"。这是源于煤气灯，煤气一度被叫做"地火"，计量煤气照明的表具自然而然被人称为"火表"。其后，虽然煤气灯被电灯所替代，但是人们对表具的称呼却保留了下来，电表也被叫作火表，并一直沿用到今天。

1911 年 1 月 1 日电表停止收取租金，意味着电灯费减少了 5％ 至 10％，促使大量小用户增加。电扇、取暖器、碳精灯、金属丝灯、电动机、电炊具等用户都显著增加。[1]

1922 年工部局电气处调整了公共租界电费标准：电灯，每度银一钱四分，每月用电 1 000 度以上，则给予九五折优惠；用电超过 1 500 度，九二折；6 000 度以上，七折。以一户使用一盏灯，每支平均点 4 小时计，那么月耗电就是 $15 \times 4 \times 30 = 1\,800$（千瓦时），月费为 $0.14 \times 1.8 = 0.25$ 两银子，按银元与银两兑换价 0.75：1 计算，约等于银元 0.33 元。[2]民用电每度一钱四分，与若干年前的每度一钱三分大致相同，与现在上海的电价相比较，可以讲属于"昂贵"。好在当时的平民家庭不会有其他电器，一个家庭只有 1 盏到 2 盏的 15 支光或 25 支光的灯泡，夏天只开灯二三小时，冬天则四五小时，一个月的平均用电数也就一二度而已，电费还不至于影响家庭生活。

---

① 《上海租界志》编纂委员会编：《上海租界志》，上海社会科学院出版社 2001 年版，第 391 页。

② 1922 年《上海指南》。

1925 年工部局电气处再次大幅度降低电价，由于公共租界电费最低，各类工厂都向公共租界集中，约 80％以上的纺织厂设在界内。从这年起，电气处电力销售额中有 87％以上是向工业提供。①

1929 年美商上海电力公司接手电气处，直到抗战以前，其电费基本分成七类：照明、电热、小量供应电力、大量供应电力、电梯用直流电、私有路灯和公共路灯。大致电价如下：（1）家庭用电，按每瓦计费，一般每月 0.12 两。（2）商业用电和工业用电实行梯级递减电价制度。其中商业用电主要包括所有的商店、公寓、旅馆、工场以及其他大型建筑物等的用电。

商业用电		工业用电	
月用电量	每瓦计费	一马力月用电量	每瓦计费
1 000 瓦以内	0.12 两	150 瓦以下	0.045 两
1 000 瓦至 2 000 瓦	0.10 两	150 瓦至 249 瓦	0.041 两
2 000 瓦至 4 000 瓦	0.065 两	250 瓦至 349 瓦	0.036 两
4 000 瓦至 6 000 瓦	0.055 两	350 瓦以上	0.03 两
15 000 瓦以上	0.045 两		

1933 年开始，美商上海电力公司对最大需量 100 千瓦及以上中等大量工业和商业用户、最大需量 200 千瓦以上的特大工业用户实行两部制电价，同时实行功率因数调整电费办法。对用电较多的用户，公司则采取优待办法，借以推销电力。该公司与当时上海的各大纱厂、大型公司、商店等另外订有大量供电的优惠合同。合同内容如下：（1）用户每月用电额不得少于二百度；（2）用户每月付给成本费第一百度计 275 两，此外每超过

---

① 陈宝云：《中国早期电力工业发展研究：以上海电力公司为中心》，合肥工业大学出版社 2014 年版，第 125 页。

一度，加付元二两六钱；（3）第一百五十度内所用电流每度每小时九厘半为基本标准，其超过一百五十度以外者，每度以元七厘三毫半为基本标准收费，同时还须参酌煤价贵贱而加减；（4）电灯电价，每月人超过用电额10％，则照超过的电灯价每小时每度元六分计费。①这种梯级递减式用电优惠制度吸引了更多的用户。

华界的电力企业也是如此。1929 年 10 月，闸北水电公司与翔华电气公司订立的供电合同中规定供电限额为 600 千瓦，基本电价为每千瓦每月银 3.13 两，每千瓦时为规元 1 分。1930 年上海特别市政府公用局与闸北水电公司签订的合约中，将电价分为电灯、电力、电热 3 种。电灯电价为 0.18 元（银元）/千瓦时；电力电价月平均用电量在 150 千瓦时以内为 0.07 元（银元）/千瓦时；电热电价为 0.055 元（银元）/千瓦时。

1945 年抗日战争胜利时，各家电力公司的设备均已受到严重破坏，导致电力供应不足，照明电价改为梯级递增制度。1948 年至上海解放前夕，通货急剧膨胀，已经无法正常核定电价，因而采用的"公用事业计价单位"的措施，每天由市政府公布计价单位的指数，各电力公司据以统计当天电价。随着物价暴涨，电价亦飞速上涨，到 1949 年 3 月 1 日指数为 700，5 月 23 日的指数达 200 万，84 天电价上涨近 3 000 倍。②

五、电力行业工人运动与王孝和烈士

上海是中国产业工人最为集中的地方，中国共产党一向十分重视在上

---

① 《上海电力公司大量供电合同（1938）》，上海档案馆，Q196-1-510。转引自陈宝云：《中国早期电力工业发展研究：以上海电力公司为中心》，合肥工业大学出版社 2014 年版，第 150 页。

② 节选自薛理勇：《旧上海的水费、电费、煤气费》，《新民晚报》2011 年 6 月 12 日。

海的产业工人中发展党员建立党组织，领导工人为维护自身切身利益同中外资本家作斗争。电力工人是当时上海产业工人中组织化程度比较高、工会力量比较强的群体。在党的领导下，上海电力工人运动波澜壮阔，涌现出许多可歌可泣的动人事迹和革命烈士。

上海电力工人深受中外资本家的剥削，各项基本权益根本得不到保证。下面以美商上海电力公司为例，进行说明。

根据档案资料记载，全厂有工程师、职工共 3 200 余名，主要可分三类：第一类是在外国招聘或者由总部派遣而来的外国聘员，约 50 人。这些聘员都由厂方供给住宿（每人洋房一幢），并供给汽车、家用电灯电话、用人等开销。月薪以美元计算，自 1 000 美元至 6 000 美元不等。每四年可有长假，半年回国一次，其来回飞机、轮船、火车等费用一概由公司供给。第二类是在中国当地聘请的中外聘员，也称本地聘员。这些聘员的薪水以中国货币计算，自 300 元至 1 200 元不等。聘员中大部分是技术人员，其中又分华籍和外籍。华籍聘员共有 300 人左右，除薪金外无特殊享受。第三类是当地的雇员。即与厂方无合同关系，包括全公司的职员和工人，约 2 700 人至 2 800 人，其中又分月薪和日薪两种，职员都是月薪，工人中领班也是月薪，普通工人都是日薪。

具体薪水方面，第一类由外国直接聘来的洋人，因其薪水是秘密的，他们的薪水账也不经过会计科，故确数不详。第二类本地聘员的薪水与其级别相关。这些中外职员的职位原来分为 8 级，后来又加一级，成 9 级。每级的薪水有一点的限量，级别是由职位来划分。一个普通科长是第一级，副科长在第二级，股长在第三级，副股长在第四级，下面的也依其职位不同而定级数。比科长更高的是部长，他们被称为 Zero staff，即零级，其薪金不公开，可能在 2 000 元左右。每级的定数（月薪）规定如下：第一级：1 000 元至 2 000 元；第二级：905 元至 1 100 元；第三级：825 元至

950 元；第四级：725 元至 850 元；第五级：625 元至 750 元；第六级：525 元至 650 元；第七级：425 元至 565 元；第八级：325 元至 450 元。每级中的上下是依服务年数、成绩来定，所以一个人在服务数年后，往往会达到月薪顶点，除非他职位上升，否则薪水便不会增加。但是对较高级人员的职位还有许多限制，如必须大学毕业或必须留过学等才能充任。当地雇员的工资等级，工人日薪分 6 级，职员月薪分 5 级。工人：一级：2.00 元至 3.00 元；二级：1.80 元至 2.20 元；三级：1.60 元至 2.00 元；四级：1.40 元至 1.88 元；五级：1.20 元至 1.60 元；六级：1.00 元至 2.00 元。职员：一级：65 元至 100 元以上；二级：45 元至 65 元；三级：35 元至 45 元；四级：30 元至 37 元；五级：26 元至 33 元。工人中如满日薪 4 元以上，职员满月薪 140 元以上，都由上级保荐。[①]

公司中员工一般来说，有两种方式进厂，第一种是经过介绍公司批准的方式，这种方式以工人为最普遍，也易于造成工人中的帮派，如东区的工人多数为浦东人，地下线班又以扬州人为主等。这种方式在工程师中也有。只要公司需要人的时候，即使没有人介绍，工程师可以自己申请，但必须经教育科口头谈话并介绍到需要这个人的部长处去，由部长面试，如果满意，再由部长通知人事科录用，并告之薪金每月多少。第二种方式是招考，这是比较少的。除非是一时需要大量人员时或者招用实习工程师时才用。

在具体工人管理政策方面，有几个阶段变化。第一阶段，在工部局电气处时代，工程师全部由外籍人士担任。因此那时主要的矛盾就只存在于公司中的洋人工程师和华籍工人之间。第二阶段，公司由工部局电气处转

---

① 《上海电力公司（上海调查资料公用事业篇之一）》，上海档案馆，Y12-1-77，第14 页。

到上海电力公司后，开始雇用一些中国工程师。这些中国工程师被安插在与工人发生关系最多的位置上，也就是说作为技术上的最下级干部，给以比社会上一般较好的待遇，使其安心为公司服务。这样直接管理工人的是中国工程师了，使工人的民族斗争意识大大减低了下来。第三阶段，当中国工程师愈聚愈多，渐渐形成了一个小集团，他们成立了华籍聘员联谊会，为了自身的利益也向公司方面争取了一些权利，例如发电厂中本来专供外国工程师免费吃饭的食堂，经争取后他们得到了同样的待遇。同时，又争取了在技术上的平等。这在储电部中表现得特别明显。第四阶段，抗日战争爆发后，公司当局的政策有一些变化：抓紧原则上的决定权，放松事务上的管理权；加强中国人对付中国人的办法来对付工人运动；加强上下层的分化政策，使华籍聘员联谊会上下脱节，上层出卖下层利益，下层不相信上层；加强奸细特务政策：工会、聘员联谊会的决议常常在事先被公司知道而有所准备；加强蒋政府与员工间的矛盾，如职工要加薪，要借款，公司总说公用局不答应，如公用局通过公司一定照办，等等。[①]

在种种制度性和非制度性的压迫欺凌下，中下层职员和工人必然奋起反抗。杨树浦发电厂是具有 100 年历史和光荣革命传统的老厂，在党的领导下写下了无数动人的篇章。他们前仆后继，从经济斗争发展到政治斗争，从自发斗争上升为自觉斗争，从厂内斗争走向社会斗争，在艰难曲折的革命斗争中经受了血与火的考验，涌现出许多可歌可泣的英雄人物，王孝和烈士就是杨树浦发电厂工人运动中的杰出代表。

1923 年 7 月 9 日中国共产党在上海成立两年后，便在以杨树浦为中心

---

① 《上海电力公司（上海调查资料公用事业篇之一）》，上海档案馆，Y12-1-77，第 15 页。转引自陈宝云：《中国早期电力工业发展研究：以上海电力公司为中心》，合肥工业大学出版社 2014 年版，第 245 页。

的沪东区建立了虹口小组，这是杨树浦地区最早的党组织。虹口小组建立后发展很快，1924 年下半年沪东区就设有两个党小组，分别有党员 13 人和 8 人。中共早期领导人向警予等人开始在工人群众中宣传马克思主义，启发工人觉悟。1924 年 9 月，沪东最早的地区性工会组织沪东工人进德会在眉州路 603 号成立。中共党员蔡之华任首任会长，李立三等中共工运领导人都曾在这里工作过。其后，中共又派张琴秋等创办女工夜校，开展妇女运动。1925 年 5 月 30 日，英租界发生了震惊中外的"五卅"惨案，在共产党员徐承志和工会积极分子钱金宝组织下，从 5 月 31 日至 8 月 7 日，杨树浦电厂先后有 1 700 多名职工参加了大罢工。

1927 年 3 月 21 日，在周恩来、罗亦农、赵世炎等领导下，发动了上海工人第三次武装起义，电厂 100 多名工人拿起武器参加了武装斗争。其后，党中央先后派林育南、刘少奇、何孟雄、恽代英等出任中共沪东区委领导职务。蒋介石发动反革命政变以后，处于白色恐怖中的上海电力公司的党组织也受到了破坏，工人斗争一度陷入了低潮。

1941 年底，日军进占公共租界，对上海电力公司和沪西电力公司实行军事占领。1942 年 8 月，上海电力公司工人进行怠工斗争，迫使日本占领者答应增加工资 10％和增发配给米。1944 年，上海电力公司杨树浦电厂屡遭美军飞机轰炸，工人开展"逃警报斗争"，日方被迫答应支付工人炸伤、炸死的医药费和抚恤金。

抗战胜利后，美商上海电力公司被国民党当局发还美方经营。时值战乱，工人们的处境十分困难。1946 年 1 月 23 日美商上海电力公司（即杨树浦发电厂）职工 2 800 余人因要求中外职工"同职同薪"，反对擅自裁员，集中在厂内举行罢工，坚持 9 天 8 夜，但未停止发电。31 日下午，国民党武装警察包围发电厂，并骗来一批妇女冒充"职工家属"到厂门口要求"丈夫"回家，制造了"索夫团事件"。警察、特务冲进发电厂打伤工人 10 余人，19 名工人代表被捕。次日，2 000 多名职工向社会局请愿，公用事业职工纷纷支援，国民党被迫当晚释放代表，资方基本上接受职工提出的条件。这就是上海电力工人运动史上的"九日八夜"大罢工。

王孝和烈士（1924—1948）是杨树浦电厂工人在解放战争时期同国民党反动派进行斗争的典范。王孝和祖籍浙江宁波，早在学生时期，就参加了党领导的进步学生组织——读书会，1941 年加入了中国共产党。1943 年 1 月王孝和以优异成绩考取美商上海电力公司，在杨树浦发电厂控制室当抄表员。进厂后，他勤恳工作，热心助人，帮助工友解决困难，深得工人们赞扬，不久被工人们推选为工会干事，当选为上电工会常务理事。1948 年 2 月，上海申新九厂工人大罢工遭到国民党反动派政府的血腥镇压。在严重的白色恐怖下，王孝和挺身而出，积极领导上电（杨树浦发电厂）工人支援申九工人。受命组织由上电带头罢工停电，促使实现全市总罢工。王孝和按照上级关于罢工停电的指示，趁值班之机将一把粗铁屑扔进正在运转着的发电机中，但由于电机忽然发烫，被其他值班人员发觉而未成功。事后，敌人很快根据值班记录怀疑到王孝和。国民党反动派为了镇压工人运动，派特务对王孝和多次诱引失败后，选定王孝和为"借人头，平工潮"的主要对象。4 月 21 人，国民党以破坏发电机的罪名，突然逮捕了王孝和和其他工会干部、工会积极分子共 14 人。国民党用一切酷刑逼使王孝和承认阴谋"破坏发电机"的罪名，王孝和始终坚贞不屈，他的一言一行都是严格遵照党组织的指示执行，为了党的利益他抛弃了个人的一切。随后，王孝和被国民党特种刑事法庭判处死刑。9 月 30 日，王孝和牺牲于上海，时年 24 岁。在绑缚刑场的路上，王孝和用英语从容回答了不少外国记者的提问，痛斥了国民党的残暴罪行，对敌人进行了强烈的谴责和揭露。在就义前，他还愤怒高呼"反动政府就要垮台了"的口号。

10 月 27 日，中华全国总工会为国民党反动派残杀王孝和事件致电全国人民和海外侨胞，号召国统区的工人广泛联合一切被压迫人民，更加坚毅勇敢和灵活谨慎地继续斗争。

1949 年 5 月，上海回到了人民手中。王孝和生前追求的理想社会终于实现了，他的英雄事迹和党领导下的工人运动，为上海电业工人留下了一份珍贵的精神遗产，为杨树浦发电厂以及上海其他电力企业在上海解放后迅速回到人民手中奠定了牢固基础。现在，走进上海杨树浦发电厂，正对大门赫然矗立的一尊王孝和革命烈士的雕塑提示所有来此参观的人们：这里曾经是中国工人运动的"红色堡垒"。

第二节　新中国成立初期上海电力企业的接收和改造

1949 年春，解放大军的隆隆炮声响彻上海四周，上海即将回到人民手中。在迎接上海解放的日子里，杨树浦发电厂的地下党领导工人开展护厂斗争，杨树浦发电厂职工成立护厂队，制定了护厂计划，工人们日夜坚守岗位保卫电厂，确保电厂完好回到了人民怀抱。新中国成立后，电厂回到人民怀抱，电厂职工坚持"独立自主，自力更生"的方针，继续发扬光荣革命传统，以主人翁的态度和高度责任感，排除万难，粉碎了资本主义和国民党反动派的封锁、轰炸阴谋。在 20 世纪 50 年代，杨树浦发电厂、闸北发电厂等电力企业的干部和工人们一起艰苦奋斗，扩建新机炉，进行技术革新，在有限的条件下，一再降低发电能耗，提高机组运行水平，使老厂发生翻天覆地的变化，为上海经济建设和全国的电力建设作出了重大贡献。仅杨树浦发电厂一厂就为全国各地的电力企业培养输送了 4 500 余名技术人才和管理人员，上海被誉为"中国电力工业的摇篮"。

一、"二·六"轰炸与供电保障

新中国成立后，在上海市委和市政府的领导下，上海电力工业医治战争创伤，对设施进行修缮，对企业加强整顿。面临美蒋封锁造成的上海各电厂燃油告急、备品配件紧缺等重重困难，美国等西方国家断言：中国人管不了这个电厂。面对着燃油紧缺，电厂职工响应党和政府的号召，团结一致，艰苦奋斗，在较短的时间内就将7台原来烧美孚重油的锅炉改为链式炉排燃煤炉，并自力更生制造配件，充分发挥设备的供电能力，保证了上海的生产和居民用电，为恢复国民经济作出了贡献。

败退台海的国民党不甘心失败，以舟山为基地对大陆实施海上封锁和空袭。在渤海、长江口、华东及华南沿海布放水雷，查缉前往大陆的各国商轮，没收运往大陆的货物。当时上海工业原料大部分依赖进口，如棉纺业所需原棉的60％，毛纺业所需毛条的全部，面粉业所需小麦的全部，造纸业所需纸浆的全部，卷烟业所需烟纸、烟丝的半数以上，上海人赖以为生的粮食的半数以上，动力生产所用的80％的油料和20％的煤等都要从外国购买。国民党的封锁使上海经济陷入困境。

上海杨树浦发电厂原来使用燃油锅炉，每月消耗燃油3万吨，全部依靠进口。进口来源断绝后，发电厂改造锅炉，从烧油改为烧煤。公共汽车原来都是烧进口汽油的，由于汽油紧缺，汽车公司将汽油、柴油和火油按比例混合使用，以减少汽油的消耗。

看到对上海的封锁奏效，蒋介石认为解放军短期内不可能对台湾构成威胁，于是转守为攻。在他亲自督促下，国民党空军扩建舟山机场，调集大批飞机，对上海、杭州等城市进行空袭和轰炸。从1949年10月至1950年2月，国民党军凭借其海空优势，从舟山群岛机场对上海进行了20余次空中攻击，人员伤亡 2 300 余人，对上海的经济恢复造成巨大障碍。由于电力在上海经济恢复中具有重要地位，国民党于 1950 年 1 月 7 日至 2 月 6 日，连续 4 次集中对上海的电力生产单位等重要设施进行了重点攻击，其中以 2 月 6 日的"二·六"轰炸为最猛烈。在被空袭前，杨树浦电厂正在全力发电，发电负荷 96 369 千瓦，占上海市当时辖区内发电量 80％以上。2 月 6 日中午 12 时 25 分到下午 1 时 53 分，国民党空军共派遣 4 批次 17 架轰炸机对多个上海重要的电力、供水、机电等生产企业进行轰炸。在这场空袭中，作为当时上海最大发电厂的杨树浦发电厂遭到的破坏最为严重。厂区共遭到 15 枚炸弹直接攻击，其中有 9 枚命中发电厂的厂房及设备，输煤设备全部被炸毁；另有 13 台锅炉和 6 台汽轮机受到不同程度的损坏，其中一台主发电机严重受损，电厂当时的 15 万千瓦的正常负荷迅速下降至零。空袭中共有 28 名员工罹难。同日下午 1 时 20 分，位于南市区南车站路的华商电气公司也被轰炸，造成 2 人死亡、6 人受伤，配电间严重损毁，无法提供电力输出。闸北水电公司也同时遭到空袭，损失相对较轻，只被炸毁了 5 号锅炉，厂房部分烧毁，未影响发电。法商电车电灯公司也遭严重轰炸，所幸落弹点不准，只在厂房周围炸了一圈，未影响发电和输电，但也造成 21 人死亡、32 人受伤。

"二·六"轰炸使得上海的发电能力从 25 万千瓦下降到 4 千千瓦，造成上海市区工厂几乎全部停工停产，大多数街区电力供应中断，高层建筑电梯断电悬空，许多商店关门停业，大上海"十里洋场"陷入一片黑暗，灯火管制使得每户家庭只能每天点一盏电灯半小时。

1950 年 2 月 6 日那天，陈毅市长正在市府大礼堂（福州路河南中路路口）作形势报告，突然间，远处传来了爆炸声，会场的灯光一下子全熄灭了——杨树浦发电厂遭到美蒋飞机轰炸，全场顿时激愤起来。陈毅市长非常镇定，他在汽油灯下坚持把报告作完，然后激动地号召大家，立即行动起来，以努力生产、繁荣经济的实际行动，坚决回击美蒋特务的侵袭。空袭之后，陈毅市长、潘汉年副市长亲临杨树浦发电厂轰炸现场，紧急制定了多项措施，全力保障重要的战略物资和市民人员的安全，组织力量修复遭到破坏的电力设施。陈毅前往视察时还带领了几百个码头工人和青年学生到现场帮助电厂的工人救护伤员、清理瓦砾。他身披草绿色军斗篷，冒着刺骨的寒风，走遍了全厂各个角落，和工人们一起搬运断砖残瓦。他站在煤堆上对工人们说："工厂虽遭轰炸，但我们可以重建；电源虽被切断，但我们可以修复。只要我们有信心建设新中国，血债一定要用血来还！"陈毅紧紧地握住工人的手，向大家表示慰问，特别嘱咐厂干部要照顾好被炸身亡工友的家属。他向工人们表示，"要动员全市的力量支援上电"。在被炸得一片狼藉的现场，陈毅召集工人、技术人员一起探讨如何尽快恢复发电，还用商量的口吻问大家："争取 48 小时恢复部分发电，行不行？"职工们齐声答道："行！他们有本事炸，我们就有本事修！"陈毅听后激动地说："对！把仇恨变成抢修的行动！"在解放军、各业职工和全市人民的帮助下，职工们不顾敌机仍在头上盘旋、轰炸，冒着生命危险抢修，仅用42 个小时就恢复了发电。陈毅闻讯后，连声称赞："工人阶级有力量！"①

当时的上海有 5 家公用电厂，除了杨树浦发电厂以外，还有法商电车电灯公司、闸北水电公司、华商电气公司、浦东电气公司。"二·六"轰炸前，可用容量 219 200 瓦，负荷数约 158 000 瓦。轰炸后，5 家电厂只能发电 31 500 瓦，只相当于轰炸前的十分之一左右。除了供电、自来水、电话、电车、路灯等公用事业，以及重要公共事业如医院、电台、公安机关，工业用电全部停顿。

---

① 《陈毅同志，上海人民永远怀念您——纪念陈毅同志逝世五周年》，载中国共产党新闻网http://cpc.people.com.cn/GB/69112/69114/69123/4684613.html。

为了尽快恢复供电，杨树浦发电厂立即组织力量突击抢修被炸坏的机器设备，由于锅炉输煤传送带一时无法修复，工人们就肩挑人抬给锅炉上煤，以尽快发电，恢复供电，使上海重放光明。各电厂职工经过 42 个小时的奋战，上海基本恢复正常供电。在"二·六"轰炸中遭到严重损坏的杨树浦发电厂电容量最大的汽轮机，必须送往瑞士维修，由于海上通道被美蒋封锁，这台机器经由陆路辗转过境苏联、奥地利和捷克斯洛伐克三国，历时一个多月才完成修复回到上海。

在积极抢修的同时，上海实行了临时的"五级用电制度"，以确保城市的核心功能正常运转。"五级供电办法草案"由上海市人民政府公用局在"二·六"轰炸后听取各方意见拟就。五级供电的第一级是确保自来水、电车、煤气、公共汽车、下水道、医院、火车站、路灯、电信、解放日报，以及首脑机关及治安机关等用电；第二级涉及军需、军事、造船，以及汽车修造、印制、造纸、冷藏、面粉、粮食加工及化学工业十项；第三级为钢铁厂、重要机器厂、机制煤球厂、工业原料厂、制药厂及棉纺厂六种企业，军政机关也属此级；第四级是一般工厂、商业用电及一部分住户用电；第五级是住户用电。从 1950 年 2 月 19 日起，上海市公用局依据五级供电的原则，实行计划电力分配。这个特殊供电办法，使得上海对轰炸后的有限电力进行了精细分配，发挥了最大效能，圆满地保证了城市的基本运行。至 3 月底，随着抢修的进展，上海供电紧张的状况大为改观，工业用电恢复到"二·六"轰炸前的 92%，住户用电恢复到 40%。[①] 到 1952 年底，上海发电设备容量达 29.79 万千瓦，超过了轰炸前的发电量，取得了反封锁、反轰炸的重大胜利。

---

① 《上海空袭后电力困难克服的经过》，上海市档案馆，B0-15-50，《二六空袭后上海电力困难克服的经过》，1950 年 3 月。

二、回到人民怀抱

至 1949 年底，上海共有发电设备容量 25.96 万千瓦，是全国的 14%，年发电量 10.09 亿千瓦时，占全国的 23.4%，年售电量 8.18 亿千瓦时。但是大部分的电力生产和输送，都掌握在美英等西方国家控制的电力企业里。

上海的解放，宣告了在外商控制下的上海电力工业开始回归人民。早在解放大军围城之际，华东局于 1949 年 3 月在丹阳宣布成立中共上海市政委员会，统一领导上海电、水、煤气、电话、公共交通等企业护厂迎解放斗争。在迎接上海解放的日子里，杨树浦等各电厂的地下党领导工人开展护厂斗争，制定了护厂计划，工人们日夜坚持岗位保卫电厂，确保电厂完好回到了人民怀抱。1949 年 5 月 27 日上海解放时，全市发供电设备得到完整保存，电力供应从未中断。9 月 29 日上海电力公司成立工会。

上海解放后，上海的电力工业先由上海市军事管制委员会公用事业处管理，上海市人民政府成立后设立公用局，由其电力处管理全部电气事业。其间，电力和其他公用事业一样，一度遭到严重困难，但是在人民政权的领导下胜利渡过难关。为了扼杀新生的人民政权，从 1949 年 6 月底开始，美蒋对上海进行了经济封锁，使上海的原料供应相当紧张，特别是担负全市主要发电任务的美商上海电力公司燃料不足问题尤其严重。外商乘机要挟，要求批准外汇买进口原油充当燃料，否则"停电不管"。市军管会认为，如果长期依赖进口原油，将影响上海的工业生产和人民生活，于是下决心摆脱对进口原油的依赖，通过驻上电军事特派员将燃油锅炉设备改为燃煤，同时从华北和东北调来大批原煤，确保原料供应。公司工程技术人员在广大职工的全力支持下，燃油改燃煤成功，保证了上海电力生产的需要。

上海解放后，新生的人民政权一方面通过派驻军事特派员对外商进行监督；另一方面成立了市政府下属的公用事业局，统一领导和管理水电等公用事业企业。中共上海市委明确指出：考虑到国内外的形势和各种因素，现阶段对上海外商公用企业的政策是"维持"，而不是"接收"。六大公用事业虽然还属外商所有，但是要看到，政权已掌握在人民手中，电力、电车、自来水以及电话、煤气都是为人民服务的，已无被外商垄断的可能。因此应该好好地利用它，使它为新生的人民政权服务。当时，在六大公用事业工作的一部分工人对外商企业的政策不是很清楚，不少职工还存在向资方报复的思想。如美商上海电力公司职工对资方普遍存在这种看法："外国人从前刮了许多钞票，现在要他们呕一些出来不算罪过。""电力公司将来我们要接收，乘外国人在的时候多拿一些好一些。"在市委和军事特派员、工会的教育和启发下，工人和职工很快端正了认识，按时出工、出勤，主动积极想办法克服公司面临的暂时困难。如在"二·六"轰炸后，法商水电公司工会干部认识到，法电虽是外商企业，但是和上海人民生活密切相关，号召职工"反对浪费，精打细算，克服困难"，掀起了反浪费的生产高潮，提高了职工的主人翁责任感，协助资方维持生产，克服困难。部分工人还主动提出不拿加班费，以节省公司开支。杨树浦发电厂的党组织与工会领导工人开源节流、开展技术革新降低经营成本。一些工人，经过研究，发明了用电焊抢修各区电杆和土底座的新技术，原来更换一根新的电杆和底座一般需成本 180 万元（旧币），而用新方法后，仅需 37 万元（旧币）。

1950 年 6 月，朝鲜战争爆发。这一事件迅速影响到中国内外的政治、经济环境。12 月 16 日，美国宣布管制中国在美国的公司财产。我国随即作出强烈反应。12 月 28 日政务院发布相应的命令，宣布管制美国在华资产，自 12 月 30 日始，上海先后宣布对 115 家美国企业进行军事管制。对美商上海电力公司的军事管制是 1950 年 12 月 30 日发布的。上海市军事管制委员会根据中央人民政府政务院总理周恩来关于接管美帝在华财产的命令，宣布即日起对美商上海电力公司实行军事管制。上海市军管会在军管布告中指出，由于美帝国主义"日益加剧的对我国的侵略和敌视行动"，冻结和没收我国在美国的资产，为此对美商上海电力公司实行军事管制。当日，市军管会任命的军事管制专员程万里和李代耕进驻公司开始办公。布告发布后，广大工人和中低层职员欢欣鼓舞，在党组织和工会的统一安排下，职工们组织了纠察队，持枪协助军事管制专员一起守卫工厂车间，防止外方伺机破坏。在实行军事管制的当日，军事管制专员就明确宣布，公司自即日起与美国总公司断绝一切关系，停止与纽约方面的一切财务来往。同时，在军事管制专员办公室的领导下，公司内职工共同开展对公司财产的全面清查和接收工作。

1951 年 5 月 15 日，中央发布《关于处理美国在华财产的指示》，据此上海市政府与军事管制委员会宣布征用上海电力、上海电话、德士古、美孚等美商企业。事实上，美商上海电力公司以军事管制为开端，已征用为手段，开启了回归人民怀抱的征程，成为上海国有电力工业的主要成员。美商上海电力公司在实行军事管制后随即改名为上海电力公司。1953 年 2 月 20 日，上海市政府公用局电力处与上海电力公司总办事处合并组建上海电业管理局，属中央燃料工业部华东电业管理局领导。

在对美商上海电力公司实行军事管制后不久，1953 年上海市军管会宣布对法商电车电灯公司实行了征用。上海市人民政府接收了法商电车电灯公司的全部财产。

在外商电力企业回归人民的同时，闸北、华商和浦东等民族资本电力企业也先后实现了社会主义改造。1953 年 1 月 1 日，闸北水电公司率先实行公私合营。1954 年 7 月 10 日，华商电力公司和浦东电力公司也实行了公司合营。1955 年初，上海电业管理局向市政府报告称，已经公私合营的浦东电力公司、华商电力公司的多名私人股东自愿将个人股权转为公股，捐股者共计 18 人，股权总数 533 万股，价值合计 10 亿余元。1956 年 1 月，上海市政府再次接到公私合营闸北水电公司等转来的私股股东愿将股票捐献给祖国的多起报告和请求，有些私人股东表现甚为坚决。

在此情况下，上海市政府很快对闸北电力公司、浦东电力公司和华商电力公司实行了社会主义改造，使之成为国营企业，由上海电业管理局统一领导和管理。至此，上海的电力企业，无论是外商的，还是民族资本的都真正回到了人民的怀抱。其后，上海各电厂的职工，在党的领导下，坚持"独立自主，自力更生"的方针，继承发扬光荣传统，以主人翁态度和高度责任感，排除万难，加快电厂改造步伐，创造了一个个奇迹，使老厂焕发了青春。电厂工人在对全厂老设备进行维修、改造、利用，使 20 世纪 20 年代生产的大部分设备到六七十年代依然保持良好的运行状态，发电煤耗不断下降，设备利用率不断提高。改革开放以后，上海的电力工业又一次迎来脱胎换骨的大变革。

三、工人新村与电力平民化

上海虽然在 20 世纪 30 年代已经成为远东最大的国际都市，但是其城市建设却非常落后，特别是半殖民地半封建的社会特性决定了上海在拥有众多华丽美观的西洋建筑和大量富商巨贾的同时，以滚地龙为主体的棚户区和处于赤贫状态的中下层劳动人民依旧大量存在。解放初期，在所有住宅中，水电煤气齐全的新式里弄和公寓占比不足四分之一，缺水少电的旧式里弄占了半数以上。此外，还有 300 余处简屋和棚户。据统计，棚户约占上海所有住宅面积的 14％，居住着 20 万户将近 100 万贫困人口。①

地处闸北的蕃瓜弄是上海棚户区的典型。在蕃瓜弄里，"滚地龙"是常见的搭建物。由茅草等材料搭建而成的"滚地龙"，通常只有半人高，整个棚户区的环境也极为脏乱，臭水沟、垃圾遍地，既无自来水，也无电灯等基本公共设施。②

新中国成立后，上海首任市长陈毅对生活在棚户区的中下层劳动人民十分关心，他亲自深入棚户区实地调查，回来后直接找市工务局、公用局负责人商讨，强调人民政府要关心劳动人民最集中地区的市政建设。他说："目前国家有困难，可以先解决棚户区的吃水、用电、修马路、造厕所等问题，以后再改造。我的想法，要下决心建设大批工人新村，把棚户区从上海消灭掉！"

虽然面临着封锁、轰炸造成的严重困难，但改造棚户区的工程仍如期在全市展开。经过短暂的恢复，战争的创伤逐步治愈，国民经济开始稳定。1950 年根据中央的指示，陈毅在市二届二次人代会上提出了城市建设"要为生产服务，为人民服务，首先是为工人阶级服务"的市政建设方针。陈毅在其他不同场合再三强调"现在经济情况开始好转，必须照顾工人的待遇和福利"。在陈毅的主持下，市政府很快就作出了建造 2 万户工人新村的决定。③

1951 年 6 月，上海市人民政府首次向棚户区供电，居住在棚户区的劳

---

① 孟眉军：《上海市棚户区空间变迁研究（1927 年一至今）》，华东师范大学硕士学位论文 2006 年。

② 中共上海市委党史研究室编：《峥嵘岁月（1949—1978）》，上海科学普及出版社 2002 年版，第 324—325 页。

③ 中共上海市委员会：《陈毅同志永远活在上海人民心中》，载中国共产党新闻网 http://cpc.people.com.cn/GB/69112/69114/69123/4684634.html。

动人民开始用上了电灯。1952 年"五一"国际劳动节前夕，曹杨新村首批
1 002 户住宅落成了。这些自来水、电灯、煤气和卫生设备齐全的新式住
房全部分配给了普通工人居住。6 月下旬，陆阿狗、戴可都等 114 位劳动
模范手捧鲜花和政府发给的居住证，穿过彩旗飘扬的高大牌楼，喜气洋洋
地搬进了曹杨新村。之后，陈毅还多次到曹杨新村工人家中做客。工人新
村的建设，使得水电等公用设施走进普通上海人家。①曹杨新村建成后，上
海先后在张庙、闵行等 9 个区块内建成了可容纳 2 万户居民的住房。这些
住房也同样被分配给了工人居住，都是名副其实的"工人新村"。此后，
上海又以这些工人新村为蓝本，建设了数十万户的工人新村和其他住房，
尽可能地改善上海市民的住房问题。从曹杨新村开始，后来陆续建设的新
村，都铺上了自来水管道和供电设施，每家每户都用上了自来水、电灯和
抽水马桶。上海通过建设工人新村，不仅改善了居民居住条件，而且还全
面带动了电力、自来水和煤气等公用事业向普通市民提供服务的能力。
《新民晚报》曾经刊登了长宁区人民新村居民给陈毅市长的信，来信说：
"解放前黑暗痛苦的贫民区发生了翻天覆地的变化，装置了自来水，还有
电灯用，填没了臭水浜，修好了排水用的阴沟。"

　　从 20 世纪 50 年代初期开始，上海在消灭棚户区的同时，还致力于各
种旧式里弄的改造，铺设下水道，设置公共给水站，安装电灯、路灯，装
置公用电话等。如以闸北水电公司而闻名的水电路，在解放前一直既没有
自来水，也用不到电灯，向有"水电路少水缺电"之说。解放后，居民们
提出的装电灯的要求很快就被满足，居民们欢天喜地地插木头、买灯泡、
装电线，热闹非凡。到 1954 年，全市已有 5 万多棚户装用了电灯。住在棚

---

　　①　中共上海市委员会：《陈毅同志永远活在上海人民心中》，载中国共产党新闻网 http://
cpc.people.cn/GB/69112/69114/69123/4684634.html。

户区里的居民，只要没有电灯的，都可向居民委员会要求参加集体用电。

四、计划经济下上海电业的发展

20 世纪 50 年代起，中国的国民经济实行的是高度集权的计划经济体制，先后延续了近 30 年，其间还遭遇了"文化大革命"。在这不寻常的年代，尽管中间出现了双水内冷发电机组研制成功等巨大进步，但是总的来说，上海电力走过的是一段非常艰辛的弯路。在高度集权的计划经济体制下，上海电力的管理体制几经变化。

上文已经提到，1949 年 5 月上海解放后，上海电业先由上海市军事管制委员会公用事业处管理，上海市人民政府成立后设立公用局，由其电力处管理全部电气事业。为统一管理、集中领导，1953 年 2 月 20 日成立上海电业管理局，按照苏联模式将上海的电力工业收归中央燃料工业部管理，由华东电业管理局代管。为了按照地方的实际需要发电和供电，1954 年 4 月 1 日，又成立上海电业管理局中心调度所。

1955 年 1 月，华东电业管理局撤销，上海电业管理局再次直属燃料工业部电业管理总局领导。7 月，燃料工业部撤销，成立电力工业部，上海电业管理局改归电力工业部领导。

1958 年 1 月 15 日，上海电业管理局改名上海电业局，隶属水利电力部。同年 12 月 3 日，根据中央关于"企业下放"的精神，上海电业局复称上海电业管理局，隶属上海市人民政府。1962 年 4 月，华东电业管理局再次成立，上海电业管理局随即撤销，上海电力工业的各电厂和各输变电站均由华东电业管理局直接管理。1970 年，国务院将华东电业管理局委托上海市人民政府代管，1979 年该局又归属水利电力部领导。

虽然管理体制一直在变化之中，但是上海的电力工业还是取得了许多发展。

首先，挖潜增能，在不增加投入的情况下，尽可能发挥现有机器设备的能力，以满足需求的增长。在从 1953 年开始的国民经济第一个五年计划中，根据中央决定的沿海地区不进行重点建设的方针，上海电力工业没有开建新厂，也没有上重大新设备，主要靠各家电厂挖掘潜力，增加电力供应。直到第一个五年计划的后期，1955 年以后，杨树浦、南市、闸北 3 家电厂才各扩建 1 台机组，新增 5.2 万千瓦的能量。1958 年，为了适应"大跃进"的需要，上海电力工业相继兴建了吴泾热电厂、闵行发电厂，增加了上海南部的发电能力。

其次，统一了电压，增强了发电能力。由于租界时期形成的美商、法商和中国民族资本分别在各自区域内发电供电的原因，上海的电压一直存在 110 伏和 220 伏并存的情况。美商上海电力公司的供电电压自 1901 年起一直是 200 伏，而法商电车电灯公司在 1913 年开始供电时却一直采取交流单相 110 伏，三相 190 伏的供电方式。1928 年 7 月 16 日，位于上海的中国第一家民族资本电灯泡制造厂——亚浦耳公司向上海社会局公用局呈文，建议规定 200 伏和 50 赫兹作为中国大陆的标准电压和标准频率。多种电压和频率并存的情况，给居民造成很大的麻烦，比如家住在静安寺的居民，就不能用在卢湾区瑞金路一带买到的电灯泡，因为电压不一样。这种状况，直到 1965 年才结束，这得益于全市统一电网的建成。为了调剂电力的余缺，自 20 世纪 50 年代后期起，上海就开始逐步建设环绕市区的 35 千伏的电网。1957 年建成了全市 35 千伏环网，架设了上海第一条 110 千伏望（望亭）—西（西郊）的 1 101 线。上海郊县的农村电网建设在 1958 年初步成型。1965 年随着 100 余公里 220 千伏线路和蕴藻浜、浦东 220 千伏变电站建成，以及国内第一条 220 千伏过江电缆敷设成功，上海终于联成了市区统一的 220 千伏环网。由此完成了全市电压的统一，由多种电压统一为 220 伏，买灯泡再也不用担心电压的不同了。

在国家统一计划安排下，上海电力建设除继续对原有电厂进行扩建外，还兴建闵行发电厂和上海第一家热电厂——吴泾热电厂。在"大跃进"期间，为满足用电量的迅速增加，上海各电厂开始超能力运行，杨树浦发电厂出力一度达 25.5 万千瓦，超过核定发电能力的 9％。1962 年至 1965 年经济调整期间，各电厂对主辅设备和厂房设施进行了大量填平补齐工程，重新恢复了按照核定能力发电出力。1970 年后，为解决浦东地区用电需求和高桥石油化工基地建设，新建 12.5 万千瓦的高桥热电厂。1972 年为了配合金山石化城的兴起，上海又配套建成 25 万千瓦的金山自备热电厂。

同时，电网建设也取得一定成绩。上海西部的西郊变电站经黄渡变电站与江苏、安徽两省联网，南部通过闵行发电厂经金山热电厂（今上海石油化工总厂热电厂）与浙江省联网，初步形成苏、浙、皖、沪三省一市的 220 千伏华东电网。此外，在安徽省南部山区的上海后方基地还新建了 3 家电厂，安装机组 8.6 万千瓦。到 1978 年底，上海全市发电设备容量 197.72 万千瓦，年发电量 139.71 亿千瓦时，年售电量 118.10 亿千瓦时。

第三，上海成为全国电力工业的"金母鸡"。全国一盘棋，集中力量办大事是计划经济最为明显的两个特征。在"全国支援上海，上海支援全国"的号召下，上海电业尤其是杨树浦发电厂，积极参与全国的电力建设，为华东和全国的电力工业建设提供了大量的人才、技术和资金。如果在华东地区的电力行业做一个追根溯源的"寻根"调查，可以发现很多电业老领导、老专家和老职工，都与杨树浦发电厂有着千丝万缕的关系。新中国成立后百废待兴，关系到国计民生的电力人才更是奇缺，也就是从那时候起，杨树浦发电厂开始扮演了"电力老母鸡"的角色，而且是一只"下金蛋"的"老母鸡"。1957 年，为支援江苏望亭发电厂，杨树浦发电厂输出了从厂长、书记、技术人员直到各科室负责人的全套班子和相应人马。1965 年和 1970 年，为支援贵州的清镇发电厂和安徽一家发电厂，杨树浦发电厂又分别输送了全套人马。据了解，仅杨树浦发电厂一家，就先后向全国 24 个省、自治区、直辖市的电力系统，以及国防、科研和大专院校等 270 多个单位输送了 4 300 多名工人、干部和技术人员，被誉为"中国电力工业的摇篮"。60 年代起，上海电业还先后向蒙古国、越南、阿尔巴尼亚、科威特、缅甸和柬埔寨等国家派遣多批技术专家。[①]

杨树浦发电厂的教授级高级工程师周修翼就是一个典型。周修翼历任浦东电气公司张家浜发电所值长、上海供电所南市工区主任、华东电管局上海基建公司三工区主任、华东电业管理局基建处处长、华东电力建设局副局长、上海电力建设局副局长等职位。身为上海电力界的元老级人物，周老先生曾参与领导望亭、闵行电厂的扩建工程施工，在高桥、金山电厂的筹建工作中任现场副指挥兼技术负责人，上海市对外电力工程承包公司总经理兼海口电厂 2×125 MV 机组工程现场总指挥。1955 年胡志明主席率越南政府代表团访华，提出中国援建煤矿、发电厂、纱厂、水泥厂等请求。中国政府即派出专家、技术人员、熟练工人及提供经济支持。1962 年，周修翼被派往越南参加援越工作，负责越南北江电厂的建设工程。谈起这段前往异国工作的经历，周老先生至今印象深刻："当时越南北方生产条件落后，生活条件艰苦，国内经济很不发达，几乎没有电力设施基础，一切都只能从头干起。"周先生在越南艰难工作了三年，每年只有一次回家探亲的机会。在辛勤工作三年之后，周先生领导同事们出色完成了

---

① 上海市杨浦区地方志编纂委员会编：《杨浦年鉴》，汉语大词典出版社 2005 年版，第 122 页。

北江发电厂的建设任务，被胡志明主席亲自授予越南国家二级勋章。①

五、"大跃进"中电力行业的"一抹红"

近代中国的电机工业只分布在上海、天津等大城市，且以修理为主，以前所有的发电机都是进口的。1954年，上海电机厂按照捷克的斯可达公司提供的图纸和工艺，试制完成了我国第一台6兆瓦空气冷却汽轮发电机。同年该发电机组在安徽淮南电厂安装发电，国家举行了隆重的庆典仪式。

在世界汽轮发电机冷却技术发展史上，双水内冷技术一直是国内外工程界孜孜追求的开发目标。1956年英国茂伟公司制成世界首台定子绕组直接水冷的30兆瓦汽轮发电机。但是，对关键的转子绕组水内冷技术，虽然探索40多年却没有成果。1958年6月，在"大跃进"的号角声中，浙江大学电机系教授郑光华和汪槽生等提出了定、转子绕组直接水冷（双水内冷）的构想，并取得了发电机转子旋转通水模拟试验成功。同年8月中下旬，浙江大学电机系试制出1台由12.5千瓦机提高到60千瓦机的转子水内冷模型同步发电机。同年，9月16日肖山电机厂与浙江大学合作，制成世界上首台凸极式3兆瓦·1500转/分钟双水内冷汽轮发电机。该机后来装在北京清河电力工业部技术改造局试验电站运行。1958年10月27日，上海电机厂在浙江大学、西安交通大学的协助下，制成世界上首台隐极式、2极12兆瓦双水内冷汽轮发电机组。该机是在空冷6兆瓦机转子锻件及主要尺寸基础上设计制造的，于1958年12月在上海南市电厂投运发电。上海南市电厂1958年安装的双水内冷汽轮发电机，应是世界上第一

---

① 陈振鸿、李森华：《百年潮人在上海》，文汇出版社2015年版，第213页。

台万千瓦双水内冷汽轮发电机。1958 年 12 月，机电部派遣汪耕院士和哈尔滨的吴天霖副总工程师出席在苏联列宁格勒召开的大型汽轮发电机和水轮发电机冷却会议。吴天霖在大会上宣布了我国试制出万千瓦双水内冷汽轮发电机的消息，引起与会代表的震惊与兴趣。起初有人不相信，还问是不是翻译错了，因为俄语"水"和"氢"发音相近。苏联当时就把吴天霖的发言列入了会议讨论文集和大会纪要。在前人的基础上，上海电机厂在 1959 年研制成功 25 兆瓦和 50 兆瓦双水内冷汽轮发电机，1960 年 1 月 28 日研制成功 100 兆瓦双水内冷汽轮发电机。

双水内冷技术是中国发电机技术上的一项重大成就，在 1958 年被评为国家科技进步一等奖。1985 年双水内冷汽轮发电机又获得首届国际科学技术进步奖一等奖，并被列为全国 135 项一等奖的第一项。①

双水内冷发电机组的研制成功虽然是世界汽轮发电机冷却发展史上的一个里程碑，但是在"大跃进"和"文化大革命"的影响下，人们并未对水冷技术进行深入的科学验证和技术经济可行性分析，而是在技术还不够成熟的情况下强行推广。有的人甚至认为采用双水内冷技术可提高发电机的容量，是迅速提高发电设备产量、实现发电设备"大跃进"的一条捷径。例如，6 兆瓦双水内冷汽轮发电机投入运营不久，就决定一次投产 30 台。由于缺乏科学的态度和求实的精神，使许多双水内冷汽轮发电机质量低下，不能成交付套出厂和正常投入运行，国家和企业为此付出了高昂的代价。②

"文革"中，上海电力行业发展受到严重冲击。"文革"结束时，一方

---

① 《伴随上海电机创纪录的那些岁月》，汪耕中国科学院院士口述，现任上海电气电站设备有限公司上海发电机厂顾问、上海国资记者孙玉敏采访，2012 年 11 月。

② 戴庆忠：《电机史话（二十）》，《东方电机》2005 年第 1 期。

面全市出现严重缺电，许多工厂企业不得不拉闸停电停产，连居民生活用电也不能保证，全市分区轮流停电成为家常便饭；然而，另一方面却出现有的电厂有电送不出的怪现象。[①]

第三节　改革开放与上海电力事业的新局面

改革开放以来，上海电气事业的发展进入一个新的阶段。通过集资办电，石洞口发电厂、吴泾电厂、外高桥发电厂等相继建成，形成了上海第三代电厂群。根据国家总体战略部署，推行电力管理体制改革，政企分离，形成以国家电网上海电力为龙头的发展新格局；与此同时，用电结构发生根本性变化，城乡用电并重，城市用电以第三产业为主，市民生活用电实现了从照明为主到以多种电器并用的历史性跨越。

一、集资办电与第三代电厂群的形成

1978 年前，我国实行计划经济，全国电力由电力部（水电部）一家独办，资金来源单一，电力生产经营的利税全部上缴财政，电力基建投资由国家计委安排下达。由于受到财政收入增长的限制，每年电力基建投资总是满足不了新上项目的需要。

中共十一届三中全会以后，全党的工作中心转向经济工作，全国各地工农业生产蓬勃发展，缺电局面越来越严重。地方政府向国务院、水电部频频告急，催促要电。缺电严重影响了经济发展。全国上下开始意识到

---

① 电力建设编辑部：《新中国电力建设 50 年》2000 年，第 242 页。

"中央独家办电、地方大家用电"的局面必然导致电力供需紧张，缺电的根本原因是"独家办电、资金来源单一"。因此，开始考虑如何发挥地方的积极性，从"独家办电"转向"各方办电"。以此为背景，1987 年 12 月国务院批准国家计委《关于征收电力建设资金暂行规定的通知》文件，规定从 1988 年 1 月 1 日起，在全国征收电力建设资金，征收标准为每千瓦时电二分钱，用于已列入国家计划的大中型电力项目建设，其产权按该项资金所占电站总投资比例，归各省、自治区、直辖市所有。正如一位水电部的老部长所说，"二分钱就像药引子一样"，极大地调动了省、自治区、直辖市地方政府办电的积极性，形成了多元投资主体的办电格局。

山东省走出了地方和中央共同出资办电厂的第一步。山东龙口电厂是全国第一个集资办的电厂，1981 年一期两台 10 万千瓦机组开工，总投资 2.05 亿元，国家计委和水电部与地方政府合资建设，请地方出资 1.45 亿元工程建设资金，水电部出资 0.6 亿元电站设备资金。

上海的缺电程度比全国各地更严重。当时上海各项事业百废待兴，如果等国家财政拨款投资建设新电厂，遥遥无期。但是上海有其优势，即证券交易所等金融市场都设在上海，这为上海筹集社会资金办电厂提供了得天独厚的优越条件。

上海在国务院关于集资办电文件发出的当月，1987 年 12 月就正式成立了申能电力开发公司，其主要职责是在上海市人民政府领导下，负责统筹，融通和滚动使用上海市的集资办电资金。申能成立并开始运转以后，除了使用国家批准的电力建设基金以外，还调动社会各界的积极性，多层次、多渠道筹集了大量资金，给电力工业的发展注入了新的活力，上海成为全国最早成功实行集资办电的样板。至 2005 年底，申能公司通过发行债券等形式，先后投资建成电力项目 12 个，权益装机容量达 334 万千瓦，在建电力项目 3 个，权益装机容量 139 万千瓦。截至 2017 年底，申能公司总资产 1 756 亿元，年营业收入 384 亿元，连续 16 年位列中国企业 500 强，成为上海市重大能源基础设施的投资建设主体和主要的电、气能源产品供应商，先后建成外高桥第二发电厂、外高桥第三发电厂、临港燃气电厂、安徽平山电厂等 30 多个重点电源项目，其中外高桥第三发电厂成为全国火力发电企业的标杆，截至 2017 年底集团权益装机容量达到 944 万千瓦，控股电厂发电量占到上海市总发电量约三分之一。

在集资办电获得成功的同时，申能公司本身也得到了巨大的发展。除了电力以外，申能还是上海燃气的主要供应者，构建形成了上海城市"6＋1"（西气一线、西气二线、洋山港进口 LNG、东气、川气、江苏如东和五号沟 LNG 应急气源）天然气多气源保障体系，形成集燃气生产采购、管网配输、销售供应于一体的完整的城市燃气产业链，2017 年天然气经营规模达到 80.6 亿立方米，占到上海市场份额 90％以上。以申能电力开发公司为基础，上海申能集团，除了电力能源以外，还涉及保险、证券、银行等多个领域，是东方证券、太平洋保险集团的主要股东。

上海的集资办电得到了中央各单位的有力支持和帮助。由国家投资设立的华能国际电力股份有限公司，也为上海集资办电作出了巨大贡献。上海石洞口第一发电厂、上海石洞口第二发电厂和上海燃机发电厂都是超百万千瓦的现代化火力发电厂，技术先进，环保而高效。被誉为代表了中国电力工业最高水平的新型电厂。这 3 家电厂的建设都是由华能国际和申能集团共同投资建设的。上海石洞口第一发电厂是上海建设的第一座超百万千瓦的现代化火力发电厂，于 1985 年开工，1990 年全部建成，安装 4 台 30 万千瓦国产发电机组。石洞口第二发电厂也于 1988 年开工，是中国大陆首个使用超临界机组的电厂，安装 2 台 60 万千瓦机组，主要设备从瑞士和美国进口。该电厂于 1992 年建成，是当时中国设备最先进、经济效益最好、运行效率最高、环境最洁净的电厂之一，成为此后国内许多新建电厂的样板。上海燃机发电厂安装 3 台发电能力为 35 万千瓦的燃气—蒸汽联合循环机组，使用西气东输工程的天然气作为燃料。

如果说，把在租界时期建成杨树浦发电厂作为上海电力第一代的话，那么，改革开放前建成的吴泾热电厂、闵行热电厂可视为上海电厂第二代的代表。石洞口电厂、外高桥发电厂、临港燃气电厂等大容量、高技术、环保型发电机组则是为上海第三代电厂的主力。这些第三代电厂的建成和投入运行，对于提高上海电力工业总体水平，满足各行各业用电需要，特别是为改善浦东开发开放环境，作出了卓越的贡献。上海电力的输供配电能力、可靠性、电能质量因此都有很大程度的提高。1999 年上海实现全年发用电平衡，首次做到不拉电、不限电，满足了社会的用电需求，上海的电荒由此宣告结束。

从 1998 年下半年开始到 2000 年底，上海又迈出新的一步，实现了农村用电的全覆盖。上海市电力公司共投资 72.5 亿元，实施城乡电网建设与改造，率先在全国实现城乡电网一体化、城乡用电管理一体化。通过城乡电网工程，把乡镇用电站改制为供电营业所，把原来的农村集体低压电网经农网改造后全部改为电业电网，由电业直接供电到户。在增加供电能力、提高供电可靠性的同时，上海还千方百计降低农民电费负担，对每个农户安装直抄直收的电业表计，一户一表，计量到户，抄表到户，使农民与城市居民在享用电能质量和价格水平上一致，实现城乡居民同网同价。

二、用电结构的变化与电价市场化

改革开放以来上海经济的发展和居民生活水平的提高，带来用电结构的巨大变化，电价也逐步走向市场化。在改革开放之前，上海一般居民家庭用电仅限于照明的电灯和收听广播的收音机，基本上没有其他电气器具。20世纪80年代起，上海市民用电结构开始发生变化，彩色电视、电冰箱、洗衣机、录音机等家用电器开始进入普通市民家庭。90年代后，电脑、空调、微波炉等家用电器开始普及，成为居家、办公和学习、娱乐必备之物。进入21世纪以后，烤箱、电炊具、烘箱、电动洗碗机等大功率家电开始走进千家万户。近几年来，不少家庭电气产品消费进一步升级，智能家居、智能家电比比皆是。照明用电已经到了基本可以忽略不计的程度，冬天取暖、夏天制冷以及电烤箱、微波炉等大功率家用电器才是家庭用电的主力。2002年上海居民家庭每百户空调拥有量为118台，5年后的2007年这一指标上升到189台，增长60.2%，全市约400万户居民，一共拥有空调近600万台。①

　　与此同时，上海的产业结构也发生巨大变化，第三产业在上海国民经济所占比率已经超过制造业。家庭用电和产业结构的巨大变化，使得全社会用电量激增。1978年全社会用电量仅为2 498亿千瓦时，18年后，在1996年突破1万亿千瓦时，先后超越了加拿大、德国、俄罗斯和日本，成为世界第二位。全社会用电量由1万亿千瓦时上升至2万亿千瓦时用了8年（1997年至2004年）；随后的9年中，每3年上一个台阶，分别在2007年、2010年和2013年实现了3万亿、4万亿、5万亿千瓦时的突破。2011年，我国全社会用电量首次位居世界第一，这是自有电以来，全社会用电量"冠军"的头衔第一次被美国以外的国家摘得。到2017年，我国全社会用电量达到创纪录的6.31万亿千瓦时，比改革初期增长了24倍多，比整个美洲或欧洲的用电量还大。人均用电量更能反映出人们的真实感受：1978年，我国人均用电量仅为260千瓦时，直到2000年才突破1 000千瓦

---

① 肖勇、王恒山、杨俊保：《对上海地区居民用电实施阶梯式电价体系的思考》，《价格月刊》2009年第11期。

时；6 年后的 2006 年，进入 2 000 千瓦时阶段；之后每 3 年增长 1 000 千瓦时，到 2014 年我国人均用电量跻身"4 000 千瓦时俱乐部"。到 2017 年，我国人均用电量达到 4 538 千瓦时，是 1978 年的 17.45 倍，接近全球平均水平。[1]

自 2003 年居民用电占全市用电总量的比重为 9.51%，首次接近 10%，上海的居民用电量已经占到了全社会用电的 10% 以上。据国际能源网 2018 年 7 月 10 日的电讯，2018 年 6 月上海全社会用电量为 126.8 亿千瓦时，同比增长 6.9%。其中，第一产业用电量 0.4 亿千瓦时，同比下降 0.8%；第二产业用电 72.0 亿千瓦时，同比增长 6%；第三产业用电 40.9 亿千瓦时，同比增长 6.8%；城乡居民生活用电 13.6 亿千瓦时，同比增长 12.0%。

2000 年以来，随着经济发展、物价变化以及发电资本结构的变化，电力收费也逐步走向市场调节。工农业生产和居民用电的价格管理机制从"煤运加价"到"错峰优惠"，再逐渐过渡到"阶梯电价"。

"文革"结束后不久的 1978 年，上海实行的电费计价收费标准还是 1953 年制定的统一电价办法。即：对居民和中小企业，根据用电的度数来收费，用一度电交一度电的钱。对大中型工业企业，一般用电其容量在 315 千伏安及以上的大工业用户采取两部制电价，除用一度电交一度电的钱外，还收基本容量费，实行"二部制电价"对象企业的标准原则上是变压器容量在 315 千伏安以上的工业用户。

1985 年上海首次调整电力价格。80 年代以来，由于国民经济的空前增长，煤炭价格和铁路运输费连续上涨，按照国家计划委员会、经济委员会、财政部和国家物价局的联合通知，对照明电价以外的一切用电，各地

---

[1] 王大鹏：《从用上电到用好电折射时代变迁》，载电力网 http://www.chinapaper.com.cn/dwzhxw/20181219/1259384.html。

自 1985 年 1 月 1 日起开始征收"煤运加价费"0.24 分/千瓦时。由于上海发电用煤基本靠从外地调运煤，再加上一些电厂开始从国外进口重油发电，因此上海的电力企业严重亏损。为此，上海市决定，从 1985 年 1 月 1 日起，除宝山钢铁总厂、上海石油化工总厂、高桥石油化工公司等拥有自发电的企业和所有照明用电以外，一律征收"加工电差价"每千瓦时加价 1 分。此外，对上下水道、电车、煤气用电、烧碱、电石、合成氨计划外耗用的电量及供外省用电超过 1984 年实用电量的部分，加价标准提高到为 15.3 分/千瓦时。1986 年 4 月 1 日起，"煤运加价"扩大征收范围，免收的仅限于城乡居民生活照明用电。加价标准调整为 0.66 分/千瓦时。

如上文所述，20 世纪 80 年代以来，发电市场发生了很大变化，国家独家办电的格局已经被打破。不仅各地方自己集资办电，而且外资电厂也开始涉足中国市场，用来发电燃料也不尽相同，有的继续用煤，有的改用重油，还有的从国外进口天然气发电。所有制不同和燃料的不同必然会导致每度电的价格不同，继续实行统一电价已经难以为继。1989 年上海开始试行双轨制电价。把企事业用电计价收费标准分为计划基数用电价和超基数用电价。计划基数内电量继续维持原价格，不予加价；但是对超过基数的电量实行加价。考虑到居民收入的承受能力，城乡居民生活用的照明、上下水、煤气、电车等用电原则上不加价，与人民生活比较密切的商业企业也同样不加价。农业排灌、化肥、农药等用电一律按照 1988 年全年实用电量为计划基数内电量，在此之外超基数用电的价格，则每度加价 0.06 元/千瓦时。工业用电基数的确定，以 1988 年实际平均月用电量的 75％，乡镇工业为 65％，宾馆用电为 60％为计划基数用电量。超过计划基数的用电，按 0.22 元/千瓦时加价收费。对一部分负担超额电价确有困难的企事业，由上海市经济委员会和上海市电力工业局协商解决。这一办法自 1989 年 1 月 1 日起实行，随后每年随着物价变化，电价都有所调整。

1994 年 1 月，上海市物价局和上海市电力工业局试行峰谷分时电价。对于 100 千伏安及以上的用户实行分时电价。高峰时段为 8 时至 11 时和 18 时至 21 时两个时段，计每天 6 小时；低峰时段为 22 时至次日 6 时，计 8 小时；其他时间为平时段，计 10 小时。峰谷之间的电价差距为 1∶1.75。1996 年，上海决定扩大峰谷分时电价范围，把商业企业也纳入分时电价，对 100 千伏安及以上的商店、饭店、综合楼、交易所、娱乐场所等实行商业峰谷分时电价。

1997 年，根据国家的统一安排，上海开始把城乡居民生活照明电价每千瓦时由原来的 0.55 元调整为 0.61 元，其他照明用电在原价基础上加价 6.91 分/千瓦时，动力用电在原价基础上加价 5.81 分/千瓦时，农副生产、菜篮子基地用电在原价基础上加价 5.48 分/千瓦时。与此同时，进一步拉大了峰谷之间的差价，谷时段降价，平时段少加，峰时段多加，峰谷之间价差由原来的 1∶1.75 扩大到 3∶1。

2012 年 7 月，根据国家统一部署，上海市开始实行居民用电阶梯式电价。"阶梯电价"全称"阶梯式累进电价"，是指把户均用电量设置为若干个阶梯，随着户均消费电量增长，每千瓦时电价逐级递增。根据国家发改委公布的《关于居民生活用电试行阶梯电价的指导意见》，居民每月用电分成三档：第一档是基本用电；第二档是正常用电；第三档是高质量用电。第一档电量按照覆盖 80％居民的用电量来确定，第二档电量按照覆盖 95％的居民家庭用电来确定，第三档电量即为超出第二档的电量。

上海核定的居民阶梯电价，是按照年度用电量来计算，各年份略有调整。2018 年户籍 5 人以下的用户分三档：第一档 0 至 3 120 度（260×12）；第二档 3 120 至 4 800 度（260 至 400×12）；第三档按超过 4 800 度（400×12）。对超用电量的住户，按超电量，分时电价峰时段内每度加价 0.06 元，谷时段加价 0.03 元；未分时电价每度电加价 0.05 元。

据上海市金山区供电部门在 2012 年对区内 19.5 万多用户的统计，超过核定一档用量的居民户只占 10％左右；超过二档用电量的不到 5％。而且就是超过用电量，大都也是超过核定用电量的 5％以内。据人民网记者的了解，居民用电实行核定用量的办法，一般家庭计划用量绰绰有余。根据规定，本市低保户、五保户，每月每户可享受 15 度免费电量基数。①

三、体制改革和厂网分离

自改革开放以来，与上海电力事业不断发展相比，电力管理体制改革严重滞后，不能适应生产力发展的需要。总的来看，安全高效的输变电网络已经成为电力事业的核心。输配电网在电力系统中的特殊地位以及鲜明的自然垄断属性，使得电网建设和管理成为电力体制改革的重中之重。电力工业自新中国成立以来，一直是以电厂建设和管理为重点，实行的是电网合一机制。改革开放以来，发电，也即电源建设已经多元化。如上所述，只有国家一家投资建设电厂的局面早已不复存在，地方政府、大型国有企业、外资或者民营企业建电厂已经成为电厂建设的主力。同时，电源建设的方式也不一样，既有烧煤的，也有烧油或烧汽的，各自技术指标和成本大不一样。国家既无可能，也无必要继续把电源建设抓在手中不放。考虑到电网在电力工业运行中处于枢纽和中介地位，电网提供的产品和服务是基本公共服务的，承担的是社会责任。同时，电网是典型的网络型基础产业，既有规模经济性，还具有强自然垄断属性。电网和电厂两者之间，电网是电厂的流通网络，是电力流通的市场载体和交换平台。从世界

---

① 谢卫群：《上海拟试行阶梯式电价 每千瓦时分三档逐级递增》，载网易新闻网 http://news.163.com/12/0427/08/8038FRHS00014JB6_mobile.html。

各国来看，都是实行网电分离的，电源建设一般交给社会，按照市场供给来调节，电网一般是由政府或者政府的委托机构管理运行。

20 世纪 80 年代中期，经济管理体制改革深化，国家对电力工业的管理体制也采取了一系列改革措施。为了既能发挥跨省电网的联网效应，又能进一步调动各省，市办电和管理电网的积极性，国务院提出了"政企分开、省为实体，联合电网、统一调度、集资办电"20 字改革方针，并指示"电网管理体制改革势在必行，华东可先行"，决定将华东电网的体制改革作为全国电力工业管理体制改革的试点。1985 年 12 月 28 日，按照"政企分开"的原则，成立上海电力公司，隶属华东电业管理局。在电力建设方面改变了独家办电的传统。在生产计划中，逐步减少指令性计划，扩大指导性成分，使企业拥有更大的经营自主权。

1987 年，在经济管理体制改革中，上海电力公司更名为上海市电力工业局，接受水利电力部和上海市人民政府的双重领导，以部为主，直接管理上海市电业系统的生产、建设、医院、学校等企事业单位。1989 年 10 月 23 日，上海市电力工业局又成立上海市电力公司，按照"一套班子、两块牌子"的办法，使其既具有对电力工业实施行政管理的职能，又是在华东电力联合公司中独立经营的经济实体。实行独立核算、自主经营、自负盈亏的体制。电网由华东电业管理局统一调度，上海市电力公司管理上海范围内的地区电网。

"九五"（1996 年至 2000 年）期间，电力工业正处于由计划经济体制渐向初步的市场经济转型的时期，在中央政府主管部门和国家电力公司的领导下，上海提出了电厂建设与电网建设并重的基本思路。一方面，加快电源发展，逐步扭转电力供应的被动局面；另一方面加快电网建设，顺利完成了"厂网分开"工作。

上海市电网是我国最大的城乡一体化电网之一，是在解放初期联合电网基础上发展形成的。1954 年，上海实行全市电网统一调度，各电厂可相互调剂供电。1957 年，建成 35 千伏线路环绕市区的主干电网，提高了安全调度的灵活性；年底，开始建设 110 千伏线路。1967 年，上海敷设第一条 220 千伏穿越黄浦江的水底电力电缆，围绕市区 220 千伏线路环形电网形成。70 年代建成 220 千伏双回线环网，并通过 220 千伏主环网，与江苏、浙江联网，形成苏浙沪的三角形 220 千伏双回路联络的华东网架。1982 年起，开始建设 500 千伏线路。1992 年 4 月，南桥—杨高线建成，形成石洞口—黄渡—南桥—杨高 500 千伏半环网。这样既可以接受外来电，又能交换本市容量，保证了上海市有更可靠的电源，为建立一个网架结构强、结线清晰、层次分明、功能明确、交换容量大、安全可靠、自动化程度高、适应上海国际大都市要求的电网创造了坚实的基础。80 年代后，即开始采用计算机联网，逐步进入调度自动化。从 1990 年起，上海电网建成了市调、地调、区调三级调度的管理体制，分别调度不同等级的网络。调度水平的不断提高，表明上海电网向国际水准看齐，将跨入世界先进行列。

在建设 500 千伏输电线路的同时，建设了 4 座 500 千伏变电站（南桥、黄渡、杨高、泗泾），变电容量达到 600 万千伏安，其中南桥变电站是华东地区第一座 500 千伏直流换流站和规模最大的变电站，也是华东电网重要的枢纽变电站。南桥变电站由国家投资 3 亿元兴建，是当时亚洲地区电力输送容量最大，也是当时全世界六大换流变电站之一。其主变压器容量为 75 万千伏安，相当于上海总变容量的 1/10。这一输电线路的送端是葛洲坝水电厂，途经湖北、安徽、江苏、浙江、上海 5 个省市，受端是华东电网，输送电力为 120 万千瓦，40 亿至 60 亿度的电量，相当于 3 个上海杨树浦发电厂年发电量的总和。[①]随着 500 千伏南桥、黄渡变电站建成投

---

① 　许福贵：《上海百年城建史话》，同济大学出版社 2008 年版，第 88 页。

运，全国第一条 500 千伏正负两极输送能力为 120 万千瓦、全长 1 045.67 公里、从葛洲坝到南桥的超高压直流输电线路于 1990 年 8 月 27 日竣工投运，华中、华东两大电网实现联网。两大电网的成功联网，进一步提高了上海电网输变电和受电能力，保证了国民经济的安全运行。

值得一提的是，220 千伏人民广场地下变电站是我国第一座超高压、大容量的城市地下变电站。这座变电站位于人民广场东南角地下，3 台 24 万千伏安的大型变压及其他主要设备均安装在一座内径为 58 米、深 18.6 米、共 5 层的地下钢筋混凝土筒体内，总面积 9 400 平方米，这座变电站的建成，大大改善了上海市中心电网的运行质量。

第四节　迈向绿色电力新时代

21 世纪以来，在全球倡导环境友好、可持续发展的背景下，上海的能源结构将加快调整步伐，上海的电力建设加快改造转型，在电源建设、电网运行、电力消费以及电力节能环保等方面采取了一系列举措。智能电网的建设与绿色电源的逐渐普及，使上海成为全球使用绿色电力最多的城市，上海正在迈向绿色电力新时代。

一、环境友好型电厂的建设

进入 2000 年以来，上海电力又进入一个全新的发展时期，建设环境友好是这个新发展时期的关键词。2016 年 8 月 5 日上海市人民政府正式发布《上海市科技创新"十三五"规划》，明确提出必须围绕环境友好和资源节约两个目标，研究未来能源体系、推进城市能源的多元互补和高效清洁利用，实现城市交通的低排放。这个规划要求电力行业积极推进低碳、高效、清洁并安全的城市新型能源系统建设，推动能源结构优化与高效清洁利用的技术体系构建，开展多能互补的智能能源网在城市功能区的应用研究，开展环境友好型燃气轮机关键前沿技术研究，加快新一代高效燃气轮机样机研制及试验电厂建设。

在这新一轮的发展中，位于浦东的外高桥电厂是杰出的代表。在长江入海口先后建成 3 座共计 500 万千瓦的现代化外高桥电厂，目前由 3 家独立法人运营。

外高桥电厂是在浦东开发开放的号角声中，从 1990 年起到 2009 年的 10 年中分 3 期陆续建成的。浦东开发以前，那里还是海滨浴场。外高桥处于长江口，不论是煤炭运输还是冷却水源，这两大电厂的必备条件都非常好，具有兴建大型电厂得天独厚的自然条件。因此，外高桥被作为浦东当时唯一的电源中心规划建设，最初规划了各为 120 万千瓦的 3 期工程，共计 360 万千瓦。后来，根据电量需求增长的预期，从二期建设时进一步扩容到共计 500 万千瓦。从一到三，每步都上一个新台阶。外高桥 3 座电厂正好见证了我国火电机组从亚临界到超临界，再到超超临界的过程。

作为改革开放后兴建的首批电厂，外高桥电厂一期（也称"外高桥第一电厂"，简称"外电一厂"或"外一"）是全国最早建成的现代化电厂，该厂 4 台 30 万千瓦火电机组的机、电、炉等主机设备全部采用引进消化的国外先进技术，在全国率先实现了运行人员全能值班。同时，对集控室进行改造，达到了机电炉、灰、化集中控制、网控远控。全厂人员编制从传统电厂的 2 000 人缩减至 500 多人。从 1995 年 10 月 1 日机组投产至 1998 年，凭借着改革开放的极大热情，外电一厂以每年投产一台的速度，相继投产 4 台机组，而且机组性能一台比一台好，各台机组的主要经济指标在当时国内同类型机组中均处于最先进水平。

　　2001 年 7 月 18 日，作为国家重点工程建设项目，外高桥电厂二期工程（即现在的上海外高桥第二发电有限责任公司，简称"外电二厂"或"外二"）举行开工典礼。外高桥二期工程采用世界银行贷款、国际招标、整岛引进的方式，用实际行动展现了改革开放后电厂建设的新面貌。2004 年，随着外高桥二期工程 2 台 90 万千瓦机组的一年双投，浦东新区再也不用为缺电而苦恼。

　　2009 年 6 月，正式投产的外高桥电厂三期（外高桥第三电厂，简称"外电三厂"或"外三"，）2 台 100 万千瓦超超临界燃煤发电机组成为缓解浦东"十一五"期间电力供需矛盾的重要工程，它所提供的电能相当于上海的 1/10，为上海的电力供应注入新动力。作为新一代的超超临界百万千瓦机组，外高桥第三电厂 2 台机组投产元年，在负荷率只有 74% 的情况下，创下供电煤耗 287.44 克/千瓦时的世界纪录；2011 年，外电三厂再次以供电煤耗 276.02 克/千瓦时刷新了世界纪录，比此前国内最好水平又低了 11 克/千瓦时。以对 $PM_{2.5}$ 影响最大的氮氧化物排放为例，2015 年以来，外电三厂累计平均排放量仅相当于欧盟标准的十几分之一，低于中国燃气发电的排放标准。国际能源署清洁煤中心称赞外电三厂是全球最清洁的火电厂，外电三厂还被授予上海市能效"领跑者"金牌称号，并在美国被授予"全球清洁煤领导者奖"中的最高效率奖和最低氮氧化物排放奖。2008 年 2 月，德国西门子公司发电部新任总裁访问外电三厂后对电厂负责人说："如果我们是生产顶级跑车的，那你就是舒马赫！"2014 年李克强总理在国家能源委的会议上，点名了外电三厂，要求在"十三五"规划中将其作为考核主要火电企业的重要参考。[1]

---

　　[1]　赵冉：《改革开放四十年｜上海浦东：三个电厂一台戏》，载中国电力新闻网 http://power.in-en.com/html/power-2297348.shtml。

外电三厂自投产以来，机组的年均运行负荷为74％左右，提供的电能占上海全市的1/10。与中国其他先进的燃煤机组（其平均净效率为41.2％）相比，外电三厂每年可因此节省标煤耗量23万吨和减排二氧化碳48万吨。此外，硫氧化物、氮氧化物和烟尘的排放量均远远低于国家规定的燃煤电厂排放限值，甚至低于燃气轮机的排放限值。通过坚持不懈的创新，外电三厂解开了火力发电在环保、耗能、效益上不能兼顾的死结，在全世界树起了节能减排的标杆。尤其对"多煤少油缺气"的中国而言，外电三厂闯出了一条清洁高效利用煤炭的现实路径。

2015年10月，美国《电力杂志》评出2015年度世界顶级火力发电厂，其中上海外高桥第三发电有限责任公司是中国火电厂唯一获奖企业。美国《电力杂志》创立于1882年，"世界顶级电厂"是一项年度评选活动，由杂志编辑根据发电行业专业人士（包括设备供应商、设计单位、施工单位、电厂运营方）的提名而确定获奖名单，每年10月公布。外电三厂获得"世界顶级电厂"称号是全球电力界对该电厂的重要认可。[1]

在新型环保电厂纷纷崛起的同时，上海按照"环境友好"要求对老旧电厂进行了改造。吴泾热电厂是突出的一例。该厂位于黄浦江上游西部，毗邻吴泾化工区，始建于1958年，其后又进行了8期的扩建与改造。吴泾热电厂是上海吴泾化工区唯一的热源点，也是上海电网的主力电厂之一。但是，大多数机组的运行时间早已超过了它们的设计寿命，长久的超期服役导致设备严重老化，安全隐患严重，特别是机组技术参数低、煤耗高、运行经济性差、对周围环境污染大等问题。吴泾热电厂在厂区原地改造前期工程于2006年11月启动。吴泾热电厂高能耗、低容量老机组全部停役。

---

① 《上海外高桥第三发电厂获〈世界顶级电厂〉奖》，载北极星电力网 http://news.bjx.com.cn/html/20151231/696896.shtml。

兴建于 1959 年和 1964 年的两座烟囱于 2010 年 6 月成功爆破拆除。电厂新建两台 300 兆瓦级供热机组，投产后大大提高了机组的热效率，煤耗明显降低。在改造中使用了同步脱硫、脱硝技术，并采用效率更高的电气除尘器设施，成功地实现了低排放、高效的目标。吴泾热电厂的改造，进一步改善了上海环境空气质量、改善了上海的城市形象和投资环境，提高了上海市民生活质量和市民的健康，为 2010 年中国上海世博会的顺利举行和上海经济发展作出了贡献。

在环境友好型电厂崛起的同时，具有上海电力事业开创性意义的杨树浦发电厂、南市电厂等分别实现了华丽的转身，由工业转向旅游景点。杨树浦发电厂率先走完了它的历史进程。2010 年 12 月 18 日上午 11 时 38 分，曾经的远东第一大发电厂——杨树浦发电厂在其 102 岁之际，正式停止运行，并由此踏上转型发展之路。上文多有介绍，杨树浦电厂是近代中国乃至整个远东地区最大的火力发电厂，被称为"中国电力工业的摇篮"。上海解放前夕，电厂设备容量增长到 19.85 万千瓦，年发电量达 10.42 亿千瓦时，占上海发电量的 81％。1958 年首次安装了国产 6 000 千瓦机组，结束了"洋机"一统天下的局面。1969 年安装投运了我国自行设计制造的国内第一台高温高压直流锅炉。1988 年，全国首座国产 220 千伏六氟化硫组合电器大型户内变电站安装投运。到 90 年代时，它已成为上海最大的供热电厂，供热量占全市 21％，形成了以电厂为中心，半径为 2.5 公里的上海市区最大的供热区域。一百年来在这块土地上，先后安装了 30 台汽轮发电机组、37 台锅炉，各类型设备的制造厂涉及英国、美国、瑞士、捷克、德国、中国等多个国家，号称中国电力行业的博物馆。目前，杨树浦发电厂是全国老设备改造利用中，设备种类最多、寿命最长、利用效率最高的发电厂之一；其中从电厂退役后的 9 台老机组、12 台锅炉拆往国内多个单位继续发热、发光。

根据上海市发展整体规划，杨树浦发电厂原址将成为"中国电力工业的展示基地"，保留了大批英国、美国、瑞士、捷克、德国等多个国家制造的汽轮发电机组、锅炉，这些都是当时堪称最先进的设备、机器。1921年美国 GE 公司生产的汽轮发电机，发电量为 2 万千瓦/小时，这台机器一直运行到 2003 年。这是目前世界上仅存的 GE 生产的老机组。2001 年，当美国 GE 公司老总来这里参观时，惊叹于这台老机器维护管理得如此之好，甚至提出要收购的想法。杨树浦发电厂还有 3 处优秀保护建筑，一处是 1921 年建造的循泵房，另一处是用铁皮车间打造的汽机房，还有一处便是一座小洋房。这些都将在重新维修后展示它原来的工业原貌。杨树浦发电厂的历史可以说是上海经济发展变化一个缩影。它的诞生，是为了上海经济的发展，标志着上海工业化时代的推进；它的关停，也是为了上海经济的转型，标志着上海绿色发展时代的来临。

其后，南市发电厂也成为历史。2007 年，作为上海电力工业的战略转型，同时也是出于筹办 2010 年上海世博会的需要，南市发电厂全部 3 台机组先后停止运行。通过一番再生性改造，南市发电厂的旧厂房被改造成世博会五大主题展馆之一的城市未来馆，厂房里包括发电机组在内的各种设备亦被保存下来，成为难得的原生态展品。紧邻厂房的那根高 165 米的大烟囱则被装扮成巨型温度计的模样，扮演起世博会气象景观塔的新角色。2012 年，南市发电厂的旧厂房再次被改建为上海当代艺术博物馆，成为集当代艺术展览、收藏、研究、交流、体验教育等功能于一体的标志性城市公共文化活动中心。改建完成后，当代艺术博物馆总建筑面积达到 4.1 万平方米，具有大小高度不一、适合举办各种展览的 12 个展厅以及图书馆、研究室、报告厅等功能性设施，为国内外优秀当代艺术作品提供了良好的展示环境，成为上海艺术和创意的激发器。

二、"光明工程"和"三表集抄"

"光明工程"和"三表集抄"是上海电力在 21 世纪进行的两项最有影响的实事工程。

"光明工程"是对上海老旧小区住宅生活用电设施的全面改造。2014 年 10 月，国网上海电力和上海市住房保障和房屋管理局合作，正式启动"光明工程"，计划用 3 年时间，改造上海地区 2000 年 12 月 31 日前竣工的老旧住宅小区的电能计量表前供电设施，覆盖全市 296 万户居民。

据上海市住房保障和房屋管理局统计，上海市共有居民住宅小区1.17 万个，居民户数 815 万户。其中，用电设施存在问题的老旧小区共有 6 500 个，涉及居民 296 万户，占比超过 35%。老旧小区不少居民楼建于 20 世纪 80 至 90 年代，由于受当时历史条件的限制，小区内用电设施建设标准低、设备老旧、安全可靠性差，而且维护不及时。许多地方的低压导线从未更换，绝缘老化严重、供电容量有限等问题严重影响了小区居民的生活质量。这些老旧小区已无法满足居民越来越高的用电需求，"用电难、管理难、抢修难"的"三难"现象突出。

为了彻底改变老旧小区的用电面貌，2014 年 10 月，"光明工程"正式实施。工程计划用 3 年时间对全市 6 500 个老旧小区实施改造，改造内容包括进户线、低压分支箱、总熔丝箱、垂直母线、进层线、母线槽、保护管、电能计量箱、表前（后）保护开关等电力设施。改造后，这些小区的用电面貌焕然一新，足以满足居民的用电需求。住在浦东崂山五村的居民，是全市第一批"光明工程"的受益者。从小区建成之日就居住于此的朱师傅惊喜地发现，楼道里裸露的电表被拆除了，原来东拉西扯的电线消失无踪，取而代之的是新电表箱里的新电表、敷设于套管中的新电线，家里的用电容量从 2 千瓦扩容到了 8 千瓦。

无论是在时间跨度上还是工程规模上，"光明工程"都堪称上海城市电网改造之最。老旧小区千差万别的房型情况，又令工程推进不那么容易。国网上海电力各单位因地制宜，从为民分忧出发，逐一解决问题。为减少因实施改造停电给居民生活带来的不便，供电公司事先向每家每户发放了停电告知书，收集意见，想方设法化解可能因停电产生的矛盾。根据居民的要求，施工人员多次修改工作方案，敲定每个细节。工程实施当天，全体施工人员一早就在小区内待命，利用小区居民上班时停电改造，赶在下班前完成了整栋楼的施工。

到 2017 年 7 月，上海市已完成改造的小区达 5 802 个，受益居民 262 万户，所有完成改造小区的每户居民用电容量从两三千瓦飞跃到 8 千瓦。3 年多来，"光明工程"这项与千家万户近距离接触的民生工程，用实实在在的成效，赢得了客户的认可和称赞。①

"一户一表"涉及每家每户，是上海电力事业改革给市民带来的最实惠"获得感"之一。"一户一表"始于 1998 年国家实施的居民用户"一户一表"改造工程，是以电表为龙头，包括水表和煤气表，由供电局（自来水公司和煤气公司）将计费电能表直接安装到每一户居民住宅，由供电局直接对每一户居民住宅用电抄表收费。这个工程有两大成果，一是居民住户用电容量可达 6 千瓦，从而使居民可放心使用空调等各种大功率家用电器，不至于跳闸；二是彻底解决了"一表多户"中总表与分表电量不符造成的邻里电费纠纷。"一户一表"分两步走，先是对现有住宅电表的改造，其后是国家发文明确规定：今后在住宅设计和施工时，必须进行室内分户水表设计，做到"一户一表"。上海在 20 世纪 90 年代末，就在全市范围内

---

① 参见张婷、王靖：《"光明工程"让百姓真正得实惠》，《国家电网报》2017 年 7 月 6 日。

实现了"一户一表"的全覆盖。

2016 年 5 月 17 日，国家电网上海市电力公司、上海城投水务（集团）有限公司、上海燃气集团有限公司签订了三方合作协议，决定从即日起开始全面推进上海各居民小区电、水、气计量表数据的一体化采集，即"三表集抄"。①实现"三表集抄"后，电、水和煤气的抄表计量和收费将全部采用远程操作，在上海存在了近百年的抄表员将不复存在。对三大公用事业的经营来说，也因此而节约了大量的人力成本。对居民来说，再也不用每月分别接待电力公司、自来水公司和煤气公司抄表员的入户抄表。过去，抄表员每个月都要进门，家里没人就贴张纸在楼底让大家填，非常不方便，也不安全。"三表集抄"源自电力。国家电网上海市电力公司从2010 年开始，用 5 年时间实现了 1 000 万户智能电表及用电信息采集系统的全覆盖。这个用电信息采集系统就是一个收集汇总并且发送数据的终端，它远程收到智能电表记录的用户用电数据后，实时传输到后台数据库服务器，实现了远程抄表计费。用电信息采集系统同样也能传输水表和气表记录的数据，只需经过一些技术上的改动，加装相关接口转换器即可。上海燃气和上海供水企业十分乐意借助电力已经建好的"通道"，实现远程抄表计费。他们已经在试点区域的新建住宅逐步采用带有数据采集功能的智能水表，以避免重复投资和资源浪费。随着互联网、物联网等信息技术的发展，推动城市公共基础设施管理智能化、打造更加便民的公用事业计费和缴费体系是大势所趋。

在此基础上，上海还将探索"多账一单"，即电、水、气三张账单并成一张，居民只需缴一次账单即可。随着"三表"的智能化改造进程加

---

① 陈玺撼：《上海将告别入户抄表，三表集抄 2017 年有望实现》，《解放日报》2016 年 5 月 18 日。

快，届时所有居民只需动动鼠标，就能在线查询和缴纳所有公用事业费。

三、光伏发电进社区

光伏技术是可再生能源的重要组成部分。2004 年，全球光伏电池的生产首次超过了 100 万千瓦。预计到 2040 年，全球太阳能光伏发电将占世界发电量的 26％，2050 年以后将成为世界能源的支柱。和各发达国家一样，推动光伏发电已经成为上海电力的重要任务。

2005 年在上海的莘庄，建成了一幢看上去普普通通的别墅。但是，这栋别墅的约 20 多个平方米的屋顶竟是由玻璃做的太阳能光伏电池。据上海交通大学太阳能研究所所长崔容强教授介绍，"这些都是钢化玻璃，太阳能光伏电池就封在玻璃里头，整个厚度 4 毫米都不到"。太阳能光伏电池能把太阳能转化为光能，这个屋顶相当于一台 3 千瓦的小型发电机组，一年能发电 3 300 度。白天太阳能屋顶产生的电能直接"存"入电网，可缓解白天的用电高峰；晚上太阳落山而人们下班回家，太阳能屋顶不能工作的时候，又可以从电网中"按需索取"，以此满足一家人的用电需求。一般而言，每户屋顶发的电还会有盈余，因此可以把它卖给电网。这样一来，每个建筑不仅是零能耗，而且变成产能建筑。据崔容强教授测算，如果上海有 10 万个住房的屋顶都装上钢化玻璃作的太阳能光伏电池并网发电，每年至少能发电 4.3 亿度。

然而，太阳能屋顶的造价不菲。按照目前的市场价格，每个屋顶耗资约 15 万元，据悉，在国外，太阳能屋顶大都由政府出资推广。2004 年德国实施"购电法"完成了 10 万个太阳能屋顶的安装计划。德国电价是 0.1 欧元/度，而电力公司回购太阳能发电的价格是 0.5 欧元/度，差价调动了居民的积极性。日本采用对初装用户进行补贴的办法，安装了近 7 万个太阳能屋顶。西班牙、意大利等许多国家先后出台高价收购太阳能光伏电力的政策，鼓励居民安装太阳能屋顶。

崔容强教授认为，随着生产规模的扩大，太阳能屋顶的成本会逐年下降。现在我们的太阳能屋顶的造价大约为 50 元/瓦，国际上约为 3 至 4 美元/瓦，随着技术的进一步成熟，将来成本可能降至 1 美元/瓦。另外，太阳能电池板的寿命约为 30 至 35 年，无需维护，使用成本接近于零。

早在 2004 年 8 月，崔容强教授就接受了上海市经委和世界自然基金会（WWF）托付，开始了"上海市十万个太阳能屋顶计划"可行性研究。该计划所需建设投资，政府将实行电网分摊制，电网以 0.01 元/千瓦时加收电费，以此上海每年可获得近 10 亿元的"阳光基金"来用于可再生能源的开发利用。计划分两期进行，2006 年开始，前 5 年为第一期，计划完成 1 万个光伏屋顶工程；后 5 年为第二期，计划完成 9 万个屋顶工程。

2010 年的世博会中，中国馆、主题馆、世博中心和未来馆（原南市发电厂）4 座标志性建筑，构成了一座"太阳城"，形象地演绎着上海绿色能源的新理念。太阳城的光伏电池板的总装机容量达 4.6 兆瓦，年均发电可达 406 万千瓦时。其中，世博主题馆屋顶的光伏项目，装机容量为 2.8 兆瓦，是目前中国乃至亚洲最大的光伏建筑一体化工程。无论是在主题馆，还是在其他场馆，为满足建筑的美观和功能要求，选用的太阳能电池板各具姿彩：有的不透光，而有的半透光，在场馆内仰起头，能看到阳光穿过电池板照射进来；有的平躺在屋顶上，有的却垂直安装在外立面上，成为遮阳板的一部分。世博"太阳城"的建设，为上海世博会增添了不少绿色光彩。①

2016 年 10 月，上海市第一个居民区屋顶分布式光伏发电系统在曹杨

---

① 张懿：《上海世博"太阳城"崭露真容》，《文汇报》2009 年 10 月 24 日。

新村街道南梅园居民区常高公寓竣工并网发电。该系统利用太阳能发电，主要用于小区电梯、泵房用电需求，不仅降低了能耗，也节约了小区的物业开支。在常高公寓 2 号楼 25 层楼顶，一块块光伏发电板拼装在一起，总计有 86 片。包括 2 号楼在内，该小区在两幢高楼楼顶、垃圾箱房及变电站上盖共安装了 196 片这样的光伏发电板，以此为小区公用设施运转提供能源。小区里还安装电子显示器，具体显示当天放电量、累计发电量、节约用电量等节能降耗数据，使低碳改造效果更加直观。常高公寓屋顶分布式光伏发电系统总装机容量为 49 千瓦，年发电量约 5 万度，基本与现用电量持平，实现"自发自用，余电上网"的目标。在经济受益的同时，光伏发电系统还让小区环境更加整洁。光伏发电系统也让小区成为名副其实的低碳社区，每年可节约煤炭近 20 吨，减排二氧化碳近 50 吨，真正是一项惠及民生的绿色能源项目。[①]

四、智能电网时代的到来

2018 年 10 月 17 日，首座新一代智能变电站 220 千伏大叶变电站在上海建成。这座智能变电站坐落于奉贤区的上海工业综合开发区和奉贤经济开发区交界处，随着这座新一代智能变电站正式并网运行，上海电网智能化水平进一步提升。近几年来，从传统变电站到智能变电站，上海电网正发生着深刻而日新月异的变化。2009 年，国家电网公司发布《智能变电站技术导则》企业标准，首次明确了智能变电站定义，并对智能变电站发展思路、建设理念提出了系统性要求。按照国家的要求，上海大叶智能变电

---

① 陈斯斯、李若楠：《让光伏发电走进社区——记上海首个屋顶光伏住宅小区》，《中国建设报》2016 年 10 月 20 日。

站采用了光纤、以太网的形式进行总线连接，其主要技术特征包括全站信息数字化、通信平台网络化、信息共享标准化、高级应用互动化。①

上海智能电网建设从 2017 年开始接连不断传出捷报。当年建成并投运了全国第一座 500 千伏全地下智能变电站——五角场、大渡河、闵东、金枫、华阳桥 4 座 220 千伏智能变电站先后投运。这些变电站均是按照新一代智能站标准设计建造的。上海电网智能化变电站实现了从点到面的发展和跨越。

伴随智能电网建设的不断推进，机器人开始进入电网的管理和监测。2013 年 9 月，特高压练塘站刚投运不久，站里就迎来了两位机器人同事"瓦力"。智能巡检机器人具有红外测温、表计识别、报表生成、路径规划、全自主遥控模式巡检等功能，实现对全站 2 211 个红外测温点的定期监视和 1 164 个表计的自动识别，有助于及时发现各种设备隐患，提高工作效率，大大减轻了运维人员的工作强度。目前，国网上海电力公司已在 13 座 500 千伏变电站（换流站）安装了单站使用型机器人，32 座 220 千伏户外敞开式变电站安装了集中使用型机器人。通过智能机器人巡检应用全覆盖，缩短巡检时间 50％，缩短红外测温时间 75％。此外，无人机、激光清障仪、设备在线监测装置、电缆振动光纤、智能视频头盔等一大批高科技装备已经成为提升电网运检智能水平的"利器"。

2018 年 4 月，国网上海电力公司又发布"高质量发展三年行动计划"，助力上海卓越的全球城市建设。这标志着电力作为基础能源行业，在以高质量发展积极助推上海卓越的全球城市建设的进程中迈开重要步伐。该计划围绕如何更好地满足人民美好生活需要、如何实现企业和电网间平衡充

---

① 《上海改革开放 40 年城市主电网发展变迁（四）》，载人民网 http://sh.people.com.cn/n2/2018/1026/c389106-32207284.html。

分发展、如何体现以创新、协调、绿色、开放、共享为特征的新发展理念等问题，为电力行业在未来如何更好地融入和助力上海的高质量发展勾画出路线图。

今后的上海电力工业将高质量发展目标定位于建设与上海"卓越的全球城市"相适应、具有卓越竞争力的世界一流城市能源互联网，促进地区能源供给体系效率提升，打造公共服务行业质量高地，助推上海形成质量竞争新优势。国网上海电力将重点围绕提升可靠优质的电网供电品质、清洁高效的能源服务品质，以及智能互联的电力技术品质，着力形成以技术、标准、品牌、服务为核心的质量竞争新优势。

在提升电网供电品质方面，国网上海电力公司将大力推进电网建设和转型升级，发挥电网基础产业的先导和带动作用，积极对标国际最高标准、最好水平，打造以高可靠性为特征的世界一流城市供电网，积极服务经济社会发展。到2020年，上海电网主网端输电能力、对外联络能力、事故支援能力将进一步提升；配网端智能化运营、不停电作业实现全面覆盖，内环内及自贸试验区等核心区域力争实现供电可靠率99.999%，综合电压合格率99.996%，频率合格率100%，综合线损率5.85%，有望全面比肩东京、纽约等世界一流城市电网。到2020年全市重要区域、内环内主次干道以及内外环间射线主干道约470公里道路架空线将完成入地及合杆整治，上海城市风貌和人居品质将得到更大升级。

与此同时，国网上海电力公司将通过不断优化能源供需结构，致力于推动上海"生产、生活、生态"协调发展。在供给侧，推动西北可再生能源基地与上海能源消费高地的战略对接，建立具有上海特色的清洁能源市场交易体系，不断提升生产环节中清洁能源开发利用和消纳水平。在需求侧，积极探索"1＋N"综合能源服务模式，试点建设全电驱动示范区，加强电动汽车充电基础设施，建设与车联网深化应用，构建"电动汽车＋"

生态圈，不断提升消费环节电能对化石能源的深度替代水平。

在提升电力技术品质方面，国网上海电力公司将坚持创新驱动，加大科技、管理、岗位创新和成果应用力度，打造"现代智能城市电网综合创新"双创示范工程。重点推进包括智能配用电大数据应用、深远海海上风电、公里级高温超导电缆等在内的一系列国家级重大项目，推动"上海技术"在智能电网、新能源等关键领域取得重大突破甚至达到国际一流水准。国网上海电力公司还将推动与中国电科院高标准共建能源互联网研究院，打造具有世界影响力的城市电网高端技术供给者和先进技术引领者，深度参与、高水平助力上海科创中心建设。

第五章　电信：从电话电报到移动智能通信

电信是现在的说法，指利用电子技术在不同的地点之间相互传递信息。电信一词涵盖了电话、电报、数据通信以及计算机网络通信等。电信是现代社会的重要支柱，无论是社会、经济活动，还是日常生活的方方面面，都离不开电信这个高效、可靠的手段。

但是，在上海人的词汇里，很长一段时间只有"电话"一词。到了20世纪80年代中期电信一词才开始进入上海人的生活。1984年，上海邮电率先引进移动传呼业，开始使用BB机作为辅助联络手段。几乎同时，电脑和互联网也开始进入上海人的办公室和家庭。90年代，手机异军突起，但一开始是大款和巨富的外在标志。到2002年底，我国电话用户总数达到4亿多户，其中移动电话用户占了一半以上，突破2亿户大关。现今，电信业又一次发生巨变，固定电话似乎已经停滞不前，而即便是电子计算机，无论是台式电脑还是手提电脑，都面临着来自以手机终端为载体的智能网络的竞争。

上海的电信业已经由传统的基础电信网络供给者和语音、文字电信传输者，变身为智能信息网络的供给者和服务者。

第一节　上海电信业的起步

上海的电信事业起步于 19 世纪中后期，是伴随上海开埠、外国资本进入、租界的设立以及洋务运动的兴起而建立起来的。

一、大北电报局的设立

上海开埠后，在中外经济、贸易中的地位快速上升，通信是经贸活动的经脉，随着经济贸易活动的快速增长，对外通信交往的需要也与日俱增。当时的中国贫穷、落后、封闭，不可能自主萌发近代电信业。而租界当局的设立，为外商电信公司登陆上海、开办业务打开了方便之门。丹麦大北电报公司捷足先登，[①]创造了上海近代电信业的多个第一。1871 年 4 月 18 日，丹麦大北电报公司开通上海至香港电报线路，对外收发沪港及国际电报，上海的电信事业由此起步。同年 8 月 12 日，大北电报公司开通了日本长崎至上海的电报线路。1882 年 2 月，大北电报公司在四川路外滩建立了上海历史上第一个人工电话交换台，3 月 1 日起开放通话，同时还开设了上海第一个公用电话。几乎同时，英商东洋德律风公司（1882 年 2 月）和英商上海电话互助协会（1882 年 3 月）也建立了各自的交换台。[②]一开始，这些企业拥有的客户都不多，如大北电报公司交换台的用户数只

---

① 该公司系由丹麦、挪威、英国、俄国等国资本出资于 1869 年设立，1870 年来华开业。其母公司在丹麦哥本哈根。

② 参见霍慧新：《电话与近代上海城市（1882—1949）》，科学出版社 2018 年版，第 38 页。

有 20 多户，为了争夺客源，相互之间展开了竞争激烈的竞争。大北电报公司为了击败竞争对手，不得不在短时间内将用户"年费"从 150 个银元一直降低至 50 个银元。[1]

　　到了 19 世纪 90 年代，大北电报公司交换台每个月转接量平均达到 1.6 万多次，即每天平均 500 多次。交换台晚上也有人值班。在值班接线员睡觉的房间里有一个电铃，只要有电话进来，铃声就会把接线员叫醒。[2]

　　华资电信事业的起步晚于外资。第二次鸦片战争（1858—1860 年）后，清政府内部出现了一批洋务派官员。他们认为，中国之所以在抵御西方列强扩张的战争中一再遭到失败，根本原因在于中国在"器物"层面落后于西方列强。他们看到了电报、铁路、轮船等近代技术对于国家强盛的重要性，开始主动学习和引进西方的相关技术，在中国推广应用，一批洋务派企业由此诞生。1881 年 3 月，上海电报局成立，知名洋务派人士郑观应出任总办。1881 年 7 月，由北洋大臣李鸿章奏请朝廷并获准创设的津沪电报线开始动工建设，官办的津沪电报总局成立。同年 12 月 24 日，津沪电报线全线联通，并于 28 日起正式对外营业。

二、华界电话事业的起步

　　华界电话事业的建立比电报业还要晚。1902 年，商办南市东门外电话交换所设立，这是在上海华界最早设立的电话交换所。1907 年 2 月，官办的南市电话局设立。1909 年，官办的闸北电话局设立。[3]至此，旧上海的

---

　　①②　参见［英］麦克法兰：《上海租界及老城厢素描》，王健译，生活·读书·新知三联书店 2017 年版，第 156 页。

　　③　参见霍慧新：《电话与近代上海城市（1882—1949）》，科学出版社 2018 年版，第 38 页。

华界南市、闸北两地都有了市内电话。

就这样，上海作为"远东国际大都市"，其电信事业，伴随着工商业和对外经济贸易的繁荣，通过以租界当局为靠山的外商企业以及清政府"官办"或"官督商办"的华资企业的努力，建立起来了。到了清朝末年，上海已经成为全国的电报中心。①

民国初年，民国政府交通部统管全国电信事业，上海电报局和南市、闸北两个电话局也成为北洋政府交通部下属单位。一时间，这些单位的管理职位成为各路军阀抢夺的"肥缺"。与此同时，上海的电信权也成为列强争夺的重点领域。在各方错综复杂的角逐和争夺中，上海的电信事业仍然有所发展。1923 年 3 月，上海开通了人工转接的长途电话，虽然通话区间只是在上海至江苏省嘉定县南翔之间，但这是上海历史上首次开通长途电话。1927 年 11 月底，长途电话线路延伸至了南京、镇江、常州等地。1924 年 3 月，由上海华洋德律风公司建设的电话自动交换所投入使用，这是上海历史上第一个自动电话交换台。②

由于当时上海的租界有独立的市政当局和公用事业系统，因此，虽然同在上海，华界和租界之间电话不能互相连通。直到 1926 年 2 月 1 日，上海华界和租界的市内电话才通过人工转接得以实现互相连通。

20 世纪 20 年代末至 1937 年"七七"事变抗日战争全面爆发前，上海经济发展较快，电信事业建设也是如此。1929 年 8 月 5 日，国民政府公布《电信条例》，明确规定除军队和航空机构设置的电信事业之外，由地方政府、公司团体或私人设置的电信事业均由交通部统一管理。该条例及其配

---

① 《上海电信史》编委会编：《上海电信史》第 1 卷，上海人民出版社 2013 年版，第 59 页。

② 同上书，第 134 页。

套规章还对电信事业的建设、经营、监管等事项作出了详细的规定，在一定程度上推动了上海电信事业的发展。1929 年 9 月，上海无线电总台成立，通往国内各地的无线电报线路不断增加。1930 年，上海国际电台建成，结束了外商垄断上海商用国际通信的历史。真如国际电台作为上海国际电台的组成部分，是当时远东地区最大的国际电台。上海市内建成了多处自动电话交换所，电话普遍使用五位号码。到 1937 年抗日战争全面爆发前夕，作为东亚最大和最繁华的工商业城市，上海已经形成了较为完整的电信网，成为内外通信的重要枢纽。①

日本侵略上海时期，上海电信业遭受重大破坏。在 1932 年的"一·二八"事变中，上海多处重要通信设施成为日军攻击的目标，许多通信设备和线路被破坏，尤其是上海电话局和国际电台损失惨重。②后来虽经恢复重建，但是 1937 年 8 月 13 日，日军再次进攻上海，11 月，日军占领华界，所有电信设备和线路等落入日伪魔爪。1941 年 12 月，太平洋战争爆发后，日军进占租界，至此上海的电信业全部被日伪所掌控。在日本侵占上海时期，上海的电信业在日伪的控制下，成为日本侵略中国以及亚洲其他国家和地区的重要工具。

日本投降后，上海电信事业得到恢复发展。1949 年，上海电信局的国内电报交换量为 491.67 万份，长途电话交换量为 143.51 万单。③同年，上海国际电台的国际电报交换量为 84.13 万份，国际长途电话交换量为 1.36 万单。④1949 年底，上海有 72 060 门电话交换机，66 462 户电话用户，电话容量和用户数均位列全国各大城市之首。⑤

---

① 《上海电信史》编委会编：《上海电信史》第 1 卷，上海人民出版社 2013 年版，第 141 页。
② 同上书，第 178 页。
③ 《上海电信史》编委会编：《上海电信史》第 2 卷，上海人民出版社 2013 年版，第 311 页。
④⑤ 同上书，第 312 页。

从 19 世纪中后期到 1949 年 5 月上海解放，上海的电信事业从无到有，历经曲折，形成了包括市内电话、长途电话、电报、国际商务通信在内较为完整的电信体系，但是，这一体系依附于半殖民地半封建社会的经济、政治和社会，具有很强的官僚资本和帝国主义半殖民地色彩，并不属于中国人民。

第二节　人民电信事业的建立

1949 年上海解放，在国民党官办的电信企业和外商控制的电话公司的基础上，经过辛勤努力，建立了人民电信事业。

一、人民电信事业的初创

上海在解放前夕，电信业主要受三方面的控制：一是国民党政府交通部属下的上海电信局；二是同为该部属下的国际电台；三是美商上海电话公司。

上海电信局主要经营国内电报、长途电话和市内电话业务，是当时国内重要的通信枢纽局。长途电话线路主要连接上海周边和沪杭宁地区。无线电通信线路则连接重庆、汉口、广州、北平、兰州、昆明等地。超短波电话电路为上海至南京和上海至宁波。该局当时还负责管理上海地区的无线电广播电台。

国际电台是当时中国唯一的国际通信枢纽局，拥有由真如发信台和刘行收信台组成的当时亚洲最大的电台。国际电台主要经营国际电报和国际无线电话业务，国际电报电路共有 29 路，通达世界五大洲的一些重要城市。无线电话电路共有 4 路，分别通达旧金山、伦敦、马尼拉和香港。另有节目传递电路和传真电报电路各 1 路。①

市内电话仍然处于"一城两网"。当时全市有两个市内电话网：一是上海电信局经营的电话网，俗称"华界电话网"；另一个是美商上海电话公司经营的电话网，俗称"租界电话网"。两网之间通过人工转接互通。

在解放上海的过程中，如何保护好电信设备和人员，将上海的电信网完整地移交到人民的手中，是重要的课题。上海电信业职工具有爱国和革命的光荣传统。1925 年 9 月，在五卅运动的影响下，在上海总工会的领导和支持下，成立中国电报公会联合会，提出改良电政、改善生活等要求，举行大罢工。20 世纪 30 年代，电信业的进步职工积极参加抗日救亡运动。抗日战争时期和解放战争时期，中共地下党组织在极端危险和艰苦的环境中依然坚持活动。1949 年，上海解放前夕，电信系统的中共地下组织以"保护局台、迎接解放"为中心，全面搜集、整理网络、设备、人员等信息，积极开展反对盗运通信器材设备，反对调遣职工去广州、台湾的斗争。在解放上海战役打响后，更是一方面保证设备和人员安全，另一方面保证国内外通信的畅通，为迎接上海解放作出了重要贡献。

1949 年 5 月 27 日，上海市区解放，在中共地下党组织领导下，上海电信职工开展护局、护台的斗争取得胜利，人员安全，设备完好。

5 月 27 日，在前期周密准备工作的基础上，上海市军事管制委员会顺利接管原旧政权属下的上海电信局和上海国际电台。6 月 15 日，根据上海市总工会筹委会的指示，新的美商上海电话公司工会筹委会正式成立，公司的生产、经营和财务活动受到新生的人民政权的监督。10 月 22 日，上

---

① 参见《上海电信史》编委会编：《上海电信史》第 2 卷，上海人民出版社 2013 年版，第 311—312 页。

海市军管会公用事业处向美商上海电话公司派出军管联络员，与在美商上海电话公司的中共党组织配合，对该企业开展监督。1950 年 12 月 30 日，上海市军事管制委员会对美商上海电话公司实行军管。

6 月 17 日，上海电信局的公、私广播电台管理职能划归市军管会文教管理委员会新闻出版处，此后上海电信专司电信业务，不再从事广播事业。8 月 1 日，成立了华东电信管理局，与上海电信局合署办公，原上海电信局和国际电台隶属于该局。10 月 21 日，结束对于上海电信局的军管，华东电信管理局与上海电信局分开办公，前者作为主管部门，后者成为业务机构，前者对后者进行监督。11 月 1 日，中央人民政府邮电部成立，上海电信局和国际电台实行以邮电部为主、邮电部与上海市人民政府双重领导的管理体制。1951 年 9 月 1 日，上海电信局与国际电台合并，定名为邮电部上海电信局。

1952 年 2 月 1 日开始，上海电话公司与上海电信局两网之间的电话互通，部分由原来的人工转接改为用户直接拨号，9 月 20 日完全实现两网之间自动拨号。1954 年 3 月 18 日，上海军管会结束对美商上海电话公司的军管，将上海电话公司与上海电信局市内电话处合并，成立上海市市内电话局，实现了上海市内电话的统一经营和管理。

二、自力更生，初成体系

上海的电信事业最初是通过进口西方技术和设备建立起来的。虽然经过了数十年的发展，但是直到新中国成立之时，包括上海在内的整个中国，电信设备和技术仍然需要从西方进口。

新中国成立以后，在相当长的时期中，西方国家采取敌视中国的政策，对中国实行经济和技术封锁，电信设备和技术的对华出口更是其封锁的重点。在此背景下，自力更生地研究电信技术、生产电信装备成为唯一的选择。电信行业具有元器件损耗大，设备老化期短，维护、更新任务重的特点，新中国成立初期，之前留下的设备上的元器件都老化了，亟须更换，因此，在新中国成立之初，保障电信设备元器件供应、更换新的通信设备早早成为了紧迫课题。

1952年，在上海的华东邮电器材厂接受了研制60千瓦分治式发信机的任务，经过两年时间的艰苦努力，就完成了这一重大任务，为我国的国际无线电报传递提供了重要设备。这台发信机的发射功率比新中国成立前最大的发信机功率大了一倍，机内除了大功率发信真空管外，其他零部件使用了国产材料和零部件。[①]

1953年，面对全国各地各种电报机维修零件短缺的紧张局面，上海电信行业在积极仿制和生产零部件、应对需求的同时，确定了通过生产自己的电报打字机，彻底解决全国电报机零部件供应短缺问题的方针。华东邮电器材厂组成试制小组，以"蚂蚁啃骨头"的精神，仿制了1300多种零件，终于在1956年第一季度生产出了我国首批电传打字机，定名为"55型打字机"。这种电传打字机只要在甲地揿一下字母键，乙地的打字机就能自动地打印出相应的字母，大大提高了电报传输效率。这一型号打字机在全国范围内的使用，以及通过研制这一型号电报打字机所形成的技术和生产能力，解决了当时我国发展电报通信业发展所面临的设备供应问题。[②]

通信系统对一个国家而言，好比是神经系统，其重要性不言而喻。为了彻底打破西方的技术封锁，从20世纪50年代后期开始，根据中央的部署，上海电信行业将建立规模化电信工业作为重要奋斗目标。当时制定的

---

①② 《上海电信史》编委会编：《上海电信史》第2卷，上海人民出版社2013年版，第397页。

工作方针是："根据鼓足干劲、力争上游、多快好省的建设社会主义总路线精神，自力更生、土洋并举、大小结合、因陋就简。积极武装自己，大力支援华东和全国，为逐步形成上海邮电工业体系而奋斗。"①

在落实上述方针的过程中，新生的上海人民电信事业实现了初步的发展，表现在以下三个方面。

第一，电信企业由修配转向以试制和生产通信设备为主。邮电部供应局所属上海器材厂确定了以生产长途载波设备和电传机为主的生产方向，该厂发挥"领导、工程技术人员和工人'三结合'"以及"生产、使用和科研单位'三结合'"的作用，实现了从修配到试制、从试制到批量生产的转型。

第二，电信科研机构普遍建立。1957 年 2 月，上海电信研究所成立，内设无线、市话、长途通信三个研究组，当时共有工程技术研究人员 30 余人。1960 年 2 月，上海邮电管理局党委发出大闹技术革命和科学研究的号召，各直属党委、总支、支部纷纷成立科技工作领导小组，组建或者充实了一批生产实验室、技术研究室。1960 年 4 月，市话局在原来生产实验室的基础上成立了研究所（后改名为研究室），无线电处成立了科技实验室，主要研究大功率管、单边带收发信机等。电报局成立了科技研究室，主要研究市内电传交换设备、单路和遥控线用载报机等。长话局也成立了科技研究室，代表性成果有长话自动计时报次设备、电子管 3 路和 12 路载波机及配套设备，多种电子管超短波终端机、长途交换机及其周边设备等。②

第三，设立了专门培养电信技术人才的学校。1957 年 10 月 1 日，上

---

① 《上海电信史》编委会编：《上海电信史》第 2 卷，上海人民出版社 2013 年版，第 439 页。
② 同上书，第 435—438 页。

海市邮电学校正式成立。该校是在 1951 年开办的电信局技训班和 1953 年开办的市话局技训班长期开展的技术教学和培训工作的基础上设立的，设有无线电、金工、电力、电报机械、市话通信、长话通信、无线通信、电缆等专业。上海邮电学校的成立，为上海电信事业的发展提供了大批专业人才。

　　依靠自力更生，经过不断的艰苦努力，到 20 世纪 60 年代"文革"之前，上海电信事业已从根本上摆脱了通信器材依赖外国进口的状况。1963 年与 1957 年相比，长话线路从 90 路增加到 264 路，电报线路从 116 路增加到 187 路，无线电发讯率增加两倍。长途通信电路载波化程度从 1949 年的 26.7% 提高至 1963 年的 59.6%；电报电传化程度从 1949 年的 11.3% 提高到 1963 年的 70.1%。电报电路和电报总交换量比 1949 年增加了 85.6%。[1]在国际通信方面，到 1964 年上半年，上海已用 46 路国际电报电路和 8 路国际长途线路，通达 27 个国家、29 个城市。在市内电话方面，到 1964 年上半年，电话容量 92 876 门，话机 122 356 部，按照市区人口计算，每百人电话容量 1.4 门，话机 1.8 部。市区公用电话发展到 3 247 户，虽然按照现在的标准，通信设备在实际使用时并不方便，但是毕竟也可以说是基本遍及市区的大街小巷了。建立了基本覆盖包括 1958 年后进入上海辖区的广阔郊县在内的市县通信网络。自主研发能力极大提升，电信工业规模长足进步。电信行业人才培养基地得以建立。[2]从技术研制到批量生产，从产品供给和服务供给，从设备生产到人才培养，上海电信产业体系初步形成。

　　① 《上海电信史》编委会编：《上海电信史》第 2 卷，上海人民出版社 2013 年版，第 478 页。

　　② 同上书，第 475 页。

　　尽管经过十多年的努力，当时上海电信业的科研、生产和服务能力已经稳居全国前列，但是与发达国家相比仍然存在着很大的差距。根据我国有关部门在 1964 年所作的判断，当时我国的电信通信能力低下，自动化和现代化比重很小，通信技术水平大约相当于英、美 30 年代后期或 40 年代初期和苏联 50 年代初期的水平。①

　　在电信基础技术方面，当时国际上继电子管计算机、晶体管计算机之后，已经生产出应用于通信的集成电路计算机；1964 年 10 月，美国使用卫星向世界转播东京奥林匹克运动会实况，次年，卫星通信进入实用阶段；1965 年，美国研制成功世界上第一台（模拟）程控交换机，并于当年开启了光纤通信的使用。光纤技术、程控技术、电路交换数据传输技术等在发达国家被广泛使用，但是在我国，这些技术的研究和应用还是空白。

　　在有线通信方面，当时发达国家广泛使用 1 800 路以上的同轴电缆，微波频段已经使用 2 000、4 000、11 000 兆赫，而我国仍以明线 3 路、12 路载波为主，2 000 兆赫 60 路的微波技术仍然在起步阶段。在无线通信方面，发达国家已经广泛使用短波单边带、多路移频电报和 600 至 2 700 路微波，我国则大部分仍然在使用短波双边带，60 路微波刚开始建设。长途通信还处于落后的人工接转的状态。

　　在市内电话普及率方面，当时的美国平均每百人拥有 40.7 部电话，英国为 15.6 部，日本为 5.8 部，而我国仅为 0.2 部。作为中国每百人拥有电话数量最多的城市上海也仅为 1.8 部，而其大部分使用的电话都是落后的旋转制和步进制，与发达国家相比显然不在一个档次。②

––––––––––––––

　　①② 《同国际先进水平间的差距情况》，上海电信档案馆藏，档案号：1964 年战备 859，第 23 页。转引自《上海电信史》编委会编：《上海电信史》第 2 卷，上海人民出版社 2013 年版，第 486 页。

三、"文革"时期的发展

1966年至1976年"文化大革命"期间，上海电信事业一度遭到严重破坏，发展受到严重干扰。但即便是在恶劣的环境下，上海的广大电信员工仍然努力坚持生产，保障通信，努力完成国家重大通信任务和通信工程建设项目。

20世纪70年代初期，上海电信局成功完成了我国第一颗人造地球卫星的标准时号发播任务。同期，还完成了建设京沪杭960路微波干线上海段工程，成功试验转播中央电视台彩色电视节目。

1972年，美国总统尼克松访华。为保障其访华期间的通信联络，中方同意美方自带大型卫星通信地球站设备，并建议由中方租用并派人一起学习安装有关设备，届时掌握使用方法。后来双方达成协议，由中方购买美国环球交通公司在关岛更换下来的移动式微型通信地球站，安装在上海，中方承担建站任务，美方承担卫星地球站的安装和开通，并且负责设备的正常运转及中方技术人员的培训。

1971年1月6日，上海市长途电话局接受了建站任务，此时距离2月21日尼克松抵达上海只有短短的40多天。当时卫星通信在中国通信业中属于空白，在毫无经验的情况下，从选址、土建，到安装电缆、电线等，这一切必须在40多天内完成。集中统一指挥的优势在此又一次得到体现，在电信、空军、民航、建工、城建、设计等方面通力合作下，卫星移动通信站如期建成了。1972年2月15日，设备全部安装完毕，2月18日设备通过了调测，此时距离上海接受建站任务只过了短短的43天。

2月28日，尼克松结束对华访问离开上海后，周恩来总理接见了参加接待尼克松访华的部分单位代表。在接见中，他希望邮电系统的科技人员，尽快学习和掌握卫星通信技术，以新的通信技术，彻底改变中国电信业的落后面貌。①同年 5 月，经过周恩来总理批准，中国机械进出口总公司向美国环球交通公司购买固定式标准型卫星地球通信站，用于改建位于虹桥的移动式非标准型卫星通信地球站。该项目于 6 月开始建设，14 个月后的 1973 年 8 月 22 日，位于上海莘庄的标准型卫星通信地球站正式投入使用（同日虹桥地球站停止使用），从此上海国际通信短波电路逐步为卫星通信电路所取代。②通过这一固定式卫星通信地球站的建成，上海先后开通了与美、日、澳、泰等国的卫星通信电路。

20 世纪 70 年代，中日海底电缆的建设也是当时上海电信事业发展中的一件大事。中日邦交正常化后，为了加强两国之间的通信联系以及发展我国的国际通信事业，中日两国决定建设中日海底光缆。1973 年早春，该项工程建设工作启动。上海电信局为中方海底电缆建设工程的承建单位，上海市南汇县芦潮港被选为中方一侧的电缆登陆地点。遵循周恩来总理批示，按照"共同开发、共同建设、共同设计、共同施工、建成学会"的要求，③上海邮电管理局先派员到日本，登上了日方的海缆船，随船学习海缆铺设技术。经过技术学习之后，1976 年 3 月 25 日，中方人员驾驶着自己建造的海缆船出航铺设海底电缆。5 月 7 日，顺利完成了中方承担的 46 海里的电缆铺设任务。1976 年 10 月 10 日，中日海底电缆正式开通并且交付使用。这条直径 1 英寸的同轴电缆，可以同时开通 480 条电话电路，两端的通话声音像市内电话一样清楚。这条海底通信电缆的铺设及使用，使我国的国际通信及有线通信业务水平走上了一个新的台阶。

---

① 《上海电信史》编委会编：《上海电信史》第 2 卷，上海人民出版社 2013 年版，第 511 页。

② 同上书，第 513 页。

③ 同上书，第 515 页。

四、计划经济体制时期上海电信业的基本特征

新中国是在推翻半殖民地半封建社会的基础上建立起来的，经济和技术基础都极为薄弱。同时，在相当长的时期内，西方国家对新中国采取敌视政策、实行技术封锁，加之计划经济体制所产生的负面影响，从新中国成立到改革开放，上海电信事业虽然与解放前的状况相比有了巨大的进步，但是总体而言发展的资源和投入仍然处于严重不足的状态，因此当时电信事业的发展和电信服务的供给不得不聚焦重点。

第一，以国家需要为重点。在此期间，为国家重要工作提供通信保障，一直是上海电信的工作重点。主要保障的方面：一是战备通信保障。为了国防建设和战备通信的需要，有许多上海电信行业职工克服自身家庭等各方面的困难，离开自己熟悉的城市和工作单位，前往"三线""小三线"单位工作。二是保障国家领导人的重要出访活动。如1954年4月至7月，中国政府参加瑞士日内瓦会议。上海电信局作为当时我国国际电报电路的主要出口局，为保障代表团和国内之间的通信联系发挥了重要作用。在三个多月的会议期间，工作电路全天开通，总共传送电报3 088份，计149.62万字，平均每天传递1.5万多字。[①]1955年4月万隆会议期间，上海电信局在保障中国代表团与国内的通信方面也起到了关键性作用。三是保障重要外国领导人来访中国的通信联络。1972年2月美国总统访华时的通信保障，同年9月日本首相田中角荣来华访问时的通信保障都是如此。四是保障国家重点电信建设项目。新中国成立之前，我国的电信事业分布极

---

① 《上海电信史》编委会编：《上海电信史》第2卷，上海人民出版社2013年版，第403页。

不平衡，上海这样的城市已经与国际上其他大都市建立了电信通道，但是国内大部分地区电信事业发展落后，有的甚至根本没有电信网络，尤其是边疆和少数民族地区。因此，新中国成立后，支援其他地区，尤其是边疆和少数民族地区电信事业的发展成为国家交给上海电信部门的重要任务。早在 1954 年，上海电信局就曾抽调报务员、话务员、技术员等参加邮电部进藏工作队，支援西藏的通信事业建设。1956 年，又组织人员支援青海、新疆的电信事业建设。与此同时，上海还抽调人员支援国家邮电学院和其他地方邮电学校的教学。①根据中央的安排，上海还承担过电信方面的援外项目。

第二，以党政公务需求和特定人群为重点。当时的电信主要是公务联络中的电信，而非日常生活中的电信，电信的主要服务对象是党政机关，其次是企事业单位等，虽然为普通市民日常生活提供服务也是上海电信行业努力的目标，但这显然不是其工作的重点。面向普通市民的电信服务网点少、服务水准低，直到 20 世纪 90 年代初，市民的通信方式仍主要是信件，电话等电信手段多被作为紧急情况时的补充通信手段。

因为电信资源极其有限，很长时间内只有具有一定级别或者承担重要工作的领导干部，以及高级知识分子、著名演员等社会知名人士才能获准安装住宅电话，所以，1965 年底，上海仅有住宅电话 14 377 线。也就是说，住宅电话与普通市民基本无缘，只有极少一部分人能够使用住宅电话与外界联系。

第三，普通市民基本上靠传呼电话。普通市民的电信需求，在当时只能依靠传呼电话和电报。电话主要用于市内联系，电报则用于有特殊需要时紧急联系在外地的亲友。一般百姓打电话，必须到专设的传呼电话间

---

① 参见《上海电信史》编委会编：《上海电信史》第 2 卷，上海人民出版社 2013 年版，第 408—409 页。

（又称"公用电话间"）或者设有公用电话的街头小店；打长途电话或者发电报的话，得去大的邮电局才行。

传呼电话是当时上海弄堂里的日常一景。常常可以看到传呼电话间的阿姨或者爷叔拿着一张写有来电号码的小纸条在楼底下大声喊："某某某，电话。"被喊的人听到后打开窗户大声回答："来啦。"然后赶快穿上外出的衣服、鞋子跑到楼下，一边唠叨着"谁来的电话啊"，一边付给传呼者传呼费。接着，就急忙到传呼电话间去回电话，因为通常来电者还在电话那头等着呢。运气好的话，这边传呼电话间的电话空着，那就可以立即拿起电话筒与对方通电话，如果对方的电话也没有占线，两个人一下子就可以通上话了。如果运气不好，这边电话有人在用，或者对方电话占线，则不知道要等多少时间才能通上话，有人甚至为此而放弃等待。最初打一个电话4分钱，可以通话3分钟，传呼一个电话5分钱。后来，电话费和传呼费都涨价了，电话费一直涨到5角钱，传呼费涨得更高。看守电话间的阿姨有一个钟用来计时。有的阿姨会在2分多钟时提醒打电话的人时间快到了。超过3分钟则加一个电话的钱。①不过，关键不是加钱的事，而是当一个人在通话时，他的边上常常会有人等着打电话，有时等候的还不止一人，因此一个人如果占着公用电话喋喋不休的话，时常会遭人白眼、被人提醒，甚至受到指责。

打长途电话也很不方便。虽然有的公用电话也提供长途电话呼叫服务，但是很难接通。为了保险起见，人们通常都到大的邮电局去打长途电话，有的甚至到位于外滩的长途电话局去打。打长途电话时，先要填写登记单，对方的姓名、电话号码等，然后交押金，交完押金后就在一边耐心

---

① 上海艺术家王汝刚曾经用沪语绘声绘色地描绘过那时公用电话间的日常光景。参见王汝刚口述、《新闻坊》栏目整理：《闲话上海》，上海大学出版社2018年版，第37—40页。

等待。邮电局的工作人员先要拨通上海长途台接线员，将顾客填写的对方电话号码和姓名告诉接线员。由长途台的接线员拨通对方所在地的长途台，通过该长途台拨通对方的电话。当两端完全连上后，这边邮电局的营业员会告诉你到几号电话机前去接电话。举起电话"喂"了一声后，首先听到的不是你要找的那个人的声音，而是接线员的声音，"你等着，你要的电话来了"，然后才终于听到对方的声音。长途电话通常需要等个把小时才能接通，有时甚至要花费好几个小时。

第三节　改革开放和上海电信事业的飞跃

中共十一届三中全会之后，中国进入改革开放的新的历史时期。时代的变化给上海电信事业带来了巨大而严峻的挑战，在勇敢应对挑战的过程中，上海的电信事业取得了前所未有的跨越式发展。

一、"电话难"成为上海发展的瓶颈

随着改革开放的进展，市场经济日益活跃，人际间交往、市场主体间交往、城乡间交往、区域间交往、国际间交往空前活跃，交往规模急剧扩大，对于电信通信需求呈现出爆炸性增长。就在此时，具有光荣传统、一贯勤勤恳恳的邮电人却发现，包括上海在内全国的通信发展水平，远远无法满足经济发展的需要，甚至与交通、能源并称为改革开放的三大瓶颈。[①]

---

① 《三十年的大跨越——上海通信行业改革开放三十年发展纪实》，《人民邮电》2008 年12 月 17 日。

当时，在上海，电信服务供给和经济、社会发展以及人民生活需求方面的矛盾集中体现在"电话通信难"上。"电话装不上、打不通、听不清"成为社会关注的热点。

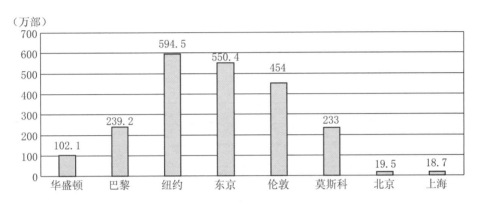

图 5-1　1979 年上海和全球主要城市间电话机数量比较

　　资料来源：《上海电信史》编委会编：《上海电信史》第 3 卷，上海人民出版社 2013 年，第 566 页。

　　通信问题也成为引进外资工作的一项软肋，甚至有外商因电话久装不上而怅然离去。[①]1979 年，上海市面积为 6 186 平方公里，人口 1 098 万人，全市电话交换机容量仅为 14.2 万门，电话 18.7 万部，每百人仅有话机 1.7 部，远低于纽约、东京、伦敦等国际大城市的平均水平（参见图 5-1、图 5-2），甚至不及亚洲、非洲的平均水平。[②] "电话交换设备落后，已经运行了几十年的旋转制、步进制，甚至人工制式的共电交换机还在普遍使用。"[③]每号线忙时呼叫率达到 12 至 13 次，超过设计负荷一倍。因为市内电话通信能力不匹配，已经建成的国际通信线路也无法充分发挥作用，国

---

　　① 参见《上海电信史》编委会编：《上海电信史》第 3 卷，上海人民出版社 2013 年版，第 561—562 页。

　　②③ 《三十年的大跨越——上海通信行业改革开放三十年发展纪实》，《人民邮电》2008 年 12 月 17 日。

际电话通信不畅，繁忙时退号率高达 20％以上。既有电话通信能力与社会需求严重不符，1979 年底上海申请电话待装户达 2.7 万多户。①

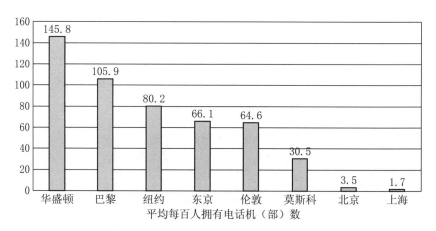

平均每百人拥有电话机（部）数

图 5-2　1979 年上海和全球主要城市间电话普及率比较

资料来源：根据《上海电信史》编委会编：《上海电信史》第 3 卷，上海人民出版社 2013 年出版，第 566 页表中数据制作。

导致这一状况的根本原因在于，长期以来我国在通信行业发展上的落后。以上海为例，1949 年至 1979 年，全市工业总产值增长 20 多倍，但是同期市内电话只增加了40％。②1952 年至 1978 年，上海的第二产业年均增长率为 9.81％，包括通信业在内的第三产业只有 4.73％。到 1978 年，第二产业占比上升至 77.4％，第三产业占比下降到18.6％。③

---

① 参见《上海电信史》编委会编：《上海电信史》第 3 卷，上海人民出版社 2013 年版，第 565 页。

② 参见中共中国电信股份有限公司上海分公司委员会中心组：《通信巨变三十载，风雨兼程铸辉煌》，《人民邮电报》2008 年 12 月 30 日。

③ 参见《上海电信史》编委会编：《上海电信史》第 3 卷，上海人民出版社 2013 年版，第 564 页。

二、上海解决"电话难"的三大举措

可以说，在改革开放初期，通信基础设施的落后是制约上海经济、社会发展的首要因素，要以"经济建设为中心"实现跨越式发展，就必须首先实现电信业的超高速发展，迅速改变通信基础设施落后的局面。在当时，要在短时期内实现通信业的超高速发展需要：第一，决策领导层的高度重视；第二，各种渠道的大量资金投入；第三，先进的设备和技术的引进。

首先，在决策领导层方面，中共十一届三中全会后，邓小平成为中国改革开放的总设计师，他的在现代化建设中应优先发展交通、通信业的主张为改革开放后通信业的超高速发展奠定了政治基础。1978年12月2日，邓小平肯定了一位日本友人向他提出的关于中国在现代化建设中，应当把通信设备的现代化放在首位的建议，并将这位日本友人的来信转给了国务院余秋里、谷牧、康世恩三位副总理。1979年1月6日，邓小平在与国务院几位副总理谈到经济工作时指出："投资的重点，要用在电、煤、交通、电信、建材上来。"1980年3月19日，邓小平在谈到长期规划时指出："日本土光敏夫来中国访问，我征求他对搞长远规划的意见，他希望把交通问题放在首要地位，尤其是邮电通信，这确实对整个经济的发展关系极大。"1984年2月24日，邓小平进一步明确："中国发展经济、搞现代化，要从交通、通信入手，这是经济发展的起点。"①

1984年5月，上海市市长汪道涵邀请曾经担任过邮电部部长的全国人

---

① 参见《大跨越——中国电信业改革开放三十年回顾之发展篇》，《中国电信业》2008年第12期。

大常委会副委员长朱学范，以及邮电部的几位老领导、老专家到上海指导通信发展工作。经过三周时间的调研，朱学范就加快上海邮电通信建设、缓和通信紧张状况，组织相关人员撰写了"专题汇报提纲"，提出邮电通信业的发展速度应当适度超前于国民经济发展的速度。提纲中还提出了 6 项战略性措施，包括：积极采用程控交换和光缆传输新技术；将旋转制设备逐步更新，改装程控设备；管线建设先行，改变机线失衡状况；加快国际电话自动直拨；利用上海技术和协作优势，由邮电部与上海市合作开发信息产业，等等。该汇报提纲在中共上海市委常委会上得到一致赞成。[①]上海市人民政府和邮电部向国务院报送了《关于加强上海通信建设的报告》。

此件引起了国务院的高度关注。经国务院同意，上海市政府和邮电部联合成立了上海市通信建设领导小组，形成了中央和地方条块结合、联合推进通信建设的新模式。1984 年 12 月，上海通信建设领导小组成立并举行了第一次会议，1984 年至 1995 年间，共召开了 11 次会议。领导小组作为邮电实行"部市双重领导体制"的协调机构，负责审定发展规划、制定优惠政策、落实工程项目、检查建设进度、解决难点问题，在实现上海电信事业的超常规发展，一举甩掉"瓶颈""滞后"的帽子，一跃成为国民经济和社会发展的支柱行业，以及开启上海信息化建设方面，发挥了无可替代的关键作用，上海电信行业的许多重大工程和发展奇迹都是在 1984 年至 1997 年这一时期完成的。[②]

　　第二，在资金条件方面，多渠道筹措资金，拓展了电信建设资金来

---

① 参见陆象贤：《朱学范促进通信改革和海峡两岸通邮记事》，《邮电经济》2002 年第 2 期。

② 参见吴基传：《以史为镜、再创辉煌》，载上海电信史编委会编：《上海电信史》第 1 卷，上海人民出版社 2013 年版，第 1 页；又见中共中国电信股份有限公司上海分公司委员会中心组：《通信巨变三十载，风雨兼程铸辉煌》，《人民邮电报》2008 年 12 月 30 日。

源。收取电话初装费制度创设，极大地拓宽了电信建设资金来源。原来我国的电话资费由月租费和通话费两部分组成，一个电话局的自有资金要积累上 17 年才能建设一个同等规模的电话局，市话企业基本处于维持简单再生产的状况。①为了筹措通信基础设施建设所需要的发展资金，上海采取了政府投资、企业自筹、用户集资、利用国内外贷款四管齐下的方式。

在用户集资方面，1979 年，国务院批准电信部门向申请安装电话的用户收取一定数量的电话初装费。上海从 1980 年开始试行对新装单位电话用户收取初装费，每号线按 200 元至 1 000 元分等收取，对于新装个人住宅电话用户则每号线收取 60 元"保证金"，拆机时可以退回。1981 年底，市话局在报纸上刊登《本市部分敞开登记个人用户》公告，这是 1966 年以后首次在部分地区敞开受理私人住宅电话申请，一个月内登记用户 564户,②数量并不很多，这是因为当时市民收入水平总体比较低，私人住宅电话对于绝大多数家庭来说属于高端消费品。但是尽管如此，在局部地区仍然出现了供不应求的情况。

1982 年，国务院正式批准各地收取电话初装费。上海原来个人住宅电话初装时收取的"保证金"随之改名为"初装费"。当时市民的总体收入水平不高，待装电话多为单位业务电话和公费住宅电话。到了 80 年代末，随着市民家庭收入的增加，住宅电话逐渐成为市民新的消费热点。到 1990年，上海的住宅电话比例已快速上升至 45%。与此同时，住宅用户电话初装费也不断上涨，在 1996 年时达到最高点，为每号线 4 000 元。即便如此，市民也不是想装电话就能装上的，还要看其住处附近有没有线路和空

---

① 参见邮电部经济技术发展研究中心：《初装费与电话发展》，《通信企业管理》1992 年第 1 期。

② 《上海电信史》编委会编：《上海电信史》第 3 卷，上海人民出版社 2013 年版，第584 页。

余的号线资源。1992 年，上海净增电话用户 14.5 万，其中住宅用户占 82.5％，但是到年底，新增的待装户仍然高达 41.9 万户，由此可见当时的装电话有多么热、多么难。

尽管电信部门认为初装费本质上是电话资费中的一部分，①但是因为过去我国从未收取过类似费用，并且它是被作为加快发展通信事业的举措提出来的，因此说它是一种社会集资并无不妥。收取电话初装费的政策，为上海的电话发展提供了紧缺资金，从 20 世纪 80 年代初一直到"九五"期间，在市话建设各项资金来源中，初装费所占的比例最大。②

作为一种具有象征意义的举措，吉祥谐音号码也被用作筹资手段。1992 年 3 月 30 日，上海举行了首次电话号码拍卖。后四位数"0000"（谐音"灵灵灵灵"）的号码被一企业主以 21 000 元购得，"2222"（谐音"来来来来""亮亮亮亮"）和"8888"（谐音"发发发发"）分别以 37 000 元和 46 000 元被淮海路上的一家商店拍得。③

新增加的资金来源并不止于初装费。1984 年 10 月，国务院常务会议和中共中央书记处会议分别听取了有关邮电事业发展的回报，并且作出了指示，强调要优先发展和重点扶持邮电通信事业，还提出了要多渠道筹集资金，尤其是中共中央书记处的指示第一次明确提出要"国家、地方、集体、个人一起上"。④根据中共中央和国务院的指示，上海进一步拓宽了通

---

① 参见邮电部经济技术发展研究中心：《初装费与电话发展》，《通信企业管理》1992 年第 1 期。

② 《上海电信史》编委会编：《上海电信史》第 3 卷，上海人民出版社 2013 年版，第 584 页。

③ 参见《解放日报》1992 年 4 月 1 日。

④ 《上海电信史》编委会编：《上海电信史》第 3 卷，上海人民出版社 2013 年版，第 586 页。

信工程建设资金渠道，1988年，嘉定、奉贤、松江、金山等县纷纷与邮电管理局签订电话自动化建设协议，采取地方政府、邮电部门等各方出资的方式，加快这些地区的电话通信事业建设。

有效利用国外资金也是当时上海迅速改变电信落后局面的举措之一。1983年，国务院批准邮电部利用第二批日本海外经济协力基金贷款，改扩建上海等地的电话网。1985年起，上海利用日元贷款进行的电话网改扩建工程启动，总投资51 759万元。该工程是新中国成立以来上海市话网建设规模最大、投资最多的工程。之后，上海还利用国外贷款建成了"蜂窝状"无线移动电话系统以及引进电话程控交换机及数字传输等配套设备。[1]

第三，大量引进国外先进设备和技术。由于"文革"等因素，当时我国的电信技术已经远远落后于世界发达国家，话机等生产能力也严重不足。好在当时在珠三角地区，利用境外资金和技术，形成了若干话机制造厂商，能够提供足够的话机之类的终端设备。对于中国和上海而言，关键是引进先进的数字程控交换设备。为此我国通信部门制定了"国外直接采购—国内合资合作生产—国内自主开发生产"三个层次的通信技术发展战略。[2]经过五年多艰苦复杂的调研和谈判，1984年元旦，上海贝尔电话设备制造有限公司在上海成立。该公司是中国、比利时合资企业，中国邮电部占60%股份，比利时贝尔电话公司占30%的股份。这是中国第一家生产数字程控电话交换机的中外合资企业，当时从比利时引进了具有当时世界先进水平的S-1240型全数字程控电话交换机生产流水线。[3]该交换机的大

---

① 《上海电信史》编委会编：《上海电信史》第3卷，上海人民出版社2013年版，第609页。

② 《上海贝尔阿尔卡特：践证中国通信业改革开放之路》，《科技日报》2008年3月5日。

③ 《上海电信史》编委会编：《上海电信史》第3卷，上海人民出版社2013年版，第612页。

规模生产和投放市场一方面减少了进口，大幅度地节省了购买进口设备的资金；另一方面也迫使进口程控交换机大幅度降价，在 80 年代初期，我国进口的程控交换机每线售价 300 美元左右，上海贝尔投产后，平均每线价格一下子降到了 200 美元以下，后来进一步降到了 70 美元以下。[①]在上海通信事业的大发展中，该程控交换机成为电话网改造的主要设备。在引进国外设备和技术的同时，上海也积极开展自主研发，于 1986 年在国内首先研制出自己的程控数字交换机，并且于 90 年代初期生产出中大容量的程控数字交换机，结束了中大容量程控交换机完全依赖进口的局面。[②]

经过十多年的努力，到了 1995 年，上海基本解决了电话待装问题，实现了"即要即装"。[③]1997 年 4 月 1 日，上海电话初装费由 4 000 元下调至 3 500 元。1998 年 7 月 1 日以后，降至 2 000 元。到 1999 年 2 月底，上海每百户住宅电话普及率已接近 80%，3 月 1 日，普通电话初装费调整为 1 000 元。2001 年 7 月 1 日起，上海取消了电话初装费。

三、移动通信的登场

1978 年，世界上第一个移动通信系统在美国芝加哥市开通，次年，日本建成了世界上第一个蜂窝移动电话网。上海紧跟世界潮流。上海无线电二厂与邮电部第一研究所等单位合作，于 1981 年研制出我国第一套自动接入市话网的 150 兆赫移动电话系统。该系统经鉴定和试用后于 1982 年 7

---

① 《上海贝尔阿尔卡特：践证中国通信业改革开放之路》，《科技日报》2008 年 3 月 5 日。

② 《上海电信史》编委会编：《上海电信史》第 3 卷，上海人民出版社 2013 年版，第 612 页。

③ 中共中国电信股份有限公司上海分公司委员会中心组：《通信巨变三十载，风雨兼程铸辉煌》，《人民邮电报》2008 年 12 月 30 日。

月 1 日被正式纳入上海市话网运行。①不过当时这一系统的容量只有 20 户,②基本不具备商用价值。

率先走进上海市民生活的是另一种"无线联系"的通信工具——无线寻呼机。无线寻呼机,俗称"BP机"(为英文"Beeper"的缩略语),很多上海人又称其为"拷机"(其意思和发音取自英文的"call")。1983 年,全国第一家无线寻呼台在上海开通,用户使用 BP 机获取寻呼台发送的信息。严格地说,当时的 BP 机还不是一种完全意义上的移动和即时通信工具,因为它只能接收信号,并不能发送信号。

最初,上海用户使用的只是模拟信号 BP 机,用户接收到寻呼台发送的呼叫信号后,需要致电寻呼台才能查询到来电号码。后来相继开通了数字信号和汉字信号,用户可以直接知道来电号码,甚至是短信息。但是即便如此,BP 机仍然没有回电功能。因此,在 BP 机上收到寻呼台发来的信息后,到处找公用电话给对方回电,也成为 20 世纪八九十年代上海常见的街景之一。为此,当时的上海电信部门,将增加街头公用电话数量、开设夜间紧急公用电话服务点作为提升上海电信服务水平的重要目标。1985 年 6 月,上海市区开设了 1 047 处紧急公用电话服务点,占据全市传呼电话服务点总数的 32%,1989 年,全市公用电话增加至 8 095 部。③90 年代前半期,是上海无线寻呼业发展的黄金期,至 1994 年底,上海实装无线寻呼用户 106.7 万户,1995 年 3 月,上海共有寻呼台 70 多个。④一些寻呼台不仅向客户提供寻呼服务,而且提供股市信息,通信服务内容多元化的

---

① 参见李渊:《改革开放推动科技创新——回顾电信一所三十年成果创新的发展历程》,《邮电经济》2009 年第 1 期。

② 《上海电信史》编委会编:《上海电信史》第 3 卷,上海人民出版社 2013 年版,第 629 页。

③ 同上书,第 651 页。

④ 同上书,第 762 页。

端倪开始出现。

1986 年，上海电信与美国摩托罗拉公司签约，引进第一套 900 兆赫蜂窝移动电话通信系统。1988 年，上海建成第一个大区制公众移动电话网，该网的基站设备安装在复兴公园边上的雁荡大厦，容量 300 多户，一开始主要面向装有车载式移动电话的客户，服务半径约 30 公里。1989 年 4 月，该系统扩容工程竣工投产，向手持式移动电话（俗称"大哥大"）客户提供服务，年底用户数达到 650 户。1989 年，上海电信又从瑞典爱立信公司引进一套蜂窝移动电话系统，建起了第二个公众移动电话网，容量 3 000户。该网从 1990 年 3 月 15 日起投入运行，年底，两网用户总数达到 1 923户。[1]1994 年 12 月 19 日，上海数字移动电话试验网正式开放，初期容量12 830 户；1995 年 7 月 19 日，上海联通公司数字移动电话网正式开通；9月 25 日，上海数字移动电话全面实行即买即开，[2]此后，上海移动通信发展步入高速增长期。

据说最初进口的移动电话是摩托罗拉 8500 型。该型移动电话重量为776 克，加上皮套等重量接近 1 公斤，体积大约相当于竖着的半块砖大小。这类"砖头"大小的移动电话一般标价在 2 万元左右一部，黑市价要 3 万多元，最高时甚至被炒到过六七万元，该机使用时费用也很高，因此购买者多为一些企业的老总和个体老板，还有一些人将其用来显摆自己的"豪"与"富"……种种原因之下，这种移动电话在当时被社会公众称为"大哥大"。

20 世纪 90 年代初期，"腰别 BP 机，手持大哥大"成为街上许多生意人的"标配"。因为"大哥大"电池待机时间短、通信费用贵，于是有的

① 《上海电信史》编委会编：《上海电信史》第 3 卷，上海人民出版社 2013 年版，第 631 页。
② 《从 7 万到 2 500 万：上海通信业改革开放三十年纪实》，《通信产业报》2008 年 12 月22 日。

持有者使用 BP 机接收来电号码，然后用"大哥大"给对方回电，扬长避短、充分发挥各自的优势。

在此期间，上海移动通信网络的容量和覆盖范围不断扩大，到了 1995 年底，已基本覆盖全市。①90 年代中期以后，"大哥大"退出了历史舞台，BP 机的使用也逐渐衰落，取而代之的是轻便小巧、价格适宜的"手机"的登场。从生意人到上班族，从青年人到中年人再到老年人，越来越多的人开始使用手机，手机俨然成为上班族的"标配"。进入 21 世纪以后，随着手机更新换代的加速和智能手机的普及，不仅手机使用者进一步增加，而且开始成为普通市民的日常生活用品，甚至越来越多人开始"依赖"上了手机，他们不仅在工作中离不开手机，而且在日常生活和娱乐中也须臾离不开手机。

到 2017 年底，上海移动电话用户总数达到 3 298.71 万户，平均每百人拥有 136.4 部手机，②也就是说，很多人拥有不止一部手机。更加重要的是，此时的很多"手机"已非彼时的"手机"，它已经不只是一部"手持移动电话"，而是一部具有多种功能的"手持移动终端"了，并且这一手持移动终端所具有的功能还在不断地增加。

第四节　体制改革和电信网络大转型

中国的电信事业是依靠改革开放才实现了飞跃的发展，作为中国电信事业重要组成部分的上海电信事业是伴随着全国电信事业的体制改革和对

---

① 《上海电信史》编委会编：《上海电信史》第 3 卷，上海人民出版社 2013 年版，第 733 页。

② 数据来源：《2018 年上海统计年鉴》，表 15.16"主要年份电信业务主要指标"和表 15.17"主要年份邮电通信水平"。

外开放快速发展起来的。

一、电信业体制改革

早在 20 世纪 80 年代，上海电信行业就进行过扩大企业自主权改革、深化企业经营机制改革、电话通信事业筹资改革等多项改革，90 年代中期以后更是在全国电信事业改革的框架内，迈出了更大的改革步伐。

20 世纪 90 年代中期至 2010 年，中国电信业有过数次大的改革。这些改革可以分为两大类：一是体制改革；二是"三网融合"改革。

在从旧体制向新体制的转变方面，大约有六次大的改革：

（1）1994 年 7 月 19 日，在国家领导人的推动下，由电子部、电力部、铁道部三部发起，10 个部委共同出资，成立了中国联合通信有限公司（简称"中国联通"）。成立中国联通的目的是要在中国电信领域造就一个新的竞争主体，引入市场竞争机制，以打破基本电信业务由邮电系统一家垄断的局面。中国联通成立后，集中力量发展移动通信，与当时属于邮电系统的电信企业展开激烈竞争，上海也不例外。

（2）1994 年，将国家电信局从邮电部独立出来。1995 年 4 月，在邮电部内成立中国邮电邮政总局和中国邮电电信总局。4 月 27 日，中国邮电电信总局完成了企业注册登记。中国邮电电信总局被定位为"负责全国公用电信业务的经营管理、网络运行和建设工作的企业局"，在开展电信业务管理和与社会各界、国际组织、国外公司交往时使用"中国邮电电信总局"的称谓，在开展电信业务时使用"中国电信"的标识。①这一改革的初

---

① 参见《邮电部关于电信总局对内对外称谓及"中国电信"企业标识使用有关问题的通知》，1995 年 11 月 1 日。

衷是要实现电信行业部分的政企分离，推动国家邮电系统中的电信部门走向市场、独立经营。但是这次改革后的中国电信仍是政企合一的混合体，既要独立经营，又要承担许多规范和管理职能，离产权明晰、权责明确、政企分开、管理科学的现代企业制度相去仍远。

（3）1998年3月，在原电子部和邮电部基础上组建了信息产业部，在电信业实现了政企分开，为随后一系列的电信产业改革奠定了体制基础。1999年2月，信息产业部决定对中国电信进行拆分，成立中国移动通信集团公司（简称"中国移动"，2000年4月20日挂牌）、中国卫星通信集团公司（简称"中国卫通"，2001年12月19日挂牌）和中国电信集团公司（2000年5月17日挂牌，该公司沿用了"中国电信"的简称）。按照当时的规划，中国移动主要发展移动通信业务，中国卫通主要发展卫星通信业务，中国电信主要发展固定电话等传统电信业务。与此同时，国务院对中国联通进行了重组，从中国电信剥离出来的国信寻呼集团公司于1999年5月整建制划归联通公司。在上海，1999年8月1日，上海移动通信公司挂牌，标志着上海电信重组改革迈出关键性一步。

（4）2001年，国家向中国国际网络通信有限公司（简称"中国网通"，俗称"小网通"，由中科院、广电总局、铁道部、上海市政府四方出资于1999年10月22日成立）、中国铁道通信系统有限公司（简称"中国铁通"，由铁道部控股、铁路全路14个铁路局等共18家股东共同出资于2001年1月成立）和吉通通信有限责任公司（简称"吉通"，由电子工业部发起、电子工业部系统一些大型国有企业共同出资于1994年1月12日成立），发放了电信运营许可证。至此，我国基础电信各个业务领域市场竞争格局初步形成。

（5）2002年5月16日，根据国务院《电信体制改革方案》，对原中国电信进行拆分，其北方10省的分公司与网通、吉通合并，成立新的中国网络通信集团公司（沿用原来"中国网通"的简称）；其南方和西部 21 省的分公司组成新的中国电信集团公司（沿用原来"中国电信"的简称）。同时允许原来的中国网通在南方的分公司继续开展业务，允许新的中国电信到北方发展业务。通过这次改革重组，电信基础服务形成新的"5＋1"格局：中国电信、中国网通、中国移动、中国联通、中国铁通以及中国卫通。吉通公司消失。

经过上述一系列改革重组，在上海电信市场形成了以中国（上海）电信、中国（上海）联通、中国（上海）移动三大企业为主，中国铁通、中国网通等新电信运营商积极参与的格局，一时间上海电信市场竞争烽烟四起。

（6）2008 年 5 月 23 日，国家对于基础电信运营商又一次进行重组。中国联通的 CDMA 网与 GSM 网被拆分，前者并入中国电信，组建为新的中国电信，后者则吸纳了中国网通，成立了新的中国联通。中国铁通并入中国移动成为其全资子公司。中国卫通将其所承担的基础电信业务并入中国电信。伴随着电信业的又一次重组，上海基础电信运营市场上也形成了移动、电信、联通三家企业三足鼎立、相互竞争的局面。

这一阶段电信行业进行的大刀阔斧的改革对于上海电信事业的长远发展具有重大意义。首先，通过政企分开，使得电信企业不得不独立地走向市场，这极大地推动了电信企业根据经济、社会发展需求发展自己，同时也为电信企业从市场上筹集所需要的建设资金开辟了道路，改革后多家电信企业在证券交易所上市，筹集了大量建设资金。第二，通过新的市场主体的进入，在原本一家垄断的上海电信市场形成了多方竞争的格局，通过竞争，既有效回应了客户的需求，也提高了企业的效率。第三，竞争性市场的出现，促进了新技术、新产品的应用以及服务价格的不断下降，正是在激烈的市场竞争中，上海的电信事业获得了全新的飞速发展。

二、"三网融合"推动电信大发展

"三网融合"（又称"三网合一"）改革对于电信事业的发展产生了巨大的影响。"三网融合"指的是电信网、广播电视网、互联网在向宽带通信网、数字电视网、新一代互联网进步的过程中，通过技术设计和改造，使其服务功能趋于一致，网络互联互通，资源实现共享，能够在同一个物理网络中为用户提供语音、数据和广播电视等多种传输服务，使手机、电视、个人电脑等原本分属不同网络的不同终端可以通过一个网络和一个终端实现原来必须通过各自的网络和终端才能实现的功能，如通过手机上网，通过电脑收看电视，等等。通过"三网融合"，可以实现信息服务由单一业务转向文字、话音、数据、图像、视频等多媒体综合业务的转变，极大地减少基础建设投入，提升网络资源使用效率，极大地丰富网络业务范围，有效地拓展增值业务类型，为客户提供更加方便、优质、廉价和综合的服务。

"三网融合"改革起源于互联网技术的发展和移动通信用户的增加。进入 21 世纪后，固定电话网用户的衰减和业务增长的下滑成为世界电信事业所面临的共同难题。上海也不例外。上海的住宅电话普及率在 2006 年达到顶点，为 147.7％，此后逐年下降，2017 年底下降至 71.2％（见图 5-3）。与此同时，和世界电信业变化趋势同步，上海的移动电话用户数量快速上升，2010 年达到了 2 361.55 万户。每百人拥有的手机数，在 2003 年就超过了 80 部，2009 年更是达到了 109.6 部。[①]在互联网技术发展日新月异的背景下，将固话网络与宽带网络相结合，将移动电话与移动互联网

---

① 参见相关年份《上海统计年鉴》。

相结合，成为上海电信业战略转型的必然选择。

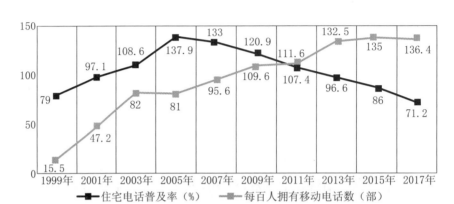

图 5-3　上海住宅电话普及率和每百人拥有移动电话数的变化（1999 年底至 2017 年底）

注：根据《上海统计年鉴》有关年份数据整理制作。

在国家层面，2001 年全国人大九届四次会议通过的《国民经济和社会发展第十个五年计划纲要》首次明确提出"促进电信、电视、互联网三网融合"。2006 年全国人大十届四次会议通过的《国民经济和社会发展第十一个五年规划纲要》的决议，再度指出要积极推进"三网融合"。

2009 年 5 月 19 日，国务院在批转发展改革委《关于 2009 年深化经济体制改革工作意见》的通知中指出，要通过"广电和电信企业的双向进入，推动'三网融合'取得实质性进展"。

2010 年 1 月 13 日，国务院常务会议明确了"三网融合"的时间表。3 月 12 日，工业和信息化部部长在接受新华社记者专访时表示，"三网融合"的核心是在双向进入上找到切入点：广电行业可以进入规定的一些电信行业的业务，国有电信企业根据规定可以进入一些广播影视的业务。

在实践中，对"三网融合"的认识有一个逐步完善的过程。最初的认识比较模糊，有的将"三网融合"视为跨行业的业务拓展，比如电信行业铺设光缆，开展网络业务；或者是广播电视行业通过电视电缆提供上网服务。后来人们逐渐意识到，所谓"三网融合"，应该是能够通过一张网、一个终端实现原本需要通过三张网、三个终端才能实现的功能。

上海在国内较早开始网络融合试点工作。2004 年，上海市电信有限公司（后更名为中国电信股份有限公司上海分公司，简称"上海电信"）在南汇区部分用户中进行了 IPTV 实验。①2005 年，上海电信与上海文广签订了 IPTV 业务合作协议。上海电信负责系统测试、带宽改造、终端实施、系统运营、用户收费，上海文广负责内容提供、电子节目菜单管理与发布，交叉部分利润双方分成。2005 年 11 月 28 日，上海电信和上海文广先期向闵行和浦东部分地区居民开放 IPTV 业务。2006 年 9 月 1 日，上海电信与上海文广联手在全市推广 IPTV 业务。此时上海的 IPTV 不仅可以收看和点播影视节目，还可以了解政务信息、餐饮信息、农资信息、天气预报、票务信息等。②到 2009 年底，上海电信的 IPTV 业务用户突破百万，达到了 101 万户。③

"全球眼"系统的建立也是上海电信拓展实现多网融合的重要探索。"全球眼"是由上海电信技术研究院研发、基于电信宽带网实现监控、传输、存储、管理的网络视频监控系统，可将分散、独立的图像采集点联网，实现远距离统一监控。以后"全球眼"系统又被应用到了出入境检验检疫、社会治安管理、企业内部保安等诸多领域。④

---

① IPTV 是 Internet Protocol Television（互联网协议电视）的缩略语。

② 参见《上海电信史》编委会编：《上海电信史》第 4 卷，上海人民出版社 2013 年版，第 1086—1087 页；又见黄海峰：《三网融合"上海样板"分歧渐显》，《通信世界》2011 年第 1 期。

③ 参见《2010 年上海统计年鉴》，表 13.18"主要年份信息化基础设施情况"。

④《上海电信史》编委会编：《上海电信史》第 4 卷，上海人民出版社 2013 年版，第 1095—1096 页。

"三网融合"是电信行业从传统通信网络供应商向综合信息网供应商的大转型，这一转型当然不可能一蹴而就。最初阶段的 IPTV 也好，"全球眼"也好，严格说来还谈不上是真正意义上的"三网融合"，对于大多数上海市民来说，真正的"三网融合"是近些年来随着智能手机终端的普及才真正实现的。

三、移动智能终端的普及

2009 年 1 月 7 日，国家工业和信息化部向中国移动、中国电信、中国联通分别发放了全业务牌照，该牌照包括了基础电信业务牌照和第三代移动通信业务牌照（即 3G 牌照），随着 3G 牌照的发放，中国电信业正式进入了 3G 时代。2013 年 12 月 4 日，国家工信部又向中国移动、中国电信和中国联通发放了第四代移动通信技术业务牌照（即 4G 牌照）。

1G、2G、3G、4G……对于从事通信行业的人来说，是和诸多专业技术用语联系在一起的。例如 1G（first generation）指的是以模拟技术为基础的蜂窝移动通信系统，2G 指的是以数字语音传输技术为核心的第二代移动通信系统……但是对于上海的普通市民来说，他们大概会说，1G 就是"大哥大"，它只能打电话，不能发短信；2G 有摩托罗拉、诺基亚，可以打电话，也可以发短信，但是屏幕小，看起来费劲，要按键输入，容易按错键；3G、4G，牌子多，屏幕大，触摸式，可以上网，用场太多，生活、工作离不开。

其实，3G 和 4G 牌照的发放标志着我国进入了智能手机阶段。智能手机就像是一台小电脑，具有独立的操作系统和运行空间，可以安装多种手机软件，还可以通过移动通信网络来连接互联网。进入智能手机时代，手机已不仅仅是一部"手持移动电话"，而成为了一个连接在无线互联网上的"手持移动终端"，人们通过这一"手持移动终端"除了可以与他人进行音频、视频、文字交流外，还可以上网了解信息，接收、处理、录入、保存和传输数据，收看电视，照相，和他人一起联网游戏，了解和显示自己所在的位置，购买所需要的商品和服务，转账，支付……其功能还在不断地增加。

2014 年底，上海的 3G、4G 手机用户数量超过了手机用户总数的一半，2017 年底，3G、4G 手机用户数更是占到了手机用户总数的 85％以上（见图 5-4）。2010 年，上海的移动接入流量为 1 115.1 万 G，2014 年达到 5 829.1 万 G，此后连续翻番，2015 年为 10 684.0 万 G，2016 年为 21 073.5 万 G，2017 年翻番至 48 165.6 万G。①这些数据明白无误地告诉人们，上海已经进入移动智能终端时代。

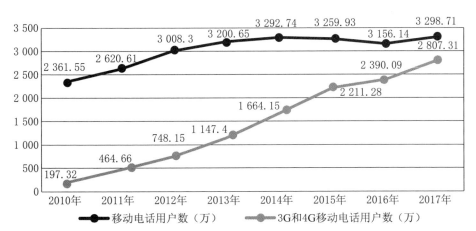

图 5-4　上海移动电话用户数和 3G、4G 移动电话用户数的变化（2010 年底至 2017 年底）

注：根据《上海统计年鉴》有关年份数据整理制作。

在移动智能终端的时代，上海的电信企业已经由传统的基础电信网络

---

① 参见相关年份《上海统计年鉴》。

供给者和语音、文字电信传输者，变成了综合信息网络的供给者和服务者。它们最重要的职能是不断建设提供更加先进的信息传输网络，向市民和社会各界提供更加快捷、优质、高效、遍布各处、随时可及的综合信息网络服务。就这个意义上讲，具有 130 多年历史的上海传统电信业那些有形的"经脉"正在隐去，取而代之的是充盈于天地之间、可以将无数的人和终端随时连接在一起的无形网络，这预示着上海传统电信业的消失，也是其华丽的转型。

第六章　公交：从有轨电车到地铁网络

公共交通是由公共汽车、电车、出租汽车、地铁、轻轨等交通方式组成的公共客运系统，是重要的城市基础设施，自1819年巴黎市街出现了为公众租乘服务的公共马车以来，城市公共交通的形式和内容一直在发生变化，逐步形成了电车、汽车和地铁、出租车等并存的城市公共交通格局。

上海是中国公共交通的发源地。同其他公用事业一样，上海的公共交通也是在租界起步的，但是真正让全体市民享受到现代化公共交通便捷的还是在新中国成立以后，特别是改革开放以来的事。

第一节　上海公共交通的起步

上海的公共交通工具是在20世纪初期开始在租界出现的。由于本书第一章对于电车在租界的诞生有较为详细的记述，本章对于租界电车诞生始末之只作简要叙述，多谈一点华商在公共交通发端之时的作用。

一、租界和有轨电车

上海在 1843 年开埠后的很长的一段时期，城市面积保持在 10 平方公里左右，也就是在今天的老城隍庙及其周边。那时候，城里的代步工具，除了特别有钱者乘坐马车以外，主要使用的是独轮车、黄包车之类。到了 20 世纪初，上海城市规模已达到方圆 50 平方公里了。比如从杨树浦到徐家汇，就有 15 公里之远。这么长的路程，单靠独轮车、黄包车是不行的。在此背景下，建立近代公共交通系统的要求首先在租界中开始酝酿。1881 年 7 月，英商怡和洋行向租界当局申请在租界内开设有轨电车线路。法租界当局表示同意，但在公共租界最高代议机构的纳税人会议（Meeting of taxpayers in public concession）上却因上海英商自来水公司反对未能通过。[①]上海英商自来水公司反对的理由是：担心电车或者轨道会碾碎自来水输水管。[②]1898 年公共租界与法租界再次联合组成电车设计委员会，但也因意见分歧未有结果。直到 1905 年，英商布鲁斯·庇波尔公司与上海公共租界当局签订了电车专营合同，获准在公共租界建设有轨电车工程。随后，该公司根据合同的规定，另行组建上海电气建设公司（Shanghai Electric Construction Co.，在中国该企业被称为"英商上海电车公司"），负责上海电车的建设和经营。[③]1906 年 3 月 5 日，英商上海电车公司运营的上海第一条有轨电车线路正式通车。[④]1905 年 5 月 6 日，法租界也出现相同的一幕。比利时商东方万国股份有限公司向上海法租界公董局申请承办电车

[①④] 转引自《图说老上海电车》，载看看新闻网 http://www.kankanews.com/a/2017-12-05/0038251268.shtml。

[②③] 薛理勇：《上海开通有轨电车始末》，《上海市政公路》2011 年 6 月。

及电气事业的专营权，1906 年在巴黎注册成立的法商上海电车电灯公司（法语为 Compagnie Francaise de Tramways et d'Eclairage Electriques de Shanghai）①建设和运营的有轨电车线路也开始正式运行。

洋人办电车，既给上海带来了便利，也带来了屈辱。洋人以租界特权为后盾，控制了电车事业的长期专营权。英商布鲁斯·庇波尔公司与上海公共租界工部局签订电车专营合同的前提是由它控制电车专营权 35 年。1906 年 3 月，布鲁斯·庇波尔公司将经营电车业务的权利转让给上海电气建设公司。次年 10 月，上海电气建设公司上海有轨电车公司（简称"上海电车公司"）成立，但公司董事会设在英国伦敦。

法租界也同样如此。1905 年 11 月，比利时东方万国股份有限公司向上海法租界公董局申请承办电车及电气事业的专营权，为此该公司在把 10 万法郎存入巴黎东方汇理银行，以此作为保证金后，法租界公董局才与它订立合约，把法租界越界筑路区所有道路的电车、自来水、电灯电力输送事业专营权让予该公司。专营权为 50 年。为了更大规模地在上海经营电车等业务，一批法国商人开始筹组法商电车电灯公司，1906 年 6 月，法商电车电灯公司以 1 000 万股（每股 250 法郎）作为补偿，从比商东方万国股份有限公司取得了在上海法租界内电车电灯事业经营权。1908 年 5 月，法商电车电灯公司在上海正式开业，公司总管理处设在法国巴黎。1914 年 2 月，法商电车电灯公司和上海法租界公董局订立合约修正书，专营权的期限改为 75 年。

英商电车公司的电车车厢分头等和二等，互不相连。票价按段计算，每段 2 公里，头等每段 5 分，全程 15 分；二等每段 2 分，全程 6 分（当时

---

①　该公司又称"上海法商电灯电车自来水公司"，俗称"法商上海电车公司"，简称"法电"。

市价 20 分可买猪肉一斤）。虽然没有明文规定华人不可乘坐头等车厢，但是昂贵的票价把绝大多数华人排除在头等车厢以外。到了发行月票时，则公开歧视华人。1908 年 9 月，英商上海电车公司首次发售电车月票，每张 8 银元，童票 5 银元，但只对外国人发售。次年 7 月开始对中国人发售月票，只限于乘坐二等车厢，每张 5 银元。

在租界电车日益发展的刺激下，华商也开始在租界外建造公交线路。辛亥革命后，上海决定拆除城墙，兴建中华路、民国路环城马路，当时就有人提议，在新筑的中华路、民国路上开通环城有轨电车。辛亥革命上海地区领导人之一的李平书极力推荐当时正在经营南市电灯公司的陆伯鸿出面筹办此事。1913 年，陆伯鸿集资一百万元成立"华商电车公司"。

1912 年 7 月，上海华商电车公司与上海南市市政厅签订合同，[①]在南市开设有轨电车线路，经营权为期 30 年。1913 年 8 月 11 日，由华商集资设立的华商电车有限公司建设的第一条有轨电车线路通车。最初的线路自小东门至高昌庙（今高雄路），全长 4.8 公里。1918 年，上海华商电车有限公司与上海华商内地电灯公司合并，改名为上海华商电气股份有限公司。

华商电车的发展，与中国官绅与洋人在路权上的抗争密切相关。当时，法租界与南市华界以原上海北城墙的护城河为分界，当上海拆城时，城墙被推倒，护城河被填平筑路，于是就要重新确定法租界与南市华界的界线。最后确定，以新筑成的民国路（即今人民路）的中线为界线。所

---

① 上海南市市政厅是晚清和民国初期管理上海地区工程建设和征收租税的机构。其前身是清光绪二十四年（1898 年）设立的上海南市马路工程善后局。上海南市马路工程善后局于清光绪三十二年（1906 年）转变为上海城厢内外总工程局，上海城厢内外总工程局又于清宣统元年（1909 年）改名为上海城厢自治公所。清宣统三年（1911 年），上海城厢自治公所改为上海南市市政厅。

以，当时民国路的内圈（即北面）叫作民国路，而它的外圈，即属法租界的一面被叫作"法华民国路"，如果华商电车公司要开通中华路、民国路的环城电车，只能铺设内侧轨道，也就是讲，环城电车只能单向行驶，这无形中就增加了许多的难度，给市民出行增加了许多困难和成本。1912年，时任上海县民政长的吴馨（字畹九，号怀疚）与法国领事一再交涉，签订《南市市政厅与法公董局管理华法马路联络办法》，对华界与法租界交界处的警务、治安、卫生以及电车等作了划定。也有人称他"与外商竭力交涉，挽救地方利权尤多"，他的爱国立场也受到外商的钦佩和尊敬。1914年，他出任法租界第一任华董，同样在任华董期间，"磋商划界，主权所在，丝毫必争"。由于及时解决了关于民国路主权争执，并拟定了解决办法，中法双方共同使用民国路，法商电车开通了往返于小东门至老西门的三路电车，华商电车公司也开通了双向环城的三路电车。华商电车公司开通的有轨电车共四条，总长 22.7 公里。

到了 20 世纪 30 年代，上海的电车已经形成相当规模。其中，英商电车有运营线路 10 条，总长为 52.3 公里；法商电车有运营线路 10 条，总长 45 公里；华商电车公司有运行线路 4 条，总长 22.7 公里。上述线路组成了一个公交网络，覆盖了大致相当于由今天的外滩—杨树浦—虹口—北站—常德路—静安寺—华山路—徐家汇—徐家汇路—八仙桥—龙门路—中山南路—老西门—人民路—十六铺—外滩等构成的区域。电车是当时上海市民生活中的重要组成部分，不仅提供了便捷的交通，而且成为城市的一道道风景。著名作家张爱玲在《公寓生活记趣》一文中写道："我们的公寓邻电车厂近，可是我始终没弄清楚电车是几点钟回家。'电车回家'这句子仿佛不很合适——大家公认电车为没有灵魂的机械，而'回家'两个字有着无数的情感洋溢的联系。但是你没看见过电车进厂的特殊情形罢？一辆衔接一辆，像排了队的小孩，嘈杂，叫嚣，愉快地打着哑嗓子的铃：'克林，克赖，克赖，克赖！'吵闹之中又带着一点由疲乏而生的驯服，是快上床的孩子，等着母亲来刷洗他们。车里灯点得雪亮。专做下班的售票员的生意的小贩们曼声兜售着面包。有时候，电车全进了厂了，单剩下一辆，神秘地，像被遗弃了似的，停在街心。从上面望下去，只见它在半夜的月光中坦露着白肚皮。"

初具规模的上海公交线路具有以下三个特点。

一是划界分设。当时上海被分割为公共租界、法租界和华界三界，其中华界又分为闸北和南市两个区域，中间被租界隔开，当时的上海总体呈现三界四方的格局。划界分设使得公交线路无法成网，这不仅给乘客带来不便，也降低了企业的收益。于是，三家电车公司之间开始商谈线路联运事宜。与此同时，无轨电车的出现和运用在技术层面方便了不同企业之间开展线路联运。经协商，1926 年 10 月 23 日起，法商电车电灯公司与英商上海电车公司的部分无轨电车线路实行联运。法商电车和英商电车的联营，迈出从划界分设向跨区域公交网络转变的关键一步。

二是主要开设在港口和商业区，从那里向内陆居住区延伸。英商电车公司的线路从当时的港口外滩附近向静安寺延伸；法商电车的线路则从今天的金陵东路外滩附近向西延伸至徐家汇；华商建造的线路则以华界的十六铺码头以及沪杭铁路南车站为重点，向南市的内陆地区伸展。

三是市内公交以电车线路为主，汽车主要承担市区至郊区的公共交通。[①]这主要是因为当时汽油和柴油的生产、运输和储存很不方便。比较而言，电厂的建设要容易得多。在黄浦江或其支流建个燃料（煤炭或柴油）

[①] 以公共租界为例，1930 年，公共租界公交汽车路线总长度已达 52.39 英里，共有常设线路 12 条，主要连接市区与近郊的交通。公共租界电车线路总长度为 35.235 英里，常设线路则有 20 条之多且主要覆盖市中心。参见沙青青：《上海 1931：迟到的电车》，《瞭望东方周刊》2016 年 4 月 14 日。

码头，引进一套发电机组，就可以很快地建起一座发电厂。从发电厂拉出一条电线，引进几台车辆，就可以建起一条公交线路了。

二、华商与公共汽车

继有轨电车、无轨电车开通后，1922 年，公共汽车也在上海出现了，并且是中国人先开办起来的。1922 年 2 月，宁波籍华商董杏生向工部局申请注册成立了中国公利汽车公司（Chinese Motor Bus Co. Ltd），经营静安寺路—愚园路—白利南路（今长宁路）—兆丰公园（今中山公园）全长 4 公里的公交线路。由于各种原因，董杏生的公利公司的公共汽车只经营了几个月就倒闭了，但却在上海租界内外华洋之争的历史上留下浓重的一笔。

董杏生出面办公共汽车与租界当局越界筑路有关。所谓越界筑路，是指洋人在租界之外修筑道路，并取得一定管辖权的非法做法。随着上海的发展，以英国人为主的公共租界和法租界为了扩大租界的面积和在华特权，以种种借口和理由，在租界之外的地方修筑马路。当一条越界马路筑成后，工部局就会派警力实施他们对这条马路的权力，通过"越界筑路"，租界当局取得了事实上的附属于租界的大片"准租界"区域。1860 年太平军东进，一路攻破镇江、常州、无锡、苏州、杭州、宁波等城市，直逼上海。在上海的洋人为了确保租界的安全，与清政府建立暂时的联合，共同抵御和镇压太平军。为了军事行动的方便，上海道台准许工部局在租界之外"修筑军路，以利军行"。在此名义下，公共租界工部局相继筑了静安寺路（今南京西路）、新闸路、极司菲尔路（今万航渡路）、徐家汇路（今华山路），法租界修筑了徐家汇路（今徐家汇路和肇嘉浜路）等多条越界道路。太平天国战事结束后，上海道要求收回对越界修筑的道路的路权，但工部局则以当时筑路得到中方准许为由，不仅拒绝交出路权，还利用越界筑路蚕食路周的土地。董杏生开辟的从静安寺到兆丰公园（今中山公园）的公交线路，正是地处越界筑路的模糊地带，当时又属市郊接合部，正好与上海地方政府抵制和反对洋人越界筑路的宗旨相符，租界当局亦无法予以公开反对，不得不同意华商进入公共交通领域。

公利公司旗下仅有两辆德国的霍克牌客车，每辆车的载客量是 30 人左右。起点是当时已经相当热闹的静安寺，终点是兆丰公园。乘客主要是位于兆丰公园西侧后门的圣约翰大学（现华东政法大学）的师生，为出售农副产品而往返市区的农民，以及去兆丰公园游玩的市民等。乘客数量虽然有限，但在开通之日，倒是热闹非凡。原来董杏生有个儿子是圣约翰大学的学生。线路开通运营那天，他儿子的同学们坐满了车厢，摇旗呐喊，好不热闹。线路开通后，租界工部局开始作梗，要求公利公司必须每季度缴纳执照费白银 100 两，道路费另捐白银 10 两。本来乘客就不多，且车资定价也就每趟几分钱，更何况圣约翰大学学生都是董公子的同学，许多人随着董公子上车，根本不买票。结果，公利公司仅经营了几个月，就因亏损严重难以为继。

除了公利公司以外，华商还相继成立了华商沪北兴市公共汽车公司、上海华商公共汽车公司、沪南公共汽车公司（简称沪南公司）等企业。其中规模较大的有 1921 年 5 月成立的华商沪太长途汽车股份有限公司。该公司开辟了第一条上海至太仓的长途汽车线路。

董杏生创办公利公司的同一年，在当时上海滩大名鼎鼎的犹太商人沙逊的指使下，英国人阿诺尔特以租界公共交通不足为由，向工部局申请成立公共汽车公司。第二年，阿诺尔特以额定资本 100 万两、实收47.5万两，根据香港公司法登记成立了中国公共汽车公司，开辟了外滩到静安寺的线路。1931 年，沙逊从阿诺尔特手中接管中国公共汽车公司后，线路和车辆大量增加，到 1941 年车辆已经达到 195 辆，其中甚至还有 57 辆双层车，员工人数也从起步时的几十人增加到 2 600 人。

在此前后，英电和法电在有轨电车的基础上，也先后开设了多条公共汽车线路。公共租界内的公共汽车线路陆续增加，到 1924 年已有 14 条公共汽车线路在运行，车辆约 30 辆。运行总长度达到 105 公里，所用车辆均是从英国进口的二手车。

到 20 世纪三四十年代，公共汽车已经在上海的公共交通中占有一席之地。到 1937 年抗战全面爆发前夕，上海已有公交线路 70 余条，有公共汽车、电车（包括长途汽车）和小型火车等各类公交车辆 900 余辆。当时的公交系统不仅覆盖了城市地区，青浦、松江、闵行、川沙、南汇、宝山、吴淞以及崇明岛等都先后出现公共汽车客运企业。

日军侵华，沉重打击了上海的公交事业。1932 年"一·二八"事变后，日本人抢走了沙逊的经营权。1937 年 8 月 13 日，日军炮轰上海，致使上海城区和市内公交线路受损严重。1941 年 12 月 7 日太平洋战争爆发后，日军占领租界并接管英商上海电车公司等企业。1942 年 1 月 10 日，英商中国公共汽车公司宣布停业。法商电车公司因法国投降德国而得以在上海苟延残喘，惨淡经营。

1946 年 8 月 15 日，日本投降，抗战取得胜利。1945 年 9 月 29 日，国民党上海市政府公用局除了将原英商上海电车公司发还原英商经营以外，还设立了官办的上海市公共汽车公司筹备处。同年 10 月，又将上海市公共汽车公司筹备处改组为上海市公共汽车公司筹备委员会。随后，上海市政府又在 11 月成立了上海市电车公司筹备处。次年，上海市公共汽车筹备委员会与上海市电车公司筹备处合并为上海市公共交通公司筹备委员会。在该筹备委员会的主持下，先后新开辟了 10 多条公交线路投入运营。于是，在上海重新出现了由英商、法商、华商三驾马车主导，若干民间企业参与的城市公交的格局。

第二节　上海解放初期人民公交的建立

公共交通是城市的命脉，与人民的生活和生产，以及城市的发展关系极大。在解放大军准备攻城之际，陈毅同志就专门为保证公交和水电的正常运行作了相关指示。上海解放后，人民政权立即着手整顿改造原有各类公交企业，迅速建立了人民公交的管理和运行体制。

一、在战火中维持城市公交的正常运行

上海解放前夕，上海市区公共交通线路共有 44 条，其中：有轨电车 12 条，总长度 69 公里；无轨电车 9 条，总长度 42.8 公里；市区公共汽车 23 条，总长度 138.6 公里。另外，有近郊及长途公共汽车线路 23 条，总长度 799.2 公里。1949 年末，以英商电车、法商电车和官办的公交公司筹备处 3 个主干公交企业统计，共有电车场 3 座，公共汽车场 2 座，修理厂 3 座，电车整流站 8 座，共有职工 8 311 人，营业车辆 934 辆，行驶路线 44 条，路线总长度 352 公里，线网密度为 0.5 公里/平方公里，全年载客量为 2.4 亿人次，日均载客量为 65 万次。[①]

在解放上海的战斗中，上述市内公交车辆基本照常行驶，各公交企业都成立了护厂队，成功地防止了国民党军队的破坏。1949 年 5 月 25 日，苏州河南岸地区解放，军管会和大批部队开始进城，但缺乏交通工具，公

---

① 参见上海市公用事业管理局编：《上海公用事业（1840—1986）》，上海人民出版社 1991 年版，第 383 页。

交工人闻讯后迅速出动大批公共汽车，到南翔等解放军驻地，把数千名"青州部队"（军管会的临时代号）的干部安全地运送到了目的地。有的公交护厂队的工人还直接参加了解放军肃清残敌的战斗。①

上海公交能够在上海解放中发挥如此作用，是和中共地下党组织在上海公交系统中长期开展的工作分不开的。在中共地下党组织的领导下，上海公交行业职工有着丰富的革命斗争传统和悠久的斗争历史。

英商上海电车公司工人运动有悠久的历史，英电公司也是中共早期工人运动的重要据点。早在1919年五四运动时，英电机务部260名工人举行罢工，声援北京学生。1923年中共在英电发展党员。1925年，英电成立了由中共党员领导的"公共租界电车工会"，会员有837人之多。其后，英电工人先后在刘少奇、陈云等人的直接领导下参与了"五卅"大罢工和北伐期间上海工人的三次武装起义。1927年2月上旬，上海工人第二次武装起义筹备会议的会场就设在英电工人俱乐部内。②到了上海解放前夕，英电的地下党员已经发展到70多人，同时成立了700多人的护厂队，这支力量在配合解放军解放上海的战斗和确保电车照常行驶等工作中发挥了重大作用。③

法商电车公司也早在1926年就建立了中共法电地下党支部，领导工人运动。到上海解放前夕，法电地下党员已经成为拥有138名党员、5个工人党支部和1个职员党小组的战斗堡垒。④他们组织成立了700多人的护

①　参见上海市政协文史资料工作委员会编：《上海解放三十五周年文史资料专辑》，上海人民出版社1984年版，第340页。

②　中共上海市委党史研究室、上海市总工会编：《上海英电工人运动史》，中共党史出版社1993年版，第53页。

③　同上书，第274页。

④　参见中共上海市委党史研究室、上海市总工会编：《上海法电工人运动史》，中共党史出版社1991年版，第3页。

厂队，挫败了国民党军队妄图炸毁发电厂的阴谋，使得工厂设备在解放后能完整地回到人民手中。

上海解放前夕，中共上海市委成立了交通工作委员会，统一领导英电、法电和上海市公共交通公司的工人运动，开展了声势浩大的罢工和示威活动，涌现了"公交三烈士"等一批感人的事迹。当时，工人们为了在战事之中求得生存，向国民党当局提出了发放"应变费、应变米"的要求，但遭到了拒绝。1949 年 2 月 16 日，在钟泉周、王元、顾伯康三位同志的带领下，上海公交工人举行了罢工。国民党当局为镇压罢工，同日秘密逮捕钟泉周、王元、顾伯康，并于次日下午在江湾刑场杀害了这三位罢工领导人。

钟泉周（1919—1949），浙江省镇海县人。1941 年 9 月入西南联大工学院电机工程系。1945 年 2 月参加民主青年同盟。同年在西南联大毕业后，在重庆中央工专筹办《科学时代》杂志，宣传民主运动。同年到上海，在市公用局电车公司筹备处工作，后在公交公司保养场任工务员（技术员），辅导工人学习文化技术，受到工人群众信任，他被选为员工福利会（即工会）第三届理事会理事长。1948 年 2 月在领导上海公交工人进行"应变费"罢工中，被国民党当局逮捕杀害，牺牲时年仅 30 岁。

王元（1918—1949），江苏镇江人。1946 年入上海市公共交通公司当司机，其后在上海地下党的领导下，多次代表工人与公司谈判，取得成果。后当选为第三届理事会常务理事。国民党特务曾多次对他进行威胁和利诱，将他监禁 80 多天，但动摇不了他为工人谋福利的决心，出狱后仍然义无反顾，同反动当局进行斗争。1949 年 2 月 16 日在"应变费"罢工中，被国民党军警逮捕杀害，牺牲时年仅 31 岁。

顾伯康（1910—1949），浙江诸暨人。14 岁时当学徒，1935 年进入国民政府军政部汽车修理厂任职。抗战胜利后，因反对蒋介石集团发动全面内战，愤而辞职。后于 1948 年 3 月考入上海市公共交通公司当司机，为人刚正不阿，得到工人群众信赖，同年 9 月被推选为公交员工福利会第三届理事会理事。在"应变费"罢工中，他为维护职工利益，面对当局据理力争，毫不退让。国民党当局采取"借人头，平工潮"的恶毒手段，将顾伯康逮捕杀害。牺牲时未满 40 岁。

1950 年 2 月 17 日，上海公交工人举行"公交三烈士"殉难一周年大会。陈毅市长为大会题词："为中国人民事业而牺牲，永远为人民所纪念。"市人民政府专门在四平路 1230 号（原公交汽车一场停车场）设立"公交三烈士"塑像和"公交三烈士"事迹陈列室。

"公交三烈士"的英勇事迹，激励着一代又一代公交人。随着上海城市的发展，因巴士一汽公司搬迁至国江路停车场，上海市交通运输和港口管理局对钟泉周、王元、顾伯康"公交三烈士"塑像进行了重新塑造，并于 2009 年 2 月 17 日隆重举行"公交三烈士逝世六十周年纪念大会暨新塑像落成仪式"，正式列为上海市爱国主义教育基地。

二、旧公交企业的接收与改造

解放初期上海公交企业的接收，分为对官僚资本的接收和对外商公交企业的征用两个阶段。

第一步是接受官办的上海公共交通公司筹备处。1949 年 5 月 27 日，上海全境解放。次日，上海市军事管制委员会发布命令，宣布接收原国民党上海市政府官办的上海公共交通公司。市军管会委派靳怀刚和朱苏民为军事代表来到设在大名路上的上海公共交通公司筹备处，召开会议，宣读了军管会的命令，同时宣布接管纪律，要求所有工作人员坚守岗位，尽快全面恢复交通。会后，靳怀刚和朱苏民两位军代表立即召开座谈会，听取意见，了解目前存在的各种问题。到 6 月 3 日，解放前原有的 14 条公共汽车线路已经全部恢复正常，并另外新辟了 3 条新线路。到 1949 年底，上海公共汽车日均总里程达到 9.1 万公里，比解放前增加了 20％。[①]1950 年 3 月，上海市人民政府成立了上海市公共交通公司，原军代表靳怀刚和朱苏民分别出任总经理和副总经理。对官僚资本公交企业的接收宣告结束。

第二步是对外商电车企业的征用和代管。1952 年 11 月 20 日，根据中央人民政府的统一部署，中国人民解放军上海市军事管制委员会派顾开极为军事代表，杨春霖为副军事代表，对英商上海电车公司实行征用。同年 12 月 9 日，英商上海电车公司改名为上海市电车公司。

考虑到法商电车公司既经营电车，又经营自来水和电力，1953 年 11 月 2 日，上海市人民政府宣布，为了维护公众利益和市政建设需要，将法商电车电灯公司收归国家经营，并代管原法电的一切财产。同时，成立了地方国营沪南水电交通公司接办全部业务，从而结束了法商电车电灯公司在上海历时 47 年的经营活动。

至此，上海的外商外资所经营的公共交通企业全部为人民政权所掌握。

上述接管和征用，得到了这些企业广大职工的热烈欢迎和支持。据上海市公用局党委 1952 年 12 月 3 日给中共上海市委关于对英商上海电车公司实行征用的情况报告，被征用和接管的英商上海电车公司的职工对政府的征用表示积极的拥护和支持。该报告中写道："各单位在 11 月 20 日前做好征用接收计划，组织机构，干部配备，干部思想动员后，军事代表于 11 月 20 日上午 10 时在外事处（上海市政府外事处）出席了宣布征用会议后，

① 上海市公用事业管理局编：《上海公用事业（1840—1986）》，上海人民出版社 1991 年版，第 385 页。

分别到达各该公司，召集公司负责人开会宣布军管会命令，各单位工会配合着将征用消息广播全厂，职工群众无不欢欣鼓舞，随后军代表由公司负责人伴同巡视各车间，群众均以放鞭炮、呼口号，热烈欢迎，当天还召开了各种会议，作了业务上的一些布置。在宣布征用命令阶段的工作，进行顺利，并发动了群众，启发群众的主人翁思想来搞好生产。职工群众对政府征用，各个单位情绪热烈，相互道喜称贺：'恭喜！恭喜！'成为一般职工群众相晤时的口头语，例如电车公司一工人讲：'怎么睡一觉后，英电已经解放了'。甚至一个本想看病的工人，听到公司被征用而高兴得不顾去看病，要去做班头（即生产工作）。上海电车公司一个老工人说：'解放前我工作是用五分力，解放后是用十分力，今天接管了我要用十二分力了。'"①

1954年，国家开始对民族资本主义工商业实行社会主义改造。由上海地区民族资本创办的中小公交企业在这一社会主义改造的大潮中陆续汇入了公私合营或国有企业中。1954年9月，上川交通公司、上南交通公司和浦东地方建设公司等浦东地区的3家私营公交企业实行公私合营，成立了上海市浦东公共交通公司。此后，经营上海到江苏、浙江等地的长途汽车业务的锡沪长途汽车公司、上松长途汽车公司、沪太长途汽车公司等其他民营中小型公共交通企业也陆续被批准公私合营，或并入江苏省苏南汽车运输公司。

至此，上海的公交事业由国有企业（时称"国营企业"）和公私合营企业两部分组成，市内交通基本由国有企业承担。在"文化大革命"期间，公私合营的公交企业也转为国有企业。

---

① 《关于上海电车公司等三单位征用工作第一次综合报告（自十一月廿日至十一月卅日）》，公委（52）字第〇九六号，第127—131页，上海档案馆。

1958 年 7 月 25 日，新的上海市公共交通公司成立。该公司政企合一，隶属于上海市公用事业局，统一管理和经营市内各条电车和公共汽车线路以及其他公交相关单位，原来被征用、代管的英电、法电和公私合营企业均纳入其中。至此，上海形成了全市统一的公交管理和经营体系。随着原属江苏省、浙江省的松江等 10 个县陆续划归上海市，这些地方的客运交通，也归市公交公司统一经营。

三、解放初期公交事业的恢复和发展

1949 年到 1957 年是上海公交恢复和初步发展的时期。

首先是打破美、蒋的封锁和禁运。1949 年上海解放时，一些外国资本家曾在离开上海之际嘲笑道：不消两年，南京路上将只有轨道而无电车。当时西方国家对新中国实行全面的经济封锁，汽油短缺使得上海的城市公共交通运营陷入停摆。当时，公交公司投入运行的汽车共约 200 辆，每月需要 15 万加仑的汽油。汽油不仅紧缺，而且价格昂贵。1949 年 12 月公交汽油的费用占到了总成本的 60.1%，每月需要市政府补贴 30 亿元人民币（旧币）。为了反封锁、维持正常营运，上海公交系统的职工们想方设法改制交通工具。为解决燃料问题，上海市公共交通公司积极研究汽车代用燃料的课题。1949 年 10 月，61 辆木炭煤气炉代燃车开始行驶，随后，40 辆煤气炉代燃车试制成功。但是这些尝试只是权宜之计，不能完全满足需要。根本的突破来自技术员金官奎和总工程师张德庆。他们提议，试制汽车用煤气发生器，以煤代油。他们计划通过在汽车上加装煤气发生炉，利用无烟的白煤代替汽油。在研制期间，金官奎不幸患脑溢血逝世，时任市长陈毅得知后，亲自交代要为金官奎举行一个隆重的追悼会，并送上花圈表示哀悼。1950 年 5 月，张德庆攻克了汽车用煤气炉结渣和燃烧不完全的两大难题，成功地设计出"公交 5 式"煤气发生炉。为了减轻客车的自重，他创造性地把煤气发生炉放到拖斗车上。白煤车批量投入运营后，人民群众高兴地称它为"争气车"，又形象地称它为"拖着尾巴的公共汽车"。白煤车的试制成功，粉碎了西方国家的经济封锁，在困境中挽救了上海的公共交通事业。其后，张德庆等人又对白煤车作了多次改进，到了 1950 年 6 月先后改装了 160 辆公共汽车。这一创举，即解决了汽油短缺的燃眉之急，又为国家节约了大量资金，1949 年公交公司的燃料支出为 580 亿元人民币（旧币），1950 年下降到 200 亿元人民币（旧币）。①

其次是业务的统一和线网整体布局。上海旧有的公交线路为英商、法商和官办的公交公司等分割经营，票务分离，线路分布极不合理，市民乘车极其不便。

车票的统一率先被提上议事日程。上海解放初期，由于经济尚待恢复，物价很不稳定。英商电车在 1949 年 6 月到 1950 年 2 月的半年多时间内，就 7 次调整票价，几乎每月调整一次。同时由于分散经营的缘故，在不同的线路上，同样的乘车距离，票价却大不一样。1956 年 2 月，在市公用局的领导下，对全市公交票价进行了改革，采取按级累进办法，把同一级别的公交车、同样乘车距离的票价统一了起来。

在统一票价的同时还对月票的发售和售价作了调整。调整前，月票分汽车和电车两种，互不通用，每种月票又分普通月票和优待月票。优待月票只有普通月票的一半，乘用对象限于政府机关工作人员和其他事业单位人员。1956 年 6 月实施了月票改革，电车和汽车的月票相互通用，同时取消优待月票。票价调整和月票改革，使广大劳动人民得到实惠。随着票价

---

① 上海市公用事业管理局编：《上海公用事业（1840—1986）》，上海人民出版社 1991 年版，第 392—393 页。

的降低和对公交出行需求的日益增加，乘客总数从 1956 年的日均 206 万人次上升到 1957 年的 256 万人次，月票的发售量也从每月 6 万多张上升到每月 21 万张，大大方便了普通市民的出行。

在票价调整的同时，还对全市的公交线路网络作了整体规划。长期以来，上海公共汽车、有轨电车和无轨电车的编号混乱，如当时淮海路上已经有 2 号无轨电车，但是河南路上还有 2 号公共汽车；延安路上同时行驶着 14 路无轨电车和 14 路公共汽车。1956 年对全市的公交线路进行了中心规划和布局。1 号至 40 号是无轨电车和有轨电车，40 号以上都是公共汽车。在路网方面，结合市政建设规划，通过运量观察，调整了部分重合的线路，新辟了多条新线路。从 1949 年到 1957 年的 8 年中，一共调整了 13 条线路的走向，新辟 33 条公交线路，延长了 37 条公交线路。1957 年同 1949 年相比，公交线路从原有的 44 条上升到 61 条，线路总长度从 351.7 公里上升为 613.8 公里，公交车辆从 934 辆增加到 1 512 辆，日均客运总量从 65 万人次上升到 256 万人次。[1]

四、有轨电车的陆续退出

上海解放初期有轨电车运行线路有 12 条，轨道网络几乎遍及全市，到 20 世纪 60 年代仍然是上海市民出行的主要选择之一。但是，由于有轨电车本身噪音较大，再加上解放后因西方国家对华的经济封锁和禁运，许多电车零部件长期得不到替换和整新，所以经常发生事故。加之，上海从 20 世纪 50 年代中期起已经具备了自行批量生产无轨电车的能力。以此为

---

[1]　上海市公用事业管理局编：《上海公用事业（1840—1986）》，上海人民出版社 1991 年版，第 390—391，396 页。

背景，从60年代起，上海的有轨电车逐渐被拆除，改为无轨电车。1960年6月1日淮海中路（重庆路以西）电车轨道率先被拆除，撤销原来的6路、7路有轨电车，新辟从海关大楼到徐家汇的26路无轨电车。

1963年8月15日凌晨零时17分，12路有轨电车末班车从静安寺开出。等候在南京路两旁的工人、干部和解放军战士等这一辆有轨电车开过，立即撬掉有轨电车钢轨。在南京路上行驶了整整55年的上海第一条有轨电车线路结束了它的历史使命。12路有轨电车的路面原来是用铁梨木铺就。铁梨木是一种优良木材，因其硬度高而得名，有极高的经济价值、药用价值，80％被用于造船，各国均视之为稀有的重要木材资源。时任中共政治局委员、上海市委书记的柯庆施亲临拆轨现场，在大光明电影院门前的工地上，同工人们一起拆轨。

进入20世纪70年代，在"深挖洞、广积粮"的行动中，有轨电车因被视作不符合战备需要而陆续退出公共交通系统。1975年12月1日，上海最后一条有轨电车线路——3路（虹口公园—江湾五角场）被拆除，全长5.6公里，由新辟的93路公共汽车取而代之，整整在上海行驶了67年的有轨电车历史戛然而止，当当作响的有轨电车铃声遂成绝响。

但是，进入21世纪后，有轨电车将在上海重新恢复的消息时不时见诸报刊和电视。其实，如今有轨电车已被认为是一种非常环保的交通工具，运量大、速度快，其轨道噪声也因技术的进步而被降到最低。欧洲许多大城市都成功地保存了有轨电车，并使之成为城市新的名片和旅游景点。

第三节　"文革" 前后公交事业的艰难发展

社会主义改造运动之后，中国经历了经济建设的高潮，但是同时也经历了"大跃进"和"文革"等曲折甚至内乱。在此期间，上海的公共交通虽然有所发展，但是总体上进展艰难。下面择其要者，略加叙述。

一、市域范围扩大对公交事业的新需求

在这一时期，上海的面积有了相当大的扩展。1949 年 5 月 27 日上海解放时，上海面积仅为 617.95 平方公里，辖黄浦、老闸、邑庙、蓬莱、嵩山、卢湾、常熟、徐汇、长宁、普陀、闸北、静安、新成、江宁、北站、虹口、北四川路、提篮桥、杨浦、榆林 20 个市区和新市、江湾、吴淞、大场、新泾、龙华、洋泾、真如、高桥、斯盛 10 个郊区。到了 1958 年，为了适应经济建设的需要，中央决定将临近上海的江苏省若干县划入上海。

1958 年 1 月，原江苏省松江专区所属的上海县、宝山县、嘉定县划入上海市。1958 年 10 月，上海市撤销西郊区，将其城市地区并入徐汇、长宁、普陀 3 区，农村地区并入上海、嘉定 2 县；撤销北郊区，其城市地区并入闸北、虹口、提篮桥、榆林、杨浦 5 区，郊区并入宝山县；撤销东昌、东郊区，设立浦东县。

1958 年 11 月，江苏省苏州专区所辖的松江县、川沙县、南汇县、奉贤县、金山县、青浦县并入上海。1958 年 12 月，江苏省南通专区所辖的崇明县划入上海市。

至此，上海市辖黄浦、邑庙、蓬莱、卢湾、徐汇、长宁、普陀、闸北、新成、江宁、虹口、提篮桥、榆林、杨浦 14 个区，和浦东、松江、上海、川沙、南汇、奉贤、金山、青浦、嘉定、宝山、崇明 11 个县。上海市的面积也由原来的 617.95 平方公里变成 6 340 平方公里，面积扩大了近十倍。

在此背景下，上海公交事业迎来了第二次大发展时期。到 1965 年底，全市公交车数量已增至 2 282 辆，是 1949 年的 2.5 倍；线路 118 条，是

1949 年的 2.7 倍。

二、国产客车制造能力的形成

新中国成立之前，上海仅能对客车进行维修，没有生产客车的能力。如前所述，在解放初期，为了克服来自西方国家的封锁所导致的燃油短缺，上海公交职工成功研制了以煤气代替汽油作为动能来源的白煤车。该车采用卡车底盘，尾部拖有煤气产生装置，白天运行前先要生火，待煤气产生稳定后才可开车，晚上运行结束，还需要将炉火熄灭，煤渣拉出，很不方便，但它毕竟是新中国成立后第一辆改装公交车，在那个特殊时期，在一定程度上维持了城市公共交通的运行。[①]然而，要从根本上改变公交车辆依靠进口的局面，必须要走出自行研发和制造车辆、设备的道路。

上海首先在公共汽车建造方面迈出了第一步。解放前除了英电和发电的电车是金属车身且比较坚固以外，公共汽车大部分车辆是用美国道奇大卡车改装的，基本上是木质车身。1952 年成立了公交公司客车厂以后，上海自己建造的公交车辆逐步增加，仅 1952 年就新造公共汽车 134 辆，改装40 辆。该厂在自行研制的发动机内置 700 型汽车的基础上不断改进优化，到 1956 年原来用到汽车改装的木质车身公共汽车完全退出使用。1957 年客车厂采用解放牌载重汽车底盘，试制成功全金属结构 57 型公共汽车，整车和零配件全部实现了国产化。[②]

1958 年，上海公交公司制造出了国内第一辆铰接式大客车（无轨电

---

① 参见《满满都是回忆：中国大客车的百年发展史》，载车家号 https://chejiahao.auto-home.com.cn/info/1560569，2017 年 1 月 25 日。

② 上海市公用事业管理局编：《上海公用事业（1840—1986）》，上海人民出版社 1991 年版，第 394 页。

车），分别在北京与上海展出。1959 年上海客车厂开始生产双门和三门铰接式公共汽车。①在 20 世纪 60 年代初期，为了应对汽油短缺，上海公交公司改装了许多以煤气为燃料的公交车。在那一时期，街上行驶的很多公交车车顶上都顶着大大的煤气包。正是上海公交工人的聪明才智，使得上海这座城市的公交线路即使在汽油最为紧缺的时期，依然维持了运行。

到了 20 世纪 70 年代中期以后至 80 年代后期，上海公交线路原来装备的车辆成批老化，上海公交车辆需要大换装。上海市公交公司所属的上海客车厂根据这一时期城市公交线路载客量不断上升、长线线路需求不断增长的特点，研制和生产了一大批新型公交车辆，这些车辆载客量大、乘客上下车方便、行驶距离远，车型也更漂亮。②③

电车也同样，1951 年 7 月 1 日公交公司采用通用汽车的底盘改装，自行设计制造了新型无轨电车。经过不断的改进，在 1957 年基本定型，也是采用解放牌载重汽车底盘，设计制造了 4000 型无轨电车，材料和零部件全部国产，车身流线，式样美观。④

上海公交注重自主创新，但不闭关保守。上海公交从起步之时就具有鲜明的开放特点，这一特点在 20 世纪五六十年代仍然保持着。50 年代，上海的公交线路上就行驶着从匈牙利、捷克斯洛伐克进口的公交车；1964年，连接当时诸多政府机关所在的外滩和大量公务员和职工所居住的东安

---

① 参见王力群、齐铁偕：《上海是轮子转出来的——上海公共交通百年录》，学林出版社1999 年版。

② yiyi01831sh（微博号）：《上海公共交通百年录（1）》，载新浪网 http://blog.sina.com.cn/s/blog _ 55c85ddb0102w8k0.html.

③ 参见《八十年代的上海公交车》，载搜狐网 https://www.sohu.com/a/153349950 _ 391119，2017 年 6 月 30 日。

④ 上海市公用事业管理局编：《上海公用事业（1840—1986）》，上海人民出版社 1991 年版，第 395 页。

新村之间的公交 49 路更是全部换成从捷克斯洛伐克进口的柴油公共汽车，洋气的外表、红色的车身、在市民的心目中，49 路一直是上海"最美的公交线路"。①

到了 2000 年之后，国内客车企业开始和国外先进的客车厂进行技术合作，演变成了"技术引进—合资—合作生产"的新发展思路，诞生了一大批著名的合资品牌，上海的申沃客车就是其中之一。②

第四节　"文革"后公交事业的再出发

1976 年 10 月"文化大革命"结束，中国迎来了勃勃的生机，上海公交事业出现了前所未有的挑战和发展机遇。

一、"乘车难"问题日趋严重

"文化大革命"期间，上海的公交事业受到很大影响。与解放后的 17 年相比，线路条数年平均增长速度从原来的 6％下降到 2.9％；线路长度年平均增长速度从原来的 9.6％下降到 5.8％。不仅如此，在连续不断的政治运动的影响下，企业管理难以正常开展，"大锅饭"的弊端日益显现，员工劳动纪律松弛，加之道路等配套设施改扩建迟缓，到了 20 世纪年代中

---

① 在 2016 年上海市交通委主办的"寻找最美公交线"评选活动中，49 路公交线路当选"最美公交线路"。参见应琛：《49 路：最美线路，最美心路》，载新民周刊网 http://www.xin-minweekly.com.cn/shehui/2018/07/18/10614.html，2018 年 7 月 18 日。

② 参见《八十年代的上海公交车》，载搜狐网 https://www.sohu.com/a/153349950_391119，2017 年 6 月 30 日。

后期，上海的公交车变得拥挤起来。

中共十一届三中全会后，上海和全国一样转向"以经济建设为中心"，全市的生产建设蒸蒸日上；上海还兴建了宝钢等新的大型工业企业，远距离通勤交通需求快速增长；加之知青返城和 50 年代出生高峰期出生的人口相继就业所带来的城市就业人口的增加，市场经济的成长导致的人员流动性的增加，"文革"十年带来的公交事业发展的停顿和设施老化，"大锅饭"导致的员工缺乏劳动积极性，大规模城市道路改造的开工等，在多种因素的作用下，市内日常交通的压力急剧扩大，市内公交服务供给进入严寒时期。

1979 年入冬以后，公共客运量迅速增长，汽车、电车的客运量每天高达 860 万人次，特别是早晨上班时间，车辆更为拥挤。6 点半到 7 点半的一个小时内，竟高达 100 多万人次。通勤时间段公交车辆严重的拥挤状况迫使上海市有关方面于 12 月 15 日发布决定，要求市级各局、公司、市区和近郊区一部分工厂、中专、技校错开时间上下班，以改善市内公共交通拥挤情况。（当时仍然处于计划经济体制之下，绝大部分企业都是国有企业，并且分属于不同的工业局和工业公司。）

但是"乘车难"的情况，并未得到持续和有效的缓解。1980 年 12 月 29 日，一辆 71 路公共汽车在延安路外滩终点站上客时，因为车辆误点，有百余名乘客拥在候车栏杆外候车。一些乘客不遵守秩序，推挤中一名 30 岁左右的男乘客被挤到了车辆底下，被车轮轧过当场死亡，而类似死亡事故在上海已发生过多起。

20 世纪整个 80 年代直至 90 年代中期，上海公交高峰时段持续拥堵不堪。据说公交公司曾专门派人在车厢作过调研后发现，当时最拥挤时，车厢 1 平方米内要容纳下 12 双脚，而按常规测算，1 平方米至多只能容纳 8 双脚。面对严峻的公交状况，市公交企业在完善营运线路的同时，在一些特别拥挤的线路改用大型铰接式公交车以增加运能，开设了一大批早晚高峰线、区间车、大站车等以缩短行车时间、加大车辆密度，同时还开设了一些厂区特约定班车、新村小区上下班直达车等，来缓解特定对象的乘车困难。此外，为了在极端拥挤的高峰时间保护孕妇、儿童等特殊人群的乘车安全，还在一些线路开设了母婴专车和中小学生专车。公交公司甚至还专门派员于乘车高峰时段在一些车站维持乘车秩序，这些人的一项主要工作就是劝阻一些乘客不要在车辆已经拥挤不堪、无法继续上客的情况下继续吊住车门试图上车，这些人甚至被戏称为"推背的"，因为他们常常要用力将那些最后上车的乘客往车厢里边推，确保车门能够关闭。

二、公交行业的改革

上述治标之策并没有持续、有效地缓解人们的乘车难。在此情况下，改革成为管理者解决尖锐的乘车难矛盾的重要政策选项。当时公交改革的直接目标有两个：一是通过改革激发公交企业和职工的积极性；二是通过改革扩大公交事业建设的资金投入。

1985年，上海市政府对市公交公司的管理体制进行了新中国成立以来首次重要改革，在上海的西南、东北和西北3个区域分别成立市公交公司第一、二、三分公司。这一改革旨在通过在公交企业内部划分若干次级主体来激发企业内部的积极性。1988年1月，市公交公司与振华汽车服务公司合办小公共汽车客运业。同年3月，上海市公交公司与中国康华实业有限公司上海分公司签订联营合同，建立上海康华公共交通公司，这些都是为引入新的投资和经营主体来发展新时期公交事业所作的尝试。1988年11月，市公交公司改为上海市公共交通总公司（简称市公交总公司），撤销分公司建制，基本上以原来的场为单位成立公司，并在此基础上形成总公司、公司、车队三级管理格局，这一改革的基本宗旨仍然在于通过增强公交内部不同主体之间的竞争来进一步调动公交系统内部的积极性，应对日益增长的公交需求。

1992 年 6 月起，市公交总公司对所属的市郊汽车公司实行模拟独立核算，为逐步走向自主经营、自负盈亏作试点。同时，以内部股份制形式组建成上海闵吴公交公司；兴办沪台合资的上海长城汽车服务有限公司和沪港合作的上海冠忠汽车服务有限公司。1992 年 10 月，成立由 14 家企业合资组成的上海巴士实业股份有限公司等，这是全国城市公共交通行业中的首家股份制企业，该企业实行"自主经营、自负盈亏、自我发展、自我约束"。

1995 年，上海公交汽（电）车线路达到 961 条，运营车辆 11 637 辆，公交线路长度 41 563 公里，年客运总量 51.35 亿人次。[①]其中，市公交总公司有职工 87 065 人，运营车辆 7 453 辆，市区、郊县、省市际的线路 501 条，线路总长度 2.88 万公里，日均行驶里程 93.50 万公里，日均客运量 1 324.78 万人次。在基础设施方面，有停车场 14 座和车辆保养场 13 座，汽车站 42 座，场、站用地面积共为 126.16 万平方米，其中停车区面积 78.82 万平方米。上海公共汽、电车交通行业经过 88 年历程，成为全国最大的公共交通企业。

但是与此同时，"乘车难"矛盾仍然严重，供求失衡、车厢服务纠纷多的情况虽经多年来的综合治理，但仍未能从根本上解决问题，直接影响了广大市民的工作、生活质量，制约了上海综合经济增长的速度和良好国际投资环境的形成。

当时上海的公交主管部门认为，造成上述状况虽有多方面的因素，但运行机制不完善，公交企业经营机制不活，则是其中是最重要的因素。[②]

---

① 参见《2004 年上海统计年鉴》，表 7.15。
② 李荣华：《完善和深化上海公交行业的改革》，《交通与港航》1996 年第 6 期。

一是当时的公交事业发展缺乏竞争环境。公交地面客运基本由公交总公司独家经营，8万多名公交职工捆在一起统收统支，经营业绩难以比较，企业的内在积极性无法得到充分调动。

二是车票价格和价值严重背离。上海公交行业从1987年开始出现亏损，1995年全年亏损额达到8亿元，财政补贴难以承受。200多万张月票全市通用，每张月票的实际价格为46.75元，接近发售价格的两倍。

三是政府财政补贴核算机制不合理。十多家运营公司的经济利益联为一体，经营业绩无法与各公司、基层和司售人员个人利益挂钩，政策性亏损和经营性亏损难以区别，企业不愿意主动辟线增能、减人增效。

四是公交企业内部核算、分配机制不合理。公交司售人员对持月票乘车顾客的服务被视为无偿服务，缺乏多载乘客的积极性。

因此，改革被定为破解上海公交事业发展瓶颈的最大举措。经过酝酿，从1996年1月1日开始，上海公交实行由"票制""体制""机制"组成的"三制"改革。这次改革的基本思路是：①

一是划小公交核算单位，引入竞争，形成多家经营、适度竞争局面。

二是取消月票，实行普票，改财政暗补为明补，促进公交企业内部经营机制的转换。

三是确保现有线路不少、车次不减、运营时间不缩短，在新建居民住宅区增辟公交线路；激励企业增加运能、改善乘车条件、提高服务质量，满足不同层次的消费需求。

改革的具体内容如下：

第一，改革公交行业体制。撤销市公交总公司；成立公交客运管理处，承担公交行业行政管理职能；组建公交控股有限公司，经市国有资产

---

① 李荣华：《完善和深化上海公交行业的改革》，《交通与港航》1996年第6期。

管理委员会授权经营管理公交企业国有资产；将原公交总公司下辖 13 家运营公司实行独立核算、自主经营，并且单独与财政部门结算；鼓励社会各方面特别是区县和有实力的大企业办公共交通，形成多方投资、多家经营、适度竞争的格局。

第二，改革公交票制。取消在上海沿用了 87 年的公交月票，统一使用普票。市区一般线路普票价格为每张 0.50 元，三年不变。长距离线路、隧道线路及小区专线，仍按原价格执行。

第三，改革财政补贴机制。优化财政补贴，1996 年、1997 年政府财政将继续给公交企业部分补贴，以支持深化体制改革和分流多余人员。从 1998 年起，政府财政不再对公交经营性亏损给予补贴，但是对公交的政策性亏损仍然予以补贴，并且每年安排 1 亿元用以车辆更新购置，并且负责筹资建设公交枢纽站和其他场站等大型设施。

这次改革动作大、影响深远。改革打破了长期以来公交运营企业和司售人员吃"大锅饭"的局面，上海公交开始走上"自主经营、自负盈亏"的市场化之路，取得了一定的成效。

首先，公交企业的积极性得到很大提升，"只有搞好服务才能争取客流、搞活企业"成为公交企业的共识，企业开辟线路的积极性提高，改革后的三年间，上海公交新辟及延伸线路 160 多条，公交车辆发展到了 1.5 万辆，公交线路总数达到 1 085 条。[1]

其次，劳动生产率提高，乘务人员服务态度得到改善。公交企业的人车比从最高的 11：1 降至 5：1 左右；[2]票制改革使得乘务人员的工作量与自身利益直接挂钩，调动了乘务人员的工作积极性，主动揽客、照顾车辆

---

[1][2] 参见黄彦华：《上海公交三年改革若干理论问题的思考》，《上海企业》1999 年第 11 期。

起步时赶到的乘客上车，以及上前售票的现象明显增加，服务纠纷明显减少。

第三，乘车供求矛盾明显缓解。改革初期，车辆平均满载系数在 0.7 左右，高峰时段车厢满载率下降，乘客普遍反映公交比以前空了，容易乘坐了。①

第四，实现了公交行业投资主体的多元化。在改革中，组建了经市国有资产管理委员会授权经营管理公交企业国有资产的公交控股有限公司。在此基础上，将原来国有公交企业的车辆、线路等作为投入，与有实力的大企业组建有限责任公司，吸引社会资金的投入。同时，利用巴士股份、强生股份、大众交通等上市公司，以及港资、外资和其他社会资本组建了一大批有限责任公司。这些企业的设立改革了公交企业内部的经营管理，促进了公交行业的市场竞争，也吸纳和盘活了大量资金。根据统计，在改革后的三年间，公交企业通过资产重组，共吸纳置换资产 5.6 亿元，盘活资产存量约 2 亿元。②

2002 年，上海公交行业开展了又一次改革。这次改革的主要内容是，在上海的公交行业中引入股份制经营机制。在上交所上市的巴士实业股份公司成为全国首家经营公共交通的上市公司。由巴士集团和大众集团通过重组形式，将原来在公交总公司体制下的十几家公司予以资产重组，巴士集团、大众交通集团成为上海公共交通的骨干企业。

在实行"三制"改革的同时，上海公交事业还进一步积极探索开辟新的公交投融资渠道。1996 年 8 月 26 日，巴士股份 A 股在上海证券交易所上市，净募得资金 1.22 亿元。

---

① 参见李荣华：《完善和深化上海公交行业的改革》，《交通与港航》1996 年第 6 期。

② 参见黄彦华：《上海公交三年改革若干理论问题的思考》，《上海企业》1999 年第11 期。

三、公交优先战略的确立

1996 年以后，上海在全国范围内率先实施了以"体制""机制""票制"为突破口的公交行业全面改革，取得了一定的成效，但是随着经济、社会的发展和变化，上海的公交又遇到了一些新情况、新问题，成为社情民意关注的热点。

就人民群众的感受来说，以下问题尤为突出：一是公交车在一些热门线路出现了"过度竞争"，在一些冷门线路则出现"无人问津"的情况；二是为了揽客滞留站台迟迟不发车，以及为了多拉快运而跳站不停的情况频发；三是不少车辆的车容车况每日俱下，车辆得不到及时的更新换代，公交行业整体智能化、科技化水平落后；四是公交职工工资待遇差，使得企业承诺的服务规范难以得到全面落实。上述现象引起了人民群众的强烈不满，在 2008 年市十三届人大一次会议期间，人大代表提出的相关议案 4 件，书面意见 62 件，书面意见占到了总数的7.9%。[①]

政策议程的确立是人民群众的呼声与具有权威性的政策主张汇聚后的结果。2005 年 9 月 23 日，国务院办公厅转发的建设部等六部委《关于优先发展城市公共交通意见》，对于上海公交新一轮改革的发动同样具有重要意义。要求各地认真贯彻执行。该意见指出："随着经济社会发展和城镇化进程的加快，一些城市交通拥堵、群众出行不便等问题日益突出，严重影响了城市发展和人民群众生活水平的提高。"[②]六部委在"意见"强调：

---

① 实施"公交优先"战略情况专项监督工作调研组：《关于本市实施公交优先战略有关情况调研报告》，载《上海市人大常委会公报》2008 年第 6 号。

② 建设部、发展改革委、科技部、公安部、财政部、国土资源部：《关于优先发展城市公共交通的意见》，见国务院办公厅：《转发建设部等部门优先发展城市公共交通意见的通知》，2005 年 9 月 23 日。

"优先发展城市公共交通是提高交通资源利用效率，缓解交通拥堵的重要手段。……各地区和有关部门要进一步提高认识，确立公共交通在城市交通中的优先地位，明确指导思想和目标任务，采取有力措施，加快发展步伐。"

2007年，上海市政府根据国务院有关优先发展公共交通的精神，制定了《关于优先发展上海城市公共交通的意见》及《上海市 2007—2009 年优先发展城市公共交通三年行动计划》。"三年行动计划"不仅明确城市公共交通是与人民群众生产生活息息相关的"重要基础设施"，而且更加重要的是将城市公共交通确定为"关系国计民生的社会公益事业。"这一新的性质定位，表明上海对初期的改革举措进行了反思，对于城市公交事业的性质有了更加全面和深刻的认识。

2008年，根据众多市民和人大代表、政协委员的要求，上海市人大常委会决定对于上海实施公交优先战略的情况开展专项监督，并将其纳入市人大常委会年度工作要点，同时要求市人民政府报告有关公交优先战略实施情况。

市人大常委会成立由 30 余名市人大代表组成的"实施'公交优先'战略情况专项监督工作调研组"，开展了广泛、深入的调研。在调研活动期间，调研组还委托浦东新区、普陀区、闸北区、宝山区、闵行区、嘉定区、南汇区、松江区、崇明县 9 个区县人大常委会就本行政区域内"公交优先"战略的实施情况开展调研；委托第三方机构上海质量协会就本市实施"公交优先"战略情况开展民意调查；组织开展各类座谈和实地调研；开设专题网页，征求市民意见和建议等。调查对象约 17 000 人次，部门和单位约 50 个。①

---

① 参见实施"公交优先"战略情况专项监督工作调研组：《关于本市实施公交优先战略有关情况调研报告》，载《上海市人大常委会公报》2008 年第 6 号。

通过调研，调研组在肯定公共交通发展成绩的同时，提出了相当尖锐的意见：本市公共交通的整体状况，在供应能力、服务质量、运营效率等方面，与城市经济社会的发展要求和市民群众日益增长的交通出行需求相比，存在着一定的差距，"对当前最主要的问题就是公交行业的公益性不够突出"。①

调研组提交的调研报告中指出了上海公交存在的问题：（1）供应能力难以满足发展需求；（2）公交企业发展缺乏后劲；（3）公交基础设施配套不足；（4）服务水平存在一定差距等。

报告认为，导致上述问题的主要原因在于：

第一，对行业公益性的认识尚未落到实处。在具体政策的制定和实施过程中，过度强调市场化；部门之间相互推诿、各自为政的现象也时有发生，使得财政补贴等具体措施难以落实。

第二，现行体制难以适应行业公益性的要求。1996 年实行的公交行业市场化改革，在特定历史背景下对于解决当时的"乘车难"矛盾，提高劳动生产率，优化财政补贴起到了积极作用，但是行业公益性与运作市场化相结合的运作机制不完善，多元投资企业以营利为目的的经营追求，与实施"公交优先"战略、突出行业公益性的要求不相适应。

第三，公共财政投入结构不平衡，机制不完善。对于在公共交通系统中居于主体地位的地面公交投入明显不足。1995 年，市财政对拥有 8 000 多辆车、5 000 多条线路的市公交总公司一家一年的补贴就达 8 亿元，而 2007 年对于拥有 17 000 辆车、近 1 000 条线路的全市公交行业的所有补贴也只有 8.6 亿元，更何况 2007 年上海的地方性财政收入是 1995 年的 9 倍。

---

① 实施"公交优先"战略情况专项监督工作调研组：《关于本市实施公交优先战略有关情况调研报告》，载《上海市人大常委会公报》2008 年第 6 号。

第四，政府主管部门对行业的控制力弱化。交通主管部门在行业监管中监管合力不足、监管方式落后。行业管理措施一旦涉及企业利益时，缺乏相应的调控手段，实施困难。尽管制度规定，对于擅自转让线路经营权以及严重违规运营的企业，政府主管部门可以吊销其线路经营权，但是由于涉及社会稳定、线路的后续运营等问题，但吊销线路经营权仅有过一例。①

调研报告提出了三方面详细的、具有操作性的建议：

第一，进一步突出行业公益性。一是统一思想，全面推进各项政策的实施，建议市政府尽快成立本市实施"公交优先"领导小组，由其负责制定和完善相关政策规定，统筹协调解决推进中的矛盾和问题。二是加大财政投入，建立长效发展机制。政府相关部门应加快实施公交企业成本规制，在此基础上合理界定政策性亏损。三是增强公共交通吸引力，确保经济性、安全性和便捷性。

第二，进一步规范市场化运作。一是深化体制改革，实施市场格局调整。要充分发挥国有资本在公交行业中的主导作用。二是加强运营管理，规范运营行为，杜绝买断挂靠经营，对管理混乱、经常性发生违规经营行为的企业，应坚决予以吊销经营权的处罚。三是改善从业环境，稳定职工队伍。企业市场化运作获取经济效益，不能以牺牲公交职工的切身利益作为代价，要尽快提高公交职工收入。

第三，进一步强化政府职能。一是要确保规划落地，优化线网布局。二是明确工作职责，完善市、区（县）两级管理体制。三是广泛听取民意，及时解决突出问题。②

①② 实施"公交优先"战略情况专项监督工作调研组：《关于本市实施公交优先战略有关情况调研报告》，载《上海市人大常委会公报》2008年第6号。

337

2008 年 8 月 20 日，上海市城市交通管理局局长受市政府委托，向市人大常委会作了《关于本市实施公交优先战略有关情况的报告》。报告在列举了上海公交事业的发展和成就的同时，也坦承上海公交事业存在着以下四方面的问题：①

一是公共交通整体服务水平尚不能满足市民群众日益增长的出行需求，需要进一步增加公共交通覆盖面、加强轨道交通与公共汽电车的衔接，并逐步降低市民出行成本。

二是公共汽电车票价结构 9 年基本未动，企业经营成本不断增加，需要进一步突出行业公益性、加大政府扶持和公共财政支持力度。

三是公共汽电车企业数量偏多、经营分散，线网调整难度加大，监管力度不够，规范制约不完善，需要加紧完善市场格局，加强政府监管和调控，进一步体现公共服务职能。

四是公共汽电车职工收入偏低，行业缺乏吸引力，职工队伍整体素质下降，部分企业干群矛盾突出，需要尽快建立职工收入正常增长机制，不断提高队伍素质和服务质量。

报告提出了今后一个时期上海公共交通发展的总体目标：到 2010 年，公共交通的硬件设施条件明显改善，职工素质、服务质量、行业风貌和整体形象明显提升，对市民出行的吸引力明显增强，公共交通客运量占机动出行比重达到 65％以上，占市民出行总量的比重达到 33％以上。在服务范围上，实现公共交通站点 500 米服务半径在中心城和郊区城镇的全覆盖，其中，内环线以内区域实现 300 米服务半径基本覆盖，郊区实现行政村"村村通公交"；在服务效能上，实现"三个 1"目标，即中心城两点间公

---

① 《关于本市实施公交优先战略有关情况的报告——2008 年 8 月 20 日在上海市第十三届人民代表大会常务委员会第五次会议上》，载《上海市人大常委会公报》2008 年第 6 号。

共交通出行在 1 小时内完成，郊区新城 1 次乘车进入轨道交通网络，新市镇与所属中心村之间 1 次乘车到达。①

报告还说明了为实现上述目标所要采取的具体措施，其中包括：

（1）深化和完善公交行业体制改革。例如，进一步发挥国有资本在投资、建设、运营管理中的主导和支撑作用，完善市场经营格局，按照相对区域经营、促进有序竞争的基本思路，推进公共汽电车行业形成相对集中经营的格局等。

（2）降低市民出行成本。例如，扩大实施换乘优惠；按照放宽基准乘距、费率递远递减的原则，统一城乡票价结构等。

（3）强化政府监管。例如，配合市人大修改地方性法规，完善各项监管制度、扶持机制、经营规范和服务要求，使公交优先发展在法规、制度层面得到保证；完善线路经营权管理，依法对管理混乱、服务质量差、安全隐患多的企业，收回或吊销线路经营权，进一步严格新辟线路的招投标管理，实现线路资源逐步向优势企业集中；实施公交成本规制，明确企业成本构成、约束标准、监审程序以及违规处理等要求等。

（4）加大政府资金投入力度。加快基础设施建设。其中包括：全力推进轨道交通建设；加快公共汽电车基础设施建设；推进快速公交线路建设；等等。

（5）提高公交从业人员队伍整体素质。例如，强化职业道德和业务培训；改善职工工作和生活环境，提高一线职工收入水平，提高职工的社会地位，增强公交行业吸引力等。

（6）提高整体服务水平。其中包括：在广泛听取社会、市民意见基础

① 《关于本市实施公交优先战略有关情况的报告——2008 年 8 月 20 日在上海市第十三届人民代表大会常务委员会第五次会议上》，载《上海市人大常委会公报》2008 年第 6 号。

上，重点结合轨道交通发展、住宅基地开发、城乡一体化建设，完善公交线网优化调整方案；提高公交信息化服务水平；等等。①

四、上海公交事业的新发展

2007 年、2008 年，在上海公交事业发展史上，是一个重要的转折点。第一，经过前期艰难的探索，上海最终认识到，作为特大型城市，优先发展公共交通是解决上海交通问题的唯一出路，从而确立了公交优先战略的城市交通发展战略；第二，在关注效率的同时，上海最终认识到，城市公共交通不仅是与人民群众生产生活息息相关的重要基础设施，而且是关系国计民生的社会公益事业。在进一步完善了认识和定位之后，上海公交事业终于迎来了全新的发展时期。

首先，将公交企业的产权回归国有。2009 年 6 月，继在上海股票交易所上市的"巴士股份"重组和"大众交通"转让股权后，"强生控股"也根据上海市政府关于公交深化改革的总体部署，向上海巴士公交有限公司转让其拥有的全部公交资产。至此，上海三大公交上市公司全部剥离掉了公交资产。这一改革消除了公交行业的"公益性"与上市公司追求"股东利益最大化"之间的矛盾，为保证政府财政资金的大规模投入扫清了障碍。

第二，对上海公交企业实行"2＋7"重组。"2"就是在浦东、浦西各设一家骨干公交公司，并负责收购各自区域内其他公交企业。2009 年，新组建的国有独资企业上海巴士公交公司成为主要在浦西地区从事市内公共

① 参见《关于本市实施公交优先战略有关情况的报告——2008 年 8 月 20 日在上海市第十三届人民代表大会常务委员会第五次会议上》，载《上海市人大常委会公报》2008 年第 6 号。

汽车和电车客运的大型骨干企业，新公司通过收购重组和资产注入方式整合了大众公交、强生公交、五汽公交等相关公交企业。在浦东，2008 年 12 月成立了上海浦东新区公共交通有限公司，从事浦东地区公交企业的投资和管理，公交客运、公交基础设施建设。"7"就是在松江、嘉定、南汇、崇明、金山、奉贤、青浦 7 个区县设立 7 家公交公司，主要承担当地的公交客运；以上各公交公司之间实行适度竞争。

第三，由政府出资加快公交车辆的升级换代。2007 年，上海制定计划加快公交车辆的更新，从当年开始，每年更新公交车 1 750 辆，至 2009 年的三年中累计更新 5 500 辆。2009 年初，市政府更是提出，要投入 26 亿元资金统一采购新型公交车，由企业竞争后运营。这些举措迅速改变了上海街头的公交车五花八门、部分车辆车容车况差的现象。

第四，发展城市轨道交通被置于更加重要的位置，开始了轨道交通建设全面大发展的新时期。

经过长期、持续的努力，上海的公共交通跃上了一个新台阶。

从统计数字看到，2017 年与 1995 年相比，公交汽（电）车的营运线路总条数略有减少，营运总长度大幅下降了 48%，乘客总数下降了近 46%，与此同时营运车辆数却增加了 55%，这组数据表明市民乘坐公交汽（电）车的舒适度有了极大的提高。实际情况也是如此，进入 21 世纪以后，困扰上海近 20 年的全市性公交拥堵现象彻底消失了。不仅如此，2017 年 10 月，上海市区地面公交站点 500 米半径覆盖率提高至 92%，市民乘坐地面公交更加便捷了。[①]

---

① 上海市交通委员会：《大力发展公共交通坚定不移推进落实公交优先战略》，载中华人民共和国交通运输部网站 http://www.mot.gov.cn/difangxinwen/xxlb_fabu/fbpd_shanghai/201710/t20171011_2923949.html，2017 年 10 月 11 日。

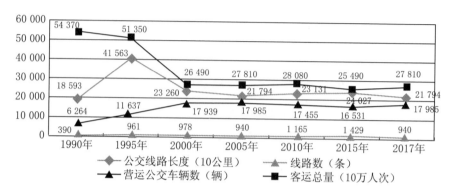

图 6-1　1990—2017 年上海公共交通情况

资料来源：根据《上海统计年鉴》相关年份数据制作。

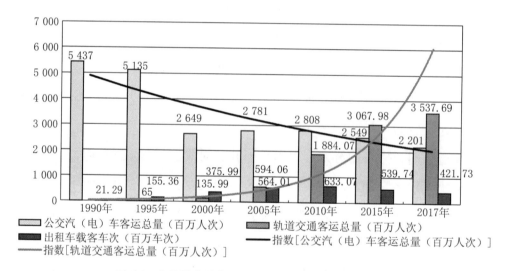

图 6-2　上海城市公共交通"三驾马车"载客量的变化

资料来源：1995 年轨道交通客运总量为估计数，其余数据来自《上海统计年鉴》相关年份。

公交车乘客数量的大幅度减少，无疑是地铁的功劳。进入 21 世纪后，随着地铁通达范围的扩大，乘坐地铁出行的人数越来越多。在 20 世纪 90 年代初期，上海的公共交通还是"公交汽（电）车独大"。1995 年 4 月 10 日，随着地铁 1 号线全线开通，轨道交通成为上海公共交通的新角色。

轨道交通发展迅速。到 2014 年，轨道交通全年载客量达到 28.27 亿人次，首次超过了公交汽（电）车，后者的全年载客量为 26.65 亿人次。①

就日均客运总量来看，上海的日均客运总量从 2011 年的 1 668 万乘次/日发展为 2017 年 10 月的 1 796.1 万乘次/日。其中轨道交通保持连续增长，在公共交通中占比突破 50%。工作日轨道交通的客运量超过 1 000 万乘次/日已成常态。②

到 2015 年底，"上海城市轨道交通基本网络"全面建成，2017 年 10 月，全网运营线路总长增至 617 公里，公交配套线路覆盖率实现 100%。中心城内轨道交通站点 600 米半径覆盖率由 2011 年的 28.8% 提高至 37.6%。③

公共交通服务水平不断提高。通过增能及优化运营，轨道交通 10 条线路高峰时段最小发车间隔在 3 分钟以内，运营正点率达到 99.7%。公共交通出行分担率（不含步行）达到 50.2%。历次乘客满意度调查结果显示，乘客对轨道交通及公共汽电车满意度达到 85 至 90 分，均为比较满意。④

这一时期上海公共交通发展呈现出十大亮点：

亮点一，持续完善轨道交通网络。上海持续推进轨道交通建设，到 2017 年 10 月，运营线路和里程分别达到 15 条线路、617 公里（含磁悬浮，不含金山支线），基本形成网络化运营；运营车站增至 367 座，内环内轨道交通站点 600 米半径覆盖率增加至 75.6%。预计到 2020 年，上海将形成

---

① 参见《2015 年上海统计年鉴》表 12.13 和表 12.14。

②③④ 上海市交通委员会：《大力发展公共交通坚定不移推进落实公交优先战略》，载中华人民共和国交通运输部网站 http://www.mot.gov.cn/difangxinwen/xxlb _ fabu/fbpd _ shanghai/201710/t20171011 _ 2923949.html，2017 年 10 月 11 日。

800 公里轨道交通网络规模，远期形成 1 000 公里网络规模。

亮点二，延长轨道交通运营时间。为满足市民乘客多元化的出行需求，上海轨道交通运营时间不断延长，从 2017 年 4 月 28 日起，1、2、7、8、9、10 号线（不含 2 号线东延伸段）六条线路逢周五、周六夜间延时运营，实现中心城区车站末班车时间过零点。9 月 25 日，10 号线再次增能，并推出定点加班车，提高了虹桥枢纽夜间公共交通的保障能力。

亮点三，推进公交与轨交两网融合。到 2017 年 10 月，全市轨道交通站点周边 50 米、100 米半径范围内提供公交服务的比例分别为 75%、89%，新建轨道交通站点周边 50 米范围内已全部实现公交线路配套。

亮点四，全面推进公交线网优化。截至 2017 年 10 月，全市公交运营线路共 1 461 条。2013 年以来，全市平均线路长度从 19.1 公里下降至 16.4 公里，并保持下降趋势。为解决市民换乘轨道交通出行的"最后一公里"线路已达到了 199 条，并渐成网络，日均服务乘客 22.3 余万人次。

亮点五，建设多层次公共交通系统。本市重点在郊区新城、中心城等有条件的道路发展快速优质公交，与轨道交通网络紧密衔接。2017 年 2 月 1 日，71 路延安路中运量公交系统正式开通运营。该线路长度 17.5 公里，自延安东路外滩起经延安东路、延安中路、延安西路、沪青平公路、申昆路至高虹路。这一系统的建设是上海实施公交优先战略的重要举措。截至 2017 年 8 月底，延安路中运量 71 路日均客运量为 4.1 万乘次/日，单日最高客运量约 5.5 万乘次；近三个月平均早晚高峰小时全程运营车速已达到 17.5 公里/小时和 17.1 公里/小时，高于巴士集团其他公交线路 13 公里/小时的平均运营车速。

此外，2017 年底，完成了南桥新城—东方体育中心快速公交系统的建设，松江有轨电车示范线建设也将在 2018 年底试运行，上海公共交通的体系结构和层次进一步丰富。

亮点六，加强公交专用道规划建设和执法管理。在这一时期，上海不断扩大专用道规模，试点推进信号优先，不断完善执法管理。截至2017年9月底，上海已建公交专用道345公里，年底将建成360公里公交专用道，力争2020年形成500公里的公交专用道规模。

亮点七，稳步推进智慧公交服务。2013年底，上海公交行业首次推出"上海公交"手机APP，至2017年10月，"上海公交"APP已可以实时发布1134条公交线路和1.4万多辆公交车的到站信息（覆盖中心城区及部分郊区示范线路），智能化调度系统的建设也在积极展开。

亮点八，加快发展绿色公交服务。上海每年滚动制定公交车辆更新计划，确保每年更新的车辆中节能和新能源车辆应用比例达到60%以上。

亮点九，加快公共交通车辆无线局域网（WiFi）覆盖。轨道交通线路和浦东公交线路已配备WiFi服务。

亮点十，加强轨道交通安全保障、落实地面公交安全工作建设轨道交通运行监控和信息发布系统，实时采集、监控轨道交通线路运行状态和拥挤度并通过显示屏实时向乘客发布。强化大客流应急联动，加强重大活动、节假日轨道交通大客流安全风险防控。落实地面公交安全工作，全市公交车加装了车载DVR监控系统，有效保障了行车安全。[1]

如今，发达的公交系统已经成为上海现代化国际大都市令人印象深刻的特征之一，经过数十年的艰苦努力和不断探索，上海公交已经从根本上摆脱了曾经困扰市民和城市管理者20年的"乘车难"的窘境，正在快步如飞地向着第一流的国际先进水平迈进。

---

[1] 上海市交通委员会：《大力发展公共交通坚定不移推进落实公交优先战略》，载中华人民共和国交通运输部网站 http://www.mot.gov.cn/difangxinwen/xxlb_fabu/fbpd_shanghai/201710/t20171011_2923949.html，2017年10月11日。

第五节　城市轨道交通网络的建设

　　世界发达国家超大城市的经验已经表明，满足超大城市人们出行的最佳方式是大力发展轨道交通，建设发达的轨道交通网。上海作为世界级的超大城市，城市交通问题的解决也必须走这条路。[①]

一、上海地铁的起步

　　1863 年，在英国伦敦建成了世界上第一条地铁，其干线长度约 6.5 公里，采用的是蒸汽机车。从那以后，世界上很多大城市都将地铁作为解决城市交通问题的重要手段。1900 年，法国巴黎建成了通往郊区的地铁，1904 年，美国纽约开通了地铁……

　　上海的"地铁梦"起于新中国成立之初。最初的契机竟然是"二·六"轰炸。

　　根据"上海地铁之父"、中国工程院院士刘建航回忆，当年苏联专家团团长伏·希马克夫和区域规划专家巴兰尼柯夫访沪期间，恰巧遇到 1950 年"二·六"轰炸，触景生情，他们向上海市城市规划研究委员会建议，上海应该修建地下铁道，平时可解决交通，战时可做人防掩蔽。[②]

　　1953 年，苏联城市规划专家与上海市政府负责市政交通的干部秘密讨

---

　　① 　本章所使用的"轨道交通"一词主要指的是地铁、轻轨等市内交通工具，不包括城际铁路以及上海浦东机场至龙阳路的磁悬浮列车试验线。

　　② 　参见《揭秘上海地铁建设史上七个不为人知的故事》，载东方网 http://sh.eastday.com/m/20130528/u1a7420350.html，2013 年 5 月 28 日。

论了地下铁道规划。"两人在一间隐秘房子，用铅笔画出了横贯东西和纵穿南北的两条地铁线。"①

1956年底，上海市人民委员会市政建设交通办公室编制了《上海市地下铁道初步规划（章案）》。

1958年10月，上海市建委根据市委、市政府的指示，抽调市规划院、铁路局、市政设计院、煤矿设计院、华东工业设计院等单位的人员组建了"上海市地下铁道筹备处"，着手规划和研究上海地铁的建设。

1960年，上海成立了隧道工程局（1962年并入上海市城市建设局，成为该局下属的隧道建设处）。

与此同时，成立了专门的隧道工程研究设计机构。1958年，成立了越江研究所。1960年，将地铁筹建处的研究设计力量与越江所合并成立了隧道工程局设计研究处，主要从事盾构法和沉管法隧道的试验及研究工作。1965年，成立了隧道设计院，从事地铁和越江隧道的设计研究工作，同时开始打浦路越江隧道工程的设计工作。②

隧道工程局成立后，立即在浦东塘桥的一片农田开始了试验。上海地铁建设的先驱们先是在地下12米处成功开挖出了一条埋深8米、内径4米、长40多米的试验隧道，然后又在地下12米处挖出了一条同样内径、长50米的隧道。在此基础上又做了直径4.2米的盾构推进试验。

"塘桥试验"有两项开创性的成果。一是使用一架自造的土盾构首次在地下掘进了近10米长度的试验隧道，使得上海地铁建设的先驱们对于盾构施工有了初步的认识。二是成功解决了结构防水问题，研究出了在含

---

① 参见《揭秘上海地铁建设史上七个不为人知的故事》，载东方网 http://sh.eastday.com/m/20130528/u1a7420350.html，2013年5月28日。

② 参见上海市隧道工程轨道设计研究院：《发展历程》，载上海市隧道工程轨道设计研究院官网 http://www.stedi.cn。

水量多的软土地层中采用钢筋混凝土衬砌支撑的技术，用钢筋混凝土衬砌来替代钢铁衬砌，大大节约了建造成本和钢材。"塘桥试验"正处于三年困难时期，拓荒者们吃"光荣菜"、喝酱油汤，艰苦的工作和生活条件使几十号人脸都浮肿了，但大家依然全身心扑在试验之中。塘桥试验取得的进展，预示着上海地铁建设从设想走向现实。①

1965 年，上海在衡山公园开始进行地铁扩大试验工程，试验工程的主要内容是建设一座可以停放一列由三节车厢编组而成的地铁的站台（长 80 米，宽和高各 20 米），以及开挖两条 600 米长的隧道，施工工艺为深井法施工。这一工程在当时属于保密工程，代号为"6402 工程"。

"文革"时期，上海地铁试验工程进展缓慢，几近停顿。1978 年，上海地铁试验工程重新开始，此时最具代表性的是漕宝路车站试验段工程。该试验工程从 1978 年开始，至 1983 年底建设者们建成了一井（151 井）、一站（漕宝路站）和圆形隧道 913 米、矩形隧道（采用地下连续水泥墙）274 米，下行总长 1 290 米。在建设过程中，建设者们初步掌握槽壁地下连续墙的设计与施工技术；在建成的试验隧道内，建设者们模拟了地铁列车运行振动对隧道结构及周围土介质的影响。

在前期大量试验和准备工作的基础上，20 世纪 80 年代中期，上海地铁正式开始兴建。

1983 年 6 月，受市建委委托，市城建局起草了《关于建设本市南北快速有轨交通的项目建议书》。8 月，市政府批复同意建设上海南北快速地下有轨交通，随即该项目筹备组成立。

1984 年 11 月，确定上海新客站地铁站与新客站同步建设。

1985 年 3 月，上海地铁公司成立，并开始研究地铁 1 号线可行性研究

---

① 参见祁谷：《三十年梦今日圆——上海地铁建设纪实》，《上海档案》1995 年第 5 期。

报告。同年，地铁 1 号线新客站工程动工。

1986 年 8 月，国务院批准将上海地铁 1 号线列入利用外资贷款项目——九四专项，框定投资额 62 亿美元。[①]

1990 年 1 月 19 日，经国务院同意，国家计委批准总投资 68 亿美元的上海地铁 1 号线（新龙华站至上海火车站，后又延伸至锦江乐园站）正式开工建设。

1993 年 1 月 10 日，上海地铁 1 号线南段徐家汇站至锦江乐园站 6.6 公里率先试通车。试通车时只有 1 条隧道 1 列地铁开行，另一条隧道还在施工。据当时的建设者回忆，1990 年国务院批准 1 号线开工，市民期盼早日乘上地铁，市领导要求 1993 年春节前通车 5 个站，1994 年底全线通车。但当时的建设者们缺乏建地铁的经验，1993 年春节前南段 5 个车站全部通车工期实在来不及了。正在焦急之时，有一位建设者提出一个方案，先通一条隧道，开一列地铁作为观光用，届时来回"拉风箱"式开行。这个进度排下来时间来得及。于是从 1992 年到 1993 年开通前，地铁的建设者们没有一天休息，竭尽全力保证观光段顺利开通。开通之日，大批市民涌来。虽然只有 1 列列车来回跑，单程 12 分钟，但乘客们都兴奋不已。他们谁都不知道另一侧隧道还在施工。[②]5 月，随着下行线的开通，一号线南段全线通车。

1995 年 4 月 10 日，上海地铁 1 号线全线（上海火车站站至锦江乐园站）开通试运营；同年 12 月，上海地铁 1 号线南延伸段（锦江乐园站至莘

[①] 1986 年，国务院"国函〔1986〕94 号文件"批准上海市采取自借自还的方式扩大利用外资，以解决上海的建设资金不足问题，加强城市基础设施建设，加快工业技术改造步伐，发展旅游和第三产业。列入文件批复范围的项目被简称为"九四专项"。

[②] 参见《揭秘上海地铁建设史上七个不为人知的故事》，载东方网 http://sh.eastday.com/m/20130528/u1a7420350.html，2013 年 5 月 28 日。

庄站）试运营，上海的公共交通终于踏入了地铁时代。

二、上海世博会带动地铁大发展

影响上海地铁建设的有三大因素：一是技术；二是资金；三是政策。从某种角度讲，其中政策是最重要的，因为没有政策就没有资金，没有资金就无法实践，技术也就难以得到进步。

长期以来，受到短缺经济的影响，国家对于地方的基础设施建设实行严格的计划审批制度，这一做法有其历史的合理性。但是，与此同时，如何争取中央政府的支持，在全国建设的总盘子中获得更多的资源，实现本地区的快速发展，就成了很多地方政府时常思考的重要问题。举办重大国际和国内活动，一方面可以确立目标和时间节点，激励本地区机关、企事业单位以及人民群众更加努力地奋斗，促进城市基础设施建设；另一方面，也可以在实现国家战略的同时，从中央争取到更多政策和资源用于本地区基础设施建设。2010 年上海世博会的举行就极大地推动了上海交通基础设施，尤其是地铁的建设。

据参与者回忆，早在 20 世纪 80 年代汪道涵担任上海市长时期，上海就开始研究申办世博会的问题了。[①]1999 年 12 月，中国政府正式宣布申办 2010 年上海世博会。2001 年 5 月，中国政府向国际展览局递交举办 2010 年上海世博会的申请函。2002 年 1 月 30 日，中国政府向国际展览局递交举办 2010 年上海世博会的申办报告。2002 年 12 月 3 日，经国际展览局大会投票表决，中国获得 2010 年世博会举办权。

---

① 参见《夏丽卿回忆上海世博会选址研究》，载新浪网 http://blog.sina.com.cn/s/blog_17bc7f8f10102y2v8.html。

在中国获得世博会举办权之前的 20 世纪 90 年代，上海的交通模式是"滞后机动化"交通模式。约 1 500 万人口和 800 万个各种工作岗位所产生的是每天约 2 800 万人次上下班出行和各种生活出行。支持这些活动的是全市 42 万辆机动车，600 多万辆自行车，11 000 多辆公共汽（电）车和数十公里的轨道交通，以及一个全市 5 400 公里的地面道路系统。1995 年，上海主要城市化区域的中心城，公共交通出行比重仅为 26%，自行车、步行这类慢行交通为68%。[①]

2000 年，特别是 2002 年获得世博会举办权后，上海利用举办"世博会"的绝佳时机，超常规发展城市公共交通，尤其是轨道交通。

2002 年底，中国获得上海世博会举办权时，上海的地铁通车里程大约只有 60 公里。2004 年 9 月 30 日上海明确目标，要在世博会前建成 400 公里，而当时全市已有里程还不足 100 公里。

2005 年 7 月 26 日，上海轨道交通基本网络规划正式获国家批准。

2006 年 4 月，经过反复谈判，上海与由工商银行牵头，农行、中行、交行、建行等 11 家银行组成的银行团签订了"上海轨道交通网络贷款总合同"，保证了大规模轨道交通建设的资金来源。[②]

2007 年 8 月，上海市人民政府发布了市交通管理局制定的《上海市 2007～2009 年优先发展城市公共交通三年行动计划》。该行动计划将轨道交通建设作为公交基础设施建设的主要内容，提出到 2010 年上海要建成轨道交通基本网络，轨道交通通车里程超过 400 公里，站点达到 280 个，客流要占公共交通客运比重 30%。

---

① 参见陆锡明、顾煜：《上海公共交通优先发展模式研究》，《科学发展》2010 年第 1 期。

② 当时规划建设的 510 公里轨道交通工程总投资为 2 250 亿元，其中上海市政府出资 42%，其他资金来自银行贷款等。

地铁建设大战在 2007 年达到最高峰，当时，上海同时施工的地铁车站有 116 座，在地下推进的盾构有 100 个，如此规模在世界轨交建设史上也是绝无仅有的。经过全体建设者的全力拼搏、在全市人民的大力支持下，最终在 2010 年世博会开幕之前，上海建成了 11 条地铁线路，地铁运营里程达到了 420 公里。随之，上海公共交通也跨入了"快速机动化"交通模式时代。①

三、走入新时代的上海轨道交通

1995 年，上海轨道交通只有 16 列、共计 96 节列车；2007 年，上海轨道交通列车的保有量突破 1 000 节；2009 年底，列车保有量达到 2 000 节；2012 年夏，上海地铁又迎来第 3 000 节列车；2016 年底，超过了 4 000 节；2017 年底，上海轨道交通拥有 4 753 节列车。②运营线路的程度也从 1995 年第一条地铁线路正式开通运营时的 16 公里，增加至 2017 年底的 666 公里。轨道交通列车的运行密度也不断增加，1999 年上海轨道交通的总行驶里程为 223.9（万列公里），2017 年达到了 8 648（万列公里）。

2018 年 7 月 19 日，一列车头闪着绿灯、身着翠绿色色标腰带、被一位记者称为"绿灯侠"的最新型号的地铁列车，在轨道交通北翟路停车场亮相，标志着上海轨道交通车辆保有数进入 5 000 节规模的新时代，这也是上海第 840 列地铁列车。③2017 年，全年运送乘客 39.54 亿人次，日均客运量 1 083.3 万人次，内环内轨道交通站点 600 米半径覆盖率增至 75.6%，

---

① 参见陆锡明、顾煜：《上海公共交通优先发展模式研究》，《科学发展》2010 年第 1 期。

② 参见《2018 年上海统计年鉴》，表 11.14。

③ 参见《你好，绿灯侠！上海地铁迎来第 5 000 辆列车》，《解放日报》2018 年 7 月 20 日。

轨道交通出行客流占到全市公共交通出行客流的比例超过 53%，轨道交通已经成为人们的主要公交出行工具。截至 2018 年 3 月，上海地铁共开通轨道交通线路 17 条（1 至 13 号线，16、17 号线，浦江线以及磁悬浮线），有车站 395 座，运营线路总长 673 公里、居世界第一。

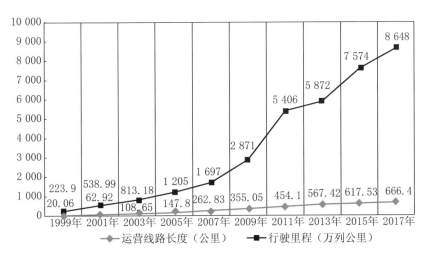

图 6-3　上海轨道交通运营线路长度和行驶里程的变化（1999—2017 年）

资料来源：根据《上海统计年鉴》相关年份数据制作。

与此同时，上海轨道交通的科技化、智能化和国产化水平不断进步，乘坐轨道交通的便捷、舒适，时间的可预测和安全程度不断提高，成为上海这座现代化国际大都市一道靓丽的风景。

进入新时代以来，上海和周边地区的联系变得更加紧密，一个以上海为中心的都市圈正在形成之中，不仅是已经通车的江苏昆山，浙江的嘉善等城镇都可望在不久的将来进入到轨道交通营运大网络之中。到那时，人们到上海周边地区旅行和工作，不再需要费时费事地到火车站或高铁站去中转搭乘开往另一个城市的火车或高铁，而是可以从家中出发，直接穿过城市，经过乡野，轻轻松松地来到另一个城镇。轨道交通将成为连接以上海为中心的大城镇圈内无数城镇的强有力纽带。

第七章　卓越的全球城市建设与上海公用事业发展蓝图

以新中国成立 70 周年为契机，上海的公用事业将进入全新的发展阶段。2018 年 1 月，上海正式宣布把建设卓越的全球城市作为今后发展的基本目标。所谓卓越的全球城市，是指在社会、经济、文化或政治层面直接影响全球事务的城市。其关键在于建设一个令人向往的创新之城、人文之城、生态之城。同时，以信息技术为主体的新技术革命风起云涌，正在影响着人类生活的各个方面。卓越全球城市的建设，也同样与新技术革命密切相关。

迈向卓越的全球城市的建设目标的提出，使得迄今为止以电、水、煤和公交、电信五大传统行业为主体的上海公用事业从内涵到外延都将发生革命性变化。今后上海公用事业的发展必将会越出传统的电、水、煤和公交和电信五大传统公用事业范围，机场、港口、城际高速公路等都会成为公用事业的新内涵。以信息技术为主体的新技术革命又为上海公用事业的发展增添了许多发展空间和机遇。

本章将从卓越的全球城市建设和新技术革命两个维度来描述上海公用事业的发展前景。一般而言，英国的伦敦、美国的纽约、法国的巴黎、日本的东京、新加坡通常被视作全球城市的象征。为此，本章在分析叙述时，选取这五个城市，在各个相应部分开展相应的述评，以资借鉴。

第一节　"卓越的全球城市"建设目标对上海公用事业新要求

《上海市城市总体规划（2017—2035 年）》（简称"上海 2035"）于 2018 年 1 月正式发布。"上海 2035"明确了上海至 2035 年并远景展望至 2050 年的总体目标、发展模式、空间格局、发展任务和主要举措，为上海未来发展描绘了美好蓝图。其核心是：在 2020 年基本建成"四个中心"的基础上，到 2040 年将把上海建设成为综合性的全球城市，国际经济、金融、贸易、航运、科技创新中心和国际文化大都市。"上海 2035"的发布，使得上海公用事业从内涵到外延都发生革命性变化。

一、"卓越的全球城市"对燃气能源的新要求

首先，保障电力和燃气的充足供应。

"伦敦电网现状：伦敦配电网有直传、环网和手拉手等多种连接形式。环网系统中每个主站有 12 个环，采用断路器，不用负荷开关。伦敦城网电压序列包括 400、275、132、66、33、22、11 kV。伦敦电网计划改造后的电压等级序列为 400、225、132、20、0.4 kV。伦敦电网从 1977 年起，电缆化率达到 100%。目前，伦敦电网覆盖约 666 平方公里的区域，其电缆长度超过 30 160 公里。伦敦城市电网在城外形成 400 kV 环形接线，从四周向城市供电，形成多点供电的 275 kV 电缆网络，高压电网为环形接线，供电网络是辐射型的，每个电源点都有 2—3 路进线。""伦敦电网的发展对

中国的启示：20 世纪 80 年代至今，伦敦的经济发展负荷增长减缓，此时的电网规划重点为供电的可靠性及电网运行经济性提升。""伦敦及其他发达国家城市的配电网的主要特点为：变电层次少；中压配电网形成多方向的互联环网结构；大部分城市将 20 kV 作为中压配电电压。"①

其次，新能源将逐步占到能源供应量一半以上。

纽约市在 2001 年的电力系统各类装机构成，其中天然气占 31%，水电占 20%，煤气占 18%，原子能占 18%，燃油占 6%，外购占 6%，其他占 1%。②可见，纽约市在 21 世纪之初，在供电方面，新能源占比已经超过三分之二。

东京的天然气主要由东京燃气公司供应。"日本主要的燃气供应商包括东京燃气公司、大阪燃气公司、东邦燃气公司和西部燃气公司。""基于对日本在整体上能源消耗较低，到 2010 年日本将建成 10—13 座核电站为前提，2003 年 6 月日本政府修改了其对日本长期能源供应状况的预测。2001 年，日本天然气在一次能源的消耗中占 13%，与欧美等国家的 20% 的消耗量相比，这个数字是比较低的。业内预料，2010 年使天然气的需求很可能会上升到约占日本能源需求的17%。"③

二、"卓越的全球城市"对供排水设施的新要求

以卓越的全球城市为目标，上海的自来水将出现以下三大变化：

---

① 杨卫红、何永秀、吴良器等：《伦敦城市发展变迁与电网发展历程及对我国的启示》，《电力建设》2009 年第 5 期。

② 鲁顺、李灿、魏庆海等：《纽约电力市场探析》，《电网技术》2004 年第 17 期。

③ 上海大众燃气有限公司：《日本燃气工业的放宽限制和自由化》，《上海煤气》2004 年第 1 期。

其一，水资源供应充足。自来水供应量的丰盈充足是现代化大都市的必备硬件。早在 2008 年，欧美大城市的水资源供应量已经超过 200 立方米。例如，纽约的水资源供应量达 248.9 立方米，伦敦为 243.8 立方米。但是，亚洲国家城市的水资源供应量还未达 150 立方米。东京仅为 128.7 立方米，新加坡为 124.0 立方米，香港 133.9 立方米。上海则已经达到了人均 181.6 立方米的水平。但是，以人均每日居民生活用水量（升/日）来衡量，上海还相对落后。纽约的人均居民生活用水量为 227，伦敦为 156，东京则有 318.75，新加坡为 155.9，香港为 128.3，上海为139。①

在上述数据后面，是城市经济和人口结构的不同。一般说来，欧美国家比东亚国家和地区较早完成了工业化和城镇化，再加上对环境治理的投入较大，人均水资源相对宽裕些。就伦敦、东京两大国际都市而言，生产用水与生活用水的比例关系不同导致了人均每日居民生活用水量的巨大差异。伦敦的生产用水比重较大，而东京的生产用水则比重较低。就上海而言，上海自来水的水源地已经移至地处长江入海口，从而获得了较充裕的水资源，同时随着今后 30 至 40 年人口自然增长率下降、人口流向变化两方面因素的共同作用，自来水供求关系会更趋于平衡和宽裕。

其二，水污染处理高标准化。中国的香港地区"约 95％的人口使用公共污水收集系统，收集和处理超过 98％的污水。这个系统包括总长度超过 1 320 公里的污水系统网络及约 200 座提供基本（隔筛）至二级（生物）污水处理的污水处理厂，负责处理来自住宅、商业和工业区的污水，经深海排放管排放到大海稀释和扩散。"②以此为蓝本，上海的水污染防治行动计划得到了有力有效的推进，至 2017 年底，河长制实现全覆盖全市 1 864 条

---

①　聂磊：《全球大都市基础设施建设发展比较研究》，《城市公用事业》2013 年第 2 期。

②　曾宇青：《香港的公用事业》，海天出版社 2004 年版，第 90 页。

段、1 756 公里中小河道，综合整治全面完成，全市中小河道基本消除黑臭。

其三，节水技术运用普遍化。卓越的全球城市多沿海，鉴于淡水资源珍贵或匮乏，利用海水作为非饮用的生产、生活用水，是节水的重要方向。中国的香港地区由于自身特殊的地理条件制约，从 20 世纪 50 年代以来，就重视和逐步扩大利用海水的范围。"目前全港有 78％的冲厕水人口采用海水，未来要发展到 90％"，"淡水与海水供应比例达到 5∶1"。"香港已建成海水抽水站 36 座，总装机容量 143 万立方米，海水配水库 49 座，总容量达到 20 万立方米"，"在海水抽水站，海水先经过网格去除较大的杂质，然后再用液氯或次氯酸钠消毒，抑制海洋微生物及细菌的繁殖和生长"。"海水还被用来作为市政消防用水。"[1]上海也正在有计划地逐步推进海水利用工程，包括海水处理、市政管网、生产和生活管道三个组成部分。

三、"卓越的全球城市" 对交通设施的新要求

卓越的全球城市的定位，要求上海进一步提升作为国际门户和国家交通枢纽的功能，强化综合交通的服务能力，提高对内对外两个扇面的辐射服务能力。

首先，需要继续下功夫建设世界一流国际空港。从数量上来讲，上海已经取得骄人的成绩。上海浦东国际机场第四跑道和第五跑道等重大工程在 2017 年相继建成。上海机场货邮吞吐量近年来保持世界第三，国际旅客吞吐量占全国机场的三分之一以上。

---

① 曾宇青：《香港的公用事业》，海天出版社 2004 年版，第 97 页。

　　但是，从内涵质量来说，上海还任重道远，还需要借鉴其他全球城市的相关经验。卓越全球城市的国际空港经验启示，构建有活力的所有权、经营权结构，对适应和促进国际空港生产力的发展，至关重要。"伦敦希斯罗国际机场产权名义上归政府所有，但由英国机场集团公司（BAA）、英国航空公司、英国汇丰投资银行等大公司进行管理。其中投资近 20 亿英镑的第 5 航站楼工程，更是完全按照市场化模式根据投资比例组建有限责任公司进行运作。""巴黎机场集团（ADP）公司由法国运输部指定负责整个巴黎地区包括戴高乐国际机场在内的 10 个机场的开发建设和运营管理，而在项目建成投产后，多采用招标租赁的方式由不同的专业公司负责经营管理。""中国香港地区新机场的投资和管理模式与英法两国不同，它是由香港特区政府统一规划、统一投资兴建的，产权完全归政府所有，由政府组建机场管理局对其进行管理。机场管理局具有双重身份，既有代表政府对机场实行监管的职能，又在经济上独立于政府，采用市场化运作的模式对机场进行经营，其经营所得一方面要还贷款，另一方面还要为机场下一步的扩建积累资金。"[1]以政府资金或股权为主、允许多元投资或混合股权、实行监管机构与准经营实体（因机场服务性质大部分属于准公共产品）分离（所谓"管办分离"）、准经营实体通过招标租赁把大部分机场设施出租给专业性品牌企业，后者实行微利型经营，是与上海建设卓越的全球城市相匹配的国际空港产权改革方向所应遵循的若干原则。

　　其次，按照硬软件相互配套的标准，来保障航运中心在全球的领先地位。上海港国际集装箱吞吐量已经多年保持世界第一。但距离全面建成与卓越的全球城市相匹配的国际航运中心，还有不少差距，需要认真借鉴其他全球城市的相关经验更上一层楼。

---

　　① 曾宇青：《香港的公用事业》，海天出版社 2004 年版，第 211—212 页。

中国的香港与美国的旧金山、巴西的里约热内卢并称为世界三大天然良港。香港作为远东航运中心和世界主要港口之一，数百年来逐步形成"港口基础设施完善，功能齐全"的状态。"（1）助航设施齐全。建立了363 个新式导航辅助设施，包括灯塔、浮标、灯光信标、无线电信标和雷达信标。在香港中环设有船只航行监察中心，另在青州、横澜等处设立有多个信号站，中心及信号站每天 24 小时运作，并通过无线电话、电传、有线电话等通信手段维持相互之间及船舶的联系。""（2）避风塘供应充足。目前最大的避风塘设于九龙油麻地海湾，可供数百艘小船和驳船停泊。""（3）集装箱码头设备更新。香港已先后完全建成 8 个现代化集装箱码头，共有 19 个泊位，可同时供 19 艘第三代集装箱船靠泊装卸货物。""（4）码头多样化。出了大量的集装箱码头以外，香港还有石油、干散货、杂货、水泥和煤码头等专用设施，主要由拥有者经营和自用。""（5）中流作业占一定数量。所谓中流作业就是利用驳船在水上过驳。多年来进出香港远洋件杂货，90％仍靠中流作业。近年来，香港港口集装箱吞吐量中，中流作业处理的箱量均超过 20％。（6）航道及引水。所有总注册吨位超过300 吨的船舶进入香港港口时均需服从海事处下辖的船只航行监察中心的指示。为确保狭窄航道区及船只密集水域上的安全，香港港口所采取的措施之一是进行分道航行安排。此外，凡总注册吨位超过 3 000 吨的船舶和特殊船舶，不论在港口内或在进港航道上航行，均实行强制领航。（7）政府船队。香港特区政府船队有超过 500 艘船供政府部门使用。政府部门的小轮在港口内随处可见，主要负责港口管制、污染控制、船舶安全、海道测量、口岸查验、海救等工作。""（8）船舶注册。香港是一个拥有及管理船舶的主要中心。截至 2003 年拥有及管理的船舶总注册吨位达 3 773 万吨。船舶注册由香港船舶注册处按国际海事组织颁布的所有重要的国际公约独立运作。""（9）船舶维修。目前有香港联合船坞和友联船坞两家规模较大的船厂，提供远洋维修服务，此外还有不少中型船厂替码头或系泊的船舶作登船维修服务。"[1]在加快健全与卓越的全球城市相匹配的国际航运中心条件方面，香港为上海提供了较系统的经验，上海应该认真学习，扎实靠近；在此基础上，上海还可以依靠香港所不具有的条件和优势，在某些方面做得更好些。如上海具有世界一流的造船工业，这对建设一流的国际航运中心，在建造先进商船和游轮，提升港口大型机械卸载能力，健全各类船舶维修体系等方面，都具有较大的潜能，需要有计划、有步骤地加以推进。

四、"卓越的全球城市"对电信设施的新要求

上海的电信发展是走得比较快的。目前，4G 网络已经实现全市域覆盖，用户普及率接近 100%；家庭宽带用户平均互联网接入宽带超过 35 Mbps；全市公共场所基本开通 Shanghai 公益 WLAN 服务；基本实现互联网、有线电视网、IPTV 网"三网"融合；建设高精度位置服务平台基本完成；互联网数据中心（IDC）实现规模化发展；基础电信运营商 IDC 机架总量超过 5 万个。

第二节　建成完善的地铁与公交配套体系

卓越的全球城市的主要特征之一就是市内交通以地铁为骨干，以公交车、出租等其他市内交通手段相互配合、相互衔接，形成一个四通八达快

---

[1] 曾宇青：《香港的公用事业》，海天出版社 2004 年版，第 285—288 页。

捷便利的交通网络。在这方面，上海需要认真学习和借鉴巴黎、伦敦、纽约、东京等国际大都市的经验。

一、从城市群的角度科学构建上海地铁与市内公交

上海于 2017 年建成 12 号线、16 号线、17 号线等一批轨道交通线，轨道交通运营线路总长从 468 公里增加到 666 公里，跃居世界城市首位。但是，对标巴黎、伦敦、纽约和东京，上海地铁建设还任重道远，特别是在地铁轨交与市内其他公交配套上，还有相当大的距离。

巴黎地区发展与规划研究院会同伦敦研究中心、纽约公共管理研究院和东京市政研究院，于 20 世纪 90 年代末开展了一项研究，对上述 4 个国际大都市交通体系进行了对比分析。该项研究成果对思考上海建设与卓越的全球城市相匹配的地面交通体系，提供了某些有价值的启示。

一是从城市群的角度科学构思地面交通体系。上述 4 个全球城市无一例外，都形成了由地理上相邻城市群组成的都市圈。巴黎不只是巴黎市区，还包括了近郊 3 个区和远郊 4 个区，总面积 1.2 万平方公里。伦敦则由大伦敦和周围 12 个郡组成，总面积 2.7 万平方公里。纽约不仅是纽约市内的 5 个行政区，还包括地理上相邻的 3 个州，即纽约州、新泽西州和康涅狄格州所属的 26 个县，总面积为 3.3 万平方公里。东京包括东京都和邻近的千叶、神奈川和栃木 3 县，总面积 1.3 万平方公里。人口以东京最多，达 3 200 万，纽约地区为 1 980 万，伦敦地区为 1 750 万，巴黎地区最少，为 1 100 万。①

上海现有辖区面积约 6 300 平方公里，常住人口 2 400 万，流动人口超

---

① 章希：《国际大都市交通系统的对比》，《交通与港航》2000 年第 1 期。

过 1 000 万。随着建设卓越的全球城市的逐步展开，也逐步向都市圈发展。据预测，上海的辖区面积将逐步扩大到 1 万平方公里以上。多年来酝酿的把江苏、浙江相邻的部分市、县划入上海的研究，正在提上议事日程。只有根据适度扩大后的上海辖区面积，调整和完善上海的总体规划，并且在总体规划的指导下，布局上海的交通体系规划，才能少走弯路。

二是按照城市功能规划交通网络。巴黎等 4 个全球城市按照不同类别的功能，都可分成 1 至 4 区。1 区，即中央商务区，主要是金融、政治、商业和旅游功能区。2 区，大都市其他功能区。3 区，与中心城密切相关的郊区。4 区，对中心城区有相对独立性的区域。[①]

不同的功能会形成不同的产业和就业结构，从而出现不同的通勤人数和通勤规律，下面分区一一说明。

1 区，即巴黎、伦敦、纽约、东京的核心城市，其面积分别是 29 平方公里、27 平方公里、23 平方公里、42 平方公里，这说明核心区的面积一般不大。人口分别是 62.2 万、17.7 万、54.3 万、26.6 万，说明核心区的居民人数一般在 50 万至 60 万。伦敦、东京核心区居民之所以偏少，原因是：伦敦的保护建筑较多，且新建筑限高，限制了高层商品房的建设；东京则是可能是商用建筑挤占了民用居住建筑。但是数据显示，巴黎、伦敦、纽约、东京的就业岗位数量，分别是 102.5 万个、91.7 万个、196.7 万个、238.1 万个。这表明，1 区，即城市核心区的就业岗位数量，一般数倍于本区居民数量，从而导致较高的通勤人数。如东京接近 9 倍，纽约超过 3 倍，伦敦超过 4 倍，唯有巴黎不到 2 倍。学者分析认为，除了有巴黎人口少于其他 3 个城市的因素外，与保护老城及其建筑、新建筑限高等限制了核心区产业发展有关。

---

① 章希：《国际大都市交通系统的对比》，《交通与港航》2000 年第 1 期。

2 区，巴黎、伦敦、纽约、东京的面积分别是 2 030 平方公里、155 平方公里、734 平方公里和 575 平方公里。因为 2 区承担着全球城市两个基本功能，一是第三产业的承载区，已进入后工业社会的欧美各国和日本，第三产业在经济中的占比不断扩大，需要一定的空间来承载。二是中产阶级居住区。发达国家的中产阶级居民大部分是居住在市区内的公寓，少数居住在近郊区的独幢或联排住房。巴黎、伦敦、纽约、东京 4 个典型全球城市的 2 区人口规模和就业岗位都不低。巴黎 2 区的人口规模为 816.9 万、伦敦 667.5 万、纽约 695.4 万、东京 789.8 万；就业岗位数量分别是 346.9 万个、243.2 万个、223.2 万个、486.8 万个。这表明，2 区承担着大部分居民居住区的重任。目前，上海市区的面积在不断地扩大，与此同时关于上海都市圈的讨论也在不断深入、具体。越来越多的人主张，应该参考纽约、东京的市区面积，适度"做大"上海。

3 区，即近郊区，巴黎、伦敦、纽约、东京的近郊面积分别是 9 951 平方公里、8 807 平方公里、5 036 平方公里、1 160 平方公里。数据表明，除了东京因人多地少面积较小外，其他 3 个全球城市的近郊区都占据相当大的面积，大体上在 5 000 至 10 000 平方公里之间，用以发展高科技的第二产业。

4 区，即对中心城区有相对独立性的区域。因巴黎人口较少而不存在 4 区，其他 3 个全球城市的 4 区面积都相当大，都在 10 000 平方公里以上。伦敦为 16 839 平方公里、纽约为 27 372 平方公里、东京为 11 366 平方公里。4 区的产业功能，基本上属于中小企业，承担着为全球城市近郊区的大型制造业企业加工、生产零部件的任务。4 区的人口数量在伦敦、纽约，比本区就业岗位多出一倍，东京则多出两倍，说明伦敦、纽约的 4 区居民，有一半要通勤到 3 区、2 区去上班，东京则有三分之二的居民需要通勤到 3 区、2 区去上班。

　　再来看看这 4 个全球城市居民出行的交通方式。居民通过小汽车、地铁和铁路、公共汽车的比例，巴黎分别是 62％、25％、9％，伦敦分别是 58％、22％、19％，纽约分别是 54％、30％、16％，东京分别是 28％、60％、6％。①从实际情况来看，东京的出行方式可能更适合上海。从而可以认为，上海公共交通发展的重点，依然是地铁和城际铁路。该项研究还表明，越是靠近市中心的核心区，轨道交通出行成为更多居民的优先选择；核心区的居民十分重视和追求轨道交通设施的便捷和服务的人性化。

　　居民的出行方式决定了这 4 个全球城市地铁和铁路的建设长度和密度。在总长度方面，全球城市的地铁和郊区城镇铁路总长度一般在 3 000 公里以上。巴黎、伦敦、纽约、东京，分别为 1 602 公里、3 493 公里、2 022 公里、3 128 公里。在密度（每平方公里拥有线路长度）方面，巴黎、伦敦、纽约、东京，分别是 133 米、130 米、61 米、238 米。在每 1 000 个居民拥有轨道交通线路长度方面，巴黎、伦敦、纽约、东京分别为 150 米、199 米、102 米、98 米。②东京地区是一个巨大的城市群，需要更多的轨道交通来连接东京市与周围的城镇群。这与上海的现状以及上海今后的发展方向有一定相似之处。东京的交通建设和管理模式对上海可能具有更多的借鉴之处。

　　轨道交通的密度也十分重要。"巴黎拥有世界上最发达的地铁线路。在巴黎环城公路以内的市区，各地铁站之间的距离都在几百米之内。巴黎市政府还在原有地铁的基础上不断延长线路，方便那些远郊居民进出巴黎市中心。巴黎有地铁线路 15 条，全长 192 公里，设 360 个站，站间距离 500 米，平均时速 23.9 公里，日运输量为 410 万人次，有工作人员 38 500 人。"同样，与轨道交通的配套也至关重要。"巴黎大区有公共汽车线路

---

①②　章希：《国际大都市交通系统的对比》，《交通与港航》2000 年第 1 期。

190 条，2 100 公里，设站 5 700 个（其中市区 55 条，500 公里，设站 1 600 个）。在市区公共汽车行驶的繁忙段，设有 106 公里的公共汽车专用道，以保证运输畅通。公共汽车市内的平均时速为 9.9 公里，日运量 26 万人次（巴黎市区 11 万人次），服务人员 11 500 人。此外，巴黎郊区还有私人经营的公共汽车线 50 条，以联络各卫星城。"巴黎还有计划地保留和恢复了若干条有轨电车线路。"由于有轨电车在节省能源和减少污染方面具有很大优势，巴黎市政府大力扩建了这类交通设施。同时为了让更多的人放弃使用私家汽车而乘坐有轨电车，市政府还'别出心裁'在专用车道两旁栽花种草，让乘客感受赏心悦目的乘车体验。"①

二、借鉴新加坡和中国香港地区形成高密度便捷公交系统

新加坡虽然是个小小的城市国家，但通过轨道交通和其他公共交通工具的有机结合，形成密度较高而又十分便捷的公共交通系统。新加坡的国土面积仅为 641 平方公里，除了有 350 多万常住人口以外，每年到访的游客要超过 1 000 万人。但是，其城内交通一直呈现"较少拥堵、井然有序、各得其所"的状态，这得益于交通设计遵循"系统指导、各抒其长、互相衔接、互不干扰、综合最优"的理念。

第一，地铁和轨道交通构成新加坡公共交通的中、长距离运能基本骨架。新加坡原有地铁和轨道交通 4 条线路，构成东西、南北纵横交错的轨交网络，20 世纪 90 年代又新建南北线延长段。

第二，快速公路系统网贯通全域。早在 1993 年底新加坡已建成 2 989 公里的快速公路和公共道路，通过 423 处汽车天桥和 110 处高架立体交叉

---

① 刘少才：《巴黎交通治堵有方》，《城市公共交通》2018 年第 3 期。

实现了互联互通。新加坡的每一个人可以利用该系统方便、快捷、安全地到达每一个角落。①新加坡的快速公路和地铁轻轨的陆上段，都是全封闭运行的，但是可以通过地铁或者轨交车站便捷地换乘。任何地面公交车。目前已有221条公交线路，3 109辆双层巴士，由3家公司经营。②

　　第三，为了便利周边居民进入中心商业区购物、休闲，新加坡还独具特色地修建了中心城区的地下环线公路系统。这个耗资46亿新加坡元的新加坡中心商业区地下环线公路系统，不仅没有占用地面土地，也没有用硕大的混凝土梁柱、拱架来分隔中心区或缠绕建筑物，破坏城市景观，极大地减轻了市中心繁华区路面的交通压力。③

　　除了重视公交以外，新加坡为了鼓励人们绿色出行，就近办理生活服务，还独具特色地实施了"人行道10年开发计划"。为保证人们有一个更加舒适的步行环境。从商业区到居民点、到地铁和公共交通枢纽，以及公园与公园之间，都有树木成荫、凉棚遮阳的人行道路。④密如蛛网的林荫人行道，既大大减轻了城市交通的压力，也形成了与亚热带气候和绿色环境辉映的独特人文景观。

　　新加坡政府在全力建设和完善公共交通的同时，还确立了严格控制私人小轿车增长的政策。其措施多种多样，包括每年限量招标发放"拥车证"、私家车需每年额外缴纳路税、划定过度拥挤区域限制私家车进入、广泛采用公路电子计费系统等。⑤

---

　　①　李国振：《新加坡城市研究》，上海交通大学出版社1996年版，第120—122，128—129页。

　　②　同上书，第134页。

　　③　同上书，第128—129页。

　　④　同上书，第130页。

　　⑤　同上书，第131—135页。

中国香港地区地铁建设和运营的主要经验可以归纳为以下三条：政府为主与私企混合股权、法人团体商业化经营；给予私人企业合理回报；用地铁毗连土地商业开发利润来补贴公共交通以实现公交的自我平衡扩大和自主性再生产。由香港特别行政区政府投资交给法人团体开展商业化经营的地铁公司有两家：地铁有限公司和九广铁路公司。2000 年 2 月，香港立法会通过法案，决定将政府拥有的地铁公司部分股权私有化，但政府仍然居主要股东绝对控股地位。同年 6 月 30 日，成立地铁有限公司，取代原由政府直接经营的地下铁路公司，10 月，地铁有限公司在香港联合交易所上市。①舆论认为，香港地铁是全球效率最高、效益最好、最安全的地铁之一，2003 年利润高达 44.5 亿港元，是世界上少有的几家赢利地铁公司之一。其收入主要来自广告、电信和商业设施等。2003 年香港地铁广告收入 3.86 亿港元，电信业收入 1.98 亿港元，车站商用设施收入 2.75 亿港元，咨询顾问服务收入 1.43 亿港元，物业收入 53.69 亿港元。②

第四，根据人口规模，适当提高道路面积占城市面积的比重，是缓解城市交通拥堵，改善上海地面交通形象的根本途径。

总而言之，新加坡和中国香港地区对交通体系整体设计和布局，各类交通工具比例，各类交通工具之间的协调，发挥以轨道交通、快速公路为主体的公共交通主体作用，限制私家车拥有量等经验，对上海改善和健全交通体系，完善作为卓越的全球城市的交通功能，具有针对性的借鉴意义。

根据 2008 年的统计数据，世界主要城市的道路用地率（道路面积占城市面积的比重），纽约为 7.10%，伦敦为 13.06%，东京为 8.20%，新加

---

① 曾宇青：《香港的公用事业》，海天出版社 2004 年版，第 131 页。
② 同上书，第 130、137 页。

坡为 12.00%。然而，上海只有 3.88%。至于人均道路面积（平方米），纽约为 22.30，伦敦为 22.86，东京为 13.91，新加坡为 17.60，上海也只有 12.79。①比较上述数据，上海明显不足。一般而言，城市的道路用地率和人均道路面积不同程度地存在着不足的问题，这是特大城市的通病。道路不足的主要原因在于人口数量过度集中，而且在不断加剧。因此，纽约、伦敦、新加坡等都在加大道路建设力度的同时，十分重视控制外来移民的急剧增加。就上海来说，上海的总面积远大于这几个全球城市，上海是 6 340 平方公里，而纽约为 828.8 平方公里，伦敦为 1 594.72 平方公里，东京为 2 187.96 平方公里，新加坡为 710 平方公里。因此，作为迈向卓越的全球城市的重要举措，上海增加道路面积的主要途径，不是在市中心修建更多的道路，而是着眼于郊区，花大力气去谋求上海郊区的适度城镇化。甚至可以通过分散过度集中的中心城区人口，用"拆除建筑换道路"的办法，增加中心城区道路面积，减轻中心城区道路负荷。与此同时，在郊区大力建设不同等级的道路，以适应郊区产业化、城镇化的需求。

第三节　以新技术革命引领上海公用事业的新发展

人们注意到，一个以信息技术为支撑的智慧城市正在全球逐渐兴起的。作为正在迈向卓越的全球城市的上海，必然要走在智慧城市建设的前列。本节将从以信息为主体的新技术革命角度对上海的公用事业发展蓝图作进一步的叙述。

---

① 聂磊：《全球大都市基础设施建设发展比较研究》，《城市公用事业》2013 年第 2 期。

一、移动信息技术是上海公用事业发展的新动力

建设高效互联的智慧城市是上海在迈向卓越的全球城市的重要任务。智慧城市的内涵在于：依托物联网、云计算、大数据等现代信息技术，创新生活、出行、交流交往的新模式，促进城市生活信息化、产业发展智能化和城市管理精细化。

目前，上海地铁的运行，主要是靠计算机、软件和移动技术来支撑的。纵观各国际大都市地铁，无一例外，都是"为确保达到最高安全可靠程度，列车装有自动保护及控制系统。可自动调校行车时列车与列车之间的距离，决定最适当的加快及刹车速度以及在不同轨道的滑行速度。列车的行车路线及时间均由设于青衣的控制中心通过计算机讯号系统，按编定的时间表进行控制"。[①]

对上海迈向卓越的全球城市的地铁系统说来，无论是地铁车辆的驾驶、线路信号灯的切换、轨道匝道的自动变动，还是线路总调度室和车站分调度室对列车间隔和速度的调节、开行指令的下达，以及站台执勤人员对列车开、关门和乘车秩序的维护，主要都借助计算机、软件和移动技术的关联运行。随着地铁线路的增多和延长、客流量的增加、列车车厢的增加、换乘站交叉线路的增多等，迫切需要控制地铁运行的计算机的容量、功能和运算速度，各种应用软件的更新和发展，移动技术对计算机、应用软件的切入，有更多的创新和完善。现在市民可以在手机上查看公交车辆抵离动态，这是移动技术运用于上海公共交通系统的成功案例。今后公交车站也将全面设置动态信息屏幕，及时显示有关线路公交车辆将要

[①] 曾宇青：《香港的公用事业》，海天出版社 2004 年版，第 136 页。

到达的时间，这将会大大地方便市民，促进市民更多地选择公交绿色出行。

此外，移动信息技术在上海的企业、机关事业单位、居民用户使用电力、天然气、供水和排水的远程抄表计数方面，率先得到运用和普及。在上海郊区加快城镇化、城乡一体化的进程中，将进一步向郊区的企业、机关事业单位、居民用户普及。

二、以"互联网＋"为基础的人工智能将成为上海公用事业的新模式

首先，人们将会看到，"互联网＋"的广泛使用将会使上海公共交通两大体系，即服务于城际交通的航空、铁路、长途客运、海运等外部交通工具与地铁、公交等内部交通工具相互对接，使之成为统一、协调、相辅相成的大交通网络。根据"上海2035"规划，上海将构建由铁路、城市轨道、常规公交和辅助公交等构成的多模式公共交通系统，形成城际线、市区线、局域线三个层次的轨道交通网络。至2035年，主城区、新城轨道交通站点600米用地覆盖率分别达到40％、30％，全市公共交通占全方式出行比例达到40％左右，中心城平均通勤时间不超过40分钟。上海还将建设浦东枢纽、虹桥枢纽和洋山深水港区国际级枢纽，同时强化便捷高效的综合交通支撑，形成城际线、市区线、局域线"三个1 000公里"轨道交通网络，基本实现10万人以上新市镇轨道交通站点的全覆盖。

为此，一个高效灵敏的统一指挥调度网络是必不可少的。"互联网＋"的技术可以实现内、外部交通系统采用同一个实时信息监测网络，统一指挥和调度分属内、外部交通系统的各种车辆和其他交通工具，从而完善由

区域城际铁路、城市轨道、中运量公交等多种模式构成的综合性公共交通系统。

　　其次，公交导向的 TOD 模式在上海的新城建设中发挥重要作用。TOD 模式即是以公共交通为导向的城镇发展模式。其核心在于，在规划新城镇建设中，要以公共交通站点（即火车站、机场、地铁、轻轨等轨道交通及巴士的站点）为中心、以 400 至 800 米（5 至 10 分钟步行路程）为半径，建立城市中心，以期实现新城镇集工作、商业、文化、教育、居住和出行等于一体。TOD 模式能够充分发挥公共交通复合廊道对新兴城镇体系的支撑和引导作用。特别是以轨道交通站点为核心的土地复合利用，将有利于新城镇的功能整合和布局优化，提高城市运行效率。根据"上海2035"，上海将在现有的主城区以外，扩建或新建 9 个主城副中心、5 个新城中心、2 个核心镇中心，从而完善由城市主中心（中央活动区）、主城副中心、地区中心和社区中心 4 个层次组成的城市体系。中央活动区即是包括小陆家嘴、外滩、人民广场、徐家汇等现有中心城区。主城副中心将在现有的江湾—五角场、真如、花木—龙阳路 3 个主城副中心的基础上增加到金桥、张江、虹桥、川沙、吴淞、莘庄 6 个，成为 9 个主城副中心；与此同时，嘉定、松江、青浦、奉贤、南汇将成为新的五大新城内分别设置新城中心；此外，还要在金山滨海地区、崇明城桥地区设置核心镇中心。可以预料，根据 TOD 模式发展起来的主城副中心，必将是令人向往的宜居之地。

　　电网建设也将广泛使用"互联网＋"的技术，建设和完善智能电网的建设和运营。城市处在电力运营的生产、运输和使用三个阶段中的第三阶段。上海智能电网的建设将从内外两个方向分别展开。智能电网内部主要是通过"互联网＋"技术把发电供电企业、变电站运行和电网维护、一线抢修队伍等之间紧密无缝地连接起来。智能电网的外部建设主要是使用

"互联网＋"技术的广泛使用，把供电和输电企业与一般企业、机关事业单位以及居民等用户等之间关系提升到新的高度。

用"互联网＋"技术对城市的供水、排水进行监测和管理。作为建设全球卓越城市进程中的上海，承载着城市超大型供水和排水系统。"互联网＋"技术的运用和创新，主要涉及供水生产和运输的监测和调节，排水的监测和调控，以及供水、排水管道的养护和维修，排水管道的疏浚，城市防洪排涝，涉及对企业、机关事业单位、居民的供水、排水费用的收缴，企业用水的调控等。

目前，上海正在大力推进人工智能在电信类基础设施中技术和运行方面的运用。深化以泛在、融合、智敏为特征的智慧城市建设，以实现全域互联、智能感知、数据开放、融合应用为目标，推进信息基础设施更新换代和超前布局，拓展网络经济空间，最大限度释放信息生产力。运用人工智能技术，构建交通应用交互平台，为未来新型交通方式预留空间。在构建交通应用交互平台方面，依托物联网、大数据等新兴技术手段，协同政府、社会、市场力量发展交互应用平台，提升停车、加油（气）站、公交站、充电桩等市政交通设施的智能化运行水平，加强交通与公共服务资源的共享利用。在为未来新型交通方式预留空间方面，加强各种不同交通方式共享空间资源，探索管道物流与市政管网等地下空间的兼容性，提升城市交通效率与承载力。积极推广新兴交通技术的使用，拓展主要客运走廊的交通容量。优化完善交通基础设施和土地使用等相关技术规定，为未来水上飞机、自动汽车等新型交通工具的发展创造条件。

运用人工智能技术，结合运用生物技术、水文技术等，建立水源保护地水质自动监测系统，自动识别和报警各类水污染侵入物及其危害等级。这将有助于环保部门及时发现水污染萌芽，追踪寻源，监督消除和处罚。

运用人工智能技术，对生产型用水大户节水予以监测和控制。其监测数据与政府监管节水部门、自来水厂联网；超过一定程度的节水红线，将会自动切断供水阀门，并且企业不能自行恢复供水。

三、新能源和新材料是上海公用事业新发展的重要角色

上海已经作出规划，将大力发展风能、太阳能、核能等清洁能源，在上海的生产和生活中，新能源的比重将提高到 50％以上。其主要表现在以下几个方面。

普及电动公交，推广使用新能源汽车和发展分时汽车租赁，到 2020年全市新能源公交车比例达 50％以上。贯彻公交优先与绿色出行理念，加强公共交通对城市空间的引导作用，优化和提升慢行交通品质，率先建成公交都市。

在市区普及天然气的基础上，在郊区城镇化、城乡一体化中，普及天然气使用，实现清洁能源在城乡居民生活中的全覆盖。

在特高压输电线中，不断改进新材料、新工艺，提高电流的容量、压力和速度，从而较大幅度增加对上海的供电量，保障上海作为全球城市的生产和生活对用电的需求。

运用生物、化学等新材料，治理水污染。针对水污染的不同类型，如有毒害类、生物类、化学类、有机类、无机类等，采用不同的生物、化学等材料，进行分解等无害化处理，降低治理水污染的成本，提高水净化的效果。

运用新材料发展各种节能技术。如运用三基色荧光粉生产节能灯管，在城市路灯中普遍推广，是城市基础设施中节能的有效措施。

第四节　"上海 2035"与上海公用事业新蓝图

公用事业的发展和建设是服务于城市发展的，是从属于城市的发展定位和发展目标的。2017 年 12 月 15 日，国务院批复原则同意《上海市城市总体规划（2017—2035 年）》（即"上海 2035"），明确了上海至 2035 年并远景展望至 2050 年的总体目标、发展模式、空间格局、具体发展任务和举措，为上海未来发展描绘了美好蓝图。2018 年 1 月 4 日，上海市政府了正式发布"上海 2035"的各项建设目标。

"上海 2035"对上海的定位有三层意思。首先，上海是我国直辖市之一；其次，上海是我国的历史文化名城；第三，上海将是国际经济、金融、贸易、航运、科技创新中心。上海的城市规划、建设与发展，要立足于这一定位。上海要在今后的近 20 年中着力提升城市功能，塑造特色风貌，改善环境质量，优化管理服务，努力把上海建设成为创新之城、人文之城、生态之城，卓越的全球城市和社会主义现代化国际大都市。

按照"上海 2035"的要求，上海的发展，一定要从长江三角洲区域整体协调发展的角度，充分发挥上海中心城市作用，加强与周边城市的分工协作，构建"上海大都市圈"，打造具有影响力的世界级城市群。为了能够比肩纽约、巴黎、伦敦和东京等全球城市，上海要创造优良人居环境，统筹安排关系人民群众切身利益的教育、文化、体育、医疗、养老等公共服务；提高生活性服务业品质，建设高品质、人性化的公共空间，构建宜居、宜业、宜学、宜游的社区服务圈。

一、"上海 2035"对城市公用事业发展提出的新要求

"上海 2035"指出，要保障城市安全运行，要按照绿色循环低碳观念来规划和建设城市基础设施。进一步完善公路、铁路、机场、港口等社会基础设施建设，发挥综合枢纽功能，促进区域交通设施互联互通。在城市公用事业方面：必须坚持公共交通优先战略，鼓励绿色出行，加强城市路网和轨道交通线网建设，进一步完善以公共交通为主体，各种交通方式相结合的多层次、多类型的城市综合交通体系。坚持先地下、后地上的原则，统筹规划建设水、电、气、通信、垃圾处理等各类市政基础设施，有序开展地下综合管廊建设，加强人防设施规划建设，提升各类基础设施对城市运行的保障能力和服务水平，确保城市生命线稳定运行。

应该指出，上海迈向卓越的全球城市的起点是比较高的，实现上述目标是完全有把握的。如上述各章所述，经过新中国成立 70 年，特别是改革开放 40 年来的艰苦努力，上海的公用事业已经取得丰硕的成果，为上海迈向卓越的全球城市提供了坚实的基础。下文按照行业，一一予以分析、介绍。

1. 上海供电业新蓝图及其实现路径

据《上海年鉴（2017）》的资料，2016 年，上海全社会用电量 1 486.02 亿千瓦时，比上年增长 5.73%，其中居民用电量 217.72 亿千瓦时。城市综合电压合格率 99.998%；最高负荷 3 138.4 万千瓦，供电可靠率达 99.983%。全市有 35 千伏和 1 000 千伏变电站 934 座，变电容量 16 463 万千伏安，输电线路 23 023 公里。

表 7-1 是根据《福布斯》在 2013 年发布的对全球 150 个大城市的年耗电量所进行的统计。从中可见，上海已经进入全球用电量最大城市的前 20

位，排名第 11 位。但是，相比其他大城市，上海还有很大差距。如表 7-1 所示，上海的年用电量刚过 100 万亿瓦时，还只有纽约的五分之一。

表 7-1　世界主要城市耗电量一览

排 名	城 市	年耗电量	所属国家
1	纽 约	518 万亿瓦时	美 国
2	洛杉矶	231 万亿瓦时	美 国
3	伦 敦	150 万亿瓦时	英 国
4	旧金山	127 万亿瓦时	美 国
5	东 京	122 万亿瓦时	日 本
6	芝加哥	115 万亿瓦时	美 国
7	首 尔	112 万亿瓦时	韩 国
8	巴 黎	110 万亿瓦时	法 国
9	香 港	107 万亿瓦时	中 国
10	莫斯科	105 万亿瓦时	俄罗斯
11	上 海	104 万亿瓦时	中 国

为了进一步发展城市供电，上海提出首先在今后要向科技要潜能，建设和经营适应城市需求增长的电力供应力量。改革开放以来，上海的电力消费始终呈现直线上升的趋势，其中居民用电的增长速度一直要高于商业用电，目前居民用电量占到了上海用电总量的三分之一。数据表明。2017年 9 月，上海全社会用电量 125.7 亿千瓦时，同比增长 3.4%。其中，第一产业用电 0.8 亿千瓦时，同比增长 5.9%；第二产业用电 57.2 亿千瓦时，同比基本持平；第三产业用电 34.2 亿千瓦时，同比增长6.4%；居民生活用电 33.4 亿千瓦时，同比增长 6.5%。2017 年和 2018 年连续两年的夏天，上海电网最高用电负荷达 3 250 万至 3 300 万千瓦。目前上海本地发电能力约 2 100 万千瓦，最大受电能力为 1 500 万千瓦，最高供电能力为 3 600 万千瓦。为了使上海的电力供应总体平衡并有一定裕度。电力部门在加大电网

建设力度的同时，积极提升电力、天然气、油品供应保障水平，优化本地电源结构，完善市外输变电通道布局，加快城市配网升级改造，提高电网可靠性，到 2020 年达到 3 500 万千瓦的最高负荷保障能力。

其次，节能意识、节能技术、管理制度三管齐下打造节能城市，深入推动工业、建筑、交通和公共机构等重点领域节能降碳。实施重点用能企业能效对标达标行动，到 2020 年全市主要耗能行业和工业产品单耗达到国内外先进水平。加大既有建筑节能改造力度，全面推广绿色建筑，推行装配式建筑和全装修住宅。深入开展低碳试点示范，实施节能低碳认证标识制度。大力倡导绿色低碳出行、绿色消费。加强气候变化风险评估，提升城市基础设施适应气候变化能力。

第三，加快绿色能源技术研发，尽早实现新能源供应占比一半以上。深入推进节能低碳和应对气候变化全面实行能源消费、二氧化碳排放的总量和强度双控制度，到 2020 年，全市能源消费总量控制在 1.25 亿吨标准煤、二氧化碳排放总量控制在 2.5 亿吨以内，单位生产总值能源消耗、单位生产总值二氧化碳排放量降低率、主要污染物排放削减率确保完成国家下达目标。减缓和适应并重，进一步加大应对气候变化力度，努力尽早实现碳排放峰值。加大力度优化能源结构，大力发展天然气、光伏和风电等低碳清洁能源。

2. 上海供、排水业新蓝图及其实现路径

据《上海年鉴（2017）》的资料，2016 年，上海全市供水管线总长度 36 642 公里，自来水年供水量 32.04 亿立方米；日公共供水能力 1 152 万立方米。全年售水总量 24.24 亿立方米。全市地下水年开采量 291 万立方米。全市万元生产总值用水量 28 立方米，比上年下降 10%。列入市政府实事项目的 2 000 万平方米居民住宅二次供水设施改造已经提前完成。黄浦江上游水源地金泽水库工程已经建成通水。全市日污水处理规模 812.2 万立方米，城镇污水处理率达到94.3%。

可以认为，上海自来水的管网建设及其他基本建设，与发达国家的差距不大。上海向"卓越的全球城市"发展的最大挑战来自自来水直接饮用和水资源管理。本节主要谈谈上海的水资源管理。

"上海2035"指出，针对上海本土水资源承载能力的严重不足，上海将在今后的十多年中实施最严格的水资源管理。其内涵至少包括三个层面的管理与控制，一是水源地的保护；二是水资源的节约和循环使用；三是区域水资源合作。

首先来看水源地的保护。到2016年底，上海已经先后建成长江口青草沙水源地、崇明东风西沙水库和金泽镇金泽水库三大水源地，并已投入使用，从而结束了上百年来上海人喝黄浦江中下游污水的历史。为了加大水源地的保护，上海将实行恒久化水源保护。具体来说，通过划定生态保护红线，并实行分级管控，包括一级保护区和二级保护区。一级保护区是生态保护核心区，为禁止建设区，包括黄浦江上游水源保护区、长江青草沙水源保护区、长江陈行水源保护区、崇明东风西沙水源保护区、九段沙湿地国家级自然保护区、崇明东滩鸟类国家级自然保护区、长江口中华鲟自然保护区、金山三岛海洋生态自然保护区、崇明国家地质公园核心区等，严格禁止各类建设开发活动。

为了提升自来水的质量和保护水源地的环境，上海将以源头截污为根本，点源、面源相结合，建管养并重，到2020年上海全市基本消除黑臭水体，基本消除劣Ⅴ类水质水体，重点水功能区水质达标率显著提升。到2020年，实现全市2.6万余条河道全部轮疏一遍。加强断头河打通和水系沟通。推进太浦河"清水走廊"建设。削减陆源入海污染。城镇集中建设区和郊区集中生产点全面实现截污纳管，郊区集中居住点实现污水全收集、全处理，郊区分散居住点和生产点实施归并拔点，因地制宜实施污水纳管或污水就地处理，到 2020 年全市城镇污水处理率达到 95％以上，农村污水处理率明显提升。全面实施污水处理厂提标改造，按不同功能区域的水环境水质要求达到一级 A 及以上标准。为了减少和防止农牧业对水源的污染，到 2020 年上海全市的畜禽养殖总量将下降到 200 万头标准猪以下，化肥农药施用强度降到全国平均水平以下。

其次是水资源的节约和循环使用。上海将加强节水型社会试点建设，开源与节流并重，进一步转变水资源利用率，不断提高水资源利用率，建设节水型城市。在大力推广节水技术普及化的同时，完善取水许可、用水总量控制和定额管理等制度，推广普及高效用水技术和设施。市政绿化行业全面实行计量用水。推广雨水集蓄利用、中水回用。到 2020 年，全市用水总量控制在 129 亿立方米以内，单位生产总值用水量下降 25％左右。到 2035 年上海的年用水总量控制在 138 亿方米，全市万元生产总值用水量控制在 22.5 立方米以下。

为了实现水资源合理高效利用，水污染处理的市场化将成为上海水务部门的重头戏。上海推进水污染处理市场化的样板是香港。中国香港地区早在 1995 年 4 月就通过了污水处理服务收费计划。为了将收费维持在中等水平，在 1995 年拟定收费时，只考虑收回操作和维修污水设施的成本，而这些设施的建设费用继续由政府收入支付。[①]与此同时，上海将充分发挥市场机制作用，深化推进资源环境价格改革和环境税费制度改革，综合运用土地、规划、金融等多种政策，引导各类主体参与水资源管理。建立健全用能权、排污权、碳排放权等初始分配制度，深化碳排放交易试点，积极拓展碳市场功能，全面推行排污许可证制度。加快推行合同能源管理、污染第三方治理等市场化模式。完善生态补偿制度，拓展生态补偿范围，

---

① 曾宇青：《香港的公用事业》，海天出版社 2004 年版，第 91 页。

加大对重点区域生态补偿力度。

最后是区域水资源合作。为了保障上海远景用水需要，上海将和江苏、浙江合作建立在长江和太湖流域水资源供应的战略合作，探索长三角区域内建立水源地联动及水资源应急机制，以此来提升长江与太湖流域水质及水量供应水平，协同保护长江口与环太湖水源保护区，扩大长江流域水源地供水能力。建设沿长江与太湖地区清水走廊。2018 年 9 月 3 日，"2018 第一届长三角三省一市一体化城镇供水合作发展论坛"在上海成功举办，来自苏浙皖沪的 9 家供水企业分别与相邻省（市）接壤区域供水企业签订《长三角三省一市供水企业供水安全保障互联互通共建协议》，发挥三省一市供水行业在资源、科技、管理、服务方面的各自优势，互助共建，开创了国内供水行业联动协作机制的先河。今后，4 地 9 个城市的供水行业及企业将在水质提升、供水安全保障、服务、智慧水网建设方面加深合作，共同优化从原水、管网水、二次供水直到龙头水的精细化管理服务水平。

3. 上海燃气业新蓝图及其实现路径

据《上海年鉴（2017）》的资料，2016 年，全市居民燃气用户总数 1 008.64 万户，其中，天然气用户 675.84 万户，液化石油气用户 332.8 万户。全年供应天然气 77.03 亿立方米，其中液化石油气 39.8 万吨。全市天然气管线总长度 29 554 公里。此外还有，事故发生时应急的备用站液化天然气储罐存储容积为 12 万立方米（相当于天然气 7 200 万立方米）。

上海现有液化石油气用户 332.8 万户，占上海燃气用户总数的约三分之一，再加上各类液化石油气车辆及其他各种用户，形成了一个数量相当大，且跨越多个社会层面的用户群。因此，上海还有液化石油气储配站 20 座，瓶装液化石油气供应站 330 座，车用液化气、天然气加气站 68 座，瓶组气化站 16 座。2016 年起，上海在中心城区推行瓶装液化石油气规范统一配送供应模式，按照"集中灌装，区域瓶库，专业配送"要求以保证液化石油气的安全使用。

对标纽约、伦敦、巴黎和东京，上海燃气事业还需要从以下两个方面作出努力：

一是陆海并举，确保上海天然气的供给能力。上海将在今后十多年中，构建由国内管道燃气、国际管道燃气和国际液化石油气（LNG）共同组成的多元气源供应格局，确保供气安全稳定。坚持总量平衡、峰谷平衡和应急保障并重，提升电力、天然气、油品供应保障水平，构建安全、清洁、高效和可持续的现代能源体系。拓展气源、增开通道、扩大总量，到 2020 年天然气供气能力达到 100 亿立方米，天然气占一次能源消费的比重提高到 12％。上海还要加强与长三角地区天然气管网的互联互通，提升天然气应急储备调峰能力，完善石油管道储运系统。

二是进一步深化上海天然气价格机制市场化。上海将允许社会资本投资燃气行业，增加天然气供给能力；实行燃气生产与燃气管道输送分离；鼓励国有燃气企业与民营燃气企业展开公平的市场竞争。这样做既有利于缓解上海郊区加快城镇化在天然气供应与需求之间日益加重的矛盾，也有利于提高城市建成区燃气供应和服务的质量。在价格形成机制上，上海需要借鉴东京在天然气供应上引入市场竞争机制的改革经验。1999 年日本新的电力公用事业法和燃气公用事业法修正案出台，大大放宽了燃气使用的限制，主要采取了下列三项措施：（1）一般燃气供应商可以在其服务的区域范围以外向年消耗 100 万立方米以上的燃气消耗大户供气；（2）除了一般燃气供应商之外，其他销售商也可以向燃气消费大户供气；（3）自由定价。由于放宽了限制从而使占全东京燃气销量约 40％的市场实现了自由化。其背景是，放宽了对燃气供应商和消费者的种种限制，从而使得原来由官方审批定价为主的燃气价格形成机制发生变化，既成功地回应了消费者降低燃气资费的呼吁；又扩大了燃气生产和供应商的定价自主权，使日本的燃气真正由国家控制走向市场定价。[①]

4. 上海公交新蓝图及其实现路径

据《上海年鉴（2017）》的资料，2016 年，上海全年公共交通客运总量 67.05 亿人次，其中，公共汽（电）车客运量 23.91 亿人次，占全市公共交通客运总量的 35.7%；轨道交通客运量 34.01 亿人次，占全市公共交通客运总量的 50.7%；出租车客运量 8.62 亿人次，占全市公共交通客运总量的 12.9%。城市轮渡 5 046 万人次，占全市公共交通客运总量的 0.7%。

至 2016 年底，有地面汽（电）车公交运营企业 28 家，运营线路 1 457 条，运营路线总长度 24 169 公里，运营车辆 16 693 辆，综合客运交通枢纽 84 个。国 V 及以上排放标准和环保车辆（零排放）占全市公交车总数的 42.0%。

至 2016 年底，上海共有轨道交通线路 15 条（含磁悬浮线），运营线路总长度 617.5 公里（含磁悬浮线）；轨道交通车站 367 座，其中换乘枢纽站 54 座（二线换乘 39 座、三线换乘 13 座、四线换乘 2 座）；运营车辆 681 列 4 025 节，全年运营总里程 8 430.1 万列公里。按照"上海 2035"的要求，上海公交事业还要在以下方面作出努力。

（1）继续优先发展公共交通。落实公交优先发展战略。今后 5 年，上海将实现以大容量轨道交通为主体的公交线网服务市域全覆盖，中心城区公共交通出行比重达到 55% 以上，其中，轨交出行比例达到总公交客运量的 50% 以上。在确保轨道交通安全基础上进一步延长轨道交通的运营时间，同时加强"最后一公里"换乘衔接，使公交成为最便捷、准时、安全

[①] 上海大众燃气有限公司：《日本燃气工业的放宽限制和自由化》，《上海煤气》2004 年第 1 期。

的市民出行方式。上海中心城区市民平均通勤将有望控制在 40 分钟，崇明外郊区新城 60 分钟可达中心区。到 2020 年公共交通出行比重进一步提升，中心城轨道交通客运量占公共交通客运量的比重达到 60％左右。

为此，上海将加快实施新一轮轨道交通建设规划，将形成城际线、市区线、局域线"三个 1 000 公里"的轨道交通网络，基本实现 10 万人以上新市镇轨道交通站点全覆盖。具体来说，要按照城际线、市区线和局域线三个层次来建设上海的轨道交通网络。城际线要形成由 21 条轨道交通路线构成，总里程在 1 000 公里以上的市内公共交通骨架，有效地连接中心城区和副城市中心、新城、中心镇之间的交通。市区线，也即主城区内的轨道交通网络，在主城区规划和建设 25 条、总长为 1 000 公里的市区线，使得主城区的轨道交通线网密度达到 1.1 公里/平方公里，实现主城区各个市级中心之间 30 至 45 分钟互通可达。局域线的总长度也是 1 000 公里，是在上海市辖区内的嘉定、青浦、松江、奉贤、南汇、金山、城桥、惠南等城镇圈内，构建以中运量轨道和中运量公交相结合的各镇圈骨干交通网络。同时，充分利用现有铁路及规划铁路，发展与中心城轨道交通网相衔接、支撑新城节点城市功能提升、与长三角城市相连通的市域快线网络。加快实施公交增能改造，提高既有线网运输能力。

到 2020 年，中心城轨道交通高峰运能比 2015 年增加 30％左右。推进轨道交通网络和公交线网融合衔接，动态优化调整公交线路网络和站点布局，发展多样化的"最后一公里"接驳方式。保障公交路权优先，到 2020 年力争形成 500 公里公交专用道。探索发展多模式、中运量快速公共交通系统。创新出租汽车运营和管理模式，进一步提高服务水平。

完善慢行交通设施，扩大和优化慢行交通空间。以公共交通提升空间组织效能。完善由区域城际铁路、城市轨道、中运量公交等多种模式构成的公共交通系统，推进 TOD（以公共交通为主的城市交通模式）发展模式。充分发挥公共交通复合廊道对城镇体系的支撑和引导作用，强化公共交通枢纽对核心城市、重要地区的集聚带动效应，突出以轨道交通站点为核心的土地复合利用，推进城市功能整合和布局优化，降低居民出行距离，提高城市运行效率。进一步完善公交导向的低碳交通模式。推动公共交通出行方式多样化：在既有干线公路和市域轨道交通系统基础上，构建轨道快线、市郊铁路，大力发展公交骨干线路，推动大都市区交通集约复合发展，提高新城与中心城之间的公共交通出行比重；主城区以优化完善客运交通为重点，形成以大容量轨道交通为骨架、常规公交为基础、多种方式为补充的公共交通结构，结合优化路权分配确保公交优先，提高公交出行和绿色交通出行比重。

（2）在公交发展中注意平衡市政建设和商业开发的关系，形成相互促进，相互支持的公交自我发展的良性循环机制。目前上海的地铁建设，投资由市、区两级财政分担，建设由市级申通公司负责，地铁车站周边土地商业开发由区级政府负责。这种体制内含三个矛盾：一是市、区两级财政的投资分担难以平衡；二是地铁线路和站点的建设与站点周边土地商业开发的建设难以协调；三是难以形成市级地铁公司统筹负责投资、建设、站点周边商业开发，以此反哺建设和维护资金的自我发展、良性循环的经济机制。有必要借鉴国外的经验，通过改革，逐步形成由市政府出资的申通公司统筹负责地铁的投资、建设、商业开发的经营模式。

（3）倡导公交导向的低碳发展模式。加强轨道交通沿线新建和更新项目的控制和引导，围绕轨道交通枢纽、站点及车辆基地，加强土地的集约、综合和立体开发，促进主城区空间立体优化，减少居民出行距离。构建公共交通走廊，引导城镇空间向公共交通走廊集聚发展，提升新城交通区位，围绕公交枢纽及站点的城镇和社区集约化综合开发，构建复合社区。借鉴巴黎把车行道路安排在地下的经验，既节省了车行道路对地面的占用，又保护了地面街区的完整性，并便利居民步行进出居住区和商业服务区。巴黎新区（拉德方斯区）距巴黎中心区 5 公里，新区建设采用了人车完全分离的模式，构建了大面积的立体三层交通体系，将车流完全放在地下，为新区保留充分的地面空间以及街面的完整性。一个长 600 米、宽 70 米的钢筋混凝土人工平台把三种交通流划分得井井有条，各种车辆四通八达、畅通无阻。地下道路几乎将地面建筑相连，并在地下设置了 35 000 个停车位。拉德方斯区 85％的上班族乘坐公交或地铁上下班。在该区工作的商务人员和居民，都可以通过便捷的地下交通直接进入地面各高层建筑。①

（4）完善多层次交通系统功能。加强区区对接道路建设，打通"断头路"。继续完善快速路网和越江跨河桥隧通道，增强中心城地面干道设施能力，着力提升虹桥商务区、上海国际旅游度假区等重点地区交通配套服务水平，加快完善城市次支路网，构建道路微循环系统。加强静态交通规划建设和管理，合理制定不同区域的停车配建标准。结合轨道交通站点进一步增加"P＋R"停车设施等轨道接驳模式，降低进入中心城的小汽车交通量。在停车矛盾突出区域推进公共停车场规划建设，鼓励在医院、学校、商务楼宇等公共活动场所挖潜和共享资源。深化差别化停车收费管理机制。加强与新能源汽车发展需求相匹配的设施规划布局和建设。

（5）提倡绿色交通，提升慢行交通功能与品质。推广使用新能源汽车，到 2020 年全市新能源公交车比例达 50％以上。与此同时，依托城市道路建立以步行、自行车专用通道为主的慢行网络，做到慢行设施总量只增不减。在步行范围内统筹公共服务设施，鼓励结合公交枢纽及站点设置公共活动中心，控制非通勤平均出行距离在 2.5 公里以内。围绕轨道交通站点

---

① 刘少才：《巴黎交通治堵有方》，《城市公共交通》2018 年第 3 期。

做好"最后一公里"慢行接驳通道。结合市域生态廊道构建绿道网络，串联公园、公共活动中心等休闲游憩空间。营造友好的慢行交通环境：次干路、支路规划设计遵循慢行优先的路权分配原则，采取分隔、保护和引导措施，保障慢行交通的安全性。在居住社区、商务区、交通枢纽等地区，强化公共设施之间慢行通道的连通性；在城镇建立非机动车专用路系统。提高公共开放空间、公共服务设施的无障碍设施配置标准。在居住社区、商业街区等慢行优先区推广稳静化交通措施，形成低速低噪的交通环境。

5. 上海电信业新蓝图及其实现路径

据《上海年鉴（2017）》的资料，2016 年底，上海市固定电话用户普及率为每百人 30.3 部，移动电话用户普及率为每百人 130.7 部。移动电话用户 3 156.1 万户，其中 4G 移动电话用户 1 877.6 万户，占比为 59.5％。固定互联网宽带接入用户 635.7 万户（加上非基础企业用户约为 804 万户），其中速率在 20 兆以上的用户为 532.4 万户，占比达 83.8％。移动互联网用户 2 662.3 万户，其中无线上网卡用户 78.9 万户，手机上网用户 2 269.1 万户，IPTV 用户 232.1 万户。随着 4G 普及以及移动互联网应用的蓬勃发展，手机上网业务消费大幅提升，移动数据及互联网业务成为电信行业收入的首要驱动力，全年移动数据及互联网业务收入 134.3 亿元。

加快智慧城市建设是上海电信业实现新蓝图的必然路径选择。近年来，上海将依托完善的电信基础设施，聚焦智慧治理、智慧交通、智慧医疗、智慧政务等领域，使智慧城市触手可及。2016 年 10 月 20 日，上海市人民政府与中国电信集团签署"互联网＋"战略合作协议。"十三五"期间，双方以实现全域互联、智能感知、数据开放、融合应用为目标，全力推进信息基础设施更新换代和超前布局，拓展网络经济空间，最大限度释放信息生产力，将上海打造成亚太领先的"互联网＋"标杆城市。以此为抓手，上海近几年来积极建设高速移动安全的新一代信息基础设施，实施传输网络超高速宽带技术改造，提供千兆到户接入能力，加强 4G 网络覆盖。中国电信上海分公司在 2016 年底起全面推进千兆宽带规模化，计划在三年内实现上海的企业宽带产品百兆起步、千兆主流。到 2020 年，实际光纤入户率达到 70% 左右，固定宽带用户平均下载速率达到 25 兆比特/秒，上海由此成为我国带宽最宽、网速最快的地区之一。

今后数年内，上海的智慧城市建设将集中在以下领域。

（1）不断完善公共安全和应急联动平台功能，全面提升环境监测、食品药品监管、建筑管理、地下管廊、社会治安等领域的信息化管理水平，为推进城市治理的精细化、可视化、协同化提供现实可能性。

（2）实施智慧交通工程，加强交通综合信息平台建设，充分整合行业平台交通数据，开发交通研判、预测等辅助决策系统，提升交通管理和服务水平；大力发展公共出行信息服务，建设停车信息服务平台；加快车联网等新技术应用。

（3）实施智慧医疗工程，深化电子健康档案和电子病历应用，推进健康和医疗信息在医疗机构、家庭医生和市民之间共享；推动医疗大数据开发研究和应用，创新基于互联网的医疗模式，提升分级转诊、诊疗支付、远程医疗等功能水平。

（4）实施智慧政务工程，加快电子政务云和网上政务大厅建设，促进涵盖网络、资源、平台、标准等内容的政务一体化，实现政府资源整合、流程优化和业务协同，为市民提供更为便捷高效的公共服务。全面拓展教育、养老、就业、文化、体育、旅游、气象等领域的智慧应用。

作为上海电信业实现新蓝图的具体目标还包括：5G 网络实现全市域覆盖，用户普及率接近 100%；家庭宽带用户平均互联网接入宽带大超过 35 兆比特；全市公共场所基本开通 Shanghai 公益 WLAN 服务；基本实现互联网、有线电视网、IPTV 网"三网"融合；建设高精度位置服务平台基本完成；互联网数据中心（IDC）实现规模化发展；基础电信运营商 IDC 机架总量超过 5 万个。

"上海 2035"还要求上海的电信业在今后的十多年中，努力建立"海、陆、空、天"四位一体的城市信息基础设施体系，扩容承载网络的国际、省际出口，提升互联网国际、省际出口宽带。完善重点无线电台站的空间布局，加强信息基础设施与城市公共设施的融合，优化信息通信网络结构，有效提升网络保障能力，实现高速无线数据通信网络全覆盖，打造规模化云计算服务平台，探索数据中心异地布局服务的途径，推进上海与其他省市数据中心的合作。

二、"上海 2035"描绘的城市公用事业的新边疆

上文已经多次强调，在建设卓越的全球城市的进程中，公用事业已经不再局限于水、电、煤和公交、电信五大传统行业。机场、港口和城际交通都已经与人民生活和生产息息相关。"上海 2035"对此作了详尽的论述，就上海的机场、港口和城际交通的未来发展提出了一系列具体发展目标。

近几年来，上海国际航运中心建设风生水起，成绩显著。2016 年 8 月 1 日起，实施国内第一部关于航运中心建设的地方性法规——《上海市推进国际航运中心建设条例》，共 6 章 46 条，从做好规划和基础设施建设、航运服务体系建设、航运科技创新建设、航运营商环境建设等八大方面阐述推进上海市国际航运中心建设的目标和措施。其中指出，上海国际航运中心建设是一项国家战略，总体目标是："建成水运、空运等各类航运资源高度集聚、航运服务功能健全、航运市场环境优良、现代物流服务高效，具有全球航运资源配置能力，与国家战略和经济发展相适应的国际航

运中心。"

1. 建设世界一流国际枢纽空港

据《上海经济年鉴（2017）》的资料，2016 年全年上海的浦东和虹桥两大机场实现航班起降 74.18 万架次，旅客吞吐量 10 646.25 万人次，货邮吞吐量 386.92 万吨，不仅连续九年保持全球第三位，而且继英国伦敦、美国纽约和亚特兰大、日本东京之后，上海成为全球第五个航空客运量突破 1 亿人次的城市。到 2016 年底，与上海通航的有 49 个国家或地区的 132 个通航点（含中国香港、澳门、台湾）和境内的 150 个通航点。有 29 家境内航空公司和 78 家国际及地区航空公司开通上海的定期航班，航线网络遍布全球 282 个城市。上海机场电子运单单月使用率达 40.5％，超过全球电子运单使用率 39.2％的平均水平。虹桥临空地区获批国家级临空经济示范区，全年引进航空服务业企业及功能性机构 12 家。

在今后的十多年内，上海要继续巩固提升上海作为亚太航空枢纽港的地位。着力提高浦东机场、虹桥机场服务辐射能力，完成浦东机场三期扩建、第五跑道和虹桥机场 T1 航站楼改造等重大项目建设，建设浦东机场与虹桥机场之间的快速交通通道，提升机场客货集疏运能力。提高上海航空枢纽航线网络覆盖面和通达性，推动航空空域结构优化，提升机场旅客中转能力。大力发展航空货运，构建专业航空货运体系，建设国际空运货物分拨和拼装中心和浦东机场国际快件转运中心，发展机场多式联运。积极推进通用航空发展，在青浦筹建大型通用机场，以公务机起降为主，兼顾城市管理，应急保障。到 2020 年，预计上海的浦东机场和虹桥机场的旅客吞吐总量将达到 1.2 亿人次左右，货邮吞吐量达到 400 万吨以上，机场中转旅客比例提高到 15％以上。到 2035 年上海的浦东机场和虹桥机场的旅客吞吐总量将达到 1.8 亿人次左右，货邮吞吐量达到 650 万吨以上，机场中转旅客比例要达到 19％，与东京、首尔比肩。

2. 建设世界一流国际枢纽海港

据《上海经济年鉴（2017）》的资料，到 2016 年底，上海港（海港）拥有各类码头泊位 1 195 个，其中万吨级以上泊位 224 个；码头总延长为 109.2 公里，货物吞吐能力 5.30 亿吨，最大靠泊能力 30 万吨级。2016 年，上海港口货物吞吐量 7.02 亿吨，其中，海港货物吞吐量 6.45 亿吨，内河港区 5 694.9 万吨。上海港集装箱全年吞吐量为 3 713.3 万标准箱，继续保持世界第一。其中，洋山深水港区集装箱吞吐量 1 561.6 万标准箱，国际中转集装箱量 267.6 万标准箱，占全港集装箱总吞吐量的 7.2%。上海港集装箱水水中转比例达 46.5%。在客运方面，上海港旅客吞吐量 344.1 万人次，其中，上海港国际邮轮靠泊 509 艘次，邮轮旅客吞吐量 289.4 万人次，以上海为母港的国际邮轮靠泊 482 艘次，旅客吞吐量 282.9 万人次。

"上海 2035"提出，到 2035 年上海港年集装箱吞吐量要保持在 4 000 万至 4 500 万箱的水平，年客运吞吐量保持在 450 万人次左右。上海港要逐步形成以洋山深水港、外高桥港区为核心，杭州湾、崇明三岛港区为补充的总体格局。为达到这一目的，上海的海港建设在今后十多年内要在以下领域取得进展。

一是完善海港基础设施建设。上海正在积极推进洋山深水港区四期工程建设，集装箱自动化码头基本建成运行；吴淞口国际邮轮码头后续工程（水工部分）建成，客运大楼开工建设。实现了苏浙内河港口与长江港航信息平台系统的对接，实现了干支线统一调度。黄浦江水上综合信息平台、洋山港水上交通大数据智能服务平台部分模块投入使用。值得一提的是，由原中国远洋运输（集团）总公司与原中国海运（集团）总公司重组而成的中国远洋海运集团有限公司（即中远海运）在 2016 年入驻上海，大大增强了上海的海运实力，丰富和完善了上海海运事业的产业链。中远海运经营船队综合运力 8 041 万载重吨，船舶总数 1 056 艘，排名世界第

一。其中，集装箱船队规模 169 万 TEU（国际标准集装箱单位），船舶
313 艘，居世界第四；干散货自有船队运力 3 794 万载重吨，船舶 445 艘；
油气船队运力 1 825 万载重吨，船舶 137 艘；杂货特种船队 412 万载重吨，
船舶 161 艘，均居世界第一。中远海运在码头、物流、航运金融、修造船
等上下游产业也形成较为完整的产业结构体系，全球集装箱码头超过 48
座，泊位数超过 200 个；集装箱年处理能力近 9 000 万 TEU，以集装箱吞
吐量计，排名世界第二；全球船舶燃料销量超过 2500 万吨，居世界第一；
集装箱租赁规模超过 270 万 TEU，居世界第三；海洋工程装备制造接单规
模以及船舶代理业务稳居世界前列。中远海运以整合前财务数据申报，列
美国《财富》杂志 2015 年度世界 500 强。

二是完善航运服务体系，促进航运功能性机构集聚。海运不光是船舶
的多少和吨位的大小，而是一个完整的产业链。2016 年中远海运、中国船
东互保商务管理有限公司、中国船东协会等航运功能性机构落户上海。上
海海事大学获得国际海事组织授权，在沪设立亚洲海事技术合作中心。上
海航运金融产业基地一期逐步开放入驻，线上服务平台正式开通。"全球
航运智库联盟"在沪成立，得到国内外 14 家航运研究机构积极响应。这
些机构的入驻使得上海航运信息服务能力大大提升，"上海航运指数"系
列正在逐步完善，东南亚航线指数、航空货运指数、内贸集装箱运价指
数、江海联运指数、船员薪酬指数等呼之欲出。"港航大数据实验室"拥
有全球船舶轨迹数据超过 400 亿条。航运金融服务功能也在加强。国内首
家航运自保公司——中远海运财产保险自保公司（筹）获批筹建，国内第
一家专业航运保险公司——东海航运保险股份有限公司在沪设立分公司。
航运保险产品注册制改革取得成效，注册航运保险产品超过近五年中国保
监会备案航运保险产品总和。上海航运保险协会创新开发全国首个海事诉
讼保全责任保险，编制发布上海航运保险指数。

三是大力发展邮轮经济。2016 年，上海港靠泊邮轮 509 艘次，同比增长 48.0％；邮轮旅客吞吐量 289.38 万人次，同比增长 75.9％。吴淞口邮轮港建设取得初步成效，歌诗达旗下环宇领先邮轮管理（上海）有限公司、地中海邮轮船舶管理公司等先后落户宝山。培育本土邮轮产业，促进产业链延伸也是重要的任务。上海中船国际邮轮产业园、上海国际邮轮旅游服务中心揭牌。为了进一步发展邮轮经济，上海各个部门全力支持，通力合作。海关对宝山邮轮相关业务实行归口管理，推出邮轮检疫指数（CQI），成为邮轮检疫分级管理基础，提升邮轮通关效率。实现邮轮旅客通过单一窗口申报，启动邮轮人员混放试点，旅客入境通关时间缩短至 5 秒左右。外国旅游团乘坐邮轮入境 15 天免签政策获批实施。采取各种措施，早日把吴淞口建成亚太地区规模最大的邮轮母港。

3. 建设高效便捷长三角城市群城际轨道交通网络

国际经验表明，一个真正的国际航运中心，是离不开广阔腹地的支撑的。上海要真正成为国际航运中心，必须花大力气建设综合性的、便利程度高的、辐射能力强的长三角综合交通体系。

在 2017 年 5 月中旬召开的中共上海市第十一次代表大会上，时任上海市委书记韩正表示，今后五年上海将促进长三角区域交通一体化，与区域内主要城市将实现公共交通 90 分钟互通。[1]要深化长三角联动，交通规划设计非常重要。未来数年，通过长三角交通规划的联通设计，上海的地铁交通、交通移动支付、乘客需求等方面有望与江苏、浙江和安徽等地实现互联互通。

长三角作为中国经济最发达的地区，其交通建设一直走在全国的前

---

① 杨潇慧：《上海与长三角主要城市公交将 90 分钟互通》，载中国交通新闻网 http：//www.zgjtb.com/2017-05/17/content_ 115285.htm，2017 年 5 月 17 日。

列。目前，长三角城市群公路运输和铁路运输发达，2 小时交通圈覆盖的城市已达 24 个。铁路方面，以上海、南京、杭州为中心，上海—南京、上海—杭州为主轴，杭州—绍兴—宁波等为辅助线，基本形成连接沪宁杭周边重要城镇的城际客运铁路网络。到 2016 年底，长三角城市群内已有建成铁路线路 20 条，在建线路 9 条，未来规划线路 17 条。铁路运营里程 9 996 公里，其中高铁运营里程 3 357 公里，占全国高铁总里程的 1/6。2020 年预计铁路运营里程达 13 700 公里，其中高铁 5 900 公里。据《上海经济年鉴（2017）》的资料，至 2016 年底，长三角地区的上海、江苏、浙江和安徽三省一市辖区内铁路旅客发送量全部超亿人次。日均发送旅客 172 万人次。公路方面，目前有 35 条高速公路通车，规划 2020 年总里程达 1.2 万公里。从道路密度的角度看，长三角的铁路密度 4.6 公里/百平方公里，而粤港澳大湾区为 4.2 公里/百平方公里，京津冀为 3.8 公里/百平方公里。

"上海 2035"发布后，长三角城市群城际轨道交通网络已经提上议事日程。从长三角地区的人口密度、土地资源、产业集约规模和人口结构来看，大容量便捷化的轨道交通网络应作为主导的交通方式。尤其是考虑到上海、杭州、嘉兴、苏州、无锡等核心城市之间产业链的互补性，以及由此产生的就业机会，长三角的城际铁路网规划应特别重视城市群之间的日常通勤要求。但是，现有的长三角区域城际铁路网、车站布址、运行方式更多是适合商务出行或旅游，远未达日常通勤要求。而且，长三角地区轨交线网密度、轨道分担率都与国际上知名城市圈有较大差距，对一般公路和道路的交通依赖度明显偏高。因此，长三角区域城际铁路网建设应当将轨交优先作为原则之一。为此，推进长三角区域轨道交通体系建设时，要充分考虑通勤出行需要。要建立以上海、杭州、嘉兴、苏州、无锡等核心城市构成的通勤圈，使核心城市的辐射能力向更广阔的区域释放。长三角核心城市群通勤圈建设要分两个层次展开，第一个层次是要建设核心城市之间的城际铁路、城际轻轨，以使整个长三角地区的出行更加顺畅。第二个层次是在人口密度达不到支撑铁路和轻轨、地铁等大运量标准的中小城镇，将单轨列车、有轨电车、BRT（快速公交系统，介于普通公交车辆与轨道交通之间的新型客运系统）等，作为联系周边较远区域和交通枢纽的交通方式。

一个与世界接轨，按照卓越的全球城市的标准绘就的上海公用事业发展新蓝图已经展示在人们的眼前，让我们共同奋进，为使人民群众从上海的发展中有更多"获得感"、更高"满足度"而努力。

2019 年是新中国成立 70 周年，我们为已经走过的艰辛历程而感慨，为取得的巨大成就而自豪，完全有理由相信，在中共建党 100 周年之际，上海将更加美好，人民生活将更加美满。

附章　解放初在沪外资企业的接收始末

　　上海公用事业的起家源于外国资本在旧时租界兴办的电灯、电话、电车和煤气、自来水等企业。在上海解放初期，以电灯、电话、电车和煤气、自来水等企业为主体的公用事业企业占了在沪外资企业总投资的一半以上，雇用的职工占中国职工总数的27％。为了让读者对上海解放后在沪外资企业的整体情况有个大致的了解，特设一章，对于20世纪50年代在沪外商企业的清理整顿以及接收转让的整体情况予以简要说明。同时，本章也是本书相关研究课题进展过程中的重要中间成果，课题设立的初衷是对解放初期在上海的680多家外资企业是如何被人民政权接受改造的进行研究。但是在资料的取得上，以及其他一些不可抗的原因，经批准后对课题作了大幅度的调整。考虑到以电灯、电话、电车和煤气、自来水等企业为主体的公用事业企业在沪外资企业总投资中占据大半，因此课题的重心转向上海的公用事业是如何起步、发展和接受改造的，同时对解放以后，特别是改革开放以来的巨大变化予以更多的关注。尽管如此，解放初期那段惊心动魄的往事，仍值得人民记忆，值得学者去关注、去研究。为此特设此章，希望读者能对上海解放初期人民政府妥善接受和处置具有强烈殖民统治性质的西方列强在沪企业的大致情况有所了解。

　　近代以来上海是中国最大的商贸口岸和最有影响的金融中心，自1843

年开埠以来就一直是外商的汇聚之地。毋庸讳言，这些外资企业大都是西方列强利用所窃取而来的在华政治经济军事特权创办的。一方面，这些外资企业垄断了旧中国的经济命脉，控制了财政、金融，并以此对中国民族工业进行直接的经济压迫，直接地阻碍了中国生产力的发展。另一方面，它们也对上海城市的形成和发展产生了深远的影响。上海解放后，新中国实行独立自主的外交政策和自力更生的经济方针，在坚决肃清帝国主义在华经济特权的同时，对外资企业先后实行了限制利用和接受改造的方针。上海解放初，出于稳定城市秩序和恢复经济发展的需要，中国外资政策主要侧重于限制利用。抗美援朝战争爆发后，由于以美国为首的西方国家对华实行经济封锁和全面禁运，新中国也针锋相对地采取了清理、接收和改造政策。

第一节　上海解放初期外资企业和外侨

拓展东方市场，是西方资本主义列强侵略扩张的内在要求与必然步骤。正如《共产党宣言》所说的："美洲的发现、绕过非洲的航行，给新兴的资产阶级开辟了新天地。东印度和中国的市场、美洲的殖民化、对殖民地的贸易、交换手段和一般商品的增加，使商业、航海业和工业空前高涨，因而使正在崩溃的封建社会内部的革命因素迅速发展。""不断扩大产品销路的需要，驱使资产阶级奔走于全球各地。它必须到处落户，到处开发，到处建立联系。资产阶级，由于开拓了世界市场，使一切国家的生产和消费都成为世界性的了。"[1]

---

[1]　《马克思恩格斯文集》第 2 卷，人民出版社 2009 年版，第 32 页。

中国在鸦片战争中战败后，被迫于 1842 年与英国签订《南京条约》。《南京条约》及其关联条约包含许多内容，五口通商是其中重要的一条。所谓五口通商，就是清政府同意英国人的要求，开放广州、厦门、福州、宁波和上海五处为通商口岸。

据此，1843 年 11 月，上海正式开埠。外商从而享有许多特权，如租地建屋、设立栈房；深入沿海内地，通商航行；参与协定关税，受领事裁判权庇护等；外籍税务司又控制了江海关的实际管理权。因此上海对外贸易急剧上升，如时人所称："盖上海一埠，就中国对外贸易言之，其地位之重要无异心房，其他各埠则与血管相等。"①

一、上海的租界经济

这一时期，西方列强在上海创办的企业基本是围绕商品输出与货物贸易，其目的是为了利用上海作为全国对外贸易的中心地位，输出商品、掠夺原料、获取利润。这些企业主要分为以下四类：

一是为贸易服务的船舶修造和航运业。上海开埠后，西方各国来华的船舶日渐增多。为适应航运业的需要，外国人开始在上海投资船舶修造厂，这是早期外商投资的主要领域。1850 年至 1859 年间，外商在华开设修造船舶的企业共 18 家，其中设在上海的为 12 家，到 1894 年增至 27 家。其中规模较大的有上海浦东船坞公司、上海船坞公司、祥生船厂和耶松船厂。1864 年，英国祥生船厂和美国的耶松船厂发展为全国最大的两家船舶修造厂，它们配备有当时最先进的机器设备，能修造各类汽船、拖

---

① 周明伟、唐振常：《上海外事志》，上海社会科学院出版社 1999 年版。

船、货船甚至炮艇。①在航运业方面，直到 19 世纪末，英国航运势力一直把持着以上海为枢纽的长江及南北航线，而且日益深入中国内地。法兰西火轮公司、英国海洋轮船公司与英国大英轮船公司在上海至欧洲远洋运输中三足鼎立。

二是制砖茶、缫丝、制糖、轧花等加工工业类。19 世纪 50 年代中后期，西方列强逐渐深入中国腹地，加深殖民侵略，大量掠夺中国原料。为便于运载出口，他们开始创办制砖茶、缫丝、制糖、轧花等加工工业。以缫丝业为例，鸦片战争之后，上海成为中国丝绸最大的集散中心和出口口岸。1847 年，由上海口岸出口到英国的生丝为 18 032 包。到 1856 年，这个数字增至 91 924 包。②在商业利益的刺激下，对获得优质且充足的生丝原料的渴求推动外商开始在上海创办缫丝企业。1859 年，英商怡和洋行在上海苏州路设机器缫丝厂。1861 年建成，定名为"上海纺丝局"，有缫丝机 100 部，以蒸汽为动力。这是外商在中国开设的第一家缫丝厂，但于 1870 年 5 月停业。1878 年 12 月，美商旗昌洋行在老闸桥开办缫丝厂，有缫丝机 50 部，次年开工。1881 年改为"旗昌缫丝局"。1887 年后称"老闸旗昌缫丝局"。1882 年 1 月 17 日，英商公平丝厂开工，有缫丝机 216 部。1887 年公平丝厂由美商旗昌洋行租用，改厂名为旗昌，又称"里虹口旗昌缫丝局"。8 月，英商怡和洋行在成都路再建怡和丝厂开工，缫丝机增至 200 部。随后，法资宝昌、信昌、乾康和德资瑞纶等丝厂也先后投产。到 1894 年，英美法德四国在上海投资创办缫丝厂 8 家，资本总额在 400 万元以上。

---

①　孙毓棠：《抗戈集》，中国书局 1981 年版，第 71—72 页。

②　李必樟译编：《上海近代贸易经济发展概况：1854—1898 年英国驻上海领事贸易报告汇编》，上海社会科学院出版社 1993 年版，第 19 页。

三是进出口贸易业。据统计，上海开埠 10 年后，1853 年对英国进出口货值已达 1 720 万美元，超过广州的 1 050 万美元。此后，上海的进出口货值即在全国领先。随着长江沿岸与上海之间贸易渠道的畅通，1864 年至 1873 年的 10 年间，上海累计进出口总值 8.14 亿关两，占全国进出口总额的 59.8％。此后 1884 年至 1893 年，上海累计进出口总值达 10.10 亿关两，比上 10 年又增加 24％，占全国 49.4％。1843 年第一批在上海开设的英商怡和、宝顺、仁记等 5 家洋行，都是从广州而来。1844 年上海有洋行 11 家，1847 年增至 24 家。1852 年为 41 家，其中英商 27 家，占三分之二，美商 5 家。1859 年有 62 家，其中英国资本最多，1876 年至 1884 年上海外商进出口贸易行数量由 160 家增至 245 家。19 世纪后期，英商洋行占上海洋行总数的 60％，高居首位，美商洋行仅次于英商洋行。①

四是为洋商和租界居民服务的日用品工业和公用事业。19 世纪下半叶，西方殖民者利用所获取的特权划定租界，大批外国人来到上海生活。随着上海城市的不断发展，为适应城市生活的日用品工业以及公用事业逐渐发展起来。日用品工业中不仅包括酿酒、饮料、制药，还包括火柴、玻璃、印刷和卷烟等。英国正广和洋行从 1859 年开始在上海投资从事酿酒和制造饮料，垄断了中国酿酒和饮料行业的大部分市场。上海公用事业的创办最初是为了满足租界内居住的外国洋行和侨民的需要。1864 年，英国人在上海创办煤气公司，制造煤气以供街灯和住户做饭照明使用。此后，外国人又投资开办了煤气、电灯、自来水、交通等城市公用事业，这些公用事业的经济效益及重要意义日益显著，一方面，资本主义列强通过水电控制了城市中的大部分工业，全面控制了上海城市的经济命脉；另一方

---

① 王垂芳：《洋商史——上海：1843—1956》，上海社会科学院出版社 2007 年版，第 5 页。

面，这些现代化的公用设施的建设树立了上海在近代中国不可替代的经济地域优势。

1895 年中日甲午战争后，列强取得了在华投资设厂权。20 世纪初期，外国对华侵略进入以资本输出为主要特征的新时期，他们在上海的投资规模和数量猛增，开设企业的种类由原来服务于贸易的洋行、航运、公用事业投资为主，转向工矿企业、铁路建设和金融、地产等领域，从以商品输出为主演变为以资本输出为主。据 1913 年上海 35 家主要外资工业企业的统计，资本额总计 5 346 万元，如果加上其他规模较小的外资工厂资本额以 1 000 万元计，外资工业的总资本额估计达 6 346 万元，比 1894 年增长了 5.5 倍，平均每年增长率为10.34％。①至 1911 年，外商在上海开办企业643 家，主要为英、美、日的投资。这些企业不仅资本来源复杂，而且资本垄断性增加。如外国人在上海经营企业总资本的 65％是掌握在英国人手中，而英国势力又主要集中在怡和、太古、沙逊和颐中四个国际托拉斯集团。到抗日战争全面爆发前，除东三省外，外国资本主义对华出口贸易和商业总额有 81.2％集中在上海，银行投资的79.2％、工业投资的 67.1％、房地产的 76.8％，都集中在这里。1936 年，外国在华银行总部全部设在上海，上海对全国各通商口岸贸易总值占全国的 75.2％，1940 年比重上升到88％。②

抗日战争期间，上海沦陷，战争对经济发展造成重创。日商在沪企业数量激增。英美等国洋商被关进集中营，企业被接收。1945 年抗日战争结束后，英美法等西方国家在上海的企业遭到战争破坏，加之战后中国政府

---

① 丁日初主编：《上海近代经济史》第 2 卷（1895—1927 年），上海人民出版社 1997 年版，第 7—10 页。

② 上海市文史馆、上海市人民政府文史资料工作委员会编：《上海地方史资料》第 3 册，上海社会科学院出版社 1984 年版，第 1 页。

没收了日本的资产，外资企业在中国经济中的实力已大不如前，只占全国资本的 7.8%（见下表）。

表 8-1　1936 年和 1947 年、1948 年的中国资本估值　　　　　　　单位：万元

	1936 年	1947 年、1948 年
资本总额	2 580 387	1 424 518
外国在华企业资本	937 841	111 650
官僚资本	813 272	767 079
民族资本	839 274	545 789

資料来源：许涤新、吴承明：《中国资本主义发展史》人民出版社 1985 年版，第 731 页。张侃：《建国初期在华外资企业改造初探（1949—1962）：以上海为例》，《中国经济史研究》2004 年第 1 期。

二、上海解放初期的外资企业

到上海解放时尽管外资企业与抗日战争前相比已大为衰落，但在国民经济的一些重要部门，依然占据优势甚至垄断地位。上海的进出口业和远洋运输业仍由外国企业操纵；公用事业中，英、美、法企业的发电量占全市总发电量的 91%，煤气和自来水供应量分别占 83% 和 71%，电话安装架数占 94%，电车为 100%；上海进出口吨位中，美、英两国船舶即占 70% 以上；上海仓库容量，外资占 52%，华资占 48%；油库全为外人所有；英资颐中烟草公司所产纸烟，在上海约占上海纸烟产量的 1/3;[①]上海地区 57% 的进口押汇和 53% 的出口押汇都由外资银行控制。[②]英资亚细亚

---

① 剧锦文编：《中华人民共和国经济档案资料选编：工业卷》，中国物资出版社 1996 年版，第 6 页。

② 上海社会科学院经济研究所：《上海资本主义工商业的社会主义改造》，上海人民出版社 1980 年版，第 33 页。

公司和美资德士古、美孚公司等几大石油公司掌握着中国各主要城市的大部分石油存储设备，控制着中国的煤油、汽油市场。此外在房地产、码头、仓库、保险、机器制造业和一些日用工业品的生产、销售方面，外国资本都居于极大优势或左右市场的地位。英资卜内门公司经销的洋碱、英资中国制皂公司生产的肥皂、英资颐中烟草公司生产的红锡包、老刀牌、大前门等香烟都遍销内地，直至新疆、西藏。

表 8-2　1949 年 5 月上海解放初期在沪外资企业情况表（按行业分）

	合计	工业	公用事业	轮船码头仓库业	进出口	银行保险	房地产	其他
企业数（家）	910	105	7	28	345	57	41	327
百分比（%）	100	12	1	3	38	6	5	35
职工人数（人）	51 476	22 033	13 883	2 919	7 554	1 225	1 912	1 950
百分比（%）	100	42.8	26.96	5.67	14.67	2.37	3.712	3.78
资产占比（%）	100	28.3	50.54	3.66	12.08	2.37	2.99	0.06

资料来源：根据上海档案馆、财政部财政科学研究所：《上海外商档案史料汇编（一）》，1987 年，第 27、480 页，附表资料编制。

上海解放时，在沪外资企业从投资国别来看多达 30 余个，其中在资产规模和企业数量上呈压倒性优势的是英美两国，尤其是英国。自上海开埠后英国殖民者就一直以上海作为控制长江流域经济的重心。经过一百多年的发展，英国人在上海开办企业的在资产规模和雇工数量上都占了外国在上海投资总额的约一半（见表 8-3）。据统计，上海的英资企业基本为托拉斯组织，主要包括汇丰银行和麦加利银行控制下的四大集团（怡和、太古、沙逊、颐中烟草）和四大公司（亚细亚火油、中国肥皂公司、卜内门洋行、会德丰公司）。其中，资产规模最大的是怡和集团。到 1949 年，怡和集团在上海的直属企业有 8 家，分别为怡和股份有限公司、怡和机器有限公司、怡和啤酒股份有限公司、公和祥码头有限公司、怡和纺织有限公司、怡和纺织机器公司（专营纺织机器制造及进口）、海河有限公司（经营冰蛋及食品制造出口）和怡和打包公司。这些公司都在各自的行业中占有重要地位。据1949年的统计，怡和集团在上海直属的这8家公司，共有资本7 830万元，占英国人在上海全部资金的21%，涉及职工4 427人。怡和集团还在香港、天津、汉口、广州、厦门、烟台等其他城市开办了大量的分支机构。

表 8-3　1949 年 5 月上海解放初期在华外资企业情况表（按国别分）

	合计	英国	美国	法国	瑞士	苏联	波兰等 6 国	其他23 国
企业数（家）	910	219	166	47	39	179	47	213
百分比（%）	100	24.06	18.24	5.16	4.28	19.67	5.16	23.41
职工人数（人）	51 476	30 852	13 017	4 080	917	654	128	1 828
百分比（%）	100	59.93	25.28	7.92	1.78	1.27	0.25	3.24
资产百分比（%）	100	46.83	40.67	9.45	1.77	0.17	0.038	1.01

资料来源：根据上海档案馆、财政部财政科学研究所：《上海外商档案史料汇编（一）》，1987 年，第 27、480 页，附表资料编制。其中，波兰等 6 国包括：波兰、捷克、匈牙利、罗马尼亚、朝鲜和南斯拉夫。

美国在上海的企业主要垄断了电力和石油行业。1937 年，外资在华设立电厂的发电量，占全中国发电量总量的 77%，其中大部分为美商上海电力公司和沪西电力公司所垄断。这两家公司的发电量超过当时中国 446 家电厂发电的总和。其中 85% 至 90% 系工业用电，因而上海工业生产的命运很大程度上被美商所控制。另外，新中国在成立前所用的石油，几乎全被美国的石油托拉斯所垄断。美国的中美、美孚、德士古三家石油公司成立于 20 世纪 20 至 30 年代，垄断了全中国石油消费量的 70% 以上。[①]

[①]　蓝天照：《帝国主义在旧中国"投资"的特征》，《学术月刊》1958 年第 3 期。

三、上海解放初期的外国侨民

大量的外资企业，引来了众多的外侨到上海居住生活，上海的解放，使得外侨的生活发生了很大变化。

上海解放时大约有 50 多个国籍的外侨共 32 049 人。其中，西方国家侨民人数在千人以上者有：英国籍 3 905 人，美国籍 2 547 人，法国籍 1 442 人，葡萄牙籍 1 832 人。在当时上海 31 个辖区中，外侨人数比较集中的是常熟区、徐家汇区等，卢家湾区是外侨下层社会活动场所，此地有外侨出入的咖啡馆、夜总会、妓院等。提篮桥区是无业外侨聚居之处，联合国国际难民组织曾于此处设"国际难民待遣所"。

1949 年 5 月上海解放时，中国人民解放军在入城后的第一天就在报上公布毛泽东主席起草的《中国人民解放军布告》（约法八章），其中第八章载："保护外国侨民生命财产的安全。希望一切外国侨民各安生业，保持秩序。一切外国侨民，必须遵守人民解放军及人民政府的法令，不得进行间谍活动，不得有反对中国民族独立事业和人民解放事业的行为，不得包庇中国战争罪犯、反革命分子及其他罪犯。否则，当受人民解放军和人民政府的法律制裁。"

最初，很多外商都抱着"等等看（wait and see）"的心情留了下来，他们不愿意轻易放弃长期以来在华经营特权。[①]上海市军事管制委员会和上海市人民政府宣布对外侨正当、合法的事业和利益予以保护。同时，对外侨生活必需品的供应给予保障。在上海工业、科技、医疗、教育等单位工

---

① Waldron A.，Hooper B.，"China Stands Up：Ending the Western Presence，1948—1950"，*China Journal*，1988（Volume 19/20）p.71.

作的外侨，与中国职工享受同等待遇。外侨的人身、财产安全得到保护，市军管会和公安部门严惩任何伤害外侨的不法行为。

新政权规定所有在上海居住的外国人都必须获得居留证，并根据有效期限，证书每 3 个月、6 个月和 12 个月更新一次。1949 年 7 月，上海市公安局宣布他们开始接受外国人出入境申请，只要申请者没有明显的负债、未了的民事纠纷和悬而未决的刑事案件，公安局将批准其出入境申请。①但外资企业的主要负责人，如董事长、经理等的流动受到比较严格的限制。新政权规定，外资企业与私营企业一样，每个公司都需要有一名负责人以个人名义承担公司的责任。上海市军事管制委员会允许在华外资企业内部的职员调整，当外国公司更换企业负责人时，须由国外总公司派出新的负责人入境接替现在公司负责人，新负责人持有境外总公司完备的授权书。同时，一些规模较大、具有垄断性的外资公司更换企业重要负责人时，须由上海军事管制委员会外事处报送中央批复。如 1949 年 11 月，美国美孚石油公司提出申请，要求由洪伯思和普莱斯来华替代现任总经理壁克令及人事经理肃尔思。上海市政府报经中央，周恩来总理致电上海市军管会外事处同意进行。②

上海市人民政府在保护守法外侨的同时，不允许外国人进行任何不法活动，坚决禁止外资企业中外商管理者侮辱、殴打中国职工。如 1949 年 6 月 20 日，英商电车公司记时员、中国职工王振国因病要提出请假休息，英籍副车务总管麦达生却气势汹汹，大声呵责："生病也要做工，不做工就不给钱！"王振国刚回了一句"现在不应该再用以前的态度对待我们"，

① 周明伟、唐振常：《上海外事志》，上海社会科学院出版社 1999 年版。
② 中共中央文献研究室编：《建国以来周恩来文稿》第 1 卷，中央文献出版社 2008 年版，第 477 页。

竟遭麦达生拳打脚踢，被殴致伤。中国职工群起抗议，麦达生置之不理。当公安人员闻讯来到现场时，麦达生还大喊大叫："我是英国人，中国公安局无权逮捕！"市公安局依法予以拘留。在麦达生承认错误，请求给予悔改机会，并当众向被他殴打的王振国以及公司全体中国职工赔礼道歉，承担被伤害者的医疗费用后，才予释放。公司英籍经理柏禄克也向市公安局表示他将负责严加管理，保证公司英籍人员不再发生类似行为。①

为便于留下来的外商能及时获知新政府的管理规定，1950 年 7 月 15 日《上海新闻》(*The Shanghai News*) 创刊，这是上海解放后最早由新中国自己出版的一张外文报纸，也是中国最早对外宣传新中国政策、报道国家建设的外文报纸。该报每日出版对开 8 版，登载新闻坚持客观、真实，对当时在上海的外国侨民和外商正确了解新中国，发挥了引导作用。

上海解放后的几个月内，留下来的外国人发现城市生活逐渐发生了变化。过去他们社交的重要场合——各种体育和社会俱乐部，如英国居民协会、英国妇女协会、上海英国商会俱乐部等大部分已经关闭。那些主要为外国人服务的舞厅、饭店、咖啡馆、电影公司等在新的城市氛围中，生意清淡，难以为继。汇中饭店 (Palace Hotel)② 是上海租界内著名的外资饭店，也是旧上海最早安装电梯的一幢建筑大楼，曾经高高在上，主要为外商服务。1949 年以后它也对普通民众开放了大门。饭店临街的窗户上贴着"便宜的快餐""没有小费""来享受高级服务——在汇中饭店用餐"等广

---

① 周明伟、唐振常：《上海外事志》，上海社会科学院出版社 1999 年版。

② 汇中饭店，位于上海外滩 19 号，南京东路与中山东一路口的一幢文艺复兴式样历史建筑。大楼建于 1906 年，由英资玛礼逊洋行的司各特 (Walter Scott) 设计，华资王发记营造厂承建，于 1908 年开业。建成后，高 30 米，共 6 层，砖木结构。1965 年，汇中饭店并入和平饭店，成为和平饭店南楼。

告以招揽顾客。①即便如此，很多消费场所仍无业务可做，生意清淡。在上海的外国人失去了过去所享受的特权，很多时候不得不呆在家里。②

1950 年 6 月朝鲜战争爆发后，随着大量美资企业的关闭撤离，更多的外国人离开了中国。到 1950 年 11 月底，按上海市公安局发布的《上海市外国侨民登记办法》办理登记手续的在沪外侨共有 5 698 户，11 939 人。这些外侨仍分属 50 个国籍。其中，苏联籍侨民最多，有 3 128 人，其次为英、葡侨民，分别有 1 315 人、1 128 人。法国、德国、日本侨民都在五六百人之间，合计 1 512 人。美国侨民还有 236 人。朝鲜、越南、捷克斯洛伐克、罗马尼亚、匈牙利、保加利亚、阿尔巴尼亚等国侨民共 681 人，其中朝侨 358 人。另有无国籍和国籍未定侨民 1 379 人，绝大部分是未入苏联籍的原俄国人，计 1 001 人。③

第二节　上海解放初期对外资企业的限制利用

上海解放后，根据中共中央城市经济政策，上海市军事管制委员会实行了保护外国侨民的财产不受侵犯，保护外资企业的合法经营。考虑到上海解放后的首要任务是迅速平抑通货膨胀，稳定城市经济，加之外资企业在上海经济中仍占有重要地位，因此，解放初期对外资企业的基本原则是，一方面暂停新成立外资企业，另一方面对旧中国过来的外资企业加强了监督和管理，同时也帮助外资企业解决一些生产和经营中的困难，推动其为新中国经济建设服务。

①②　Howlett, Jonathan J., *Creating a New Shanghai：the End of the British Presence in China*（1949—57），2012, p.137.

③　周明伟、唐振常：《上海外事志》，上海社会科学院出版社 1999 年版。

1950 年 4 月 5 日《人民日报》发表题为《关于引导人民正确认识中苏合营企业的指示》的社论，其中提出："不仅与苏联建立合资企业是许可和必要的，就是在与某些资本主义国家开办适当的合资企业和实行某些事业的租让，也是许可和需要的。"当时上海的基本做法是允许其在遵守人民政府法令下继续存在和开展经营。

一、外资在人民政权监督下开展正常的生产和经营

上海解放初，除对第二次世界大战时期的敌伪财产和国民党官僚资本予以没收、收归国有之外，上海市军管会通过张贴布告等形式明确表示：无论美英还是其他各国在沪企业只要遵守中国法令，不危害国计民生，仍允许其继续经营。同时，要求所有在沪的外资企业向新政府进行申报和登记，以了解和把握外资企业的经营范围、财会、税收、借贷、盈余分配、劳资关系等方面的情况。

1949 年 6 月，上海市对外贸易管理局要求全市从事进出口贸易的中外商户需要重新工商登记。对申请从事进出口贸易的企业，由对外贸易管理局通过对其经营记录、国外关系、技术条件、经营作风及企业内部等因素的审核，以此淘汰了一些不具备条件的企业，对符合条件的企业，则颁发了营业许可证，鼓励其继续经营。通过审核，上海领取了进出口执照的外资企业共有 373 家，其资本主或经理人涉及 28 种国籍。其中，英商在上海从事进出口企业共 98 家，美商 96 家，法商 23 家，苏商 21 家，瑞士商 22 家，印度商 23 家，其他国籍共 90 家。[①]

---

① 中国社会科学院、中央档案馆编：《1949—1952 中华人民共和国经济档案资料选编（对外贸易卷）》，经济管理出版社 1994 年版，第 479 页。

　　为了使在沪的外资企业能正常开展生产和经营，人民政府对管理外资企业方式和渠道作了以下的初步探索。

　　一是从严监管外资企业的开业和歇业。在总的原则上，对于金融业，除侨商银行外，不再审批建立新的银行和钱庄；在生产领域，除对有利于我国国计民生的生产事业允许外商继续投资外，一般不批准成立新的企业。上海军管会还明令在华外资企业不得购买土地；不允许在华外资企业参加同业公会。对于过去已经成立的外商商会，不承认他们的法律地位，不允许他们代表各国商人的利益与我国政府机关往来，明确规定已有的外商组织只是外商自我管理的组织，对于其内部活动，只要不违反我国法令，政府不予干涉。为了避免混乱，上海市军管会也明确国营企业不得擅自收购外资企业资产。

　　1951 年 8 月 19 日上海市人民政府工商局在上海市报纸上公布了管理外商法令四条规定，全文如下：

　　　　查本市外商企业，常有未经呈请核准，擅自开业、歇业、转让、拆迁等行为发生，为纠正此种违法现象，兹特规定：凡本市外商企业有下列情形之一者，必须事先呈请本局批准后方得开始进行：（1）企业之筹备创设、开业、复业、停工、歇业（凡解放后未经本局批准，擅自开业、复业，统限于九月十五日之前，向本局办理申请手续，延期不办者，即不准继续营业）。（2）企业之合并、改组、转让、变更或增加业务范围，增设或裁撤分支机构、增减资本及其对其他企业之投资。（3）拆卸、迁移、抵押或出售各项生产及业务有关之设备及器材。（4）更换企业负责人。[1]

---

　　① 徐黎：《中国共产党对在华外资企业政策的研究（1946—1956）》，西南交通大学博士学位论文 2014 年。

　　二是向部分外商企业，特别是关系到城市生产生活的公用事业派驻特派员进行监督。中共上海市委提出，鉴于水、电、煤气、交通等公用企业关系全市人民生产、生活供应，为"防止破坏、确保供应"，决定由军管会派出军事联络员及部分军警进驻各中、外商公用企业实施监督。

　　三是取缔带有特权性质的外资企业。最为典型的是中外公正行，名义上虽是中外合资，但实际上其中华商被外商操纵。中外公正行垄断了对商品的衡量、鉴定等公证业务。新中国成立后，为了保障对外贸易的信誉，商品公证业务全部由国家统一经营，外商公证行就此不复存在。[①]

　　四是对一些规模不大的中小商业户或外侨赖以维持生活的小店铺，因其对社会发展影响不大，允许它们继续经营或自行结束。

二、引导与利用外资企业服务城市经济，推动对外贸易

　　由于历史上中国与西方国家的经济往来占有重要地位，因此，新中国成立后对西方的大门不仅没有关闭，而且希望尽量通过这一历史联系积极发展对外贸易，以促进国内经济的恢复。因此，新中国在迅速扩大与苏联贸易的同时，并没有忽视与西方国家的贸易。因为就贸易互补性来说，中国与西方国家的互补程度超过了苏联东欧国家。1950年上半年国家调动各方面的积极因素，利用中国与西方国家长期形成的贸易关系和进出口产品的互补性需求，大力开展对西方的贸易。1950年上半年，中国不仅与北欧的许多国家建立了外交关系，而且与英国正进行建交谈判，同美国的经济贸易往来也有所恢复。随着同西方国家贸易的恢复和发展，上海市政府十

---

　　① 上海档案馆、财政部财政科学研究所编：《上海外商档案史料汇编（二）》，1988年印，第196页。

分重视外资银行的作用。

首先，在外资银行中设立外汇指定银行。考虑到新中国成立初期，中国的国家银行尚未同世界各国建立经常而可靠的业务联系和业务渠道，而在上海的汇丰银行等外资银行则资金雄厚，国外分支机构多，信用良好，调拨灵活，因此，根据《华东区外汇管理暂行办法》，经中国人民银行华东区行核准后，上海的 21 家中外银行获得外汇指定银行资格，其中外商银行 9 家，即花旗银行（美国）、大通银行（美国）、美国商业银行（美国）、汇丰银行（英国）、麦加利银行（英国）、东方汇理银行（法国）、华比银行（比利时）、安达银行（荷兰）和莫斯科国民银行（苏联）。

在积极利用外资银行的同时，人民政府也建立了对外资银行严格的管理制度，外资银行必须在中国人民银行指定的业务范围内合法经营外汇业务。中国银行是监管机构，负有检查之责。中国银行会定期或不定期地派员到上海外资银行实地检查工作，曾发现有些外资银行任意修改信用证条款，拒不向中国银行移存超额的外币头寸，不按规定手续向中国银行申请各项费用的外汇。对于违法经营者，中国银行依据《外汇管理暂行办法》和中国人民银行的指示，认真查处，及时要求纠正，对于不服从中国政府管理以及严重违法者，则严惩不贷。

1950 年 7 月，国家贸易部牵头召开了全国进出口贸易会议。会议确定了对外贸易的基本任务是：保护与扶持生产、调剂供求、平稳物价。会议还在公私关系方面划分了公私经营范围：国营贸易公司除经营统购统销的进出口物品外，在出口方面只经营几种主要物品的一部分，在进口方面除经营国家所需要的工业器材外，对于民用器材的经营，只以能够调剂供求、稳定物价为限度，其余进出口商品，均归私人经营。为了克服进出口企业之间的盲目竞争，会议还决定利用"国际贸易研究会""同业公会专业小组""联合经营"三种方式，把进出口企业组织起来，统一对外。但是由于朝鲜战争爆发后西方实行封锁禁运，私营和外资企业的原有贸易渠道中断，而苏联和东欧国家又不与中国的私营外资企业打交道，故私营企业和外资企业在 1950 年至 1952 年的进出口贸易总额中的比重始终不到 10%。

其次，租赁外籍商船，开展远洋外贸运输业务。国际海洋运输业务是发展对外贸易不可缺少的环节。上海自 1949 年 5 月 27 日解放后，因港口遭美国支持的国民党军队封锁，海运不畅，贸易停滞。美国也千方百计地想割断新中国与世界的联系。当其得知来往中国的远洋船队多数轮船挂的是巴拿马旗帜时，随即下令巴拿马船只不准驶往中国。在此情况下，新中国政府决定租赁外籍商船，多渠道开展远洋外贸运输业务。1950 年 9 月，交通部、贸易部联合建立中国国外运输公司，租用外籍商船开展对外贸易运输。在上海存在着规模不等的外轮代理机构和私营的船舶代理行，还有外国人经营的船务公司。起初对他们的管理比较分散，随着中国沿海运输的船舶增多，政府逐渐加强了外轮代理机构的统一经营和领导。此外，中国向芬兰、瑞典等国外轮和一些华侨船东租船，承运次要的"禁运"物资，并争取到一些北欧船东的合作。尽管新中国成立后上海港受到美国的封锁和军事威胁，对外贸易大受阻碍，但上海通过租赁外籍商船，积极开展远洋外贸运输业务，税收虽不如以往多，但仍达人民币 328.53 亿元（旧币）。

总的来看，从 1949 年上海解放到 1950 年底的一年多时间里，上海的外资企业的特权经营以及凭借特权获取巨额利润的局面已经消失，其业务基本是为新中国对外贸易和城市经济发展服务，虽有微利可得，但无暴利可图。加之，国民党对上海的海上封锁和物资禁运也严重影响了外资企业的生存，在上海的外资企业不断向当局抱怨他们所遇到的税收、劳资等问题，很多公司为了保持正常的生产经营不得不由国外总公司持续汇入大笔资金。上海英国商会说他们仅在 1949 年底和 1950 年初的几个月内，由海外总公司汇入上海英国公司的资金达到 15 万英镑。[①]到 1950 年底，以英美法为主体的上海外资企业中，美国企业已陆续关闭撤离；英国的对华政策一直是"留一只脚在门内"，他们仍继续保持在上海的经营，希望建立外交关系，因为他们最关心的是英国在香港和上海的利益。

第三节　朝鲜战争与对英美等企业的军管与征用

1950 年 6 月爆发的朝鲜战争从根本上改变了中国与外部世界的关系，主要西方国家纷纷采取敌视和对抗的政策，美、英等先后冻结或没收中国海外资产。新中国采取了针锋相对的手段，以军事接管和征用的方式处理了一批美、英在华企业。与此同时，以美国为首的西方国家先后实行对华禁运，甚至军事封锁。这些措施，不同程度地造成了英美法为主体的在华外资企业失去了对外贸易这个主要生存市场。仅英国一国对新中国的出口就从 1950 年的 1000 多万英镑下降到 1952 年的 300 万英镑，中英贸易总额在 1950 年增长到近 1 400 万英镑，但到 1952 年降至 760 万英镑。[②]

一、军管与征用政策的形成

1950 年 12 月 16 日，美国政府宣布管制中华人民共和国在美国的公私

---

① Howlett, Jonathan J., *Creating a New Shanghai : the End of the British Presence in China*（1949—57），2012，p.192.

② Howlett, Jonathan J., *Creating a New Shanghai : the End of the British Presence in China*（1949—57），2012，p.201.

财产并禁止一切在美国注册的船只开往中国港口。12 月 18 日，周恩来总理发布中央人民政府政务院《关于管制、清查美国财产和冻结美国公私存款的命令》。命令宣布："鉴于美国政府对我国日益加剧的侵略和敌视行动，为了防止其在我国境内从事经济破坏和危害我国家人民的利益起见，特采取如下措施：（1）中华人民共和国境内之美国政府和美国企业的一切财产，应即由当地人民政府加以管制，并进行清查；非经大行政区人民政府之核准，不得转移和处理。各该财产的所有者或其管理者应负责保护这些财产，不得加以破坏。（2）中华人民共和国境内所有银行的一切美国公私存款，应即行冻结。为维持正当业务及个人生活必需的费用，亦须经当地人民政府核准后始得动用。"

考虑到当时国民经济的实际需要和在华外商的实际情况，政务院及其有关主管部门还发布了许多具体指示。例如，不停止美资工厂的生产、商店的营业；除要美商报告其资产外，不要到其商店或私人家内去清查财产；对美侨个人存款不超过 3 000 元、企业存款不超过 5 万元者，动支时不予限制；等等。

1950 年 11 月 5 日，随着美国等国对华封锁的升级，外交部向全国各地发出《关于外资企业处理办法的初步意见》，其主要内容是：（1）区别外资企业所属国家，首先应以美国在华企业为主要对象，对英资及其他外资企业也要加强管制使之适应中国的需要。（2）凡与中国国防有关及对中国社会秩序有重大影响而处理后对中国有利无害或害多利少者，首先予以处理；尚对中国经济有利或利多害少者，可较缓处理，但也应加强管制。（3）对首先处理的外资企业，视情况按军事管制，全面接管及没收之程序加以处理。对公用事业首先实行军事管制；对码头、仓库等根据需要实行统一管理制度，必要时可分别征用；对石油业之存油应尽量征购，以便疏散保管；根据形势发展和中国之需要，必要时对美资石油业及其他企业设备实行接管。（4）银行、保险、进出口业及轮船业，可较缓处理。（5）处理外资企业应有公开的法律依据。

1951 年初，中共中央发出《关于处理美国在华财产的指示》，处理方式主要有军事管制、征用、接管、代管等四种方式，"凡有关我国主权或与国计民生关系较大者，可予征用；关系较小，或性质上未便征用者，可予代管；政府认为有需要者，可予征购；对于一般企业，可加强管制，促其自行清理结束"。指示还提出，在上述四种方式中，应以征用及加强管制为主；对少数在政治上经济上无大妨碍的美国企业，在上海、天津、广州等地可以保留一些。

二、对美资企业的军管、征用与处置

遵照政务院命令和指示，1950 年 12 月 31 日，上海市军管会发布命令宣布：（1）凡美国政府及美国企业在本市的一切财产，其所有者或管理者应将其所有或管理之全部财产详具清册呈报本会各主管部门，并负责保护；非经核准不得以任何方式转移或处理。（2）本市各公私企业中凡存有美国政府和美国企业之财产者，必须详具清册呈报本会各主管部门，并负责保护；非经批准，不得以任何方式转移或处理。（3）本市各公私银行存有美国公私存款者，须详报本会各主管部门；非经批准，不得动支。（4）凡本市中外企业中有美国公私股本或投资者，均须呈明股权情况，经调查审核后分别处理，在未查明前不得有转移股权、资本等行为。

上海市总工会、上海市工商业联合会等各界人民团体和各民主党派纷纷发表声明，拥护政府的决定和措施。各美资企业的中国职工都热烈支持和积极配合协助军管专员和政府主管部门开展对企业的管制和清查工作，并都坚守岗位，努力生产，警惕破坏，保护设备和一切资财的安全。①

　　1951年初，上海对当时在沪的155家美资企业分不同情况，实行了管制、业务监督和清查。其中公用事业3家，工业企业18家，进出口企业87家，银行4家，保险公司4家，轮船公司4家，码头堆栈1家，房地产公司8家，影片商、戏院15家，电台1家，报馆1家，无线电报公司4家，其他5家。

　　军事管制是对美资企业用得最多的强制形式，一般由上海市军事管制委员会强制执行。军管会首先会通知将被管制的美资在华企业的所有人及负责人呈报企业财产情况，并告知未经批准前不得转让或处理企业任何财产（包含在管制冻结全部美国财产的公告中）。然后，军管会派出专门人员入驻，实施管制活动。除对上海电力公司、上海电话公司这类影响较大公用事业的企业，须由军管会专门发布命令外，其余各企业不再专门发布命令。

　　以美国花旗烟草公司为例。美国花旗烟草公司是个千余人的工厂，以美商注册，但长期租给英国颐中烟草公司，其生产设备在颐中系统中是最先进的。1951年8月23日，上海市军事管制委员会发布命令对美国花旗烟草公司实行军事管制。随后，军管会代表向花旗烟草公司董事长克特珍宣布军管命令，随即由厂工会出面召开全厂职工庆祝军管花旗工厂大会，颐中烟草公司及各厂都派出代表参加会议。25日上午，在花旗烟草公司小礼堂召集颐中烟草公司董事长田克恩、法律部主任柏贲士、会计部主任普德度，花旗烟草公司董事长克特珍等人开会。中方参加人员除专员办公室同志外，还有翻译、各厂工人代表等。首先由中方代表宣读了军管命令，对美商花旗烟草公司实行军事管制。从即日起花旗烟草公司的资产、设备、物资、原料全部冻结，不得以任何方式抽逃。今后对花旗的业务活

---

① 周明伟、唐振常：《上海外事志》，上海社会科学院出版社1999年版。

动，必须经过军管专员批准方能生效，生产照常进行，公司员工必须认真执行军管法令，造具资产、人员清册，送交专员办公室查核。鉴于颐中和花旗公司的复杂关系，在没有查清花旗资产及制订新的规定前，暂时维持原状，确保生产维持职工生活。花旗烟草公司董事长克特珍表示服从政府法令，听从政府安排。花旗烟草公司被军事管制后，为保证企业照常生产，抢救土产公司上万担烟叶原料，中方积极组织两个复烤厂抢修投产；同时，为照顾中方职工生活，军管专员通过华东工业部从中华烟草公司分出 6 000 箱卷烟任务给颐中加工。部队协助花旗烤烟厂抢修设备，整个烟叶复烤和卷烟加工任务统由专员办公室负责。通过对颐中生产系统进行安排、调研，又为了解颐中问题及生产设备技术情况创造了条件。

征用一般是针对于如石油、公用事业、航运、机器制造等重要的外资企业。1951 年 5 月至 1953 年 4 月，先后征用 12 家企业。它们是：德士古、美孚、中美 3 家石油公司（征用其除总办公室场所以外的一切财产，征购其全部油料），上海码头堆栈公司，华美电台（以后又作为海和洋行转让的一部分），亚尔西爱胜利公司（后改造成为中国唱片厂），利达公司（生产油墨），慎昌洋行的工厂部分及全部原料成品，奇异安迪生电器公司（后改造成为上海灯泡厂），中国电器公司（其中有中国官僚资本），皇后大戏院和大华电影院。这些被征用的企业中，美国三大石油公司德士古、美孚和中美火油股份有限公司是美国在上海除三大公用事业以外最大的企业。

接管主要是针对于外资企业中存在隐匿敌产、敌股及含有公股等问题，命令的内容和宣布办法与征用相同。对经查明有隐匿敌产（纳粹德国和日本）或股份的企业，予以没收和接管。其中有科发药房、中国第一版纸公司、远东酒精厂、加利福尼亚公司。因社会需要和工业生产需要，接管了万国殡仪馆，收购了永备公司（蓄电池）。代管是一种灵活性很强的处理方式,主要是根据企业存在的问题实施代管。在代管的时间上,可视情况定出代管期限。在代管期满后,处理方式也很灵活,既可以发还原主,也可以收归公有。1951 年后,上海市军管会因无人负责等原因由中方实行代管的企业有 12 家。它们是:黑石公寓、美业、达华、江苏、美泰、普益、太平洋 7 家房地产商,美庆制革厂、大美汽水厂、哈克生汽车公司 3 家工厂,还有平安和光陆 2 家大戏院。

三、对英、法及其他外资企业的征用与处理

1950 年,英国政府在对华贸易方面采取管制措施。1951 年开始追随美国对中国实行禁运,并宣布把运往中国内地及香港地区的一切货物置于特许管制之下。英国人在保持对中国敞开大门还是保持与美国的战略同盟关系的政策之间徘徊,最后他们选择了后者。他们参加了战争,拒绝承认中华人民共和国在联合国的席位,同意对中国进行贸易禁运。新中国政府对英国愿意追随美国的态度并不感到吃惊。但新中国在外交上的反西方态度和言论变得更为强硬。

1951 年 4 月,香港英国当局宣布将停泊在香港的中国永灏号油轮征用,移交给英国海军用于朝鲜战争。中央人民政府外交部副部长章汉夫对此提出严重抗议:"英国政府这次无理劫夺永灏油轮的行动,是一种对于中华人民共和国的公开挑衅的行动。为此,中华人民共和国中央人民政府特向英国政府提出严重抗议,并且郑重声明:由于英国政府这一挑衅行动所引起的一切后果,应由英国政府承担。"[1]

_____

① "1951 年 04 月 19 日:我外交部章汉夫副部长发表声明 抗议英国政府劫夺我永灏轮 指出英政府应对其公开挑衅行动承担一切后果",见《人民日报》1951 年 4 月 19 日。

4 月 18 日，中国政府向英国政府提出严重抗议，英国置若罔闻。4 月 30 日，中央人民政府政务院发布命令，征用英国在中国各地的亚细亚火油公司除其总公司和分支机构办公用房以外的全部财产，并征购其全部存油。上海亚细亚火油有限公司是英国壳牌石油有限公司于 1907 年在上海投资开设的，与美国美孚公司和德士古公司三分了旧中国的石油市场。上海市军管会按上述命令，于当天发布征用布告，并派出军事代表执行。

1952 年，英国分别于 7 月和 10 月两次宣布将留在香港的中国中央航空公司的 71 架飞机和其他资产判给美国民用航空公司。中央人民政府认为，英国政府这次劫夺上述两家航空公司留港资产及殴打、逮捕和拘禁两家公司护厂员工的横暴行为，是英国政府追随美国、对中华人民共和国采取敌视态度的重大表现，已激起全中国人民的莫大愤怒。中央人民政府就上述劫夺和横暴行为向英国政府提出严重抗议。

8 月 15 日，上海市军管会根据中国政府命令，征用英国在上海的英联船厂和马勒机器造船厂有限公司全部财产。当天上午，上海市政府外事处俞沛文副处长召见英国两家船厂的负责人，当面宣布上海市军管会的征用命令，并即由上海市军管会派出军事代表率接管人员至两家船厂执行征用接管命令。英联船厂是上海最大的船厂，上海共有船坞 7 只，而英联占其中 4 个。上海解放后，虽然由于港口被封锁，大大减少了上海的航务活动，但英联船厂的营业仍达解放前的 50％至 85％，这完全是由于英联在设备上占有优势。自国营江南造船厂被炸受损后，凡 3 000 吨以上的船只如需修理水面以下部分，其他船厂无法修理，必须到英联船坞，虽然英联取费较一般船厂要高出三分之一以上。

1952 年 10 月 8 日，港英当局的法院又将中国航空公司滞留在香港的 31 架民航飞机及其他资财"判给"美国民用航空运输公司。中国外交部于

10月28日再度向英国政府提出严重抗议。11月20日，上海市军管会发布命令征用英国在上海经营的电车公司、自来水公司、煤气公司和隆茂洋行的全部财产。当天上午，上海市政府外事处黄华处长召见英国上述4家企业的负责人，当面宣读市军管会的征用命令，并宣布立即执行。当市军管会军事代表和接管人员到达这4家公司时，各公司职工都举行了拥护征用、欢迎军事代表的大会。

就英国在沪企业而言，采取上述以行政命令方式处理的有10家，分别为工业企业4家：英联船厂、马勒造船厂、电气音乐公司、精艺木厂；公用事业3家：上海电车公司、上海自来水公司、上海煤气公司；进出口2家：亚细亚火油公司、协和洋行；轮船码头仓库业1家：隆茂公司。共涉及职工8 401人。①到1952年底，已处理的美国企业占美国在华总资产的94％，已清理的英国企业占其在华总企业的63％。②

表8-4　以征用方式处理的美英两国外资企业

名　　　称	国籍	职工（人数）	资产（亿元，旧币）	处理时间	备　　注
慎昌公司（机械）	美国	404	422	1952年	只征用其工厂部分
奇异公司（灯泡）	美国	201	300	1952年	
美国烟叶公司	美国	3	26	1951年	
利达公司（油墨）	美国	17	19	1951年	厂房征用，器材征购
亚尔西爱（唱片）	美国	20	20	1951年	器材征用，成品征购
上海码头堆栈	美国	145	120	1951年	
美孚石油	美国	1 565	2 720	1951年	设备征用，油料征购

①　上海档案馆、财政部财政科学研究所编：《上海外商档案史料汇编（一）》，1988年版，第26页，附表1、附表4和附表7。

②　沙健孙：《1949—1956：中华人民共和国政府处理与西方发达国家关系的政策和策略》，《教学与研究》2004年第10期。

名 称	国籍	职工（人数）	资产 （亿元，旧币）	处理时间	备 注
德士古石油	美国	1 909	1 392	1951 年	设备征用，油料征购
中美石油	美国	126	354	1951 年	设备征用，油料征购
英联船厂	英国	972	4 000	1952 年	
马勒船厂	英国	214	1 300	1952 年	
上海电车公司	英国	3 586	547	1952 年	
上海自来水公司	英国	1 346	2 286	1952 年	
上海煤气公司	英国	803	1 200	1952 年	
隆茂洋行	英国	163	420	1952 年	
亚细亚石油公司	英国	1 090	2 355	1951 年	

资料来源：徐黎：《中国共产党对在华外资企业政策的研究（1946—1956）》，西南交通大学博士学位论文 2014 年。

对法国企业而言，以军事管制或征用等行政命令方式处理的企业并不多，主要是因为禁运而业务萎缩，以致停业歇业者居多。1951 年 8 月 18 日，因发现法资东方修焊公司在中国抗日战争时期与日本侵略者合作，有严重资敌行为，上海市军管会派军管专员予以军事管制。因类似原因，上海市军管会对中法求新造船厂进行了租用。到 1952 年底，45 家在上海的法国企业中已关停 20 家，其中歇业的 18 家，包括国际贸易 10 家，保险 3 家，纺织 1 家，其他行业 4 家。其他的法资企业大都在 50 年代中期实行对价转让，或在提出申请经中方批准后歇业。

除了被军事管制和征用以外，先后已有 359 家外资企业关门。其关门停业的主要原因是以美国为首的西方国家的对话封锁和禁运，致使从事进出口贸易及其相关行业的外资企业无以为继，其中：进出口贸易企业关闭 163 家，保险、轮船航运和银行等相关行业企业关闭 217 家，共占总数的60％。①

第四节　社会主义改造与外资企业对价转政策

抗美援朝战争期间，上海的外资企业经营急剧衰退，濒于停顿状态。到1952年底，大量外资企业不得不宣布停业清理，相继撤离中国。1953年社会主义改造开始后，中国共产党将消灭资本主义私有制和剥削列为社会发展目标，作为私有制象征的外资企业进一步失去生存的空间。在清理这些外资企业的实践中，中共逐渐确立以对价转让为主的清理方式。所谓对价转让，是外商同中方经过协商后按一定的价格，把其在华经营权和资产转让给中方。其核心是按照商业原则，由双方在平等自愿的基础上通过协商达成转让。这在当时是一个兼顾了各方利益的合理解决方案。在对价转让政策的指引下，到1956年底上海外资企业已基本清理完毕。

一、对价转让政策的出台背景

对价转让政策的出台是由以下多方面因素促成的。

首先是以美国为首的西方国家对华"禁运、封锁"，对我国的国民经济造成了重大损失。据不完全统计，仅1950年至1953年，由于美国实行"禁运、封锁"，我国所遭受的直接损失即达5 691万美元。其中，被冻结

---

① 上海档案馆、财政部财政科学研究所编：《上海外商档案史料汇编（一）》，1988年印，第4页。

的资金为 4 182 万美元，被扣物资价值约 335 万美元，船只到我港口前被劫的损失约 1 174 万美元。在严重影响我国与西方国家贸易的同时，"禁运、封锁"政策也导致了在华外资企业的衰退，尤其是对外贸易及其相关行业，1951 年后这些企业基本陷入关停状态。从 1951 年 12 月到 1952 年 10 月不到一年间，上海共有 359 家外资企业关闭，其中从事进出口贸易的企业 163 家，其他相关行业如保险、轮船航运和外资银行等 54 家，共计 217 家，占关停企业总数的 60%。外资商业企业歇业 84 家，工业企业歇业 28 家。①

其次是在沪外资企业的经营状况普遍困难。到 1952 年底，上海的外资企业从 1949 年 5 月解放时 1 200 家减少到 425 家，剩余的三分之一。外资企业的资产指数由解放初的 100 降为 22.3，其中美资企业下降的最厉害，由 100 降为 2，几乎可以忽略不计；英资企业降为 31；法资企业降为 21.8。②过去外资企业主要集中的几大行业发生了显著变化。

（1）公用事业。上海共有 9 家外资公用事业企业，作为帝国主义在华最大投资，其资产据 1950 年调查占全部外资企业资产总值的 45%。到 1952 年底，英资大东电报公司及丹麦大北电报公司两家电报公司已营业。在水、电、气和交通行业中，除法资电车电灯公司外，美资上海电力公司、上海电话公司已被接管、英资上海电车公司、上海自来水公司、上海煤气公司已被征用。

（2）工业和制造业。卷烟行业中，上海解放前英国颐中烟草公司的卷

---

① 上海档案馆、财政部财政科学研究所编：《上海外商档案史料汇编（一）》，1988 年版，第 4 页。

② 《处理外资企业和外人房地产统计提要》，1961 年 12 月，外交部档案馆。

烟垄断了旧中国的市场，其产量占到当时全国卷烟生产量的三分之一。上海解放初期 1949 年 7 月时，颐中烟草公司缴纳的卷烟税仍占到上海全市卷烟总额的 40％。尽管生产设备先进，仍有利润，但颐中外方管理者去意坚决，屡次表示要出租、停业或申请转让。到 1952 年上半年，经上海市政府同意，颐中烟草公司转让给中方公司接手。肥皂业中，解放前英资中国肥皂公司几乎操纵了市场，1951 年底时其肥皂产量占上海全市的四分之一。抗美援朝战争爆发后，它们的生产逐渐停顿，去意坚决。1952 年上半年也转让于上海市政府所属企业接办。造船工业中，有英国企业 2 家，法国企业 1 家，它们在机器设备及生产能力上极为领先，到 1952 年，其中有两家已租给华东局华东工业部经营，另外一家规模较大的英商英联船厂则于 1952 年 8 月由上海市军管会征用。

在火柴、硫酸、牛乳、纺织四种工业部门中，外资企业从事较多，因这些行业的产品为城市居民生活所需要，因此在上海解放初期这些行业中的外资企业大多照常生产。例如，硫酸工业有英资企业 1 家，产量占全业 29.2％。牛乳工业有英资企业 2 家，产量占全业 16.6％。不久，因同类国营企业或华商私营企业的生产逐步恢复和发展，外资所占比重逐渐减少。从事火柴工业的瑞典美光火柴公司，其产量一度约占全业 25.6％，但到了 1952 年，因资金短缺该企业已向政府申请歇业。

（3）外资银行。1950 年 7 月时上海共有 11 家外资银行，其中 9 家被批准为外汇指定银行，可代理中国银行进行外汇业务。1950 年，运通、国际大通和花旗银行等 3 家美资银行先后申请停业关闭。1951 年的 4 月和 5 月间，美资的友邦银行和美国商业银行先后宣布歇业清理。1952 年英国汇丰、麦加利、有利等 3 家银行和荷兰银行相继向上海市政府提出停业申请。中国人民银行总行的意见是："英国汇丰银行有代表性，争取保留汇丰银行，允许其他企业清偿债务后歇业"。①

（4）房地产。到 1952 年底，上海共有外资房地产商 43 家，以英、美、法商为主。他们在解放前主要从事于房地产买卖及相关投资，解放后业务仅限于自建房屋的出租和经营。1952 年起，上海对外国房地产商和外国人拥有的房地产，按照不同情况进行了不同的处理。对于产业契证不全或产权不明的房地产，上海主管房地产部门予以代管。有些外国房地产商因巨额债务无法偿还，已用全部房产抵偿债务，如法国万国储蓄会、中国建业地产公司和毕卡第公寓等。也有一些无法清偿巨额债务的外国房地产商，经上海法院判决扣押房产以抵偿债务，如英商哈同公司和中和地产公司等。有些拥有大量房地产而又负债累累的外国房地产商，如英商沙逊集团和业广房地产公司等，与上海的国营企业协议作出财产转让和承让。

（5）商业。新中国成立后由于社会环境改变，过去为在上海的外国人服务的许多消费性商业纷纷歇业，从 1950 年 7 月到 1952 年共关闭 84 家，到 1952 年底全市还有 100 余家，以西菜咖啡等食品店为最多，但大都生意清淡。英美两国的影片公司共有 9 家及英国《字林西报》等已基本于 1951 年上半年歇业清理。

到 1952 年底，上海在册的外资企业为 425 家，其中以英商为最多，计 113 家，约占上海全部外商的四分之一；苏商（苏联）有 68 家（皆小型商业）；美商 53 家（都在管制中）；法商 28 家；其余分属瑞典、墨西哥等 26 个中小国家。②因为留存下来的外资企业中，英国企业在资产规模和人数上

---

① 中国社会科学院、中央档案馆编：《1953—1957 中华人民共和国经济档案资料选编（金融卷）》，中国物价出版社 2000 年版，第 28—30 页。

② 上海档案馆、财政部财政科学研究所编：《上海外商档案史料汇编（一）》，1988 年印，第 5—7 页。

占到了绝大部分，所以下文谈到上海"外资企业"时，主要就是指"英国企业"。①

第三是英法等国期望变"在华贸易"为"对华贸易"的利益推动。1952 年 4 月在莫斯科举行的国际经济会议旨在谋求世界各国经济贸易关系的发展。新中国派了由中国人民银行行长南汉辰为团长的大型代表团参加会议。会议期间，中国代表团反复向与会各国阐明了新中国重视对外贸易的立场和观点，指出"我国对于各国政府和人民，不管其信仰、政治制度、社会经济组织的不同，只要在平等和互利的基础上，均愿与之恢复与发展贸易"的愿望和政策，②并生动地介绍了中国经济的恢复和发展，以及由此产生的进出口巨大潜力。

对于英国商人来说，他们一直处于"走"和"留"的彷徨之中。一方面，他们一度寄希望于英国政府"留一只脚在门里面"的对华政策，不愿放弃其长期在华经营的阵地和利益；另一方面他们既不得不面对中国革命的现实，又无法避免西方国家的封锁和对华禁运的消极影响。

冷战后形成的英美特殊关系使得英国政府不敢公然违背美国的意愿。但封锁禁运的政策造成了英国对华贸易的损失。1951 年 1 月 26 日，英国内阁会议就对华贸易管制政策进行评价时指出："对华经济制裁给中国造成的伤害远远小于西方国家。"③因此，为了维护自身的经济利益，英国政府并没有反对国内商界人士与国会议员以个人名义参加此次莫斯科国际经济会议。1952 年，英国贸易委员会官员莱文斯在致外交部官员麦肯齐的信

---

① 《外交部召集有关部门关于商讨英国商人处理问题》，MFA 118-00014-07，外交部档案馆。

② 《我国参加国际经济会议代表团团长　南汉宸在四日会议上的报告全文》《人民日报》1952 年 4 月 7 日。

③ C.M.（51）9th Conclusions，Minute 1，Korea，January 26，1951，CAB128/19.

中即暗示了英国政府对国内商人参加莫斯科国际经济会议的默许态度："如果条件允许，英国商人可以和苏联以及中国开展非战略物资的贸易。英国政府非常希望看到诸如此类非战略物资的贸易，如果商人需要的话，英国政府也会给出帮助和支持，但是去莫斯科的这些贸易代表并不会比其他商人得到更多的政府支持。"①

在莫斯科国际经济会议上，中国代表团首先与英国代表团达成贸易协议。这是一个与怡和、太古等传统从事中英贸易商（Old China Hand）完全不同的英商代表团。因此，当 1952 年莫斯科国际经济会议的消息传到上海时，"这一协议让上海的英商颇为震动，但颇感醋意"。②上海的英国贸易商在怡和洋行凯瑟克牵头下提出了"变在华贸易为对华贸易（Trade in China→Trade with China）"的计划。他们认为继续在华经营是毫无希望的，但也不愿意放弃中国市场，希望撤离中国内地后，通过香港继续与中国内地开展贸易。1952 年 5 月，上海几家主要英资贸易企业的代表，如卜内门洋行董事席培德、怡和有限公司董事巴顿、和记洋行经理凯尔福至上海市政府外事处请求协助，让他们组织一个由怡和公司董事兰纳诗带队的代表团去北京，与中国贸易部门商谈实现开展中英贸易问题。7 月，信昌公司总经理高默訫也走访上海市政府外事处，希望与中国贸易部门商谈开展中英贸易问题。但是由于在华英资企业各有盘算，步调难以一致，上述英商的打算未能实现。③

---

① From Board of Trade to Foreign Office，June 27，1952，Increase in Anglo-Chinese Trade as a result of Agreements Reached between the Chinese and British Trade Delegations Attending the International Economic Conference in Moscow；Problems of Exporting to China，June-October 1952，Folder 3，FO371/99320.

② 《关于英国商人结束在华贸易问题》，外交部档案馆，118-00014-09。

③ 周明伟、唐振常：《上海外事志》，上海社会科学院出版社 1999 年版。

在此形势下，不少英资企业在经过一段时间观望后，逐步收缩，走向歇业。英商太古公司于 1954 年完全撤离中国。他们将从 1949 年到 1954 年英国商业在上海的这段时期划分为三个阶段。第一阶段是从 1949 年上海解放到 1952 年底，称为"巩固时期"。他们认为这个时期英商在上海面临的除了国民党的封锁以外，最大的困难是劳资问题。第二阶段是从 1952 年底到 1953 年秋天，称为"控制时期"。这一时期政府加强了对外资企业的控制与限制。第三阶段是从 1953 年秋天到 1954 年底，称为"急不可耐的时期"。中国政府在宣布向社会主义过渡后，英国企业在这种巨大的社会经济变动背景下进行了处理。①

1952 年 7 月 5 日，中国外交部发表声明指出，只要在中国境内的英国各公司工厂遵守中国法令，仍当予以保护；如其自愿结束业务，则不论采取何种方式结束，都可向当地人民政府分别提出申请，由各地主管机关据情依法处理。

从 1952 年 1 月至 11 月底，先后向上海市工商局申请歇业的外资企业共 138 家，涉及职工 3 286 人。在申请歇业的企业中，既有规模小、资金短缺或不能适应新环境的小厂，如洋酒食品罐头厂、内衣领带织造厂等，也有英商颐中烟草公司和中国肥皂公司等大型企业。虽经上海市工商局批准后歇业的有 75 家，但只涉及职工 341 人。尚待继续处理的申请者有 62 家，涉及职工 2 438 人。②可见，上海市工商局批准歇业的大都是规模小、涉及职工人数较少的企业。

1952 年 11 月，上海市人民政府工商局在《关于上海市三年来外商企

① ［以色列］谢艾伦：《被监押的帝国主义》，张平等译，中国社会科学出版社 2004 年版，第 147—148 页。

② 上海市人民政府外事处：《外商申请歇业问题》，1952 年，上海市档案馆，B128-2-1021-1。

业变化情况的报告》中指出，"解放后由于国内外形势的改变，外资企业一般业务清淡，甚至久无营业，加以特权消失，外商无意经营，因此纷纷歇业，涉及职工的解雇，成为管理外商的主要问题"，并且由于"处理方针不够明确。因此对职工多，而本身确有困难的外商企业处理时便感无从着手，不仅工作陷于被动，且拖延较迟，往往造成其他影响"。①

除停业企业职工安置问题外，外资企业申请歇业后还存在一些管理上的问题，如英国太古集团下的永光油漆厂，在上海解放后一直提出停业申请，但其机器设备先进，生产能力较强，而且其生产产品与我国国营工厂的产品有互补性，停业后市场上同类产品的供应会出现短缺。②有些外资中小企业希望能出售给国营企业，但国营企业不愿接手，而这些企业的产品仍有市场需要，因此提出是否能转让给私营商业等。

因此，如何避免外资企业关停给经济发展和稳定带来的负面作用是1953 年以后上海市政府积极推行对价转让政策的重要原因之一。

二、对价转让政策的出台

1953 年春，中共中央统战部部长李维汉率领调查组赴武汉、南京、上海等地，就资本主义工商业如何向社会主义过渡等问题进行深入的调查。5 月，李维汉向中共中央和毛泽东提交《资本主义工商业中的公私关系问题》的报告和信件。李维汉在报告中建议：通过实行国家资本主义，特别是公私合营这一主要形式，实现资本主义所有制的变革。他在报告中详细

---

① 上海档案馆、财政部财政科学研究所编：《上海外商档案史料汇编（一）》，1988 年印，第 8—9 页。

② 《外交部关于英商永光油漆公司转让问题的批复》，1952 年，上海市档案馆，B163-1-150-1。

描述了采取国家资本主义形式目前在国内的有利条件和可行性。中共中央
对这个报告极为重视。6月，毛泽东两次召开政治局扩大会议讨论这个报
告，会议一致同意李维汉在报告中的建议。毛泽东在会上第一次用比较明
确的语言表述了党在过渡时期的总路线。他说："党在过渡时期的总路线
和总任务，是要在十年到十五年或者更多一些的时间内，基本上完成国家
工业化和对农业、手工业、资本主义工商业的社会主义改造。这条总路线
是照耀我们各项工作的灯塔。不要脱离这条总路线。脱离了就要发生
'左'倾或右倾的错误。"①

中共中央关于过渡时期总路线的精神在一定范围内传达后，中共上海
市委开始酝酿和推行通过对价转让形式实现对在华外资企业的改造。第
一家实行对价转让的是英资颐中烟草公司。曾经长期垄断中国卷烟市场
的颐中烟草公司，是一家创设于1902年、拥有7 500余名职工的有影响
的老牌外资企业。1952年，颐中烟草公司在青岛、天津和上海等地的公
司均通过中英双方的谈判实现了企业资产和人员的转让。这一做法被总
结为"颐中模式"，并最终成为1953年后上海市对外资企业进行改造的
主要政策。

1. "颐中模式"的缘起

英商颐中烟草公司是1902年在英国成立的英美烟草公司的在华企业，
注册地在香港，其总公司设在上海，在北京、天津、青岛、南京、汉口、
重庆、厦门、汕头、福州、广州均设有分公司。颐中烟草是解放初期在上
海市的外资企业中职工人数最多的一家，有职工7 500多人，在烟草行业
居垄断地位。颐中烟草拥有从原料到销售的一个宏大而完整的体系，在产
烟区控制烟叶种植，就地烤制以后运到各地加工制造，成品又通过自己的

---

① 金冲及：《刘少奇传》（下），中央文献出版社1996年版，第666页。

机构运往各地销售，颐中烟草不仅自己生产和加工制烟设备，其在各地的所有房地产亦有专设公司管理。①

新中国成立前，颐中烟草的年产量占到了全国卷烟生产的 43.3％。新中国成立后，颐中集团失去了旧日的特权，资方对前途感到忧虑，对营业缺乏信心，一度部分停产。但因其生产设备先进，销售网络齐全，1949 年至 1950 年间其营业总额仍超过上海任何一家外资企业。据《文汇报》统计，1949 年 7 月颐中集团与全上海卷烟业比较：职工占 15％，卷烟机占 19％，存叶占 40％，存纸圈占 30％，产量占38％。②因此，当上海整个卷烟业在资金、原料、市场、劳资关系各方面遭遇严重困难，纷纷停工歇业时，颐中集团照常开工，甚至产销量一度相对地提高。

1950 年，颐中烟草公司面临的经营环境发生了重大变化，由盈利转向亏损，很快出现资不抵债的局面。同年 4 月，颐中董事会一再开会研究如何减少亏损。出于对时局变化的考虑，尽管此时资产超过负债，但董事会仍决定不再从本土或香港向中国内地继续调入资金。5 月开始，上海颐中公司与工会代表进行协商，相继采取一些节约措施来缓解困难，但卷烟产量日趋下降，再加上机构庞大、人员众多，亏损继续增加。为此，颐中烟草公司董事会提出，将在青岛、上海和天津通过资产转让来解决公司的困难。

起初，这一提议并未获得中方积极回应。中方考虑到英商颐中烟草公司欠债过多，包袱过重，更重要的是"对转让这种办法不摸底"，③因此没

---

① 上海档案馆、财政部财政科学研究所编：《上海外商档案史料汇编（七）》，1989 年印，第 97 页。
② 同上书，第 110 页。
③ 上海档案馆、财政部财政科学研究所编：《上海外商档案史料汇编（二）》，1988 年印，第 207 页。

有贸然接受英方提出的转让要求。同时，颐中董事会的这一决定也让英国外交部感到震惊。他们认为颐中烟草的这一提议是一种"投降"政策，将会影响英国在华甚至在全球的经济利益。

针对青岛、上海、天津三地的颐中烟草经营当局向所在地人民政府呈递的转让申请，1951 年 1 月 22 日，时任中央财经委员会主任陈云委托轻工业部党组书记、副部长龚饮冰召集专门研究处理"颐中问题"的会议。出席会议的有当时的中央财经委、私营企业管理局、中国食品工会、轻工业部食品处人员，以及上海、天津、青岛等地的政府代表。会上原则同意了对价转让的做法，并具体讨论了相关政策，对如何接收和管理，分别制定了总体原则和具体实施意见。

1951 年 8 月 22 日，颐中公司董事会授权其代表田克恩，书面向上海市政府外事处正式提出对价转让要求，要求外事处介绍愿意接受该公司财产和债务及相关义务的中方单位，并开展谈判。12 月 26 日，中方《关于接受转让颐中烟草公司的决定》出台，从方针、政策、投资、管理诸方面作出明确指示。1952 年 1 月青岛颐中烟草公司签署转让协议，3 月经上海市政府外事处介绍，上海烟草公司与颐中公司进行谈判，双方于 4 月 1 日达成转让、承让契约，于 7 月 28 日签字生效。[①]

2."颐中模式"的后续效应

英国颐中烟草公司的转让模式的提出和实施，为上海市处理外资企业提供了新的思路和做法。

从 1953 年 4 月起，中共上海市委决定成立处理外资企业办公室，由上海外事处牵头，外事处处长黄华任主任，办公室下设工商企业组和房地产业组。办公室的任务是调查研究外资企业及外人房地产情况，拟定具体处

---

① 董浩林：《上海烟草志》，上海社会科学院出版社 1998 年版，第 23 页。

理方案，呈报中央核准执行，在准备处理及执行过程中指导各有关部门的调查研究及接管准备工作，达到统一思想、统一步调、妥善处理的目的。办公室为政府内部工作机构，对外及处理工作仍按具体情况，由各行政或企业主管单位在办公室指导下出面进行。其工作人员由外事处、房产局、市财委、工业局、华东纺管局、总工会、工商局、法院等单位抽调相应干部参加。[①]

同年 5 月，上海市委明确提出："对我们最有利的处理方式是对价转让，此方式应成为今后处理外商企业的基本方式。"[②]对于中方来说，对价转让这种商业谈判的方式，既有着能比较彻底地解决产权问题，避免以后外交中产生纠纷的优势，也具备在不关停企业、不影响生产供应和就业的情况下顺利实现外资改造的好处。

在实际工作中，由于各外资企业情况不同，有些不仅产权结构和资产负债情况极为复杂，加之，其母国与新中国的外交关系也大不相同，处理起来难度极大。为更好地完成对在沪外资企业的转让工作，1953 年上海市人民政府外事处对 378 家在沪外资企业根据行业和国别划分为不同等级，确定了采取了按轻重缓急分批分期地进行对价转让的工作计划及其相应政策。

对资产金额较大，且对国计民生有一定影响的生产性外资企业被列为需要高度重视企业。据上海市政府外事处调查，这类企业大约有 34 家，涉及职工 14 173 人，资产估值 11 211 亿元（旧币）（见表 8-5）。

[①] 上海档案馆、财政部财政科学研究所编：《上海外商档案史料汇编（一）》，1988 年印，第 45 页。

[②] 同上书，第 52 页。

表 8-5　在对价转让中被列为需要高度重视的外商企业

国籍	企业名称	职工人数	资产估值（亿元，旧币）	国籍	企业名称	职工人数	资产估值（亿元，旧币）
英国	太古轮船公司	481	538	英国	华懋制罐厂	23	12
英国	公和祥码头	1 128	993	英国	美艺木器厂	15	
英国	怡和纱厂	2 187	1 348	英国	耀华药水厂	38	3
英国	纶昌纱厂	2 460	1 030	美国	沙利文公司	420	154
英国	密丰绒线厂	685	644	美国	远东酒精厂	40	45
英国	上海毛绒厂	670	565	法国	法商电车电灯厂	3 199	2 200
英国	和平公司	452	373	法国	致用化工厂	68	15
英国	江苏药水厂	37	143	加拿大	韦廉士药局	54	
英国	和记蛋厂	72	60	无	康可迪糖果厂	25	
英国	培林蛋厂	75	44	丹麦	康益洋行	83	160
英国	汉中蛋厂	18	10	丹麦	大华利食品厂	56	
英国	英国蛋厂	14		丹麦	大北羽毛厂	22	
英国	可的牛奶公司	235	203	瑞典	美光火柴公司	485	200
英国	最高牛奶公司	77		瑞士	华铝钢精厂	374	1 800
英国	怡和啤酒厂	248	247	苏联	宝保富机械厂	80	
英国	正广和汽水厂	184	304	苏联	亚美油漆厂	38	
英国	永光油漆厂	111	120	苏联	伟多利食品厂	39	

资料来源：上海档案馆、财政部财政科学研究所编：《上海外商档案史料汇编（一）》，1988 年印，第 46 页。

　　上海市外事处在对这 34 家企业中的 15 家企业资金状况进行详细调查的基础上，对通过按照对价转让原则来接收这些企业所需资金作了预估，并上报市政府，要求在市财政预算中确保相应的资金，以保证对价转让工作的顺利进行（见表 8-6）。

表 8-6 1953 年上半年计划转让外资企业所需资金估计表

企业名称	职工人数	资产估值（亿元，旧币）	摘 要	所需资金总额（亿元，旧币）	现金支付部分（亿元，旧币）	内部划账部分（亿元，旧币）	可后续拨还部分（亿元，旧币）	可不负责或不需支付部分（亿元，旧币）
怡和啤酒公司	248	247	欠私商及零星债务	17	17			
			欠怡和公司等	27				27
			应付职工退职金	16				16
怡和纱厂	2 187	1 348	战前布匹栈单未交货，现值 450 亿，过去曾有以 30% 比例偿还的例子，折合 100 亿	100			100	
公和祥码头公司	1 128	993	欠税、岸线使用费及滞纳金	360		360		
			战前伪法币债务 13 万	10	10			
			1950 年"二·六"轰炸后劳资协议减薪迄今	124				124
太古轮船公司	481	583	应付职工退职金	72				72
太古车糖公司	4	8	无债务					
永光油漆公司	111	120	欠太古公司等	58				58
			欠税及敌产	4	4			
			应付职工退职金	13				13

续表

企业名称	职工人数	资产估值（亿元，旧币）	摘要	所需资金总额（亿元，旧币）	现金支付部分（亿元，旧币）	内部划账部分（亿元，旧币）	可后续拨还部分（亿元，旧币）	可不负责或不需支付部分（亿元，旧币）
法商电车电灯公司	3 199	2 200	无债务，应付职工退职金	500				500
和记蛋厂	72	60	用户保证金	50				50
康益洋行	83	160	欠畜产公司款	30		30		
			第一机械工业局收购其主要器材，款已批准	49	49			
沙利文公司	420	154	欠银行贷款及工会经费	10	10			
远东酒精厂	40	45	欠税及滞纳金，对外负债	8	3			5
			化工局收购匈股40%	3		3		
美光火柴公司	485	200	上海工业局租用生产用流动资金，财政局拨付	20	20			
宝保富机械厂	80		安徽工业厅拟收购，款无问题	10	10			
丹麦畜产公司		24	食品公司拟收购其机器，款可由基建基金支付	15	15			
汉中蛋厂	18	10						
合计15家	8 556	6 107		1 536	138	393	100	905

与此同时，根据市政府的统一协调，外事处对上述外商企业的接收单位和主管部门也做好了预案。

表 8-7 在沪 30 家大、中型生产性外商企业对口接办建议意见

国籍	企业名称	经营业务	职工人数	建议由上海市接办	建议由中央或华东局指定接办单位
英国	怡和纱厂	棉纱、麻纺、毛纺、废纱	2 187		华东纺织管理局
英国	纶昌纱厂	棉纺、棉织、印染全能厂	2 460		华东纺织管理局
英国	密丰绒线厂	毛纺	685		华东纺织管理局
英国	上海毛绒厂	毛纺及毛织	670		华东纺织管理局
英国	平和公司	纺织机械制造厂、仓库、打包厂、羽毛清净厂	452	商业局	华东纺织管理局
英国	永光油漆公司	制造油漆	110	工业局	
英国	正广和汽水公司	制造汽水	164	工业局	
英国	太古轮船公司	码头仓库	538		上海区港务局
英国	公和祥码头公司	码头仓库	993		上海区港务局
英国	江苏药水厂	制造硫酸	37		中央工业部上海电业管理局
法国	法商电车电灯公司	发电厂		电业局	燃料工业部上海电业管理局
		电车、无轨电车、公共汽车	2 200	交通局	
		自来水		公用局	
瑞典	美光火柴公司	制造火柴	485	工业局	
美国	沙利文糖果公司	制造糖果、饼干	420	工业局	
丹麦	康益工程公司	建筑工程	83		第一机械工业部华东办事处
美国	远东酒精厂	制造酒精、香料	40		中央化工部华东办事处

续表

国籍	企业名称	经营业务	职工人数	建议由上海市接办	建议由中央或华东局指定接办单位
英国	太古车糖公司	制造方糖	4	保留航运部门，车糖厂对价转让，接办单位暂缓指定	
英国	华懋制罐厂	制造汽水瓶盖	23	暂缓	
英国	耀华施德制药厂	制造药水	36	暂缓	
英国	和记蛋厂	制造冻蛋	72		中国食品出口公司华东区公司
英国	培林蛋厂	制造冻蛋	75		中国食品出口公司华东区公司
英国	英国蛋厂	制造冻蛋	14		中国食品出口公司华东区公司
英国	汉中蛋厂	制造冻蛋	18		中国食品出口公司华东区公司
英国	可的牛奶包括最高牛奶公司	牛奶	312	工业局	
英国	怡和啤酒公司	制造啤酒	248	工业局	
英国	上海啤酒公司	制造啤酒	25	工业局	
英国	精艺木器厂	制造木器	15	上海市营建筑公司	
英国	怡和公司	进出口贸易、纺织等	355	保留贸易机构，其附属企业全部对价转让，接办单位暂缓指定	
英国	太古公司	航运、制糖、油漆等	144	保留航运部门，其车糖厂、永光油漆厂等全部对价转让，接办单位暂缓指定	
丹麦	丹麦畜产公司	制造猪油		中国食品公司	
瑞士	华铝钢精厂	铝片、铝箔加工	374	暂缓	

资料来源：上海档案馆、财政部财政科学研究所编：《上海外商档案史料汇编（一）》，1988 年印，第 46、97、98、99 页。

三、对价转让政策的实施

对价转让是一种商业处理方式，即外资企业按市场价格，与中方对口国营企业经过对等谈判，签订转让（承让）契约，外方向中方转让其所有资产、债务和权益，中方企业接受其资产，为之清偿债务，合理承担相应义务。其过程主要由事先调查、谈判签约和中方接办三个环节构成。下文以英商永光油漆厂为例来考察一下转让过程。

英商永光油漆厂是 1935 年英商太古公司在上海平凉路 2200 号建造的一家油漆厂，厂名全称为"英商永光油漆股份有限公司"。当时，船舶油漆在国内油漆厂中，甚少制造，仅英商永光油漆厂一家略有供应。抗日战争期间油漆厂曾被日本占领，大量职工离职，生产基本停顿。战后油漆厂返还英国人经营。上海解放后，根据 1949 年底的调查，英商永光油漆厂的机械化程度较高，使用业内比较新式的机械设备，每月最大生产量可达400 吨，销售地区为上海、天津、汉口、重庆及香港、南洋群岛等。该厂在造漆业中可称为技术先进的大型企业。

该公司总经理由太古公司的总经理蒲乃武兼任，直接主管是英国人麦金塔和买办马存彝。员工共计 110 余人，其中，高级管理职员 20 余人，均在太古公司办公，直接在厂内从事生产的职工 80 余人。

1953 年 3 月英商永光油漆厂向上海外事处提出转让申请。考虑到永光油漆厂生产经营条件较好，其产品与我国国营油漆厂的产品有互补性，经外交部同意，上海外事处与市工业局协调后，由上海市工业局承接。

第一步，由上海市政府外事处派专员对永光油漆厂进行调查，包括油漆厂基本情况、主要资本、资产估值、负债、生产特点、销量及日常开支情况等。据调查，其资产估值 120 亿元（旧币，下同），库存成品和原料价值 17 亿元，欠税款 2 亿元。另外，公司自称欠太古集团 58 亿元。根据调查结果，外事处拟定了转让的初步方案，对即将进行谈判的组织机构、参加人员等进行了安排。

第二步，双方进行谈判。中方由华东工业局食品油脂厂与开林油漆厂等成立了一个 4 至 5 人组成的谈判小组，以开林油漆厂的名义与英商谈判。为保证产权的合法交接，中方要求英商永光油漆厂须先获得太古集团董事会的授权，以保证谈判中能全权处理企业产权资产。经过紧张的谈判，开林油漆厂接收英商永光油漆厂在上海或中国境内的全部资产，包括一切建筑、机器设备、交通工具、家具陈设、原材料、物料、在制品、制成品、现金、银行存款、应收账款、有价证券（包括在华投资及股权）及一切租赁权、抵押权等，资产总估值为 124 亿元。永光油漆厂须向中方提供一切与生产及营业相关的图表、档卷、账册、董事会名册、全体职工简历等资料。同时，开林油漆厂将负责偿还永光油漆厂包括负债、所欠税款等各项债务。对于永光油漆厂自称欠太古集团 58 亿元的债务，中方认为：由于永光油漆厂是英商太古集团旗下的企业，因此永光对太古的欠款 58 亿应为企业内部问题，应自行解决。[①]经过一再交涉，英方终于同意了中方的这一立场。在此基础上，开林油漆厂支付了永光油漆厂资产与负债之间的差额，作为承让其所有资产负债的代价。

第三步，中方接办。谈判签约后，中共上海市委和市政府及时确立了"发动群众、教育群众，提高其政治水平，依靠群众，顺利接管"的接办原则，要求接管人员从接管的第一天起把维持企业的生产经营正常进行作为接办工作的首要任务。为了避免混乱，永光油漆厂被接管后，在财务管

---

① 《关于接管永光油漆厂初步方案》，上海档案馆，B163-1-150。

理和业务经营上仍维持独立，并没有立即由开林油漆厂合账统管。在这一定过渡期内，接办人员通过发动群众，对一般职工进行思想教育，组织学习，激发他们的主人翁精神，对于有一定技能的经营管理人员则按照原职原岗的原则，不轻易干涉日常业务工作，以稳定情绪，调动积极性。接办人员通过发动群众和稳定高级职员"双管齐下"，很快摸透了情况，掌握了生产经营的主要环节，形成了一支生产和经营的骨干队伍，顺利地完成了当初的接办目标，使原来的英资企业顺利地融入了国有经济的大家庭。

四、对价转让政策的历史回声

对价转让和军事管制、征用等方式，都是中共在新中国成立初期清理接收外资企业的主要手段。总体而言，军事管制、征用等强硬手段主要是对美国等无理没收或冻结我国资产的对抗和报复措施；对价转让则是非对抗性的，主要用于在政治上不那么极端敌视新中国，经济上对国民经济恢复和发展有一定作用的外资企业。

首先，如表 8-8 所列，到 1953 年底在沪外资企业（不包括苏联、人民民主国家在沪企业）215 家，职工 10 431 人，资产 11 575 亿元。1954 年共处理外资企业 84 家，其中英国 34 家、美国 9 家、法国 8 家、瑞士 8 家，其他国籍 25 家，共涉及职工 2 361 人，资产 2 427 亿元。从行业来看，处理的外资企业有工业、房地产、银行、贸易、航运、仓库码头等多种行业，以贸易业为最多，共 28 家。从处理方式上看，转让给中方接办的 10家，被中方收购 1 家，代管 9 家，收回 2 家，停止经租业务 12 家，改华商5 家，经批准后歇业 45 家。到 1954 年底，在沪外资企业剩余 131 家，职工 8 070 人，资产 9 148 亿元。

表 8-8 **1954 年上海市处理外商企业情况总表（按业别分类）**
（此表不包括苏联、人民民主国家工商企业）

	上海解放初期			1953 年底剩余			1954 年处理			1954 年底剩余		
	户数	职工人数	资产估值（亿元）	户数	职工人数	资产估值（亿元）	户数	职工人数	资产估值（亿元）	户数	职工人数	资产估值（亿元）
工 业	93	35 713	58 720	29	5 224	5 157	10	337	499	19	4 887	4 658
房地产	43	1 903	2 235	32	1 328	1 835	19	311	154	13	1 017	1 681
银 行	56	1 225	171	7	749	1 771	1	30	—	6	719	1 771
贸 易	288	7 375	9 004	68	1 479	2 036	28	662	1 056	40	817	980
轮船码头仓库	28	2 919	2 731	12	747	728	4	680	718	8	67	—
其 他	170	1 808	58	67	904	58	22	341	—	45	563	58
总 计	678	51 003	74 519	215	10 431	11 575	84	2 361	2 427	131	8 070	9 148
占上海解放初期百分比	100	100	100	31.7	20.5	15.5	12.4	4.6	3.3	19.3	15.8	12.3

资料来源：上海档案馆、财政部财政科学研究所编：《上海外商档案史料汇编（一）》，1988 年印，第 319 页。

表 8-9 **1954 年上海市处理外商企业情况总表（按国籍分类）**
（此表不包括苏联、人民民主国家工商企业）

	1953 年底		1954 年处理		1954 年底剩余	
	户数	职工人数	户数	职工人数	户数	职工人数
英国	84	8 122	34	1 643	50	6 479
美国	17	492	9	313	8	179
法国	19	537	8	126	11	411
瑞士	17	618	8	96	9	522
其他	78	662	25	183	53	479
	215	10 431	84	2 361	131	8 070

资料来源：上海档案馆、财政部财政科学研究所编：《上海外商档案史料汇编（一）》，1988 年印，第 320 页。

到 1956 年底，原本数量多达 680 多家在沪外商企业，经过军事管制、征用、代管以及对价转让等方式，只剩 53 家，其中英国 14 家，职工 1 196 人；法国 3 家，职工 79 人；瑞士 4 家，职工 401 人；印度 8 家，职工 9 人；苏联 1 家，职工 1 人；朝鲜 5 家，职工 5 人，其余国籍 18 家。[1]在沪的主要西方国家的企业，除了与外贸和航运有关的少量企业还在维持之外，基本上已经清空。具体分述如下。

上海的美资企业到 1954 年底已全部清理完毕。从 1949 年上海解放到 1951 年初，上海对当时在沪的 155 家美资企业分不同情况，实行了管制、业务监督和清查。其中公用事业 3 家，工业企业 18 家，进出口企业 87 家，银行 4 家，保险公司 4 家，轮船公司 4 家，码头堆栈 1 家，房地产公司 8 家，影片商、戏院 15 家，电台 1 家，报馆 1 家，无线电报公司 4 家，其他 5 家。1951 年 5 月至 1953 年 4 月，先后征用包括德士古煤油公司、美孚石油公司、中美火油公司、美国烟叶公司、上海码头堆栈公司、利达公司、慎昌公司、大华大戏院、皇后大戏院等 12 家企业；因无人负责等原因由中方实行代管的有美庆制革厂、大美汽水厂等 12 家企业；向中方对价转让的有花旗烟草公司、海宁洋行、海和洋行（包括华美电台和宝大农场的财产）、马迪汽车公司和沙利文糖果饼干公司 5 家；自行歇业或经批准歇业的美资企业 111 家。[2]

上海的英资企业在 1953 年以前主要是为报复香港英国当局非法"征用"在香港的中国永灏号油轮和香港"两航"飞机事件，分别于 1951 年征用英国亚细亚火油公司，以及 1952 年征用上海自来水公司、上海煤气

---

① 上海档案馆、财政部财政科学研究所编：《上海外商档案史料汇编（一）》，1988 年印，第 481 页。

② 上海档案馆、财政部财政科学研究所编：《上海外商档案史料汇编（一）》，1988 年印第 95—99 页，《上海市人民政府外事处编制处理外国企业情况表》。

公司、英联船厂、马勒船厂和隆茂公司。英国亚细亚火油公司全盛时期在我国 20 余省份设 51 个分公司，管理 500 多个经销机构。抗战胜利后，美商德士古急剧上升，亚细亚相形减色。新中国成立后更是输入油料极少，销售业务在政府管制下进行。1951 年 4 月 30 日，周恩来总理发布中央人民政府命令，提出"征用英国在我国国境以内各地的亚细亚火油公司除其总公司和分支机构之办公处及推销处以外的全部财产，并征购其全部存油"。要求该公司的各地负责人"即将其总公司和分支机构之办公处及推销处以外的全部财产（包括一切动产及不动产）造具清册，听候当地军事管制委员会及（或）当地人民政府处理"，并"应负责保护及移交这些财产，不得有任何偷窃、破坏、转移、隐匿等不法情事，否则定予严惩"。①

从英商颐中公司开始，对英资企业的处理转向以商业谈判为主的对价转让方式。1953 年至 1954 年间，在上海的英资企业中先后有 18 家通过对价转让形式由中方接办。其主要有：美灵登有限公司（印刷工业）、蓝烟囱轮船公司、汉中有限公司（制蛋工业）、怡和啤酒股份有限公司、永光油漆公司、公和祥码头股份有限公司、平和股份有限公司（进出口和机器打包业）、上海跑马总会有限公司及上海跑马总会马厩有限公司、江苏药水厂、怡和有限公司及怡和机器有限公司、英法产业公司、太古系统诸企业（太古股份有限公司、太古轮船股份有限公司、太贸股份有限公司及太古车糖股份有限公司）、培林股份有限公司（制蛋工业）等。怡和纱厂股份有限公司名为英商，实际上华股占 72.9%，外股仅占27.1%。由于华股持有人比较分散，一直由英方操纵股东会并控制经理权。1954 年 1 月，由

---

① 周明伟、唐振常：《上海外事志》，上海社会科学院出版社 1999 年版；《中华人民共和国对外关系文件集（1951—1953）》第 2 集，世界知识出版社 1957 年版，第 18—19 页。

国营裕华纺织公司与怡和纱厂股份有限公司达成英方向中方移交经理权契约，从而改变了这种不正常情况。3 月，裕华公司接管了原怡和纱厂股份有限公司的全部财产，这家企业完全转为国营。

英国是老牌金融帝国，它在华的金融活动历史长、规模大，影响也大。在上海的 3 家银行，即汇丰银行、麦加利银行、有利银行中，汇丰银行的规模和影响最大。汇丰银行的对价转让过程也十分富有戏剧性。

香港上海汇丰银行（Hongkong and Shanghai Banking Company Limited）由苏格兰人修打兰于 1864 年在香港发起，资本 500 万港元。最初的发起委员会成员包括宝顺、琼记、沙逊、大英轮船、禅臣、太平、顺章等十间洋行。1865 年 3 月 3 日正式在香港创立。香港上海汇丰银行开业后的一个月，即 1865 年 4 月 3 日，上海的分行开始营业。最初办公地点在外滩的中央饭店。上海分行是汇丰银行在中国内地的管辖行，统辖所有在内地的分支机构，是调度资金的枢纽。1921 年因业务所需，以 4 000 两白银/亩的价格购下位于上海的金融中心外滩（属上海公共租界）的两处房产并将其拆除以建造新的总部大楼，委托公和洋行进行建筑设计，德罗可尔洋行承建，同年 5 月新楼开工至 1923 年 6 月完工，建造了一幢高 7 层、占地 14 亩，豪华气派的上海汇丰银行大楼，至今依然被公认为是外滩建筑群中最漂亮的建筑之一。

1949 年上海解放后，在新的制度环境下，汇丰、麦加利和有利等外资银行失去了往日特权，尽管被批准为外汇指定银行，在中国银行指导下开展业务，但其业务范围已缩小至仅限于经营外汇。随着业务的萎缩，银行职员也在不断减少，汇丰银行从 1949 年到 1954 年被派往内地各分行的外籍人员数量每年都在减少：1949 年 8 月，有 29 名外籍人员被派往内地各分行；1950 年 8 月有 26 个；1951 年只有 11 个；1952 年和 1953 年有 7 个；1954 年有 4 个。另外，到 1952 年底所有在 1949 年 8 月被派到内地分行的外籍职员都离开了中国。[1]

1952 年汇丰银行与另外两家英国银行麦加利、有利银行，以及荷兰银行都提出停业申请。在此以前，汇丰银行在华业务实际上已陷于停顿，在武汉、青岛、福州、厦门、汕头、天津、北京的分行已陆续申请停业。汇丰银行总经理莫尔斯在离职时对其继任者迈克尔·特纳说："我们银行在中国的业务仅限于清理和撤退外籍职员。"为维持日常开支，各行不得不依靠国外汇款来接济在华机构，如汇丰银行每年要汇入约 250 万港元才能维持在华的各项开支。对于英资银行的停业申请，中共中央考虑到英资银行在华经营时间久远，影响深厚，机构庞大，涉及职工人数众多，继续留在中国营业对新中国开展国际金融业务和国际贸易能起一定的作用，因此，1952 年 12 月，上海市人民政府外事处就外商申请歇业问题批复："英商银行三家是我争取继续营业的对象，暂不批准歇业。"文件中还提及"荷兰银行原可批准，因恐影响英商银行的关系，也暂缓考虑"。后来荷兰银行于 1953 年获批准停业。[2]

1953 年，在中共中央提出过渡时期的总路线后，对在华外资银行的清理思想发生了变化："把帝国主义国家在华的企业转变为社会主义的、人民的企业，成为社会主义性质的国营经济的一个组成部分，使整个国民经济中社会主义成分的比重增长，国营经济的领导力量增强。"在具体的转变方式上，主张通过与外商谈判，以其全部资产抵偿在华债务的方式，即以对价转让方式将其企业转变为国家所有企业。上海市外事处提出，"对

---

[1]　"The Hongkong Bank in the period of development and nationalism，1941—1984"，*Regional Bank to Multinational Group*（Cambridge Environmental Chemistry Series，Vol. IV），Cambridge University Press，September 3，2004.

[2]　徐黎：《新中国成立初期中共对在华外资银行的监管、利用和清理》，《中共党史研究》2013 年第 1 期。

未建交国家如英、美、法等国籍的较大型企业，以对价转让为基本处理方式……必须用一切适宜的办法创造条件，促成对价转让"。

最早接受中共提议，进入对价转让谈判的是汇丰银行，随后麦加利银行、有利银行也进入谈判阶段。这一谈判是漫长和艰难的，范围广，问题复杂，涉及本外币债务的清理。据人民银行的报告，1952 年汇丰银行的资产总值约人民币 878 亿元，负债人民币 3 546 亿元；麦加利银行资产总值 118 亿元，负债 893 亿元；有利银行资产总值 53 亿元，负债 2 786 亿元，三家银行资产总值人民币 1 049 亿元，负债达 7 225 亿元，负债超过资产近 6 倍。同时，它们的债务还具有历史性和社会性，不仅涉及对若干存户在新中国成立前银行存款的清偿，还包括对新中国成立前和成立后所欠的各种贸易和非贸易外汇的清理，以及对抗日战争前发行的纸币和各种有价证券的清理。

在谈判中，中英双方各有坚持和妥协，谈判数度陷入僵局。1954 年日内瓦会议召开，英国工党代表团来我国访问，中英两国互派代办，这在一定程度上缓和了两国关系。中方在一定程度上满足了英方撤离外籍职员等要求，英国官方表示不可能支持英商在转让企业时谋取过高的利益，因此在中国的英商应采取各自认为有利的办法和条件，及早结束其在华企业。在此情况下，英国银行方面也在一定程度上降低了转让的条件，争取尽快完成转让谈判。

1955 年 4 月 26 日，汇丰银行达成转让协议，将其全部在华财产移交给中方，而中方同意承兑该银行在职员、税收和其他承付款项等方面的欠付。转让之后，考虑到汇丰银行在中国有近百年的历史，熟悉中国情况且有相当影响力，因此中方建议在清理完资产债务后，汇丰银行保留机构，继续营业，并适当介绍业务给它们，以减少其亏损的压力。

1956 年汇丰银行搬离上海外滩大楼。这栋大楼在过去的近百年里象征着大英帝国在华经济势力。汇丰银行前经理姚克绍在开始转让谈判的前夕，独自去汇丰银行大厦前徘徊良久。后来他向中方人员谈到他当时的心情时说："当我注视着我们的银行大楼，回忆起昔日的声势时，一想到明天将与中方进行的会见，不禁黯然神伤。"谈判期间，他再三要求以 1 000 英镑代价，保留并运走汇丰银行大楼门口的一对英国式青铜狮子。这对铜狮子是 1923 年从英国定制的，安放在汇丰银行上海总部的门口。这对铜狮子一个张嘴吼叫，另一个闭口静蹲。张口的狮子名叫斯蒂芬，闭口的狮子叫施迪，分别取自于当时汇丰银行香港分行经理和上海分行经理的名字。它们一经铸成，模具便被销毁，世存仅此一对，狮子的图像至今还可从汇丰银行发行的港币上找到，可见，英方对此的重视。对于英方的这一要求，中方出于民族自尊是绝对不会同意的，就以一个技术性理由回绝了英国人。中方回应说，这对铜狮子是银行大厦整体建筑的一部分，而且中国规定不准铜料出口，因此无法同意英方的要求。

搬离后，汇丰银行在中方协助下在外滩的圆明园路租用别的房屋为行址，从事一些小额汇入汇款和出口押汇等常规业务活动，英籍职员在有人前来接替的情况下，可领取离境签证。

上海的法资企业 41 家大多在 20 世纪 50 年代中期实行对价转让，或在提出申请经中方批准后歇业。在此前后，对其少数企业，上海也进行了军管、改归公营、代管，或作抵债清理。1951 年 8 月 18 日，因发现法资东方修焊公司在中国抗日战争时期与日本侵略者合作，有严重资敌行为，上海市军管会派军管专员予以管制。1953 年，在美国在沪公用事业企业已被军管、3 家英国公用事业企业已被征用的情况下，根据对全市公用事业进行统筹建设和经营管理，保障城市人民生活的需要，上海市人民政府于 11 月 2 日将法商电车电灯公司收归公营。这个在租界时代建立起来的、几乎控制上海南部地区全部水电交通的最后一个外国公用事业企业的收归公营，为日后逐步改造租界时代所形成的上海公用事业布局、设施的畸形、紊乱局面，扫除了障碍。法国东方汇理银行在 1955 年以业务清淡为由向政府提出停业申请，获得批准。

对于苏商，除了因双方需要由政府或代理机构出面设立和经营的企业之外，原来由苏侨经营的企业政府，中方经过协商，分别采取主动歇业、中方收购，动员苏侨回国等办法，也基本清理完毕。对于原本不多的朝鲜商户，考虑到朝鲜战争的特殊情况，除个别情况特殊者，允许继续经营，大都通过与中方合营和合作的办法，完成了清理接收工作。[①]

综上所述，到 1954 年底，上海市在中央的统一部署和具体指导下，顺利地完成对在沪外商企业的清理和接收工作，从而在政治上达到了毛泽东提出的"打扫干净屋子再请客的"外交总体方针，在经济上达成了坚决清除帝国主义在华一切经济特权的目的。

历史证明，当初所采取的各项方针和相应措施，都经得起历史的考验，无论是采取军事管制、征用等强硬行政措施，还是按商业原则开展的对价转让政策，都是在特定的历史条件下，为维护主权和民族利益，争取平等互利国际地位所做的艰苦努力，不仅是必要的，也是稳妥、合理的。正是如此，新生的中华人民共和国才能以独立自主、平等互利的姿态，自立于世界民族之林。

20 世纪 60 年中期，中法建交。70 年代初中国加入联合国后，先后与美国、英国等主要西方国家建立了正常的外交关系，特别是 70 年代末，中国奉行改革开放政策，积极引进外资，兴办各种形式的合资合作企业。当初离开上海的美英企业以独资或者合资、合作的形式，重返上海，成为

---

① 上海档案馆、财政部财政科学研究所编：《上海外商档案史料汇编（一）》，1988 年印，第 416 页。

中国和上海经济的重要组成部分。上文所提到的英资汇丰银行甚至成为中国改革开放后第一家正式开业的外资银行，至今对中英之间的互利合作，以及中国和上海的经济发展发挥着重要作用。

值得一提的是：曾经是汇丰银行象征的那对铜狮子，英国人一直记挂在心。在上海解放初期关门走人时，他们没能要走。改革开放后，汇丰银行重回上海，在祝贺正式营业的友好氛围中，英方又提出了想要回那对铜狮子的要求，但是，他们同样也没能要走。现在，那对铜狮子静静地躺在上海历史博物馆，供人们参观。

这对铜狮子在不断地告诉人们，20 世纪 50 年代对外资的清理接收，和改革开放后对外资的欢迎引进，并非相互矛盾，而是内在统一的。20 世纪 50 年代上海对外资的清理接收是在当时历史条件下，中国奉行独立自主外交政策的具体组成部分；不言而喻，改革开放是以在 20 世纪 50 年代奠定的独立自主国际地位为基础的。没有独立自主，不坚持平等互利，就不可能有真正的对外开放和经济合作。在改革开放的重大历史性时刻和重大对外经济谈判中，20 世纪 50 年代初中共所奉行的独立自主外交方针和平等互利经济政策仍然继续发挥着主导性的指引作用。一定要把当时在沪外资企业清理接收这一历史事件，实事求是地放在新中国成立后所处的帝国主义敌视、封锁和包围的历史环境中去思考和认识，给予其应有的历史评价。

图书在版编目(CIP)数据

奋发前行:新中国70年上海公用事业/臧志军等著
.—上海:上海人民出版社,2019
(上海市纪念新中国成立70年研究丛书)
ISBN 978-7-208-15985-3

Ⅰ.①奋… Ⅱ.①臧… Ⅲ.①公用事业-发展-研究
-上海 Ⅳ.①F299.275.1

中国版本图书馆 CIP 数据核字(2019)第 145576 号

责任编辑 沈骁驰
封面设计 谢定莹

上海市纪念新中国成立70年研究丛书

奋发前行:新中国70年上海公用事业
臧志军 陈晓原 樊勇明 等 著

出　　版　上海人民出版社
　　　　　　(200001　上海福建中路 193 号)
发　　行　上海人民出版社发行中心
印　　刷　上海商务联西印刷有限公司
开　　本　787×1092　1/16
印　　张　29.25
插　　页　4
字　　数　364,000
版　　次　2019 年 8 月第 1 版
印　　次　2019 年 8 月第 1 次印刷
ISBN 978-7-208-15985-3/D·3455
定　　价　115.00 元